추천사 1

한국교회 선교는 '하나님의 은혜'라는 말 외에 설명할 길이 없다. 중국은 당(唐)대에 기독교의 한 종파인 경교(景教)가 전래되었으나 정착하지 못했고, 근래에는 1802년 영국의 모리슨 선교사가 마카오를 거쳐 중국에 선교를 시작하였다. 최근 중국에서는 기독교가 성장하고 있지만 많은 제약을 받고 있다. 일본은 1872년 요코하마에 '카이간'(海岸)교회가 최초로 세워졌다. 타이완도 1872년 캐나다 선교사 맥케이가 '단수이'(淡水)교회를 세웠다. 하지만 이들 나라에서 기독교가 크게 성장하지 못했다. 일본 기독교인은 1%가 채 되지 않으며, 타이완 기독교인수는 25만 명에 미치지 못하고 있다. 그러나 이들보다 늦게 기독교가 전래된 한국교회는 세계교회사에서 가장 급성장한 교회로 기록되고 있다.

한국기독교역사연구소의 통계에 따르면, 1884년 알렌의 내한 이후 1945년 해방될 때까지 우리나라에 1,500여 명의 선교사가 입국하였다. 작은 한반도에 이렇게 많은 선교사가 복음을 전래하였다는 것은 한국을 사랑하신 하나님의 손길이다. 내한 선교사들의 초기 선교사역은 교회, 학교, 병원을 통해 이루어졌는데, 이는 가르치시고, 전파하시고, 치유하신 예수님의 3대 사역에 기초한 선교의 중요한 내용이었다. 지난 2015년 인구주택총조사에 의하면, 기독교(개신교) 인구는 967만6천 명으로 가장 많은 것으로 나타났다. 한국교회 선교의 성공은 전적으로 하나님의 은혜이며 선교사들의 선교전략의 덕이다.

우리 역사에는 크고 작은 전쟁이 600번 넘게 일어났다. 한국전쟁은 1953년 7월에 정전이 되었지만 지금도 전쟁이 끝나지 않은 상태이다. 한국은 지난 60여 년 동안 엄청난 발전과 성장을 거듭하였고, 세계에서 폐허를 딛고 일어나 민주화와 산업화를 동시에 이룬 유일한 나라이다. 최근 통계에 의하면, 유대인 디아스포라는 100여 개국에 730만 명, 화교는 130여 개국에 4,543만 명이 흩어져 있는데 비해, 한인 디아스포라는 178개국에 726만 명이 흩어져 있다. 이처럼 한민족은 가장 많은 나라에 흩어져 사는 세계 제일의 디아스포라가 되었고, 어떤 환경에서든지 가장 잘 적응하는 생존력이 강한 민족이 되었다. 글로

벌 시대에 한국의 위상(國格)도 엄청나게 높아져서, 세계 180개국에 무비자로 입국할 수 있게 되었다.

이 모든 것이 선교의 공이며, 복음의 덕이다. 1960년대부터 1990년대까지 한국교회가 10년마다 수적 배가를 기록할 때 한국경제도 가장 가파르게 수직 성장하였다. 한국교회 성장과 한국경제 성장이 동시적으로 일어난 것이다. 정치, 경제, 교육, 사회, 문화 영역에서 한국의 근대화는 한국교회의 선교에 커다란 빚을 지고 있는 것이 사실이다. 스펄전은 "그리스도는 세계역사에서 가장 위대하고 중심되는 인물이다. 역사의 모든 회전은 그에게로 집중된다"고 하였다. 틸리케는 "역사의 축은 하나님이 쥐고 계시다"고 하였다. 역사(History)는 하나님의(His) 이야기(story)이다. 인간이 역사를 써가는 것 같지만 역사는 하나님의 것이며, 역사를 보면 하나님의 이야기를 알 수 있다. 하나님은 인간에게 언제나 이야기꾼이시다.

선교학자 변창욱 교수는 『한국교회 선교운동사』에서 한국 땅에 뿌려진 복음의 홀씨가 한 세기 넘어 방방곡곡에 흩어진 것을 다시 모아 하나님의 이야기를 엮어내고 있다. 선교와 역사의 두 장르를 오가는 그의 학문과 글 솜씨에 놀라움으로 처음부터 끝까지 눈을 뗄 수가 없다. 질서 정연한 그의 논리와 필치는 마치 그의 성품을 닮아 고요하면서도 내면의 힘이 느껴진다. 변교수의 소중한 노력을 통하여 한국교회의 선교역사가 정리된 것을 감사하며, 이 귀한 책을 통하여 한국교회에 들려주신 하나님의 이야기를 듣기를 기대하면서 기쁘게 추천한다.

이성희 목사 (연동교회, 대한예수교장로회 제101회 총회장)

추천사 2

지난 40여 년 동안 한국교회가 세계선교에 활발하게 참여해왔던 것에 대해서는 미래에 다각적인 평가가 이루어지게 될 것이다. 한편, 한국교회 선교운동은 현재 중대한 도전과 위기에 직면하고 있다. 21세기 들어 '4차 산업혁명'이라 불리는 급격한 변화가 휘몰아치는 가운데 새로운 선교의 방향을 모색해야 하지만, 한국교회의 침체라는 상황과 맞물려 과연 한국선교운동이 지속될 수 있을지에 대한 염려가 고조되고 있다.

이러한 시점에 출간된 이 책은 우리로 하여금 차분한 마음으로 한국교회 선교운동의 뿌리와 현재를 돌아보고, 미래를 생각해 볼 수 있도록 도와준다. 선교운동적인 측면에서 보자면, 한국교회의 세계선교 참여는 1980년대부터 본격화되었지만 그것은 19세기 서구 개신교의 세계선교운동과 그 맥이 닿아있고, 우리는 그들로부터 많은 영향을 받아왔으며 여전히 귀중한 교훈을 얻을 수 있다는 사실을 이 책은 새삼 확인시켜 주고 있다.

저자 변창욱 교수는 미국을 중심으로 한 서구 선교사들의 한국선교가 풍성한 결실을 거두었던 역사적 과정들을 연구하여 기록할 뿐만 아니라, 선교학적으로 의미가 있는 원리들을 찾아내어 오늘의 한국선교운동에 적용할 것을 제안하고 있다. 특별히 선교지 교회의 자립과 리더십 이양과 관련한 원리들은 보다 성숙한 한국선교를 위해 우리가 반드시 숙고하고 시급히 실행에 옮겨야 할 정책이 되어야 한다고 생각한다.

이 책에서 나의 관심을 끌었던 또 다른 내용은 19세기 세계선교계를 풍미했던 "문명화"(civilization) 정책을 윌리엄 베어드 선교사를 중심으로 한국 장로교 선교부가 "한국 실험"을 통해 "기독교화"(Christianization) 우선정책으로 전환하여 자립교육 분야에도 적용하여 성과를 거두었다는 내용(pp.207-211)이었다. 한국선교운동의 발전과 성숙을 위해서도 그러한 실험정신이 필요하다.

그동안 한국선교는 서구의 선교신학과 전략들을 제대로 평가하지 않고 그대로 실행만하는 입장이었다. 이제 지난 40여 년 간 세계선교 현장을 역동적으로 경험하면서 수많은 시행착오를 축적한 한국선교운동은 선교의 '개념설계'라고 할 수 있는 한국적 선교신학을 형성하는 시도("theologizing")를 통해 진정으로 세계선교 역사를 바꾸는 선교운동사를 써나가야 할 것이다.

변진석 박사 (한국선교훈련원, GMTC 원장)

세계선교역사를 바꾼

한국교회 선교운동사

세계선교역사를 바꾼
한국교회 선교운동사

초판 1쇄 인쇄 | 2018년 2월 26일
초판 1쇄 발행 | 2018년 3월 1일

지은이 변창욱
펴낸이 임성빈
펴낸곳 장로회신학대학교 출판부

등록 제1979-2호
주소 04965 서울시 광진구 광장로5길 25-1(광장동 353)
전화 02-450-0795
팩스 02-450-0797
이메일 ptpress@puts.ac.kr
홈페이지 http://www.puts.ac.kr

값 18,000원
ISBN 978-89-7369-430-3 93230

＊이 도서의 국립중앙도서관 출판예정도서목록(CIP)은
  서지정보유통지원시스템 홈페이지(http://seoji.nl.go.kr)와
  국가자료공동목록시스템(http://www.nl.go.kr/kolisnet)에서
  이용하실 수 있습니다. (CIP제어번호 : CIP2018005545)

• 잘못된 책은 바꿔 드립니다.
• 이 책은 저작권법의 보호를 받는 저작물이므로 무단전재와 복제를 금합니다.

세계선교역사를 바꾼

한국교회 선교운동사

변창욱 지음

장로회신학대학교출판부

머리말

130년의 짧은 역사 속에서도 한국교회는 역동적인 교회성장뿐만 아니라 복음을 받은 지 30년 만에 다시 선교를 재생산하는 선교적 교회(missional church)로 자리매김해 왔다. 한국교회의 놀라운 성장과 발전은 세계선교역사에서 그 유례가 없는 것이어서 세계교회의 경탄과 주목을 받아왔다. 한국교회를 방문하는 해외교회 지도자들로부터 가장 많이 받는 질문은 "어떻게 한국교회가 이처럼 놀라운 성장을 이루었는가?" "한국교회 성장과 발전의 이유는 무엇인가?"였다.

19세기말 대학생선교자원운동(SVM)의 탁월한 선교동원가, 에큐메니칼 지도자로서 젊은이들에게 선교의 불을 지펴 세계복음화에 앞장섰던 존 모트(John R. Mott)는 1907년 "한국은 머지않아 비기독교 세계에서 최초로 기독교 국가가 될 것이다"라고 예견하였다. 1910년 6월 에딘버러 세계선교사대회에서 미국 북장로회 마펫(Samuel A. Moffett) 선교사는 "한국이 일본이나 중국처럼 군사강대국이나 무역대국이 되리라고 기대하지 않습니다. 그러나 한국이 영적 강대국이 되어 중국, 일본, 러시아까지 영적으로 많은 영향력을 끼치게 되는 날이 언젠가 올 것이라고 생각합니다."라고 외쳤다.

마펫이 한국교회가 영적 강대국이 될 것이라고 한 예언은 틀리지 않았다. 그의 예언대로 한국은 27,000여명의 선교사를 파송하는 세계 2위의 선교 한국이 되었기 때문이다. 그러나 한국이 무역대국이 되지는 못할 것이라는 마펫의 예언은 결과적으로 틀렸다. 한국이 세계 10위안에 드는 무역대국으로 부상했기 때문이다. 100여 년 전 에딘버러 세계선교사대회에서 한국교회는 세계교회의 별다른 관심을 받지 못했지만, 지금 한국교회는 그 때와 비교할 수 없을 정도로 높아진 위상으로 세계 기독교 선교운동의 선두주자로서 세계교회를 섬기고 있다.

하나님이 한국교회를 영적으로, 경제적으로도 축복하신 것은 세계교회를 위해(for), 그리고 세계교회와 함께(with) 일하라고 주신 은혜라고 이해한다. 종교개혁 500주년을 맞아 우리는 '아드 폰테스'(ad fontes), 즉 '근원, 원천으로 돌아가자'는 구호를 빈번하게 들었다. 그런데 이 구호의 원천은 바로 초대 한국교회의 정신을 회복하고 지켜나가는 일이라고 생각한다. 본서의 출간목적은 한국교회의 선교역사를 통해 서구 선교사들의 희생과 헌신을 기억하고 감사할 뿐만 아니라, 복음에 빚진 한국교회가 세계 도처에 파송한 선교사들이 보다 효율적으로 사역할 수 있는 방안들을 모색하는데 있다. 또한 한국교회의 특심한 선교 열정을 지켜나가면서도 지금보다 성숙한 선교의 모습을 회복하도록 돕는데 있다.

본 연구에는 저자의 삶과 학문의 궤적이 고스란히 녹아 있다. 저자의 모친은 평안북도 선천 출생으로 해방이 되자 월남하여 서울 영락교회에 출석하다가(교회건축 때 벽돌을 지어 날랐음) 1·4 후퇴 때 부산으로 피난 갔다가 그곳에 정착하여 수안교회를 60년간 섬기다가 3년 전 소천하였다. 저자의 모교회인 수안교회는 호주 장로교 선교사로서 평양신학교에서 헬라어와 교회사를 가르쳤던 엥겔(Gelson Engel, 왕길지)이 1905년 설립하였다.

신대원 재학 때 교육전도사로 봉사하던 서울 연동교회는 1894년 미국 북장로회 선교사 무어(Samuel F. Moore, 모삼율)가 설립하고, 게일(J. S. Gale) 선교사가 초대 담임으로 있던 교회였으며, 신학교 졸업 후 첫 사역지로 부임한 서울 대현교회는 미국 북장로회 선교사 무어(S. F. Moore)가 설립한 교회였다. 저자는 장신대 대학원(ThM) 재학 시절에 미국 북장로교 선교사 킨슬러(Francis Kinsler)가 1929년에 창설한 성경구락부(Bible Club)일을 계속하던 그의 아들 아더 킨슬러(Arthur W. Kinsler, 1934 평양 출생) 선교사를 도와 성경구락부와 번역일을 감당하기도 했다. 또한 미국 프린스턴신학대학에서 선교역사를 전공하면서 평양 장로회신학교(장신대 전신) 설립자 마펫(S. A. Moffett, 마포삼열) 선교사의 아들 마펫(Samuel H. Moffett, 마삼락, 1916 평양 출생) 박사의 논문 지도를 받았다.

저자는 박사학위 취득 후에 총회 파송 선교사로 필리핀에서 3년 6개월간 사역하였다. 또한 선교사 후손들과 친분을 쌓게 되면서 그들이 소장하던 한국교회와 관련된 귀중한 자료들을 장신대로 기증받는 일에 관여하게 되었다. 평양신학교 설립자 마펫 후손이 기증한 자료(Moffett Collection), 평양신학교 2대 교장 로버츠(Stacy Roberts, 라부열), 그와 사돈지간으로 평양신학교에서 목회학(설교, 전도)을 가르쳤던 클라크(Charles Allen Clark, 곽안련), 그의 아들로서 장신대에서 교회사를 가르쳤던 곽안전(Allen D. Clark) 선교사 가족이 소장하던 자료(Roberts-Clark Collection)를 곽안련의 손자 Donald Clark 박사(텍사스 Trinity University 역사학과)를 통해 기증받았다.

『한국교회 선교운동사』는 신학생, 선교사 지망생, 지역교회 혹은 교단의 선교부 담당목사와 한국교회 선교운동에 관심있는 선교사와 목회자들에게 활용될 수 있을 것이다. 본 연구는 한국교회만을 위한 것이 아니라 세계교회와 나누어야 할 자랑스러운 내용이기도 하다. 전통적으로 기독교 지역인 서구교회가 쇠퇴하면서 한국교회는 모든 선교지에서 "건너와서 우리를 도우라"(행 16:9)는 요청을 받고 있다. 앞서간 믿음의 선진들의 수고와 헌신을 본받아 한국교회 내에 건강한 선교운동이 일어나기를 소원한다.

Gloria Patri et Filio et Spiritui Sancto

2018년 2월 28일
장신대 연구실에서
변 창 욱

목차

추천사 1
추천사 2
머리말

제1장 개신교 전래와 한국인의 반응 | 19

1. 들어가는 말 | 19
2. 기독교에 대한 한국인의 반응 | 21
3. 개신교에 대한 한국인의 기대 | 23
4. 개신교와 전통사상과의 만남 | 34
5. 맺는 말 | 42

제2장 제중원 설립과 한국선교의 시작 | 45

1. 들어가는 말 | 45
2. 알렌과 제중원 | 46
3. 제중원의 선교사적 함의 | 51
4. 맺는 말 | 63

제3장 한국 초기 개신교 선교전략 | 65

1. 들어가는 말 | 65
2. 초기 개신교 선교전략 분석 | 67
3. 오늘의 선교를 위한 전략적 방안 | 89
4. 맺는 말 | 100

제4장 초기 내한 장·감 선교부간(間) 초교파 협력의 이중적 성격: 연합과 협력 vs. 경쟁과 갈등 | 101

1. 들어가는 말 | 101
2. 내한 장·감 선교사들의 협력의 기초 | 103
3. 미국 장·감 선교부 협력의 양면성 | 107
4. 오늘날의 협력선교를 위한 교훈 | 120

제5장 한국교회의 자립선교 전통과 비자립적 선교 행태: 자립선교 패러다임으로 변화를 모색하며 | 125

1. 들어가는 말 | 125
2. 선교와 선교사의 부유함 | 126
3. 한국교회와 자립정책 | 129
4. 건강한 자립교회 설립을 위한 제언 | 144
5. 맺는 말 | 156

제6장 내한 선교사들의 교육선교 | 159

1. 들어가는 말 | 159
2. 교육선교와 미션스쿨 | 160
3. 미국 북장로회 선교부의 교육정책 | 171
4. 오늘의 교육선교 현장에 주는 교훈 | 179
5. 맺는 말 | 185

제7장 베어드의 자립적 교육선교 정책 | 189

1. 들어가는 말 | 189
2. 학생자원운동과 한국선교 | 190
3. 베어드의 선교방법 | 194
4. 자립적 교육선교 정책 | 206
5. 맺는 말 | 214

제8장 한국에서의 선교구역 분할 협정: 미국 북장로회와 북감리회를 중심으로 | 217

1. 들어가는 말 | 217
2. 장·감 선교사들의 초교파 협력의 배경 | 218
3. 장·감 선교부 간의 선교구역 분할 협정 | 220
4. 맺는 말 | 234

제9장 선교사의 리더십 개발과 이양 | 239

1. 들어가는 말 | 239
2. 선교사와 이양의 문제 | 240
3. 성공적인 리더십 이양모델 | 245
4. 이양에 대비한 선교사 리더십 개발 | 257
5. 맺는 말 | 265

제10장 **한국교회 선교 130년의 역사와 교훈** | 271

    1. 들어가는 말 | 271
    2. 해방 이전 선교(1907-1945) | 272
    3. 해방 이후 선교(1945-현재) | 314
    4. 맺는 말 | 318

제11장 **한국교회 선교운동의 회고와 전망:**
       한국선교의 개혁과제를 중심으로 | 323

    1. 들어가는 말 | 323
    2. 한국교회 선교운동의 특징 | 324
    3. 한국 선교운동의 갱신을 위한 제언 | 334
    4. 맺는 말 | 351

찾아보기 | 357

제1장

개신교 전래와 한국인의 반응

1. 들어가는 말

'은둔의 나라'(the Hermit nation)로 불리던 조선은 1870년대부터 1880년대 사이에 외국과 일련의 교섭 및 통상조약을 체결할 때까지 서방 세계뿐 아니라 개신교 선교와의 접촉이 오랫동안 차단되어 있었다. 그러던 중 1876년 2월 26일 강압에 의해 일본과 체결한 '강화도조약'(江華島條約)은 조선이 외국과 맺은 최초의 근대적 조약이었다. 이후 1882년 5월 미국과의 '조미수호통상조약'(朝美修好通商條約)에 이어 영국(1883), 독일(1883), 이탈리아(1884), 러시아(1884), 프랑스(1886) 등 유럽 열강들과 협정을 맺었다. 이러한 협정을 통하여 부산, 원산 그리고 제물포(인천)를 개항하였고, 서울을 외국과의 무역과 거주지로 개방하였다.

중국에서는 두 차례에 걸친 '아편전쟁'(Opium War, 1839-42, 1856-60)의 결과로 서구 제국주의 열강의 군사력을 통한 강압으로 체결된 불평등 조약으로 인해 선교사들은 선교활동을 보장받게 되었다. 그러나 한국이 미국과 서구 여러 나라와 체결한 조약에는 선교활동을 보장하는 내용이 들어있지 않았다. 1866년 2월 한국 천주교 신자들과 프랑스 선교사들이 참수당하는 병인박해(丙寅迫害)가 일어났다. 개항은 했지만 1880년대 초까지도 조선의 관료들은 기독교를 반대하는 입장을 취하고 있었고, 외국과의 조약 내용에 선교활동을 허락하지 않았기 때문에 한국에서 기독교를 전하는 것은 여전히 위험한 일이었다. 이것이 개신교 전래 당시의 한국 상황이었고, 첫 개신교 의료선교사로 내한한 알렌(Horace Newton Allen, 1858-1932)이 미국 공사관 소속의 의사로 신분을 감추고 사역을 시작해야만 했던 이유이기도 했다.[1]

초기 내한 선교사들은 한국인들이 기독교에 어떻게 반응할지 알 수 없었으며, 한국에서 어떠한 선교방법이나 정책을 따라야 할지도 전혀 몰랐다. 그러나 놀라운 점은 수십 년 후에 한국이 이웃나라인 중국이나 일본보다 개신교에 대해 훨씬 더 호의적으로 반응했다는 것이다. 한국이 중국이나 일본보다 기독교 복음에 더 수용적이었던 이유에는 다양한 요인이 존재하지만,[2] 초기 개신교가 전래할 시점에 한반도가 처한 역사적 상황과 사회·정치적 분위기가 초기 기독교 수용과 성장에 매우 호의적인 환경을 조성해주었던 것은 부인할 수 없는 사실이다.

---

[1] 본 장에서는 그간 발굴되지 않았던 미국장로교 역사기록보관소(Presbyterian Historical Society, PHS. 본서의 모든 선교편지는 PHS의 자료)와 미국성서공회(American Bible Society) 등의 1차 자료를 보완하여 한국 개신교 전래과정을 역사적 사실에 보다 더 충실하게 재구성한다.

2. 기독교에 대한 한국인의 반응

1876년 한국이 일본과 강화도조약을 체결한 이후 서구에 대한 대부분의 정보는 일본을 통해 습득되었다. 예를 들어, 1880년 7월 2차 수신사로 일본에 간 김홍집(金弘集, 1842-1896) 일행은 일본의 놀라운 발전상을 보고 돌아와 세계정세에 대한 관심을 불러 일으켰다. 이때 김홍집은 일본 주재 청나라 공사관의 참사관 황준헌(黃遵憲)이 쓴 『조선책략』(朝鮮策略)을 가져와 한국이 강한 나라가 되기 위해서는 서구 문명을 받아들여야 한다는 그의 제안을 소개하였다. 황준헌은 영토에 대한 끝없는 탐욕을 갖고 있는 러시아가 연해주를 획득하고 블라디보스토크 항을 건설한 후에 계속 남하하는 상황에서, 중국의 속국인 조선이 러시아의 침략위협에 대처하려면 "중국과 친하게 지내야 하며(親中國), 일본과 결속하고(結日本), 미국과 연합(聯美國)하는 협력을 맺어 러시아의 남진에 맞서야 한다"[3]고 주장하였다. 그는 미국은 세계에서 가장 부유한 국가이며 부정의로 인해 압제당하는 나라들의 호소를 지지해 줄 외교정책을 갖고 있다고 설명하였다. 주목할 점은 그가 미국은 한국에 대한 야망을 갖고 있지 않다고 보았다는 것이다.

황준헌의 『조선책략』을 통해 한국인들은 기독교에 대해 긍정적

---

2) Samuel Hugh Moffett, "Christianity in Korea: Why It Grew?" 『춘계 이종성 박사 고희기념 논문집』 (서울: 대한기독교서회, 1992), 786-98; G. Thompson Brown, "Why Has Christianity Grown Faster in Korea Than in China?" *Missiology: An International Review* 22 (January 1994), 77-88.

3) Young-ick Lew, "The Shufeldt Treaty and Early Korean-American Interaction, 1882-1905," in *After One Hundred Years: Continuity and Change in Korean-American Relations*, ed. Han Sung-joo (Seoul: Asiatic Research Center, Korea University, 1982), 6.

인 생각을 갖게 되었고, 러시아의 팽창 야욕의 위험성을 염두에 두게 되었다. 그의 이러한 제안은 한국 정부 내에 큰 영향을 미쳐 조선의 대외정책이 개국으로 전환하는 결정적인 계기를 마련하게 했었으며, 그 결과 조미수호통상조약(1882)에는 미국을 자애롭고 협조적인 동맹으로 우호적으로 표현하고 있음을 보게 된다. 그러나 개신교에 대한 이러한 우호적인 입장은 당시 조선의 지배 권력이었던 양반층 유교 학자들의 강한 저항에 부딪치게 된다. 모든 양반 식자층이 조선에서 서구의 신지식이 널리 퍼지는 것에 반대한 것은 아니었지만, 조미조약 이후 시작된 선교활동에 대해서 다양한 대응들이 나타났다.

1880년대 이후 급속도로 증대해가는 서구의 영향력에 직면하여 기득권을 가진 조선의 지배층은 방어적인 태도를 취할 수밖에 없었다. 수구파이든 개화파이든지 간에 유학자들 모두는 나라를 부유하게 하고 강한 군대를 가져야 한다는 부국강병(富國强兵)이라는 목표를 공유하고 있었다. 그러나 나라를 부하게 강하게 만들기 위해서는 3가지의 제각기 다른 반응과 전략이 존재했다.

〈표 1〉 19세기 후반 서구문명과 기독교에 대한 한국인의 반응[4]

	서구문명	기독교	특징	시기
척사위정론(斥邪衛正論)	거절	거절	극보수	19세기 중엽
동도서기론(東道西器論)	수용	거절~불관용	온건 진보	19세기 후반
급진개화론(急進開化論)	수용	관용	급진 진보	19세기 후반

〈표 1〉에서 보듯이, 첫째로 19세기 중엽 척사위정파의 정통 유학

---

[4] 이광린, "개화파의 개신교관" 『한국 개화사상 연구』 (서울: 일조각, 1999), 34-62를 바탕으로 보완함.

자 이항로(李恒老, 1792-1868), 최익현(崔益鉉, 1833-1906) 등은 유교 전통을 보호해야 한다는 명목으로 서구 문명과 서양 종교를 사교(邪教)로 간주하여 기독교의 수용을 극렬하게 반대하였다. 둘째, 동도서기파와 급진개화파는 진보적 입장에서 서구 문명을 받아들이는 것에 동의했다. 그러나 온건개화론 유학자에 속하는 동도서기파는 서구의 무기나 기술은 유용한 것이므로 받아들이지만, 유교의 가르침과 윤리가 기독교를 포함한 서구 사상으로 오염되어서는 안 되기 때문에 배척해야 한다는 확고한 신념을 갖고 있었다. 셋째, 급진개화파는 나라를 부유하고 강한 나라로 만들기 위해서는 서구 문명뿐 아니라 서양 문명의 뿌리인 기독교까지도 수용해야 한다는 입장을 견지하였다.[5]

3. 개신교에 대한 한국인의 기대

A. 맥클레이의 정탐과 알렌의 내한

1882년 한미조약 체결 이후 일본과 중국에서 사역하던 선교사들은 한국이 새로운 선교지로 개방되었음을 알리며 한국선교의 필요성을 강조하기 시작하였다. 가장 먼저 미국 감리교회가 한국의 선교사업에 관심을 갖기 시작하였다. 1884년 6월 24일에서 7월 8일까지 일

---

5) 신광철, 『천주교와 개신교, 만남과 갈등의 역사』 (서울: 한국기독교역사연구소, 1998), 50-51.

본에 주재하던 미감리회 선교부의 감독 맥클레이(Robert S. Maclay, 1824-1907)는 서울 정탐여행을 다녀갔다. 한국 체류 중에 그는 일본에서 몇 차례 만난 적이 있는 개화파의 김옥균(金玉均, 1851-1894)의 주선으로 고종 황제로부터 교육과 의료사역만을 시작할 수 있는 허락을 받았다. 고종이 교육과 의료사업을 윤허한 것은 그 분야가 절실히 필요했고 이를 통해 나라의 발전을 도모할 수 있겠다는 기대가 있었기 때문이며, 전도와 선교활동은 허락하지 않음으로써 고종 자신도 암묵적으로는 동도서기파의 입장을 견지하고 있음을 보여준다.

1884년 9월 8일 동경으로 돌아온 맥클레이 선교사는 서울에 머물던 초대 주한 미국공사 푸트(Lucius Foote)가 보낸 편지 한 통을 받는다.

> [고종] 황제로부터 당신이 하려는 일에 어떠한 방해도 없을 것이고, 당신이 서울에서 학교와 병원을 세우는 일을 암묵적으로 격려하실 것이라는 확약을 국왕으로부터 재차 받았소. 당신이 이러한 사업을 완전히 끝마칠 때까지 아마도 내가 여기에 체류하지 않을 수 있소. 하지만 당신의 일을 돕기 위해 내가 할 수 있는 모든 일을 할 것이오.[6]

1884년 9월 14일 중국의 미북장로교[7] 의료선교사 알렌이 부산에 도착했다. 그는 1883년 10월 11일 중국 상해에 도착한 이후 미국 북장로교 산동 선교부 소속 선교사로 사역하다가 미국장로교 선교부로

---

6) R. S. Maclay, "Commencement of the Korea Methodist Episcopal Mission," *Gospel in All Lands* 17 (November 1896), 500.
7) 일반적으로 "미국 북장로교"로 표기하나, 본서에서는 "미북장로교" 혹은 "북장로교"로 표기한다.
8) 박형우, "알렌의 의료 선교사 지원과 내한 배경," 『한국기독교와 역사』 제40호 (2014. 3), 211-13.

부터 선교지 변경 허락을 받고 한국으로 선교지를 바꾸었고[8] 이는 한국 개신교 선교의 시작이었다. 최초의 거주 선교사로서 한국에 온 알렌은 미국 공사관의 공의(公醫)로 합법적인 지위를 부여받고 있었다.[9] 그는 사역 초기에 뉴욕의 북장로교 해외 선교부 총무에게 보낸 보고서에서 이러한 상황에 대해 다음과 같이 설명했다.

> 선교사들은 이 나라(한국)에 입국이 허락되지 않습니다. 하지만 저는 공사관 공의로서 앞으로 곧 시작될 선교사역을 준비하는 동안 어떠한 방해를 받지 않을 것 같습니다.[10]

> 푸트 공사는 내가 의사이고 선교 사업을 위한 적절한 때가 조성될 때까지는 설교나 전도사역을 하지 않을 것이라는 것을 알고 있기 때문에 저를 매우 따뜻하게 맞아 주셨습니다. … 어떠한 문제가 발생하지 않도록 그의 뜻에 따라 저를 공사관 공의로 공식적으로 임명해 주었습니다.[11]

알렌이 서울에 도착한지 몇 달 안 되었던 1884년 12월 4일 저녁 김옥균, 박영효(朴泳孝, 1861-1939), 홍영식(洪英植, 1855-1884) 등의 친일개화파 주도의 갑신정변(甲申政變)이 발생한다. 이 쿠데타사건은 한국근대사에 매우 중요한 사건이었으며, 이 사건은 향후 한국에서 선

---

9) 알렌은 자신을 미공사관의 공의로 소개한다. 하지만 저자가 발굴한 자료(푸드기 장로교 선교부 총무 엘린우드에게 보낸 편지)에 의하면, 푸트는 알렌을 자신의 "개인 주치의"라고 밝힌다. 알렌을 공사관 공의로 공식적으로 임명할 수 없었기 때문이다. "While I could give him[Allen] no official appointment, it will be understood that he is my private physician, in fact, he has the entire field to himself, there being no other American or European physician here." Lucius H. Foote to F. F. Ellinwood, United States Legation in Seoul, November 12, 1884.
10) Horace N. Allen to F. F. Ellinwood, Seoul, Korea, October 1, 1884.
11) Horace N. Allen to F. F. Ellinwood, Seoul, Korea, October 8, 1884.

교사역의 문이 열리는 계기가 되기도 했다. 조선 조정(朝廷)의 고위 관료들과 왕족들과 주한 미국공사 푸트도 참석한 가운데 서울 종로에서 있은 우정국(우체국) 개국 축하 행사장을 급진개화파가 공격한 것이다. 이에 푸트 공사는 공사관 공의인 알렌을 급히 호출하였고, 알렌의 빠른 응급조치로 심한 자상을 입은 명성황후(1851-1895)의 조카 민영익(閔泳翊, 1860-1914)의 목숨을 구하게 된다.[12]

갑신정변이 3일 천하의 실패로 끝나고, 김옥균은 일본 망명길에 올랐다. 그러나 정변 기간 동안 알렌이 서양식 외과 시술로 민영익의 생명을 살림으로써 향후 한국 내 개신교 선교활동에 지대한 영향을 미치게 되었다. 이후 민영익이 완쾌됨으로써 알렌은 왕실의 호의를 얻게 되었을 뿐 아니라 의구심으로 바라보던 조정이 서양 의술을 신뢰하게 되었고 이로써 알렌은 최초의 서양 의사요 의료선교사로서 발판을 다지게 된다.

명성황후와 민씨 일가들은 일본과 같은 서구 방식의 개혁을 반대하고, 중국과 우호적인 관계를 유지하려는 수구파(친청파)에 속했다. 따라서 이들은 급진개화파들이 한국에 서구 문물을 도입하려는 모든 시도들을 가로막았다. 흥미로운 점은 알렌이 민영익의 생명을 구하게 되면서 선교활동에 가장 큰 장애가 될 수 있었던 민씨 수구파가 알렌의 선교사역의 암묵적 후원자가 된 것이다.[13] 그리하여 선교사들은 갑신정변을 계기로 선교의 기회가 열리게 된 것은 하나님의 "특별한 섭리적 사건"(a special providence)으로 해석하였다.[14]

---

12) 민영익은 "알렌은 부상당한 자신을 구해주기 위해 하늘이 특별히 보내준 사람"이라고 하였다. *Annual Report of the Board of Foreign Missions of the Presbyterian Church in the United States of America*, 1885, 130.

13) Fred H. Harrington, *God, Mammon and the Japanese: Dr. Horace Allen and Korean-American Relations, 1884-1905*, 이광린 역, 『개화기의 한미관계: 알렌 박사의 활동을 중심으로』 (서울: 일조각, 1997), 25.

알렌은 민영익을 치료하면서 맺은 기회를 한국선교의 발판을 마련하는 계기로 삼았다. 1885년 1월 주한 미공사관 대리공사(Chargé d'Affaires) 포오크(George Foulk)[15]는 알렌에게 관립병원을 세울 것을 제안한다.[16] 알렌은 광혜원(후에 제중원) 설립 청원서를 제출하면서 광혜원을 한국 정부와 미국 북장로교 해외선교부의 공동 프로젝트로 추진하는 안을 제출하였다. 청원서 내용에 의하면, 미북장로교 선교부는 병원에 필요한 의료 인력을 파송하고, 한국 정부는 음식, 약, 실무인력과 그 외 조력자들을 제공하도록 되어있다. 알렌은 민영익을 포함한 많은 한국의 병자들에게 의학적 도움을 실제로 제공했던 자신의 인도주의적 노력을 언급하면서 병원 설립의 필요성을 강조했다. 또한 서구의 의학기술을 한국 청년들에게 전수하기 위해 의학교 설립의 계획도 제안서에 포함시켰다.[17]

주목할 점은 선교사 알렌이 제출한 광혜원 설립 청원서에는 선교적 목적이나 동기가 거의 드러나지 않는다. 포오크는 알렌을 미공사관의 공의로 소개했고, 알렌은 광혜원에서 일하게 될 의사들의 파송과 재정 후원을 책임지게 될 미국 장로교 해외선교부를 "자선단체"(a benevolent society)로 표기했다. 또한 조정의 보수파들이 가할 수 있는 공격에 대비하여 미국에서 지원하여 세운 광혜원과 같은 자선병원들이 중국의 북경, 천진, 상해, 광동 등지에도 존재하며, 중국의 여러 도시에 세워진 이들 병원도 미국의 동일한 자선단체의 후원을 받

---

14) John W. Heron to F. F. Ellinwood, Seoul, June 26, 1885. John W. 헤론, 김인수 옮김, 『헤론 의사의 선교편지』 (서울: 쿰란출판사, 2007), 12.
15) 미국 공사관의 포오크 대리공사는 미국에서 장로교 계통의 학교를 졸업하였고 선교의 필요성을 깨닫고 있었으며 알렌의 선교사업을 열심히 도와주었다. George Foulk to F. F. Ellinwood, Seoul, December 20, 1886.
16) Allen's Diary, June 21, 1885.
17) Allen's Diary, February 14, 1885, and October 25, 1886.

고 있다는 사실을 명시하였다.[18]

고종 황제는 알렌의 광혜원 설립에 대한 제안에 대해 우호적인 반응을 보였다. 1885년 2월 20일 알렌은 한국 외교부로부터 광혜원 설립 승인을 받았다. 이는 매우 놀라운 일이었는데 당시 조정의 외교부 수장 김윤식(金允植, 1835-1922)은 어떤 종류의 선교활동도 강하게 반대하던 인물이었기 때문이다. 알렌이 광혜원 설립을 허락받은 것에 대해 미북장로교 선교본부와 미국 정부는 축전을 보내기까지 했다.[19] 1885년 4월 10일 한국 최초의 근대식 서양병원 광혜원(廣惠院, '큰 은혜의 집')이 의료선교사 알렌의 감독 하에 개원하게 되었다. 이후 알렌은 선교사 신분으로 사역할 수 없는 미국 장로교 선교사뿐 아니라 감리회 선교사들까지도 광혜원에 와서 합법적으로 일할 수 있도록 초청하기도 하였다.[20]

정리하면, 한국 정부는 서구 문명에 대한 절박한 필요 때문에 광혜원 개원과 이를 통한 선교사 입국을 묵인해 주었다. 그리하여 1885년 10월 한국을 방문했던 요코하마 주재 미국성서공회(ABS)의 총무 루미스(Henry Loomis, 1839-1920) 목사는 "광혜원의 의료사역을 통해 선교사들은 한국인들의 호의와 신뢰를 얻게 되었고 이로써 기독교 진리를 받아들일 마음의 밭이 기경되었다"고 평가했다.[21]

광혜원 개원을 허락할 때 고종과 외교부 수장인 김윤식은 알렌의 선교적 의도를 잘 알고 있었다. 이후 안수 받은 최초의 목사 선교사 미국 장로교 언더우드(Horace G. Underwood, 1859-1916)와 미국 감

---

18) Allen's Diary, February 20, 1885.
19) Allen's Diary, February 20, February 25, and June 17, 1885.
20) Allen's Diary, April 10, 1885.
21) Henry Loomis, "Corea," *Bible Society Record* (American Bible Society) 31 (January 1886), 3.

리교 아펜젤러(Henry Appenzeller, 1858-1902)가 내한하였다. 언더우드는 북장로교의 두 번째 의료 선교사 헤론(John W. Heron, 1856-1890)이 1885년 말 광혜원에서 사역을 시작할 때까지 병원에서 알렌을 도왔다. 유념할 점은 직접적인 복음 전파가 불가능한 시점에서 서양의 의학기술과 고아원 설립을 통해 한국인들을 섬기는 사역이 기독교 복음을 받아들이도록 준비시키는 역할을 했으며, 조정으로부터 호의적인 반응을 받았다는 것이다.

1886년 2월 15일 고아원(경신학교 전신)[22] 개원을 3개월 앞둔 시점에서 외교부 수장 김윤식은 포오크 주한 대리공사에게 미국 선교사들의 고아원 사역 계획을 격찬하는 다음과 같은 편지를 보내왔다.

> 우리 조선 백성들을 돕기 위하여 당신네 미국인들, 즉 알렌 의사, 헤론 의사, 언더우드 씨가 서울에 거주하는 고아와 집 없는 아이들을 위한 집을 세울 것을 제안하였소. 아이들에게 음식과 의복이 제공되고, 한자와 언문(한글)을 배우게 되고, 그들 스스로 자립할 수 있는 방법을 잘 배우게 될 것이오. 이전에 생각하지도 못했던 계획인데, 한국 조정의 입장에서 볼 때 이러한 제안보다 더 가치 있는 제안이 이 세상에 어디 있겠소? … 조정은 이러한 제안을 사람들에게 널리 알릴 것이오.[23]

---

22) 언더우드가 내한한 지 1년 1개월이 지난 1886년 5월 11일 서울 정동에 학교를 겸한 고아원이 개원되었다.
23) Foulk to Allen, Heron and Underwood, Seoul, February 15, 1886.

B. 개신교와 부국강병

황준헌의 책과 알렌의 인도주의적 의료사역으로 인하여 더 많은 한국인들이 개화와 개신교에 대해 열린 마음을 갖게 되었다. 또한 1880-1890년대 개화사상은 선교사들과 한국의 근대화를 위한 추진력이 되었다. 19세기말 기독교가 한국에 전래될 당시 한국은 대내적으로 봉건사회를 개혁하는 일과 대외적으로 제국주의 세력에 대항해야 하는 두 가지 과제를 안고 있었다. 개화의 필요성을 자각한 사람들은 개신교에 특별히 관심을 가졌다. 그들은 기독교를 받아들인 국가들이 세계에서 가장 부유하고 발전한 나라임을 인식하고 있었기 때문에, 미국의 기독교가 한국을 부유하고 강한 나라로 만드는데 도움을 줄 것이라고 생각하였다. 미국 개신교의 도입은 나라를 세우는데 꼭 필요한 요소라고 믿었던 것이다.

1897년 『죠션크리스도인 회보』에 게재된 다음의 내용은 개신교에 대한 한국인들의 기대감을 잘 반영하고 있다.

> 서구의 가장 개화되고 부유한 나라를 보라. 어떤 종교가 지배하고 있는가? … 부유하고 개화된 나라 … 사람들에게 일자리를 제공해 주고, 그 결과로 사람들은 하나님을 경외하고 정부를 사랑한다. … 어떻게 한국이 부유하고 개화된 나라가 될 수 있을까! … 만약 우리나라가 기독교의 가르침으로 다스려진다면, 개화는 저절로 이루어질 것이다.[24]

---

24) 『죠션크리스도인 회보』, 1897.6.1. 1897년 2월 2일 감리교 아펜젤러 선교사가 창간한 신문으로서 한글로 발간되었다.

앞선 시대의 동도서기론을 주장한 자들처럼 19세기 말엽의 개화 지식인들은 개항 이후 근대화 과정에서 기독교를 근대화 혹은 '문명화'(civilization)를 이루기 위한 수단으로 이용하고자 했다. 예컨대, 김옥균, 박영효 등은 기독교 문명에는 관심이 있었으나 기독교 사상은 받아들이지 않았다. 그러나 서재필(1864-1951), 윤치호(1865-1945), 유길준(1856-1914), 이상재(1850-1927), 남궁억(1863-1939), 이승만(1875-1965) 등은 기독교로 개종했는데 그들의 개종에 진보적 정치 성향과 동기가 혼합되어 있었음에도 불구하고 자신들이 그리스도인임을 공개적으로 드러내었다. 이들은 서구의 문물뿐 아니라 사상까지 수용했던 것이다.

초기 선교사들은 한국의 사회 정치적 상황 때문에 복음 전파를 위한 수단으로 기독교 문명을 앞세우는 접근법을 취했다. 이처럼 기독교를 통해 문명화를 성취하려는 진보개화파의 기대와 불가피하게 기독교 문명론을 따랐던 선교사들의 접근법이 서로 일치하였다. 절박한 현실적 필요 때문에 서로가 서로를 필요로 했던 것이다. 결론적으로 서구의 기독교 문명은 문명화의 도구로서 한국인들의 마음과 영혼이 기독교를 향해 마음의 문을 열도록 도왔고, 기독교는 한국이 근대화의 길로 나아가는데 도움이 되었다.

C. 기독교 문명론과 선교

초기 선교사들은 한국의 절실한 필요와 상황을 인식하고 있었기 때문에, 문명화를 선행시키고 기독교화(Christianization)가 뒤따르는 형식을 취했다. 그러나 한국선교에서 문명화가 기독교화에 선행해서 시행되었다는 주장이 정확하게 맞는 것은 아니다. 선교사들이 취한 의료와 교육사역이 그 자체가 목적으로서 시행된 것이 아니라 교육과 진료와 함께 전도가 추진되었기 때문이다. 즉, 두 과정이 동시다발적으로 시행되었다고 보아야 한다.[25] 여러 선행연구에서 밝혀진 것처럼 한국 개신교선교는 의료와 교육의 문명화 사역으로 시작되었다. 그러나 유념할 것은 문명화에 종사했던 대부분의 선교사들도 복음전도를 문명화보다 더 중시하였다점이다.[26]

이처럼 한국선교에서 '문명화'와 '기독교화'의 두 가지 동기가 서로 얽혀있는 동안에 의료, 교육사역의 역할은 '기독교화'를 이루는 데 있어 필수조건이었다. 기독교 문명화는 한국에서 의학과 교육의 발전을 가져왔을 뿐 아니라 사회변혁과 진보를 가져왔다. 기독교 선교활동의 결과로 여성의 지위가 놀랍게 향상되었다. 1890년대에 접어들면서 훨씬 더 많은 한국인들이 기독교를 받아들이게 되었고 기독교 문명이 제공하는 혜택을 "역사적인 기회"로 간주하기까지 하였다.[27]

초기에는 한국의 개화파나 선교사들 간에 큰 갈등이 없었고, 선교사들 자신도 기독교 문명론이나 문명 개화론에 별다른 문제를 제기하지 않았다. 그러나 시간이 지나면서 문명화와 기독교화의 두 가지 동기 사이에 갈등이 생겨나기 시작했다. 1890년 중반 이후 한국에서 가장 큰 선교회로 자리 잡은 미국 북장로교 선교부는 교육과 의료의 비중을 낮추고 직접적인 복음전도에 집중하기 시작했다. 그러자

---

25) 이향순, "초기 한국 선교의 양면성: 기독교화와 문명화," 『선교와 신학』 제13집 (2004. 6), 44-45.
26) William R. Hutchison, *Errand to the World: American Protestant Missionary Thought and Foreign Missions* (Chicago: University of Chicago Press, 1987), 99.
27) Editorial Department, "Continued Progress," *Korean Repository* 2 (1895), 268.

1896년 의료선교사 릴리어스 언더우드(Lillias Horton Underwood, 1851-1921)는 이러한 정책 변화에 대해 비판적인 논조로 "많은 선교사들이 병원을 세워 모여든 환자들에게 복음을 전하고 구원받게 하는 일이 실제로 가능하다고 믿지만, 학교를 세워 사람들을 구원하는 것은 믿지 않는다."라고 불평했다. 릴리어스는 지금까지 미션스쿨과 병원이 복음전도의 좋은 방편으로 간주되었는데, 이제는 모든 선교사들이 "직접적인 복음 전파를 하기 원하며, 가르치는 학교사역은 지루하고 여성 선교사들에게나 적합한 일이라고 생각한다."[28]고 지적하고 있다.

1901년 방한했던 미국 북장로교 해외선교부 총무 아더 브라운(Arthur Judson Brown)은 한국 방문 보고서에서 학교나 병원과 같은 기관 사역은 "교회 설립보다 먼저 시도되어서는 안 된다"라고 생각하는 선교사들이 한국에 있었음을 증언한다. 이러한 입장에 동조하여 브라운 총무도 선교지에 대규모의 선교기관을 세우는 것에 대해 비판적인 입장을 보이고 있다.

> 규모가 큰 기관을 운영하는 데는 본국 교회와 선교부가 소유한 선교자금과 선교역량뿐 아니라 한국교회가 가진 자금도 흡수해 버리기 때문에 선교지에 세워진 거대한 기관들은 한 나라의 복음화에 도움이 되기보다 사실 장애가 되고 있다. 거대한 선교기관들은 기독교가 인간 구원을 위한 하나님의 교회가 아닌 하나의 자선단체로 보이게 한다.[29]

---

28) Lillias H. Underwood to F. F. Ellinwood, Seoul, April 22, 1896.
29) Arthur J. Brown, *Report of a Visitation of the Korea Mission of the Presbyterian Board of Foreign Mission* (New York: The Board of Foreign Missions of the Presbyterian Church in the United States of America, 1902), 27.

북장로교의 평양지역 개척 선교사인 마펫(Samuel A. Moffett, 1864-1939)은 브라운 총무와 같은 맥락에서 신참 선교사들에게 "우리는 기독교 문명을 전하러 온 것이 아니라, 성경 기독교를 전하러 온 것임"을 주지시켰다.[30] 한국선교 초기에 문명화와 기독교화는 서로 떼어낼 수 없는 관계였는데 이제는 선교의 두 가지 동기가 분리되기 시작한 것이다. 생각할 점은, 미북장로회 선교부가 교육과 의료사역보다 직접적인 복음전도를 더 강조하기 시작한 것은 당시 변화하고 있던 한국 내 선교상황을 반영한 것이기도 했다. 다시 말해, 1900년에 들어오면서 복음전도에 대한 한국인들의 반응은 매우 경이적인 것이어서 더 이상 간접적인 방법으로 기독교를 전할 필요가 없었기 때문이다. 또한 한국에서 일본이 식민 지배력을 강화해 나가면서 선교사들은 문명화와 기독교화의 선교전략을 구분할 필요성이 생겼기 때문이기도 했다.[31]

4. 개신교와 전통사상과의 만남

A. 개신교의 차별화 전략

많은 나라의 경우처럼 한국에서 천주교와 개신교는 두 개의 별개의 종교로 구분되어 소개되었다. 한국에 전래된 천주교는 1884년 개신교 선교사가 내한하기 100여년 전에 이미 들어와 있었다. 당시 가톨릭교회는 조선 조정과 갈등과 순교의 역사를 갖고 있었다. 한국정부는 잔인하게 천주교인들을 탄압했다. 조상제사를 폐지한 것 때문에 천주교는 '왕도 아버지도 없는'(無君無父) 종교이며, 유교의 전통과 도덕 질서를 어지럽히는 가르침을 퍼뜨린다(滅紀亂常)는 비난을 받아야 했다. 따라서 파리 외방전교회(Société des Missions Étrangères de Paris)에서 파송된 프랑스 선교사들과 한국의 천주교인들은 비밀리에 전도하면서 온갖 위험에 맞서야 했다.

1880년 황준헌은 천주교와 개신교는 모두 같은 기원을 가지고 있지만, 개신교는 천주교와 다른 종파라고 설명했다. 그는 천주교는 프랑스에서 널리 퍼져있는 반면에, 개신교는 미국에 널리 퍼져있다고 하였다. 후자가 정교분리의 원칙에 의해 정치와 거리를 둔 것과는 달리, 전자는 정치에 활발하게 관여한다고 보았다. 주목할 점은 황준헌이 개신교 신자들은 선량한 사람들이므로 한국은 개신교에 대해서 걱정할 필요가 없다고 말했다는 것이다.[32]

황준헌의 영향을 통해 조선 조정은 개신교에 대해 우호적인 인상을 가지고 있었으며, 이를 바탕으로 개신교는 선교 초기부터 로마 가톨릭과 차별화된 선교방법을 사용하였다. 천주교와 달리 개신교 선교사들은 한국인들의 유교전통이나 가치와 상충되는 공격적인 전도방법을 취하지 않았다. 살펴 본 바와 같이, 개신교 선교는 의료와 교육

---

30) Samuel A. Moffett, "Prerequisites and Principles of Evangelization," in *Counsel to New Missionaries from Older Missionaries of the Presbyterian Church, Board of Foreign Missions of the Presbyterian Church in the United States of America* (New York: Board of Foreign Missions of the Presbyterian Church in the United States of America, 1905), 69.

31) Elizabeth Underwood, *Challenged Identities: North American Missionaries in Korea, 1884-1934*, 변창욱 옮김, 『언더우드 후손이 쓴 한국의 선교역사(1884-1934)』 (서울: 도서출판 케노시스, 2013), 90.

32) Chung-shin Park, "Protestantism in Late Confucian Korea: Its Growth and Historical Meaning," *Journal of Korean Studies* 8 (1992), 144.

의 간접 전도방식을 취했다. 비록 암묵적으로 전도활동을 추진하기는 했지만, 개신교 선교사들은 조약 내용에 순응하여 전도금지법을 지키려고 노력하는 것처럼 행동하였다. 그 결과 국법을 무시하고 조정과 심각한 갈등과 박해를 초래하였던 로마 가톨릭과 달리 개신교는 차별화된 선교정책을 사용하면서 상당한 성공을 거둘 수 있었다.

B. 개신교와 한국 전통종교

개신교 전래 시기의 한국은 도덕적이고 윤리적으로 강한 유교 전통을 가진 나라였다. 19세기에 접어들면서 전세계적으로 개신교 선교운동이 활발하게 시작된 때에 전통종교에 대한 선교사들의 평가는 전반적으로 부정적이었다. 또한 선교사들은 기독교가 다른 종교보다 더 우월한 것임을 의심하지 않았다. 그들은 선교지의 타종교 전통을 타락하고 이교도적이며 우상숭배와 다름없으며 거짓 종교로 이해하였다. 그러나 19세기 중엽과 후반에는 여러 선교지에서 전통종교를 보다 동정적 입장에서 이해하려는 움직임이 생겨나기 시작하였다.[33]

한국에 온 개신교 선교사들 가운데 강한 종교적 확신으로 인해 타종교에 대해 공격적인 태도를 보이는 이들도 있었다. 예를 들어 1892년 9월 한국에 온 미국 북장로교 무어(Samuel F. Moore, 1860-1906) 선교사는 내한한 지 1년도 안 된 1893년 여름에 경기도 북한산

---

33) James Earnest Fisher, *Democracy and Mission Education in Korea* (New York City: Teachers College, Columbia University, 1928), 125-26.

성의 사찰에서 경내에 있는 불상 하나를 쳐서 넘어뜨리는 사건이 발생했다. 그는 사찰에 있는 승려들에게 전도도 하였으며 불상들이 아무런 생명도 없는 우상(idol)임을 보여주기 위해 불상 한 개를 지팡이로 밀어 쓰러뜨렸다. 이 일이 발생한 1893년 당시 알렌은 주한 총영사로서 문제가 더 커지지 않도록 이 사건을 무마하여 처리하였다.[34]

그러던 중 1900년 3월 9일에 무어 선교사가 고종 황제와 조정 대신들에게 복음을 전할 목적으로 황제와의 알현을 요청하는 짧은 한글 편지를 우편으로 발송하였다. 무어가 보낸 쪽지 내용은 만약 고종 황제가 여러 대신들과 함께 하나님의 말씀을 경청할 의향이 있으시면 자신을 불러달라는 것이었다.[35] 대한제국의 내부(內部)는 일개 외국선교사가 국왕에게 의전을 거치지 않고 불손하고 무례하게 보내진 무어의 개인 편지에 대해 외교상의 의례(protocol)를 문제 삼아 미국 공사 알렌에게 공식적으로 항의하였다.[36] 이 일로 인해 알렌은 지난번에 덮어두었던 불상 파괴 사건을 다시 문제 삼았을 뿐 아니라 서울의 북장로교 현지선교회와 뉴욕의 미국 북장로교 해외선교부에 두 사건의 전모를 자세히 보고하였다.[37]

알렌 공사는 무어 선교사에게 "한국의 전통신앙과 관습에 대해

---

34) 무어 선교사가 불상을 파괴한 것으로 알려져 있다. 하지만 정확한 사건 전모는 무어가 불상을 지팡이로 밀어 넘어뜨렸고 땅에 내동댕이쳐진 불상은 부서지지 않았다. 옥성득, "무어의 복음주의 선교 신학: 불상 파괴 사건과 황제 알현 요청 서신 사건을 중심으로," 『한국기독교와 역사』 제19호 (2003. 8), 31-76.

35) 한글 쪽지 전문은 다음과 같다. "대황제 폐하께옵서 보시옵시사, 천지를 만드신 하나님의 긔별하신 말씀, 니 미국인 모삼뉼에게 있으니 여러 대신 무리로 더불어 자세히 들으실 생각이 계시거든 부르시기를 바라옵나이다. [1900년] 양 3월 9일 모삼뉼 S. F. Moore".

36) 알렌은 "무식한 한국인 서기"가 이 한글편지를 대필하였기 때문에 무례한 용어들을 사용했다고 주장한다. Horace N. Allen, *Things Korean* (New York: Revell, 1908), 신복룡 역, 『조선견문기』 (서울: 박영사, 1979), 173-74. 그런데 편지 끝에 한글 이름과 영어 이름이 나란히 적혀있는데, 한글 필체가 삐뚤삐뚤한 반면에, 영어명이 달필인 것을 보면 무어 선교사의 자필일 가능성도 배제할 수 없다.

37) Horace N. Allen to F. F. Ellinwood, Seoul, March 15, 18, August 17, 1900.

폭력적으로 간섭하지 말 것"을 경고하였다.[38] 이에 대해 무어는 황제가 기독교 복음을 듣게 되면 우상숭배는 없어지게 될 것이라고 생각했다고 북장로교 해외선교부 선교부 총무에게 해명하였다.[39] 그러자 선교부 총무 엘린우드는 사도행전 17장 16절 이하를 인용하면서 "바울도 우상(idol)을 존중하는 태도를 지녔고 이를 통해 아덴 사람들도 하나님을 혹 더듬어 찾아 발견할 수 있음"을 상기시키면서 무어 선교사를 점잖게 질책하였다.[40]

C. 개신교와 조상제사

선교사들에게 제사문제는 한국 복음화의 가장 큰 걸림돌이었다. 18세기 초 로마 가톨릭교회는 조상제사를 거부한다는 이유 때문에 수많은 천주교인들이 혹독한 핍박을 받았다. 초기 개신교도 조상제사를 우상숭배로 간주하였고, 세례교인이 되기 위한 필수조건으로 제사 중지를 요구하였다. 예컨대, 1895년 9월 원산 지방에서 사역하던 미국 북장로교 선교사 스왈른(William L. Swallen, 1865-1954)은 두 명의 교인이 제사를 다시 드렸기 때문에 출교 당했음을 보고하고 있다.[41] 조상제사는 천주교인뿐 아니라 개신교인들에게도 많은 어려움을 야기하였는데, 1920년에도 제사를 거부하여 부모나 문중과 심각한 갈

---

38) Horace N. Allen to Mr. Moore, Seoul, U.S. Legation in Seoul, March 13, 1900.
39) S. F. Moore to F. F. Ellinwood, Seoul, May 17, 1900.
40) S. F. Moore to F. F. Ellinwood, Seoul, July 31, 1900.
41) W. L. Swallen to Ellinwood, Gensan [Wŏnsan], September 24, 1895.

등을 일으켜 쫓겨나거나 자살하는 교인들이 있었다.[42] 개신교가 들어온 지 30년이 경과했지만 조상제사 문제가 여전히 기독교 선교에 걸림돌임을 보게 된다.

주목할 점은 한국 개신교는 가톨릭교회처럼 조상제사를 금지하기보다는 제사를 한국적 상황에 맞게 토착화시켜 추도예배(追悼禮拜)를 드림으로써 이 문제를 해결하였다. 다시 말해, 개신교는 추도예배 속에 유교의 효(孝) 사상을 그대로 살리면서도 기독교 신앙도 지켜나갈 수 있게 하였다. 이로써 한국선교 초기에 걸림돌로 작용하던 조상제사가 복음 전파에 디딤돌 역할을 하게 되었던 것이다.

현존하는 자료에 의하면, 한국교회 최초의 추도예배는 1896년 7월 미국 북장로교 선교사 스왈른의 선교편지에 기록되어 있다. 스왈른에 의하면, 원산의 오씨(Mr. Oh)는 예수님만을 따르고 참 하나님만을 예배하겠으며 제사를 드리지 않겠다고 결심한 후, 제삿날이 되자 밤에 스왈른 선교사와 두 명의 교인을 집에 오도록 요청하였다.

> 제사 음식을 올려야 하는 자정이 되자 그[오씨]는 제사 음식을 올리지 않고 위패와 관계된 모든 것을 다 태워버리겠다고 말했다. 우리는 그 집에 가서 이교도의 의식[제사]을 행하는 대신에 하나님을 예배하려는 준비된 한 남자의 마음을 보았다. 우리는 함께 찬송을 부르고, 말씀을 읽고, 기도하였다.[43]

위의 기록에서 오씨가 제사음식을 차리지 않고 위패와 제수용품

---

42) "애매 무죄한 기독교의 희생자! 남편이 예수교를 믿어 상식(上食)을 폐한 결과 며느리가 대신 죽어," 『동아일보』, 1920. 9. 1, 3쪽.
43) W. L. Swallen to Friends, Gensan [Wŏnsan], July 1896.

을 태웠다는 것보다 더 중요한 점은 제사를 대신하는 새로운 기독교 의식이 고안되었다는 것이다. 미국 선교사와 한국인 동역자들은 전통적인 유교 제사를 대신할 초보적 수준의 추도예배를 발전시켰다. 추도예배의 순서에는 ① 찬양, ② 성경말씀 읽기, ③ 기도로 나타나 있다.

감리교 선교사 아펜젤러(H. G. Appenzeller)가 편집·발행한 교회 신문인 『죠선크리스도인 회보』에는 보다 세련되고 발전된 추도예배 형식이 기록되어 있다. 서울 정동제일감리교회 교인이자 고위(정3품) 관직에 있던 리무영(Yi Mu-yǒng)이 1897년 6월 29일(음력)(양력 8월 4일) 모친의 2주기 기일(忌日)을 맞아 어떻게 추도예배를 드렸는지에 대한 기사가 소개되어 있다. "예수를 믿고 하나님을 예배하는 교인으로서 불신자들처럼 음식을 차려놓고 제사를 드릴 수 없었다. 그렇다고 효자의 마음에 부모의 기일을 당하여 그냥 지나칠 수도 없었다. 그리하여 그는 교회의 형제·자매들을 집으로 초대하였다."[44]

> 그는 대청마루에 등불을 밝혀 걸고 촛불을 켠 후, 돌아가신 어머니의 영혼을 위하여 하나님께 기도하고, 찬송을 불렀다. 그리고 어머니가 생존해 계실 때 하나님에 대한 믿음과 어머니가 주셨던 경계의 말씀과 어머니의 현숙하신 모습을 생각하며 한바탕 통곡하였다. 교회 성도들은 이무영 형제를 위로하는 기도를 하나님께 드리고 모두가 꼬박 밤을 지새웠다.[45]

---

44) "회중신문," 『죠선크리스도인 회보』, 1897. 8. 11.
45) 위의 신문. 독자들의 이해를 돕기 위해 고어체를 현대어로 약간 바꾸었다.

이 추도예배의 순서는 ① 고인의 영혼을 위한 기도[46], ② 찬송, ③ 고인의 신앙과 행적 회고, ④ 통곡, ⑤ 유족을 위로하는 기도로 되어 있다. 즉, 여기에는 전통제사의 의례와 기독교적 예배의 모습이 섞여 있다. 제사의 요소로는 돌아가신 모친의 기일에 모였고, 등촉을 밝히고, 고인이 된 모친을 위해 통곡하고 그 영혼을 위해 기도한 것이며, 기독교적 요소로는 교회 형제들을 초청하여 함께 찬송하고 기도하고 모친 생존 시절의 믿음과 신앙유지를 기억하고 유족인 리무영을 위로하는 기도를 드렸다는 점이다.[47]

위의 『죠션크리스도인 회보』는 제사 대신에 드린 이 추도예배를 "참 마음으로 드린 제사"라고 평가했으며, 다른 교인들도 부모님의 1-2주기 기일을 맞을 때마다 제사를 대체하여 이러한 순서로 추도예배를 드릴 것을 권면하고 있다.[48] 주목할 것은 제사 대신에 추도예배를 드리기 시작한 주체가 선교사가 아니라 한국 교인들이었으며, 순서 중에 고인의 영혼을 위한 기도가 들어있다는 점이다. 이처럼 제사를 대체한 개신교의 추도예배는 조상숭배에 대한 문화적, 윤리적 유산인 효 사상을 간직하면서도 우상숭배의 요소는 제거하였다.[49] 이로써 개신교는 돌아가신 부모나 조상들을 공경하지 않는 불효의 종교

---

46) '죽은 자를 위한 기도'는 천주교의 경우에 문제가 되지 않으나, 개신교는 문제가 되었다. 참고로, 1910년대 초에도 개신교인 중에 죽은 자를 위한 기도를 계속 시행한 것으로 보인다. 예컨대, 1911년 남감리회의 김흥순 목사는 돌아가신 부모나 조상을 위해 기도하는 것은 조상제사와 다를 바 없으며, 죽은 후에는 회개할 기회가 없으며, 이는 성경에도 없으며, 장례식은 죽은 자를 위힌 것이 아니리 산 자를 위한 것이기에 이를 금지해야 한다는 글을 기고하였다. 김흥순, "죽은 자의 영혼을 위하여 기도하지 말 것," 『그리스도인 회보』, 1911. 10. 15.
47) 이은선, "토착화 과정으로서 추도식 발전 과정," 『한국개혁신학』 45 (2015), 112.
48) "회즁신문," 『죠션크리스도인 회보』, 1897. 8. 11.
49) Sung-Deuk Oak, "The Indigenization of Christianity in Korea: North American Missionaries' Attitude towards Korean Religions, 1884-1910" (Th.D. diss., Boston University, 2002), 347-48; Sung-Deuk Oak, *The Making of Korean Christianity: Protestant Encounter with Korean Religions, 1876-1915* (Waco, TX: Baylor University Press, 2013), 217-18.

라는 비판을 잠재우는 토착화된 기독교 의식을 만들어내었던 것이다.

5. 맺는 말

19세기 말 한국 개신교 선교 초기에 시도된 선교활동에 대한 한국인들의 반응은 격렬한 저항부터 중립적 수용까지 다양했다. 한국에 온 초기 선교사들은 근대 문명화와 복음전도 사역을 분리시키지 않았다. 교육과 의료사역을 통해 선교사들은 한국인들의 마음을 얻었고 이는 본격적인 복음화를 위한 준비 과정이었다. 초기 개신교 선교사들 중에 한국의 전통종교를 우상으로 간주하여 배타주의적 태도로 대한 이들도 있었다. 그러나 한국 종교에 대해 온건한 입장에서 그들과 '접촉점'을 찾으려고 노력한 선교사들도 있었다.

조상제사 때문에 중국과 한국에서 수많은 박해를 받았던 한국 천주교회는 1939년 12월 8일에 발표된 교황 비오 12세(Pius XII)의 교서에 따라 조상제사를 허용하였다. 그러나 대부분의 개신교회는 조상제사 대신에 추도예배를 드리고 있다. 또한 천주교는 위패 설치와 영정 앞에 분향하는 것, 제상을 차리는 것과 절하는 것을 허용하고 있다. 반면에 개신교는 이런 것들을 금하고 있다. 중요한 점은 개신교회는 조상제사를 무조건적으로 수용하거나 배척하지 않았다는 것이다. 성서적 기준에 비추어 제사가 지닌 미신적, 우상숭배적 요소를 제거하고, 유교의 전통적 가치인 효의 정신은 지켜나가려고 노력했다. 그 결과 천주교의 경우에 제사문제가 복음전도에 커다란 걸림돌로 작용했었는데, 개신교는 추도예배를 대안으로 제시함으로써 선교적 돌파구를 찾았다. 선교 신학적으로 보면, 개신교회는 추도예배가 가질 수 있는 혼합주의의 위험성은 피하면서 제사를 복음전도의 접촉점으로 활용함으로써 '비평적 상황화'(critical contextualization)를 잘 이루었다고 평가할 수 있다.[50]

---

50) Paul G. Hiebert, *Anthropological Insights for Missionaries* (Grand Rapids, MI: Baker Book House, 1985), 186-190. 이태웅 박사는 유교사상이 강한 한국에서 조상제사를 추도예배로 대체한 사례는 내부적 상황화 뿐 아니라 자신학화(self-theologizing)의 좋은 예로 평가한다. 이태웅, "한국 기독교인의 추도예배," in *Global Mission: Reflections and Case Studies in Contextualization for the Whole Church*, ed. Rose Dowsett, 변진석·엄주연 역, 『범세계 교회를 위한 상황화 이론과 실제』 (서울: 사단법인 한국해외선교회, 2014), 253.

제2장

제중원 설립과 한국선교의 시작

1. 들어가는 말

한국교회의 선교는 서양 의사의 청진기로부터 시작되었다고들 한다.[1] 미국 북장로교의 의료 선교사 알렌(Horace N. Allen, 1858-1932)의 내한과 더불어 한국기독교의 역사가 시작되었기 때문이다. 중국이나 일본보다 늦게 시작된 한국 개신교 선교는 선교의 자유가 허락되지 않던 상황에서 시작되었기 때문에 안수 받은 목사 선교사의 파송과 더불어 시작될 수 없었다. 한국선교의 특이한 면은 한국선교가 평신도 전문인 의료선교사의 의료시술과 봉사로부터 시작되었다는 점에 유념할 필요가 있다.[2] 알렌 선교사가 한국에 온 후 얼마 되

---

1) D. Merrill Ewert, ed., *A New Agenda for Medical Missions*, 오상백·변창욱 공역, 『의료선교를 위한 새로운 전략』(서울: 예본출판사, 1999), 39-40.

지 않은 1884년 12월 4일 우정국 개국식에서 갑신정변(甲申政變)이 발생하였고 그 와중에 치명적인 자상을 입은 민영익을 완치시키게 된다. 이를 계기로 1885년 4월 10일 한국 최초의 서구식 병원인 광혜원(廣惠院, 동년 4월 26일 제중원(濟衆院) 개명)을 개원하면서 한국선교의 교두보가 마련되었다.

본 장에서는 알렌의 내한에서 제중원이 신앙(예배)공동체의 형성기를 거쳐 본격적인 선교기관으로서 자리매김을 하는 1904년까지의 시기를 개관한다. 그간의 제중원에 관한 대부분의 선행연구가 한국교회사 혹은 의학사적 관점에서 이루어졌다.[3] 따라서 저자는 선교사들이 남긴 1차 자료와 이전에 발표된 선행연구들을 바탕으로, 그 간에 간과되었던 제중원이 한국교회에서 갖는 선교사(宣敎史)적 중요성과 함의를 찾고자 한다.

2. 알렌과 제중원

미국교회에 의한 한국선교는 '십자가'(cross)보다 '국기'(flag)가 먼저 입국함으로써 시작되었다.[4] 다시 말해, 1882년 5월 22일 조선이

---

2) 한국 개신교 선교는 1885년 4월 5일 부활절에 최초의 목사 선교사로서 내한한 미국 북장로교의 언더우드(Horace Grant Underwood, 1859-1916)와 미국 북감리교의 아펜젤러(Henry Gerhard Appenzeller, 1858-1902)에 의해 시작되지 않았음에 주목해야 한다.
3) 최재건 교수는 제중원에 관한 선행연구 대부분이 "근대 문명사 혹은 의학사"의 관점에서 다루어져 왔음을 지적하고 있다. 최재건, "제중원의 태동과 발전(1885-1904), 알렌의 제중원 설립과 에비슨의 세브란스병원 건립을 중심으로," 『연세의료원 선교 130년: 과거, 현재, 미래』 (서울: 연세대학교 대학출판문화원, 2015), 13.

구미(歐美) 제국과 맺은 최초의 조약인 조미수호통상조약이 체결되었고, 이 조약에 의해 미국은 1883년 5월 서울 정동에 미국 공사관을 개설하였고, 이 때 형성된 미국과의 외교채널을 통해 선교사가 입국할 수 있었기 때문이다. 그러나 1884년 9월 20일 입국한 미국 북장로교 의료선교사 알렌의 공식 신분은 '선교사'가 아니라 서울 주재 미국 공사관 소속의 '무급 관의'(官醫)로 합법적으로 거주하며 사역을 시작하게 된다. 한국 도착 직후 뉴욕의 미국 북장로교 선교부 총무 엘린우드(Ellinwood)에게 보낸 선교보고에서 알렌은 다음과 같이 썼다.

> 이 나라[조선]에서 선교사는 허락되지 않으나 공사관 의사로서 아무런 해도 입지 않고 일할 수 있으며, 본인은 얼마 있지 않아 열릴 선교사업을 위해 준비하고 있습니다.[5]

알렌이 입국하고 2개월 보름 후에 일어난 갑신정변은 알렌으로 하여금 사경을 헤매던 민영익을 3개월 만에 완치시킴으로써 의구심에 사로잡혀 있던 고종과 명성황후를 비롯한 조정과 고위층에 서구의학과 선교사에 대한 인식을 단번에 긍정적으로 바꾸는 천재일우(千載一遇)와 같은 사건이 되었다. 그 결과 서양과 기독교에 대한 조선인의 편견을 단번에 불식시키고 조선인의 마음밭을 복음의 씨앗을 받기에 적합한 토양으로 기경시켰다.[6] 아무튼 이 모든 일은 절박한 상황 속에서 유일하게 의학적 도움을 제공할 수 있었던 의료 선교사 알

---

4) J. Herbert Kane, *A Concise History of the Christian World Mission: A Panoramic View of Missions from Pentecost to the Present*, rev. ed. (Grand Rapids, MI: Baker Books, 1982), 93; Brian Stanley, *The Bible and the Flag* (Leicester, England: Inter-Varsity Press, 1990).

5) H. N. Allen's letter to F. F. Ellinwood, Seoul, October 1, 1884.

6) Henry Loomis, "Corea," *Bible Society Record* (American Bible Society) 31 (January 1886), 3.

렌이 한국에 와 있었기 때문에 가능한 일이었다. 그 후 알렌은 일개 무명의 미국 공사관 의사에서 구한말 격동의 조선의 역사에서 중요한 인물로 등장하게 된다. 그리하여 많은 선교사와 선교 역사가들은 이 사건을 하나님의 섭리적인("providential") 사건으로 평가하였다.

이후 민영익은 자신보다 두 살이 많은 알렌을 형님처럼 대하면서 두 사람은 호형호제하는 사이가 되었을 뿐 아니라, 한국 최초의 근대식 서구병원인 제중원을 설립하는 데 막후에서 실제적인 도움을 주었다. 또한 서구 기독교 선교의 장애물로 작용할 수도 있었던 조정(朝廷)과 수구적인 민씨 일파가 이제는 기독교 선교의 암묵적인 후원자로 나서게 되었다.[7] 구한말(舊韓末) 선교사들이 입국하던 시기에 조선에서 표면적으로는 선교활동이 허락되지 않았지만, 이를 묵인하는 상황으로 개신교 선교가 추진될 수 있게 된 데는 민영익 치료사건과 이후 설립된 알렌의 제중원이 차지하던 영향력이 매우 컸기 때문이었다. 알렌이 민영익을 치료하며 고종과 명성왕후를 비롯한 고위층의 신임을 얻게 되면서, 알렌뿐만 아니라 그를 뒤이어 한국에 입국한 대부분의 미국 장로교와 감리교 선교사들의 초기 사역은 제중원을 발판으로 비교적 순탄하게 진행될 수 있었다.

민영익의 성공적인 치료 이후 알렌은 1885년 1월 22일 조선 정부에 근대식 병원 설립을 제안하게 된다. 미국 공사관 공의 신분의 선교사 알렌이 제출한 광혜원 설립안에서 알렌은 갑신정변 이후 많은 한국인 환자들을 치료하면서 보다 영구적인 서양 의료시설이 필요함을 느꼈음을 역설하였다. 알렌은 조정에 광혜원 설립과 함께 의학교육을

---

7) Allen's diary, February 14, 1885; Fred Harvey Harrington, *God, Mammon and the Japanese: Dr. Horace N. Allen and Korean-American Relations, 1884-1905* (Madison, WI: University of Wisconsin Press, 1944), 42.

시작할 것임을 제안하였다. 흥미로운 점은 광혜원 설립안에서 알렌이 의료선교 인력과 선교비를 보내줄 미국 북장로교 해외선교부를 미국에 있는 자선사업 단체("benevolent society")로 소개하고 있다는 것이다. 선교활동의 자유가 허락되지 않는 상황이었기 때문에 알렌은 미국 장로교 선교부라는 명칭을 사용하지 못하고 미국의 구호(자선)단체로 언급할 수밖에 없었다. 또한 조정의 의구심을 없애기 위해 알렌은 미국의 자선단체가 중국의 여러 도시(북경, 천진, 상해, 광동)에서 지금 조선에서 설립하려는 병원과 유사한 여러 병원들을 설립하여 지원하고 있음을 밝히고 있다. 끝으로 설립될 병원에서 환자들이 서양의술의 도움으로 치료를 받게 되면 조정을 더 신뢰하게 되고, 고종의 덕망도 덩달아 올라갈 것이라고 주장하였다.8)

이후 조선 정부와 고종 황제는 알렌이 제안하는 병원 설립을 허락하였으며, 마침내 1885년 4월 10일 광혜원(동월 26일 제중원 개명)이 개원하게 된다.9) 조선 최초의 근대식 병원인 광혜원(제중원의 전신)은 의료선교사 알렌의 주도와 주한 미국공사관의 협조로 조선 정부와 미국 북장로교 해외선교부의 이해관계가 잘 맞아떨어져서 설립될 수 있었다.10) 그럼에도 불구하고 조선 정부와 미북장로교 선교부의 제중원에 대한 인식에는 동상이몽이 자리 잡고 있었다. 특히 제중원의 관리와 통제, 제중원에서 행해지는 의료봉사 활동의 성격에 대한 인식 차이가 존재하였다. 유념할 점은 자신들이 행정과 재정을 관리하였기

---

8) Allen's diary, January 22, 1885.
9) H. 1 N. Allen, "Medical Work in Korea," *Foreign Missionary* 44 (July 1885), 74-76.
10) O. R. Avison, "The Severance Hospital," *The Korea Review* 4 (1904), 486; 『舊韓國外交文書』, 11卷, 美案 2 (서울: 고려대학교 아세아문제연구소, 1967), 文書番號 1244, 27-28. 알렌은 조선에서 선교병원을 세우기 위해서는 어떤 방식으로든 조정의 행정적 도움과 재정 지원이 불가피하다고 보았다.

때문에 조선 정부는 제중원을 왕립병원 혹은 국립병원으로 이해하였고, 의료시술과 의학교육을 감당할 선교사를 파송하는 미북장로교 해외선교부는 이를 선교병원으로 이해하였던 것이다.[11] 이처럼 제중원에 대한 조선 정부와 미국 북장로교 선교부의 인식은 상당한 간격이 있었다. 이런 관점의 차이로 인하여, 제중원을 둘러싼 서울대병원과 세브란스병원 간에 정통성 혹은 '적자'(嫡子) 논란이 최근 수년째 계속되고 있는 것이다.[12]

아무튼 알렌의 민영익 치료와 이후 개원한 제중원을 통한 의료봉사 활동은 선교가 허락되지 않던 조선을 기독교 선교가 가능한 토양으로 바꾸는 결정적인 계기를 마련해 주었다. 우리는 이 모든 과정의 한복판에 의료 선교사 알렌이 있었다는 점을 간과해서는 안 되며, 알렌 이후 내한하는 대부분의 장·감 선교사들은 조정의 허락 하에 적법 절차를 통해 세워진 제중원을 통해 합법적으로 입국하고 정착하는 장(場)을 마련해 주었다. 알렌은 제중원을 통해 장·감 선교사들이 적법하게 거주할 수 있는 여러 가지 편의를 제공해 주었을 뿐 아니라, 헤론(John W. Heron, 1856-1890) 의사 부부(장로교), 최초의 미국 북감리교 의료선교사로 파송된 스크랜턴(William B. Scranton, 1856-1922) 가족(감리교) 등의 임시 거처와 장·감 선교사들의 친교 장소로 자신의 집을 제공하기까지 하였다.[13]

또한 알렌(Allen)과 헤론(Heron) 뿐 아니라, 엘러스(Annie J. Ellers, 1860-1938), 언더우드 부인(Lillias H. Underwood, 1851-1921), 에비슨

---

11) 광혜원이 조선 정부의 지원을 받아 설립되었기 때문에 국립 서울대병원의 전신으로 보는 것은 무리라고 생각한다. 그 이유는 반관(조정) 반민(장로교 선교부)의 합작 형태로 시작된 광혜원이 이후 제중원-세브란스병원-연세대병원으로 그 정통성이 이어져 오기 때문이다.
12) "서울대-세브란스, 새해에도 계속되는 제중원 계승 논쟁," 『청년의사』 2015년 2월 9일; "서울대 '校史개정' 정통성 논란," 『한국일보』, 2008. 8. 8; "서울대병원 VS 세브란스병원 '광혜원 적자는 나,'" 『세계일보』, 2006. 5. 9.

(O. R. Avison, 1860-1956) 등의 의료선교사들이 고종 황제와 명성황후 (1851-1895)의 시의(侍醫) 혹은 주치의로서 왕실과 오랜 기간 형성해 온 개인적이고 친밀한 관계도 초기 한국선교가 암묵적으로 확산되어 나가는 데 지나쳐서는 아니 될 중요한 요인이었다.[14]

3. 제중원의 선교사적 함의

알렌의 제중원은 선교병원으로서 한국 최초의 근대식 병원과 의학 교육기관의 역할을 감당하였다. 그러나 제중원은 이에 그치지 않고 한국 선교역사에서 중요한 선교적 역할도 감당하였다. 본 장에서는 제중원 신앙공동체가 한국교회 역사에서 차지하는 선교사적 의의를 살펴본다.

첫째, 제중원은 창의적 접근지역 혹은 선교제한지역에서 의료선교의 필요성을 보여주었다.

선교가 허락되지 않던 한국에서 의료선교는 개신교 선교의 물꼬를 터주었다. 현지인에 대한 선교가 법적으로 금지되어 있는 곳에서

---

13) 1885년 12월 1일(화) 알렌은 미국의 추수감사주일이 지난 다음 주 화요일에 서울 거주 선교사들을 자기 집에 초청하여 추수감사절 저녁 식사를 대접하였다. 김원모 역, 『알렌의 일기』(서울: 단국대학교 출판부, 1991), 1885년 6월 21일(주일), 6월 28일(주일) & 12월 1일(화), 89, 190, 110.
14) 고종 황제와 명성황후는 자신들의 건강을 돌보는 의료선교사들에게 여러 차례 하사품을 내려 보냈으며, 고종은 알렌과 헤론에게는 훈장을 하사하고 고관의 예우를 다해주었다. Lillias H. Underwood, M.D., *Fifteen Years among the Top-Knots of Life in Korea* (Boston: American Tract Society, 1904), 5-6.

의료활동은 선교적 돌파구를 마련할 수 있다. 한국에서 선교사들은 교회보다 병원과 학교를 먼저 설립하였다. 기독교 선교에 적대적이거나 선교활동에 제약이 많은 지역에서 교회부터 세우면 상당한 어려움에 직면할 수 있기 때문이다. 그러므로 교회보다 병원이나 학교를 먼저 세워 직접적인 복음전도의 때를 기다리는 것도 지혜로운 방안이 될 수 있다. 한국의 초기 선교역사에서 의료, 교육, 자선 사업을 통해 기독교에 대한 부정적 인식을 전환시킨 후에 교회 설립이 일어난 예들이 많다. 개원 이후 많은 환자들이 드나들었던 제중원의 예에서 보듯이, 의료사역은 기독교 선교에 우호적인 분위기를 조성해 준다. 선교사는 선교지 상황에 따라 개신교 선교운동의 삼총사라 불리는 교회, 학교, 병원 중에서 무슨 사역을 먼저 할지를 결정해야 한다.

둘째, 알렌의 제중원은 평신도 전문인 선교사의 필요성과 중요성을 보여주었다.

미국 북장로교 선교사 알렌에 의해 시작된 제중원은 처음으로 한국에 오는 선교사들이 교파와 상관없이 합법적으로 거주할 수 있는 발판을 마련해 주었다. 장로교의 언더우드뿐 아니라, 감리교의 아펜젤러가 제중원 교사로 사역을 시작하고, 감리교 첫 의료선교사 스크랜턴도 제중원 소속 의사로 사역을 시작하였다. 이처럼 알렌의 제중원은 선교가 허락되지 않는 선교지역의 교두보를 확보하는 역할을 하였으며,[15] 의료선교사 알렌은 평신도, 전문인 선교 혹은 자비량 선교(tentmaker)의 필요성과 중요성을 인식시켜 주는 사례로 평가할 수 있다.[16]

---

15) 민경배, 『알렌의 선교와 근대 한미 외교』 (서울: 연세대학교출판부, 1991), 175.

로마제국의 정치, 군사, 사회적 안정과 번영(Pax Romana)을 위해 닦아두었던 로마의 육상과 해상을 통한 교통망이 초대교회와 사도 바울의 선교여행을 신속하고도 안전하게 도와주는 복음 확장의 준비(preparatio evangelica) 역할을 한 것처럼, 알렌의 제중원은 뒤이어 가속화되는 복음 선교의 길을 평탄하게 해주는 역할을 하였다. 알렌의 의료활동을 통해 기독교 복음 확장의 가능성을 발견한 미국 장로교와 감리교 선교부는 조선에서 직접적인 전도와 선교의 문이 열릴 때까지 선교병원과 미션 스쿨을 통한 선교에 박차를 가하게 되었다. 또한 알렌의 제중원은 목회자 선교사와 평신도 선교사 간의 협력과 동역(partnership)의 가능성과 좋은 선례를 남겨주었다.

셋째, 제중원은 창의적 접근지역에서의 의료선교의 역할에 대한 많은 논의를 촉발시켰다.

제중원은 선교기관으로 시작했으나 전도활동에 많은 제약이 뒤따랐다. 알렌은 제중원에서의 직접적인 전도활동에 반대하였다. 그러나 이후 제중원에서 사역을 시작하였던 장로교의 언더우드, 헤론, 빈턴(C. C. Vinton, 1856-1936) 등과 감리회의 스크랜턴, 아펜젤러 등은 의료사업을 통한 복음전도에 보다 적극적인 생각을 갖고 있었다. 참고로, 1893년 1월 주한 장로교선교부 공의회가 채택한 10개항의 선교정책 중에서 의료선교와 관련된 두 개항은 다음과 같다.

첫째, 의료선교사들의 활동이 좋은 결과를 얻으려면, 오랜 기간 병실이나 집에 머물고 있는 환자들을 치료하면서 의사가 행동으로 모범을 보

---

16) Ewert, 『의료선교를 위한 새로운 전략』, 39-40.

여줌으로써 환자가 깊은 감동을 받게 해야 한다. 짧은 외래진료나 투약을 통해 육신의 질병만을 치료하는 것만으로는 그다지 큰 성과를 기대하기 어렵다. 둘째, 지방에서 올라와 장기간 입원하고 있는 환자들의 경우에는 그 고향집을 찾아가서 계속 돌보아야 한다. 그들이 입원하고 있을 때 따뜻하게 대해주고 돌보면서 이를 통해 전도의 문을 열어나가야 한다.[17]

위에서 보듯이 선교사들은 의료선교를 복음전도의 수단으로 간주하고 있다. 위대한 선교의 세기인 19세기 후반에 의료선교는 복음에 적대적인 지역에서 '전도의 전(前) 단계'(pre-evangelism)[18]로 간주되고, 의료사업이 복음전도의 "중화기" 혹은 강력한 도구로 그 효능이 검증되기 시작하였다.[19] 1893년 11월 1일 제중원 원장으로 취임한 에비슨(Oliver R. Avison, 1860-1956)은 제중원의 의료사역을 통해 복음을 전하기 위한 더 많은 기회를 얻기 위해 한국인 전도자들을 고용하였다.[20] 특히 1894년 9월 26일 제중원이 알렌을 통해 미국 북장로교 소유로 완전히 넘어온 후부터 에비슨은 복음전도를 의료사업의 가장 중요한 목표로 삼았다.[21] 참고로, 1903년 개최된 미국 북장로교 연례회의에서도 "의료사업의 일차적인 목표는 복음전도"에 있음을

---

17) C. C. Vinton, "Presbyterian Mission Work," *Missionary Review of the World* 6 (September 1893), 671.
18) Thomas Hale and Cynthia B. Hale, 『의료선교의 모험과 도전』 (서울: 도서출판 건생, 1996), 115.
19) C. Williams, "Healing and Evangelism: The Place of Medicine in the Later Victorian Protestant Missionary Thinking," in *The Church and Healing: papers read at the twentieth summer meeting and the twenty-first winter meeting of the Ecclesiastical History Society*, ed. W. J. Sheils (Oxford: Basil Blackwell, 1982), 275. 참고로, 1860년 영국 리버풀(Liverpool) 선교사대회에서는 의료활동을 선교에 포함시킬 것을 결의하였다
20) Elizabeth Underwood, *Challenged Identities: North American Missionaries in Korea, 1884-1934*, 변창욱 옮김, 『언더우드 후손이 쓴 한국의 선교역사』 (서울: 도서출판 케노시스, 2013), 276.

재차 강조하였다.[22] 한국 선교역사에는 선교병원을 통해 질병에서 치유함을 얻고 그리스도인이 되고, 교회 건축에 도움을 주기도 했던 수많은 예를 찾아볼 수 있다.[23]

넷째, 제중원은 한국 개신교 전래의 두 경로가 만나는 연대(solidarity)의 장을 제공하였다.

한국 개신교는 두 경로(route), 즉 '북방선교 루트'와 '남방선교 루트'를 통해 전래되었다.[24] 만주에서는 1870년대 중반부터 한국인들이 스코틀랜드 연합장로교의 존 로스(John Ross, 1841-1915) 선교사와 그의 매제 맥킨타이어(John McIntyre, 1837-1905) 선교사와 함께 한국어로 성경을 번역하였다. 그 때 복음을 받아들인 한국 교인들이 제중원 신앙공동체에 참여하면서, 이들은 일본 요코하마와 제물포를 거쳐 서울로 들어온 알렌, 언더우드, 아펜젤러 등의 미국의 장·감 선교사들을 만나게 되었다. 1878년 만주에서 로스와 맥킨타이어를 통해 복음을 접한 서상륜(1848-1926)은 1883년 봄 서울로 이주하여 권서(勸書) 혹은 매서인(賣書人, colporteur)으로 일했는데, 1887년 1월 그가 세례지원자 3명을 언더우드에게 데리고 왔고, 세례문답을 통과한 그들은 언더우드의 집에서 미국 선교사들로부터 세례를 받았다. 이들은 로스 선교사를 통해 복음을 받았으며 기독교의 기본 교리와 구원이 도리에 대해서도 상당한 지식을 가지고 있었다.[25]

1885년 11월 출간된 『선교평론지』에는 만주의 로스(John Ross)

---

21) 이선호, 박형우, "제중원의 선교부 이관에 대한 연구," 『한국기독교신학논총』 85집 (2013.1), 108.
22) *Minutes of the Eleventh Annual Meeting of the Council of Presbyterian Missions in Korea, 1903*, 91-93.
23) 이만열, 『한국 기독교 의료사』, 대우학술 총서 542 (서울: 아카넷, 2003), 969-73.
24) 서정민, 『제중원과 초기 한국기독교』 (서울: 연세대학교 출판부, 2003), 135-36.

선교사와 한국 지식인들의 노력으로 신약성경과 쪽복음(tracts)이 한국어로 번역된 사실과 이들 중에 세례를 받은 이들이 많이 생겨났으며, 서상륜이 권서로 서울에 들어와서 2년간 전도활동을 하였으며, 많은 사람들이 기독교에 대해 호기심을 갖고 있음을 소개하고 있다. 이 기사에서 흥미로운 점은 일본 주재 선교사들은 로스 선교사를 통해 복음에 대한 "준비 작업"이 이루어진 것을 모르고 있음을 상기시키면서, 많은 한국인들이 자발적으로 기독교 신앙을 고백하는 것은 "선교역사"에서 매우 놀랍고, 독특한 현상임을 지적하고 있다.[26] 이 기사의 내용처럼 당시 서울의 미국 선교사들도 자신들을 찾아온 한국인들이 로스 선교사가 만주에서 뿌린 사역(말씀의 씨앗)의 열매를 거두고 있다고 표현하였다.[27] 최근 발표된 제중원 관련 논문에서도 만주의 로스 선교사를 통해 복음을 접한 한인들 가운데 일부가 제중원 예배에 참여하였음을 밝혀졌다.[28]

다섯째, 제중원은 장·감 선교사들이 초교파 협력의 기반을 다지는 기회를 제공하였다.

1885년 6월 21일(주일) 저녁 8시 식사 후에 알렌의 집에서 장·감 선교사들은 한국 개신교 역사상 최초로 주일예배를 드렸다. 이 날은 장로교 의료선교사 헤론 박사 부부가 내한한 날이었다. 이 예배에 알

---

25) H. G. Underwood's letter to F. F. Ellinwood, Seoul, January 27, 1887.
26) "COREA," The Missionary Review 8 (November 1885), 495-98.
27) H. G. Underwood's letter to F. F. Ellinwood, Seoul, January, 22, 1887. 이는 "나는 심었고 아볼로는 물을 주었으되 오직 하나님께서 자라나게 하셨나니, 그런즉 심는 이나 물주는 이는 아무 것도 아니로되 오직 자라게 하시는 이는 하나님뿐이니라"(고전 3:6-7)는 바울의 말씀을 상기시킨다.
28) 최재건, "제중원의 태동과 발전(1885-1904)," 23; 서정민, "제중원 선교공동체의 성격," 『신학논단』 제30집 (2002. 10), 252.

렌 박사 부부, 헤론 박사 부부, 스크랜턴 대부인(Mary F. Scranton, 1832-1909)이 참석하였으며 이 날은 제중원 예배공동체의 시작이었다.[29] 1885년 10월 11일(주일) 장·감 선교사들은 한국 개신교 최초의 성찬예배를 드렸다.[30] 이 성찬예배에는 장·감 선교사들뿐 아니라 서울을 방문 중인 일본 주재 미국성서공회의 루미스(Henry Loomis) 목사와 제물포에 입항한 미국 상선의 함장을 포함한 간부선원들도 참석하였다. 성찬예배의 사회와 설교는 루미스 목사가 맡았고, 언더우드(장)와 아펜젤러(감)가 분병, 분잔 위원으로 봉사하였다.[31] 1886년 4월 25일 부활주일에는 감리회 아펜젤러의 집례로 스크랜턴의 딸(Alice Rebecca)과 아펜젤러의 딸(Marian Fitch)에게 유아세례를 베풀었으며, 장로교 언더우드 선교사가 옆에서 세례식을 도왔다.[32] 이처럼 제중원의 연합모임은 제중원 예배공동체로 발전되었고, 마침내 1886년 11월 6일 장·감 선교사들의 연합교회(Union Church) 조직으로 결실을 맺었다.[33]

미국 북장로회와 미감리회의 선교사들이 한 세례와 성찬에 공동으로 참여한 것은 장·감의 양 교단이 그 신학적 차이를 극복하고, 그리스도 안에서 하나 됨을 확인하는 자리였다. 또한 교파교회를 설립하기 위해 파송된 양 교파의 선교사들이 서로를 함께 하나님 나라를 세워나가는 동역자임을 확인하는 기회를 제공해 주었다. 장·감의 선

---

29) 김원모 역, 『알렌의 일기』, 1885년 6월 21일(주일), 89-90. 정종훈, "연세의료원 원목실의 선교 활동과 과제," 『연세 창립 제중원 개원 130주년 기념 학술심포지엄』 자료집, /5노 참소하라.
30) 미국 북감리회의 아펜젤러는 선교부 총무에게 보낸 편지에서 한국 최초로 장·감 연합으로 드려진 성찬예배를 보고하고 있다. Appenzeller's letter to J. M. Reid, October 13, 1885.
31) 김원모 역, 『알렌의 일기』, 1885년 10월 11일(주일), 106-107.
32) Appenzeller's diary, April 25, 1886.
33) 신재의, "제중원과 초기 교회의 설립," 김권정·신재의·김권정·조이제, 『한국 기독교와 초기 의료선교』 (서울: 한국기독교역사문화연구소, 2007), 61-66.

교사들은 제중원과 알렌의 집에서 자주 모여 예배하며 친교를 많이 나누었다. 제중원은 미국 북장로교 선교부의 선교병원으로 시작되었지만, 개교파 기관에 머문 것이 아니라 연합기관의 성격을 띠었다.[34] 이처럼 알렌의 제중원 신앙(예배)공동체는 장·감의 양 교파가 교파주의의 폐해를 극복하고 초교파(에큐메니컬) 협력을 펼칠 수 있는 촉매제 역할을 하였다.

여섯째, 제중원을 통해 형성된 연합정신은 초교파(에큐메니컬) 선교를 가능하게 하였다.

제중원 신앙공동체를 통해 장·감 선교사들 사이에 형성된 우호적 분위기를 바탕으로 장·감의 선교부는 여러 가지 초교파 협력사업들을 논의하기 시작한다.[35] 1885년 10월 언더우드와 아펜젤러는 한국어 신약성경 번역을 장·감 연합으로 추진할 것을 논의하였다.[36] 1888년 3월 9일의 이른 시기부터 초교파 협력의 대표적 사업인 선교구역 분할협정(comity agreements)에 대해 논의하기 시작하였다.[37] 이는 불필요한 경쟁과 갈등을 피하고, 돈과 시간과 인력의 낭비를 줄이고 제한된 선교자원을 효과적으로 사용하여 복음화를 앞당기기 위한 목적으로 이후 한국에서 널리 시행되었다.[38] 1895년 여름 콜레라가 창궐

---

34) 서정민, "제중원 선교공동체의 성격: 연합, 연대성을 중심으로," 248.
35) 장·감 선교부를 대표하는 언더우드와 아펜젤러는 한국에서 초교파 연합의 긍정적 분위기를 다음과 같이 기록하였다. "한국 선교 초기부터 여러 선교회 간에 싹튼 조화의 정신을 실로 놀라운 것이었다." H. G. Underwood, "Division of the Field," *Korea Mission Field* 5 (December 1909), 211. "한국에서만큼 여러 교파 선교사들 간에 조화가 잘 이루어진 선교지역은 없을 것이다." Appenzeller's address to the Presbyterian Church (North) in Korea, Seoul, August 30, 1897.
36) H. Appenzeller to Reid, Seoul, October 13, 1885.
37) 한국에서 1888년 3월의 이른 시기에 선교지역 분할이 논의되기 시작하였으며, 그 주도적 역할을 알렌의 제중원 예배에 함께 참여하며, 친분을 나누며, 공동의 세례와 성찬에 참여했던 장로교의 언더우드와 감리교의 아펜젤러가 주도적 역할을 감당했다는 것은 전혀 놀라운 일이 아니다.

했을 때, 여러 교파에서 파송된 의사 선교사들이 함께 방역활동에 나섰는데, 이를 의료선교 분야 최초의 연합 사업으로 평가하기도 한다.[39]

이후 장·감 교단 선교사들 간에 연합운동이 고조되어, 문서선교(성경번역, 찬송가 출판), 교육선교 등의 분야에서 한국 복음화를 위한 여러 연합 사업들이 추진되기 시작하였다. 1905년에는 교파연합 운동이 최고조에 달하여 한국의 모든 장·감 교회들이 교파 간판을 내려놓고 하나의 개신교회('대한예수교회')를 설립하려는 운동으로까지 발전하였다. 이처럼 제중원 신앙공동체는 한국 에큐메니컬 운동의 시발점이 되어, 향후 장·감 선교부 간에 추진될 연합과 협력 사업을 위한 초석을 다지는 계기가 되었다. 그리하여 세계 에큐메니컬 운동은 선교운동의 결과 선교지에서 생겨난 것이라는 예일대학의 선교역사가 라투렛(Kenneth Scott Latourette)의 주장은 지당한 것이었다.[40]

일곱째, 제중원은 한국교회의 자생적 신앙공동체 형성의 모판 역할을 하였다.

제중원 예배가 외국인 중심의 신앙공동체(교회)로 출발했지만, 이후 한국인들이 자발적으로 예배에 참석하면서 제중원 신앙공동체는 서울의 몇몇 교회와 제주에 한국교회 태동의 요람 역할을 하였다. 1886년 7월 외국인 중심의 제중원 예배에 자발적으로 출석하던 한국인들 중에 노춘경이라는 사람이 예수를 믿겠다며 언더우드에게 세례

---

38) 변창욱, "초기 내한 장로교·감리교 선교사간(間) 초교파 협력의 이중적 성격: 연합과 협력 vs. 경쟁과 갈등," 『선교와 신학』 제14집 (2004. 12), 69-107.
39) 임희국, "세브란스의 발전과 비상(1904-1934)," 『연세의료원 선교 130년: 과거, 현재, 미래』 (서울: 연세대학교 대학출판문화원, 2015), 63.
40) Kenneth Scott Latourette, "Ecumenical Bearings of the Missionary Movement and the International Missionary Council," in *A History of the Ecumenical Movement, 1517-1948*, eds. Ruth Rouse and Stephen Charles Neill (Geneva: WCC, 1986), 353.

를 받았다.[41] 이처럼 한국 개신교 최초의 세례 교인이 제중원 예배에 자발적으로 참석하던 조선인 중에서 나왔다는 사실에 주목할 필요가 있다. 1887년 2월부터 배재학당과 이화학당의 학생들도 제중원 주일 예배에 참여하기 시작하였다. 1893년 미국 북장로교의 무어(Samuel Moore, 1860-1906) 선교사는 에비슨(Oliver Avison, 1860-1956) 박사를 도와 제중원에서 전도사역을 감당하다가, 1894년 여름 장티푸스에 걸린 백정(白丁) 박성춘(朴成春, 1862-1933)을 만나 제중원의 에비슨 박사에게 치료를 요청한다. 고종 황제의 주치의 에비슨 박사를 통해 병에서 완치된 박성춘은 예수를 믿게 되었다. 1895년 초에 박성춘은 무어 선교사에게 세례를 받았고, 이후 박성춘은 종로구 인사동의 승동교회를 개척하고 1911년 장로로 장립되었다.[42]

최근 "제주도의 개신교 자생적 신앙공동체" 연구논문에서 박정환은 제주의 개신교 역사는 이기풍 목사가 파송된 1908년이 아니라 1904년으로 앞당겨져야 한다고 주장한다. 그 이유는 에비슨 박사의 치료로 중병(폐질환)에서 나은 후에, 제중원에서 서상륜(1848-1926)[43]을 통해 복음을 받고 제주로 돌아와 매서인(賣書人)으로 복음을 전했던 김재원에 의해 1904년에 자생적 신앙공동체가 생겨났기 때문이라는 것이다.[44] 알렌과 헤론이 제중원 원장으로 있을 때 복음전도에 많은 제약이 있었으나(헤론 시기에는 조심스럽게 전도활동이 이루어졌을 것

---

41) 임희국, "세브란스의 발전과 비상(1904-1934)," 70-71. 1886년 7월 18일 한국인 노춘경("노도사")이 최초로 세례를 받았다.
42) 박형우, 『제중원』 (서울: 몸과 마음, 2002), 274. 박성춘의 아들 박서양(朴瑞陽, 1885-1940)은 에비슨 박사의 호의로 제중원 의학교에 입학하여, 1908년 제1회 졸업생이 된다. 백정 아들에서 최초의 서양의사가 된 박서양은 이후 중국 간도로 가서 군의(軍醫)로서 독립운동에도 참여한다. 2013년 5월31일 KBS 1TV(KBS 파노라마)에서 "백정 아버지와 서양의사 아들" 제하의 다큐멘터리로 제작되어 방영되었다.
43) 서상륜은 1901년 6월부터 1903년 말까지 제중원에서 전도자로 고용되어 활동하였다. 박형우, 『제중원』, 277-78.

이다), 에비슨이 원장 재직 시에는 제중원 내에서 복음전도가 자유로웠다. 1893년 무어(Moore) 선교사가 전도사역을 담당하였고, 1901년 6월부터는 서상륜이 외래환자와 입원 환자들에게 전도를 활발하게 추진하였다.[45]

외국인인 무어 선교사와 달리 동족인 서상륜에 의해 제중원 내의 전도활동으로 상당수의 한국인 개종자들이 생겨났다고 보인다. 또한 이들 한국인 개종자들 중에 각처로 흩어져서 복음을 전한 사람들도 꽤 있었을 것으로 추정된다. 제중원 예배에 한국인들이 참석하기 시작하였고, 이들을 통해 서울뿐 아니라 제주까지 자생적 신앙공동체(교회)가 세워졌다. 제중원 신앙공동체를 못자리로 삼아 한국인 중심의 자생적 신앙공동체가 생겨나기 시작한 것이다. 이처럼 제중원이 장·감 선교사들의 신앙공동체 형성뿐 아니라 한국교회 태동에도 중추적 역할을 하였다.

여덟째, 제중원은 초교파 협력의 장뿐 아니라 장·감 교파교회 태동의 기반이 되기도 하였다.

제중원 신앙공동체는 장·감 선교사들이 함께 모여 사역하며, 예배하며, 친교하며, 초교파 연합운동의 싹을 틔운 곳이었다. 그러나 곧이어 장·감 선교사들 간에 교파의식이 살아나면서, 초교파 연합의 장이었던 제중원이 교파기관이나 교파교회를 배태하는 장소가 되기도 하였다. 예컨대, 1885년 5월 22일 알렌의 제중원을 피난처 삼아 사역을 시작한 감리교 의료선교사 스크랜턴은 6월 24일 제중원에서 나와

---

44) 박정환, "제주도 개신교 자생적 신앙공동체의 생성과 성장에 관한 연구: 1904-1930" (미간행 신학박사학위논문, 장로회신학대학교, 2013), 96-135.
45) 박형우, 『제중원』, 277.

1885년 9월 10일 정동 사택에서 독자적으로 진료를 시작하였고, 1886년 6월 15일 정동에 감리교 병원을 시작하였다.[46] 또한 1887년 9-10월에 서울 정동에서 미국 북장로회와 미국 북감리회는 각각의 교파교회를 시작하게 되었다.[47] 제중원 신앙공동체의 장로교 언더우드와 헤론이 장로교 교인들로 새문안교회를 조직교회로 출범시키고, 뒤이어 감리교의 아펜젤러가 정동제일교회를 설립함으로써 정동에 장·감을 대표하는 두 교파교회의 설립이 시작되었다.

한국교회의 형성과정에 제중원 교회가 밀접하게 관계되어 있음은 주지의 사실이다. 제중원에서 시작된 신앙공동체의 모판에 한국인의 자생적 복음의 씨앗이 뿌려져 자란 후에, 서울 도처에 교회들이 생겨나게 되었다. 이처럼 제중원 신앙공동체가 개교회로 분화되면서 새문안교회, 정동제일교회, 남대문교회, 승동교회 등의 교파교회로 분립되어 나갔다.[48] 교파교회가 태동되면서 제중원 신앙공동체의 교파연합적 성격은 약화되고, 교파별 성격이 드러나기 시작하였다. 그 결과 교파주의 극복의 첫 실험무대였던 제중원 신앙공동체가 아이러니컬하게도 교파주의를 배태하게 된 것이다. 이후 제중원 교회는 장로

---

46) 1885년 5월 3일 내한한 미감리회 최초의 의료선교사 스크랜턴은 알렌의 제중원에서 5월 22일부터 6월 24일까지 한달 남짓 사역하였다. 이후 그는 정동에 집과 선교부지를 마련하고 9월 10일부터 독자적으로 진료를 시작하였다. 이덕주 교수는 1885년 6월 21일 장로교 의료선교사 헤론이 내한하면서 스크랜턴이 제중원을 도울 필요가 없어졌기 때문에, 스크랜턴이 감리교 사역을 별도로 시작하게 되었다고 주장한다. 이덕주,『스크랜턴: 어머니와 아들의 조선 선교 이야기』(서울: 공옥출판사, 2014), 121-38, 150-59. 그러나 1905년 한국에서 장·감 선교부 간에 교파 표시없는 하나의 개신교회 설립 기운이 최고조에 달했을 때 이에 강하게 반대하였던 스크랜턴의 분파주의적 태도를 감안하면, 강한 교파의식 때문에 그가 제중원 연합사역에서 떨어져 나간 것으로 보인다.
47) 1887년 9월 27일(화) 새문안교회가 설립되었고, 1887년 10월 9일(주일) 정동감리교회가 조직되었다.
48) 김권정, "서울지역 초기 장로교회의 동향과 제중원," 신재의, 김권정, 조이제,『한국 기독교와 초기 의료선교』(서울: 한국기독교역사문화연구소, 2007), 138-92; 최재건, "제중원의 태동과 발전(1885-1904)," 23. 참고로『남대문교회사, 1885-2008』(서울: 남대문교회, 2008), 73-93;『승동교회 110년사』(서울: 승동교회, 2004), 80-106도 참조하라.

교 중심의 신앙공동체로 전환되기 시작하였다.[49] 그 이후 한국에서 장·감 양 교단은 교파교회로 분립하여 나갔지만, 각 교파의 정체성을 유지하면서 연합운동을 추진하기 시작하였다.

4. 맺는 말

본 글에서는 조선 정부와 협의 하에 설립된 제중원에서 행해진 다양한 선교사역들을 선교사적 입장에서 조명하였다. 공개적인 선교 활동이 허락되지 않던 시기에 내한한 선교사들은 교회 설립부터 시작한 것이 아니라, 의료와 교육사업에 먼저 착수하였다. 기독교 선교는 금지되어 있었지만 제중원 내에서의 예배는 허락되었기에 초기 한국에 파송된 장·감 선교사들이 사역할 수 있는 유일한 곳은 제중원 뿐이었다. 이처럼 제중원은 초기에 내한한 장·감 선교사들에게 선교 거점을 제공하며 교파를 초월하여 하나가 되는 예배 공동체, 친교 공동체 역할을 하였다. 또한 제중원은 하나님의 선택받은 백성들이 정기적으로 모여 예배하고, 친교하며, 성례전을 거행하는 등 전통적 교회론 입장에서 볼 때 분명한 교회로서 존재하였다.[50]

알렌의 제중원은 선교병원으로서 한국 최초의 근대식 병원과 의학 교육기관의 역할을 수행하였다. 그런데 제중원은 이에 그치지 않

---

49) 서정민, "제중원 선교공동체의 성격," 251.
50) 신재의, "제중원 선교활동과 교회의 성립," 『연세의학사』 제9권 (2005), 1-58.

고 한국선교 역사에서 간과할 수 없는 중요한 선교적 역할을 감당해 왔다. 제중원 신앙공동체는 장·감 선교사들이 교파의 장벽에 사로잡히지 않고 함께 사역하고, 성례전(세례와 성찬)을 거행하며 연합교회의 역할을 수행했을 뿐 아니라, 한국인들이 자발적으로 제중원 예배에 참석하면서부터는 한국 개신교회 태동의 요람 역할도 하였다. 제중원 신앙(예배)공동체는 그 자체로서 초교파(에큐메니컬) 연합기관의 존재 가치를 지니고 있었다. 제중원은 장·감의 두 교단 선교부 간에 연합정신을 고양시켜 한국선교 역사에서 다양한 연합사업을 촉진시키는 역할을 감당했지만, 1887년 9월 이후 서울의 여러 교파교회들이 분립되어 나가는 과정에서 교파의식을 배태하는 인큐베이터 역할을 동시에 수행하기도 하였다.

유념할 점은 교파를 초월하여 제중원 신앙공동체에서 함께 예배하던 한국 교인들 마음속에 교파의식이 생겨나면서 새문안교회(장로교), 정동제일교회(감리교), 남대문교회(장로교), 승동교회(장로교) 등 장·감의 교파교회가 분열되어 나왔다.[51] 이처럼 한국 개신교 초기에 신앙공동체 역할을 했던 제중원을 통해 에큐메니즘과 교파주의의 두 가지 상반된 현상이 생겨난 것과 제중원을 둘러싼 연합교회 형성과 교파교회 분립 과정에 대해서는 보다 심도 깊은 후속연구가 필요하다고 생각한다.

---

51) 1895년 미국 북장로교 의료선교사 빈턴이 한국선교 10주년 회의에서 발표한 한국 개신교회 통계에 의하면, 서울에 새문안교회(1887), 정동감리교회(1888[1887]), 곤당골교회(1893), 상동교회(1893), 연동교회(1895[1894])를 비롯한 12개 교회의 조직교회가 존재하였고, 서울의 제중원(Chyei Cheung Ouen)과 남대문 채플(South Gate Chapel) 등에서 매주일 예배와 설교가 정기적으로 행해지고 있다고 조사되었다. C. C. Vinton, "STATISTICS OF THE PROTESTANT CHURCHES IN KOREA: A paper read before the Decennial Conference of Christ in Mission in Korea, October 10th, 1895," *The Korean Repository* 2 (October 1895), 382-83.

제3장

한국 초기 개신교 선교전략

1. 들어가는 말

한국에 기독교가 전파되었던 19세기는 초기 기독교의 역동적인 300년 역사에 버금가는 놀라운 지리적 확장을 이루어 선교 역사가들은 이를 "선교의 세기" 혹은 "위대한 세기"라 불렀다.[1] 위대한 선교의 세기 말 미국교회에 의해 시작된 한국 개신교는 비록 짧은 선교역사를 가진 조그마한 선교지에 불과했지만 세계 선교사상 전례 없는 경이로운 성장을 이루어 위대한 세기 내에 또 하나의 위대한 선교역사를 만들었다. 1907년 한국을 방문하여 평양 대부흥운동을 목격했던

---

1) Gustav Warneck, *Outline of a History of Protestant Missions from the Reformation to the Present Time*, translated from the 7th German edition and edited by George Robson (New York: Fleming H. Revell Co., 1901), 140; Kenneth S. Latourette, *A History of the Expansion of Christianity*, vols. 4-6 (New York: Harper & Row Publishers, 1941).

존 모트(John R. Mott, 1865-1955)는 "여러 선교회가 지금처럼 협력선교를 잘 해나간다면 한국은 머지않아 비기독교 세계에서 최초로 기독교 국가가 될 것이다"라고 단언하였다.[2]

한국선교가 시작되던 1880년대 초, 조선을 에워싸고 있는 동북아 주변 정세는 급변하고 있었다. 중국은 1840년 발발한 아편전쟁(Opium War)의 패배 이후 1860년 영·불 연합군에 의한 북경 함락에 이르기까지 서구 제국주의의 무력에 의해 굴욕적으로 문호를 개방하였다.[3] 중국과 달리 비교적 조용하게 1854년에 개국한 일본의 발전 상황 역시 조선이 쇄국의 길로 나가는 것을 허용하지 않았다. 중국에서 서구 열강의 발호(跋扈)와 일본을 둘러싸고 급격하게 전개되던 근대화와 부국강병에 자극받아, 한국에서도 서양 문물과 개화(開化)에 대한 관심이 고조되고 있었다. 그리하여 1876년 2월 일본과 통상조약을, 그리고 미국을 호의적으로 평가해 서구와는 최초로 1882년 5월 조미수호통상조약을 체결하며 굳게 닫혔던 문호를 조심스럽게 열기 시작하였다.

열린 외교채널을 통하여 미국 선교사들이 조선에 입국하기 시작하지만 복음의 진보를 가로막는 많은 장애물들이 있었음을 주목할 필요가 있다. 개화를 둘러싼 불안한 정정이 조선 조정(朝廷)에서 계속되고 있었고, 천주교의 처참한 박해를 거친 후 대원군 때 공포된 반기독(천주)교 칙령이 발효 중이었고, 먼저 개항한 중국이나 일본에서 허용된 선교의 자유도 없었다. 보수적인 유교체제 아래 수백 년간 지속

---

2) *Korea Mission Field* 4 (May 1908), 67. 모트는 미북장로교 해외선교부 총무 로버트 스피어(Robert E. Speer)와 함께 1880년대 이후 미국 해외선교운동의 대학생 선교자원운동(SVM)을 주도한 감리교의 평신도 선교동원가였다.

3) 중국은 1858년 천진조약에 의해 선교의 자유를 허용하였다. 역사적으로는 선교사들이 여러 불평등조약에 직·간접으로 연루되어 있었기 때문에 이후 중국선교는 서구 제국주의 팽창의 앞잡이라는 오해를 받게 되었다.

되어 오던 반상(班常)의 엄격한 신분과 남녀유별 때문에 선교사들은 양반층과 여성계층에게 접근하기가 무척 어려웠다. 또한 초기 선교사들에게 한국어는 마귀가 준 언어라고 할만큼 배우기가 험난한 언어였다. 아울러 당시 한국의 생활 여건과 위생수준이 중국이나 일본보다 더 열악했던 점을 감안하면, 한국은 이웃 선교지에 비해 결코 복음에 우호적이거나 수용적인 상황에 있지 않았다.

그럼에도 불구하고 한국선교는 여느 나라와 비견할 수 없는 놀라운 사도행전적 성장을 이루었다. 이러한 성장은 자연적으로 이루어진 것이 아니라 선교사들이 연구와 토론을 통해 한국적 상황에 적용할 수 있는 선교전략과 방법을 끊임없이 모색하였기 때문에 가능한 일이었다. 이 글에서는 한국 개신교 선교사들이 정착단계에서 세운 두 가지 선교전략과 정책을 먼저 살펴본 후, 한국교회가 급성장하는 과정에서 새롭게 채택한 두 가지 선교정책을 검토하고자 한다. 또한 이러한 선교전략 수립에 영향을 주었던 한국의 대·내외적인 상황을 면밀히 검토하여 오늘의 선교를 위한 전략적 방안을 강구하고자 한다.

2. 초기 개신교 선교전략 분석

A. 천주교와의 차별화 전략

개신교 선교사들이 입국하기 직전인 1880년대 초 한국에서는 일본으로부터 황준헌의 『조선책략』(朝鮮策略)이 소개되어 엄청난 반향을 불러일으키고 있었다.[4] 고종을 비롯한 조정과 개화파 인사들이 국제적인 안목을 갖게 된 것도, 서양종교인 기독교의 두 갈래인 천주교와 개신교(耶蘇敎)에 대한 구분이 한국사회에 처음으로 널리 알려지게 된 것도 이 책을 통해서였다.[5] 황준헌은 천주교를 프랑스의 종교, 개신교를 미국의 종교로 구분하면서 그 근원은 같으나 파(派)는 전혀 다르다고 설명한다. 또한 천주교 선교사(사제)들과 교도들이 프랑스를 등에 업고 국법을 어기고 온갖 횡포를 저지르며 방자히 행하고 있음에 비해, 개신교는 미국에서 행해지는 종교이며 그 가르침은 일체 정치에 관여하지 않으며 그 교인 중에 선량한 자들이 많아 근심될 일이 없다고 평가한다.[6] 즉, 교리적인 차이점이 아니라 국가의 차이와 정교분리와 선교사들과 교인들의 무법적인 행태를 거론하며 천주교와 개신교의 차이점을 지적하고 있다.

『조선책략』의 기독교관과 조정의 개화정책으로 촉발된 보수 유학자들의 격렬한 상소(上訴)와 항의에 직면하여 고종은 척사(斥邪)의 입장을 재확인할 수밖에 없었다.[7] 그러나 황준헌이 천주교와 달리 미국의 개신교를 호의적이고 긍정적으로 묘사함으로써 고종과 조정과 개화파에게 우호적인 인상을 심어주었고, 조선이 곧이어 미국과 수교

---

4) 1880년 5월 일본에 수신사로 갔던 김홍집이 주일 청국공사관의 서기관 황준헌을 만나 국내에 소개한 책으로 미국과의 연합과 수교를 주장하였다. 이광린, 『한국 개화사 연구』 (서울: 일조각, 1999), 46; 류대영, 『개화기 조선과 미국 선교사』 (서울: 한국기독교역사연구소, 2004), 69-71.
5) 1884년 미국 감리교선교부의 연례보고서는 "고종은 한국에 이미 알려져 있는 기독교 갈래(천주교)와 개신교를 분명하게 구별할 수 있으므로 우리가 조정의 핍박을 두려워할 필요가 없다"고 평가하고 있다. Annual Report of the Missionary Society of the Methodist Episcopal Church, Korea Mission 1884, 204.
6) 이광린, 『한국 개화사 연구』, 36-38; 신광철, "개항기 한국 그리스도교의 포교전략," 『한국기독교와 역사』 제9호 (1998. 9), 92-95.
7) 1881년 『척사윤음』 반포를 말한다.
8) 류대영, 『개화기 조선과 미국 선교사』, 69-71.

를 하는 데도 큰 영향을 미쳤다.[8] 또한 한국 선교의 초기 정착과정에서 미국 선교사들이 개화파 인사들의 도움을 적지 않게 받았음을 기억할 때 이 책의 영향력을 간과할 수는 없을 것이다.

한편 한국에서 『조선책략』이 큰 반향을 일으키고 있는 동안, 곧이어 한국에 파송된 미국 선교사들은 한국에 관한 어떤 자료를 읽고 어떤 정보를 가지고 왔을까? 한국선교 지망생들과 한국선교를 막 시작한 미국 개신교 선교부의 한국 선교정책과 전략 수립에 큰 영향을 미친 책은 1882년 간행된 그리피스(William E. Griffis)의 『은둔의 나라, 한국』이었다.[9] 그리피스는 한국 천주교와 개신교의 선교방법을 비교한 후, 천주교가 제국주의의 전구(前驅) 역할을 했다고 주장하였다. 천주교는 중국을 통해 교리문답서, 해설서, 기도서, 성인들의 전기, 성상, 고난당하신 십자상, 성화를 가지고 왔지만 개신교의 전도방법인 성경책 혹은 쪽복음 등의 말씀전도는 하지 않는다는 것이다. 또한 천주교는 프랑스의 종교요, 프랑스 사제들은 조선과 아시아 각처에서 프랑스 군대와 함께 "침략자의 앞잡이" 혹은 "함포의 길잡이"로서 입국하였고, 천주교 사제들이 국법을 어기면서 선교활동을 하며 신분을 숨기려고 상복(喪服)을 입고 다니며 "그릇된 가르침"을 전하고 있다고 비판하였다.[10]

초기 개신교 선교사들이 남긴 자료들을 보면, 천주교와 그 선교방식에 매우 비판적이었음을 주목하게 된다. 1886년 5월 조불조약(朝

---

9) 1882년 초판 이후 1911년까지 9판을 거치면서 개정·증보판이 나온 이 책은 일본자료에 절대 의존하고 있어서 부정적으로 한국을 묘사하는 면이 많으나 당시 한국에 대한 가장 체계적인 자료로 인정받고 있었다. William E. Griffis, *Corea: The Hermit Nation* (New York: Charles Scribner's Sons, 1902); 민경배, 『알렌의 선교와 근대 한미외교』 (서울: 연세대학교출판부, 1991), 22-23, 75-77; 신광철, "개항기 한국 그리스도교의 포교전략," 104; 류대영, 『개화기 조선과 미국 선교사』, 47.
10) 그리피스는 황준헌보다 공격적인 어조로 천주교를 비판하고 있다. Griffis, 위의 책, 348-60, 376; 신광철, "개항기 한국 그리스도교의 포교전략," 105-106.

佛條約) 협상을 위해 방한한 프랑스 특사가 천주교의 선교자유를 허용하는 조항을 넣을 것을 강하게 요구하자 고종은 개신교 의료선교사 알렌에게 통역관을 보내 자문을 구한다.[11] 그러자 알렌은 천주교의 포교자유를 허락하는 칙령을 반포하지 말 것을 조언하였다. 천주교의 마리아 공경과 우상숭배, 동정녀께 드리는 기도, 신부의 사죄권, 독신 남자인 신부에게 고하는 여신도들의 고해성사의 폐해 등 교리적인 문제와 유교 체제 하의 조선에서 생길 수 있는 윤리적 문제점을 지적하며 부정적인 의견을 제시하였다.[12] 한편 언더우드는 1892년 캐나다 토론토에서 열린 세계개혁교회연맹 회의에서 발표한 "해외선교지의 천주교"라는 글에서, 천주교는 개종자들을 그리스도에게 인도하지 않고 로마로 인도하는 "왜곡된 기독교"일뿐 아니라, "비(非)복음적이며 반국가적"이라며 강한 어조로 비판하였다.[13]

한국 천주교는 개항 직전인 1866년부터 1873년까지 병인박해와 병인양요(丙寅洋擾)로 인해 잔혹한 박해를 받았다.[14] 천주교의 피 뿌린 역사의 연장선상에서 시작된 한국 개신교는 선교 초창기부터 개신교는 천주교와 다르다는 점을 강조할 수밖에 없었다. 이는 천주교가 서구 제국주의 침략의 첨병(尖兵)으로 여겨지고 유교 전통체제를

---

11) Allen's Diary, May 7, 1886; 류대영, "한말 미국의 대한 정책과 선교사업,"『한국기독교와 역사』 제9호 (1998. 9), 204-205.
12) 천주교를 허용해서는 안 되는 이유 3가지는 다음과 같다: "첫째, 우리 신자들은 창조주 하나님 한분만 섬겨야 하고 어떤 사람이나 우상도 섬길 수 없다. 그런데 천주교인들은 그리스도의 어머니이지만 여인에 불과한 마리아를 숭배하고 기도를 드린다. 둘째, 하나님만 우리 죄를 사하실 수 있는데 천주교는 타락한 신부에게 속죄권을 부여하였다. 셋째, 신부들은 우리와 같은 성정(性情)을 가진 남자들이며 내시가 아닌데, 여인네들이 이들에게 자신들의 은밀한 생각과 죄악을 고하는 것은 안전하지 못하다." Allen's Diary, May 9, 1886.
13) Horace G. Underwood, "Romanism on the Foreign Mission Fields," in *Minutes and Proceedings of the Fifth General Council of the Alliance of the Reformed Churches Holding the Presbyterian System held at Toronto 1892* (Belfast: Assembly's Offices, 1892), 409-11.
14) 박해기간 중 한국에서 탈출한 천주교 사제가 중국에 정박하던 프랑스 함대에 도움을 요청하여 프랑스 해군의 강화도 무력침공과 병인양요를 초래했으며 이후 극심한 박해가 뒤따랐다.

뿌리 채 뒤흔드는 종교로 오인되어 받았던 박해를 피하기 위한 것이었다. 선교사들은 변증적 입장에서 천주교의 탈법적이며 사회불안적인 교리적·윤리적 요소를 부각시키며 신랄한 비판을 가했다. 초기 개신교의 차별화 전략은 천주교 선교의 역사적 경험을 토대로 하여 이제 막 시작한 개신교 선교를 보호하고 뿌리내리기 위한 선교전략이었다.

B. 전문인을 통한 간접선교

선교사 신분으로 입국이 불가능하던 시기에 중국 남경·상해에서 미국 북장로교 의료선교사로 1년 남짓 일하던 알렌(Horace Allen)이 한국 개척의 사명을 띠고 1884년 9월 22일 서울에 입국하였다.[15] 알렌은 초대 주한공사 푸트(Lucius H. Foote)의 배려로 미공사관 무급(無給) 공의로 합법적 신분을 유지하였다.[16] 한국 도착 직후 알렌은 뉴욕의 북장로교 해외선교부 총무 엘린우드에게 "지금 한국에 선교사가 입국할 수 없지만 미공사관 공의로 아무런 해도 받지 않고 머물 수 있으며, 본인은 곧 열릴 선교사업을 위해 준비하고 있습니다."라는 첫 선교편지를 보냈다.[17] 그러던 중 1884년 12월 4일 갑신정변이 일어나고, 그때 자상을 입고 사경을 헤매던 민영익을 3개월간 "기도하며" 완

---

15) Horace N. Allen, *Things Korean: A Collection of Sketches and Anecdotes Missionary and Diplomatic*, 윤후남 역, 『알렌의 조선체류기』 (서울: 예영커뮤니케이션, 1996[1905]), 184.
16) 알렌의 보고와는 달리, 푸트는 공식적으로 알렌을 미공사관 공의로 임명할 수 없으므로 개인 주치의처럼 쓴다고 하였다. Lucius H. Foote to Ellinwood, *United States Legation in Seoul*, November 12, 1884.

쾌시킴으로써 고종, 명성황후 그리고 조정 등 상류층의 큰 신임을 얻게 되었다.[18] 자칫 서구 기독교 선교의 장애물로 작용할 수도 있었던 조정과 수구파의 민씨 일파가, 갑신정변으로 인해 오히려 초기 선교의 후원자로 바뀌게 된 것이다.

알렌은 서양의술의 최대수혜자인 민영익의 막후 영향력과 미공사관의 외교 채널을 이용하여, 1885년 4월 최초의 서양 병원인 광혜원(廣惠院, 이후 濟衆院)을 세운다. 전임 푸트(Foote) 공사보다 적극적으로 선교사업을 도왔던 포오크(G. C. Foulk) 임시대리 공사는 1885년 1월 27일 조선 정부에 제출한 병원 설립 청원서에서, 미공사관 공의 알렌은 민영익을 성공적으로 치료한 전례에서 입증되었듯이 뛰어난 의술을 지니고 있는 바, 이제 그가 미국 국민들과 함께 조선 백성들의 복지를 위한 선린의 마음과 "이타적인 동기"에서 병원 설립을 도모하니 호의적으로 검토해달라는 외교문서의 격식을 갖춘 서한을 보낸다.[19]

외국과의 교섭을 관장하는 '통리교섭통상사무아문'의 독판(督辦) 김윤식에게 제출한 설립 청원서에서 알렌은 조선 조정에서 병원 건물과 운영비, 약품비, 간호사와 일꾼 등 일체의 경상비를 지원하고, 미국의 "자선 기관"에서 의사들을 파견하고 그 생활비 일체를 감당하도록 하겠다고 제안하였다. 의료시설이 부족하여 치료받지 못하는 환자들이 많은데 조정에서 병원 설립을 허락해주면 서양의술로 잘 돌볼 것이며, 그러면 백성들이 조정을 더 신뢰하고 고종의 덕망도 올라갈

---

17) Allen to Ellinwood, Seoul, October 1, 1884. 푸트 내외는 병약하였고 복음전도의 문이 열릴 때까지 의사 알렌이 직접적인 복음전도 활동을 하지 않을 것으로 알고 그를 환영하였다. Allen's Diary, September 23, 1884; Allen to Ellinwood, Seoul, October 8, 1884.
18) 민영익은 두 살이 많은 알렌과 호형호제하는 사이였고 알렌을 "하늘이 보내준 사람"이라고 생각했다. Annual Report of the Board of Foreign Missions of the Presbyterian Church in the United States of America, 1885, 130; Allen's Diary, December 5 & 11, 1884.
19) Allen's Diary, January 22, 1885.

것이라고 하였다. 또한 알렌은 병원 부속 의학교를 세워 조선 청년들에게 서양의학과 보건위생학도 가르치겠다는 계획도 밝혔다.[20]

그러나 알렌은 의료선교사인 자신의 신분과 광혜원을 통한 선교적 동기를 드러낼 수 없었다. 그래서 의사를 파견할 기관을 미북장로교 해외선교부가 아닌 미국의 자선단체라 하였고, 이 기관은 이미 중국의 여러 대도시에서 이런 병원들을 세워 지원하고 있음을 강조하였다. 이는 혹시 있을 수 있는 보수·수구파의 반대와 저항을 의식함과 동시에, 자유로이 선교할 수 없는 당시의 상황을 반영한 것이었다. 그 설립과 운영에 있어 광혜원은 미국 장로교 해외선교부와 조선 조정의 이해가 상통(相通)하여 세워진 합작병원이었다. 한국 조정은 최초의 근대병원을 통해 서구 의술의 혜택을 백성들에게 베풀고 서양의 의학교육을 전수받는 동시에, "조선 정부(왕립)의 병원"을 통해 미국 선교사들을 감독하고 통제함으로써 별 문제가 없다고 판단하였다. 반면에 미국 선교부는 금교(禁敎) 상황에서 선교사 알렌이 병원장으로 세워진 광혜원은 최초의 "선교병원"으로서 이를 통해 초기 선교의 교두보를 확보하고자 했던 것이다.[21]

복음전도가 허락되지 않는 상황에서 세워진 광혜원은 전문인(의료) 선교가 굳게 닫힌 선교의 문을 열 수 있음을 보여주는 대표적 사례로 간주된다. 또한 선교병원 건립 청원이 정당한 통로를 통하여 이루어졌고 적법한 절차를 통하여 승인되었으며, 병원을 통해 계속하여 선교사들이 떳떳하게 입국할 수 있는 길을 닦아두었다는 점에 주목할 필요가 있다.[22] 광혜원과 그 부속 의학교를 통해 미국의 장·감 선

---

20) 위의 글.
21) 서정민, 『제중원과 초기 한국기독교』(서울: 연세대학교출판부, 2003), 23-24, 36-40.
22) 민경배, 『알렌의 선교와 근대한미외교』(서울: 연세대학교출판부, 1991), 139-52.

교부는 초기 몇 년간 의료선교사와 교육선교사만을 집중적으로 파송하였고, 이들의 명목상 신분은 선교사가 아닌 전문인이었다.[23] 예를 들면, 1885년 4월 5일 입국한 장로교의 언더우드와 감리교의 아펜젤러는 광혜원 부설 의학교의 교사로 입국하였다. 또한 1885년 5월 입국한 최초의 감리교 의료선교사 스크랜턴(William Scranton)도 장로교 알렌의 배려로 광혜원에서 한동안 일하였다. 그래서 알렌은 "이곳 광혜원의 초청을 받고 우리 병원에 와있으면 선교사라도 아무 문제 될 게 없다"고 하였던 것이다.[24]

사실, 선교사들이 병원과 학교를 통한 선교사업을 시작할 수 있었던 것은 한국선교의 가능성을 탐색하기 위해 방한한 일본주재 미감리교 선교사 맥클레이에게 고종이 의료와 교육을 통한 선교사업을 윤허해 주었고, 곧이어 미장로교 알렌에게 광혜원 설립을 허락했기 때문이었다. 그때 조정은 선교사들의 신분과 숨은 의도를 알고 있었다. 하지만 근대적 서구병원과 학교가 절실히 필요했고 미국 선교사들에 대한 기대 때문에 묵인해 주었다.[25] 이처럼 한국선교 역사에서처럼 선교지 상황이나 여건에 따라 교회보다 학교나 병원을 먼저 세울 수도 있다.

개신교 수용 초기에 개신교가 취한 의료(병원), 교육(학교), 사회

---

23) 장로교는 알렌을 뒤이어 교육선교사로 언더우드(1885년 4월), 의료선교사로 헤론(1885년 6월), 애니 엘러스(1886년 7월), 릴리어스 호튼(1888년 3월)을 계속 파송하였고, 감리교는 의료선교사로 스크랜턴(1885년 5월), 교육선교사로 아펜젤러(1885년 4월 입·출국, 6월 재입국)와 스크랜턴 대부인(1885년 6월)을 각각 파송하였다. 이들의 신분은 의사 혹은 교사였지만, 언더우드, 스크랜턴, 아펜젤러는 안수 받은 목사여서 상황이 바뀌면 언제라도 복음전도에 뛰어들 수 있었다.

24) Allen's Diary, April 10, 1885. 광혜원은 또한 초기 장·감 선교사들에게 교파를 초월한 선교 연합운동의 묘판(苗板) 역할을 하였다. 서정민, 『제중원과 초기 한국기독교』, 40-45, 53-56을 참조하라.

25) 1884년 6월 고종은 김옥균을 통해 미감리교에 교육과 의료사업을 윤허하고, 1885년 2월 미장로교에 광혜원 설립을 승인하였다.

사업(고아원)을 통한 "탈(脫)이데올로기적" 선교방법은 쇄국에서 벗어나 개화와 자강(自强)을 거부할 수 없는 시대적 당위성으로 받아들인 후 서구 문물을 도입하기 시작한 당시 조정의 절실한 필요와도 잘 맞아떨어졌다. 이러한 "조용한" 간접 선교전략은 전통사회와의 충돌을 최소화하면서, 기독교에 대한 의구심(疑懼心)과 편견을 완화시켜 주었고, 점차적으로 "기독교의 유익성"을 보여주게 되어 초기 개신교가 천주교와는 달리 비교적 쉽게 정착하게 되었다.[26] 이처럼 한국 개신교 선교는 천주교 선교의 역사적 경험을 교훈삼아 천주교와 차별화된 간접 선교방법을 초기 전략으로 채택하였던 것이다.

C. 네비우스의 자립선교

직접적인 복음전도의 때를 기다리며 광혜원과 여러 교육사업을 통하여 조용하게 초기 선교의 발판을 마련해가던 선교사들은, 1887년 이후 서울을 벗어나 불법적인 내륙 선교여행을 감행하는 등 공세적인 선교활동을 펼치기 시작한다. 선교활동이 암묵적으로 인정되자 본격적인 선교를 펼치기 전, 20대 후반에서 30대 초반의 해외선교 경험이 부족한 선교사들은 한국과 선교 여건이 비슷한 일본과 중국의 베테랑 선교사 중에서 한국에 적용할 선교방법을 배우고자 하였다.

---

[26] 이광린, "개화파의 개신교관," 『한국 개화사상 연구』(서울: 일조각, 1981), 213-23; 박영신, "초기 개신교 선교사의 선교운동 전략," 『동방학지』 제46-48 합집, 용재 백낙준 선생 추모논총 (1985); 이만열, "한국기독교와 미국의 영향," 『한국기독교와 민족의식』(서울: 지식산업사, 1992), 458-59; 이만열, "한말 구미 제국의 대한 선교정책에 관한 연구," 『한국기독교와 민족통일운동』(서울: 한국기독교역사연구소, 2001), 63; 신광철, "개항기 한국 그리스도교의 포교전략," 86-92. Underwood to Ellinwood, Seoul, January 27, 1887도 참조하라.

그러던 중 프린스턴 신학교 출신의 고참 선교사로서 1854년 중국 영파(寧波, 닝보)에서 선교사역을 시작한 이후 산동 선교지부에서 20여 년의 교회 개척 경험을 가지고 있던 네비우스(John Nevius)를 주목하고 초청하였다.

네비우스는 자신만의 차별화된 선교방법을 1885년 『차이니즈 리코더』(Chinese Recorder)에 처음으로 기고하였고, 1886년 『선교방법론』(Methods of Mission Work)이라는 제목으로 상해의 장로교선교회 출판사에 의해 증보판으로 출간되었다.[27] 1890년 5월 상해에서 열린 제2차 중국 개신교선교사대회 공동의장으로서 "선교방법에 대한 역사적 고찰"이라는 논문을 발표한 후 안식년으로 미국으로 가는 중, 6월 서울에 2주간 머물며 선교사들에게 새로운 선교 방법론을 강의하였다. 이후 한국 장로교선교부는 네비우스의 선교방법을 공식적으로 채택하였다.[28]

네비우스 방법은 현지 전도인들을 고용하는 "옛 방법"의 실패를 경험한 후, 새롭게 현장에 적용할 수 있는 교회개척 방법론으로 제안되었다. 처음부터 외국 선교자금에 의지하거나 유급 전도인을 고용한 교회는 "모식신자"(Rice Christian)를 양산하고 결코 "자립"의 단계에 이르지 못하였는데, 현지교회가 자립 의지를 상실하고 선교사와 지원금을 의존하기 때문이었다. 그래서 현지교회의 자립을 저해하는 이전

---

27) 네비우스의 책은 1895년 뉴욕에서 재판이 나왔고, 1899년 『선교교회의 설립과 발전』(The Planting and Development of Missionary Churches)이라는 제목으로 출판되면서 한국의 신임 선교사들의 필독서로, 학생자원운동(SVM)의 선교연구반 교재로 널리 읽혔다. 언더우드는 네비우스 방한 전 이미 그 방법에 대해 알고 있었다. Underwood to Ellinwood, Seoul, August 25, 1888.

28) John Nevius, "Historical Review of Missionary Methods, Past and Present, in China, and How Far Satisfactory," in Records of the General Conference of the Protestant Missionaries of China Held at Shanghai, May 7-20, 1890 (Shanghai: American Presbyterian Mission Press, 1890). 한국 선교부에서는 감리교 올링거(Frank Ohlinger)와 장로교 기포드(Daniel Gifford)가 상해 선교대회에 참석하였다.

방법을 포기하고, 외부 선교자금의 유입과 선교부의 봉급을 받는 현지 사역자 수를 최소화하고(전혀 쓰지 않는 것은 아니었다) 대신 보수를 받지 않는 현지인 전도자의 사용을 극대화하는 "새 방법"을 제창하였던 것이다.[29] 네비우스의 선교방법은 한국선교 초기부터 거의 모든 장로교 선교사들에 의해 수용되었고, 특히 언더우드와 마펫(Samuel A. Moffett)에 의해 네비우스보다 더 철저하게 자급(自給)의 방향으로 발전되었다.[30]

네비우스 자급 원칙이 채택되고 1년이 지난 1891년 주한 북장로교 선교부가 발표한 선교정책을 보면, 모든 면에서 자급의 원칙이 강하게 반영되어 있음을 본다. 즉, 보수를 받는 현지인 사역자의 숫자를 최대한 줄이며, 학교교육과 관련하여 교과서 값은 받도록 하며, 학비도 전액 무료로 하지 말 것을 권장한다. 또한 신학반의 경우, 숙박과 식비는 각자 부담하게 하고 예외적인 경우에 교통비만 지원하도록 했다. 찬송가와 성경을 비롯한 전도용 책자들도 무료로 배부해서는 안 되며, 최소한 생산비의 1/3 이상에 판매하도록 하였다. 자립의 원칙은 당시 의료사업에도 반영되어, 극빈자를 제외하고는 무료진료를 지양하고 적은 진료비라도 내게 하고 입원환자는 자신들의 침구를 가져와야 하고 식비를 지불토록 하였다. 그리하여 병원 설비는 선교자금으로 구입했지만, 병원 운영비 대부분은 환자들로부터 받는 진료비로 충당이 되었다. 직접적인 선교가 불가능하던 1886년 초 언더우

---

29) Charles Allen Clark, *The Nevius Plan for Mission Work: Illustrated in Korea*, 박용규·김춘섭 역, 『한국교회와 네비우스 선교정책』(서울: 대한기독교서회, 1994[1937]), 23-72; 송길섭, 『한국 신학사상사』(서울: 대한기독교출판사, 1987), 69-72.

30) 네비우스 방한 후 채택된 선교원칙들의 주요 골자는 다음의 글을 참조하라. Horace G. Underwood, *The Call of Korea* (New York: Fleming H. Revell Company, 1908), 109-10; Roy E. Shearer, *Wildfire: Church Growth in Korea*, 이승익 역, 『한국교회 성장사』(서울: 대한기독교서회, 1966), 243-47.

드에 의해 고아원으로 시작된 소년학교(경신학교 전신)도 1890년 9월 마펫이 새로 책임을 맡고서 무료에서 유료로 정책을 바꾸었다. 즉, 부모로부터 학비 일부를 부담하겠다는 확답을 받은 후 입학시켰으며, 여름방학 때는 학생들을 집으로 돌려보내었다. 또한 1896년에 부가된 시행 세칙에 의하면, 선교부의 학교 운영비 보조가 절반을 초과할 수 없도록 했다. 최소한 50% 자립을 목표로 하였다.[31]

1893년 1월에 조직된 한국 장로교선교부공의회에서 채택한 10가지 선교정책 중 일곱 번째에 "진취적인 교회는 자립하는 교회가 되어야 한다. 우리는 한국교회 중에 외국자금 의존비율을 줄이고 자립비율과 헌금하는 교인들의 수를 늘리도록 해야 한다"는 내용이 있다.[32] 장로교의 네비우스의 자립정책은 감리교 선교부에도 부분적인 영향을 미치게 된다. 즉, 1892년 5월부터 1893년 2월에 걸쳐 미국 장로교와 감리교 선교부가 합의한 선교협력 중에 "전도용 서적은 무료로 주어서는 안 되며 양 선교부가 같은 가격에 판매해야 한다"는 내용도 들어있었다.[33] 또한 1912-13년의 미북장로교 선천 선교지부의 선교규범에도 엄격한 자립 원칙이 강조되고 있다.

1. 자립 교회를 세우려면 처음부터 자립의 원칙을 고수해야 한다.
2. 빈곤의 문제는 자립과 아무런 관련이 없다.
3. 예배당 건물은 외국 선교자금으로 건축되어서는 안 된다.

---

31) C. A. Clark, 『한국교회와 네비우스 선교정책』, 97-113; Harry A. Rhodes, *History of the Korean Mission: Presbyterian Church U.S.A., 1884-1934* (Seoul: YMCA Press, 1934), 88-89.
32) C. C. Vinton, "Presbyterian Mission Work in Korea," *Missionary Review of the World* 9 (September 1893), 671.
33) H. G. Appenzeller Papers, "Rules of Comity and Co-operation (Revised form)," *Korea Presbyterian and Methodist Missions*, Seoul, February 3, 1893.

4. 현지인 전도자나 교역자 사례비를 선교자금으로 지불해서는 안 된다.[34]

이처럼 한국 개신교는 선교 초기부터 네비우스 자립정책을 철저하게 적용하였다. 그 결과, 전도사업에서는 거의 완벽에 가까운 자급을 이루었고, 교육과 의료사업에 있어서도 상당한 비율의 자립을 이룰 수 있었다. 네비우스 선교방법이 채택된 지 19년이 되던 1909년의 북장로교 선교부의 한국인 사역자의 사례비 지불과 신축 예배당들의 자립 현황을 살펴보자.[35]

한국인 사역자 수	한국교회의 전액 부담	한국교회 부담 + 선교자금 지원	한국교회 부담비율
1,052명	991명	61명	94.2% ↗ (96%)

예배당 수	한국교회의 전액 부담	교회부담(⅔) + 선교자금(⅓)	한국교회 부담비율
800개	780여개	20여개	97.5% ↗ (98%)

위의 도표에 의하면 당시 총 1,052명의 한국인 유급사역자 중 991명의 사례비를 한국교회가 전액 감당하여 94.2%의 자급률을 보이고 있다. 여기에 한국교회가 부분적으로 부담한 61명의 사역자 사례비를 더하면, 실제 자급률은 약 96%로 추정된다. 또한 총 800개에 달하던 예배당 중 780여개가 선교사 도움없이 한국교인들의 전석인

---

34) Rhodes, *History of the Korean Mission*, 397.
35) *Quarto Centennial Papers Read before The Korean Mission of the Presbyterian Church in the U.S.A. at the Annual Meeting in Pyeng Yang, August 27, 1909*, 23; Rhodes, 위의 책, 398-99.

건축헌금으로 세워져 97.5%의 자급률을 보였다. 아울러 한국교회가 선교부 자금을 일부 지원받아 건축한 20여개 교회의 지원율을 감안하면, 실제 한국교회 건축의 자급률은 98%를 웃돌았을 것으로 보인다.[36]

예배당 건축에 관한 북장로교 선교부 정책은 한국 교인들의 힘으로 세우게 하는 완전 자립이 원칙이었다. 장로교회의 예배당 건축은 외국 선교자금을 들여 서양식으로 짓지 않고 한국식(韓屋)으로 하였다는 점에서 천주교나 감리교와는 구별되었다. 또한 교회의 경제적 상황이나 교인들의 형편을 고려하여 재정적으로 감당할 수 있는 범위 내에서 단계적으로 건축하도록 했다. 즉, 한 동리에 신자들이 생기면 먼저 교인 집에서 예배드리다가, 교인 수가 늘어나 비좁게 되면 별도의 작은 집(草屋)을 구입하여 예배처소로 사용하고, 후에 건축비가 마련되면 한옥 양식(瓦家)의 큰 예배당을 신축하거나 증축해 나갔다. 부유한 교인들이 많은 몇몇 지역에서 서구식 혹은 반서구식 벽돌이나 석조 예배당을 건축하기도 했으나 초기에는 그리 흔치 않았다. 이처럼 한국교회는 선교사의 도움을 의존하지 않고 자력으로 예배당을 세웠다. 이렇게 세워진 교회는 선교사들의 교회가 아닌 한국인들의 교회였고 주인의식을 가진 교인들은 교회에 더 큰 애착을 가지고 교회를 자립 운영해 나갔다.[37] 1895년 처음 건립된 새문안교회를 비롯

---

36) 1934년경 300여명의 한국교회 목회자 사례비는 거의 전적으로 한국교인들이 지불하고 있으며, 600여명의 남녀 조사와 전도자 중에 90%도 한국교회가 재정 부담을 하고 있으며, 나머지 10%만 전부 혹은 부분적으로 선교부 재정에서 지원받고 있었다. Rhodes, 위의 책, 398.

37) Arthur J. Brown, *Report of a Visitation of the Korea Mission of the Presbyterian Board of Foreign Mission* (New York: The Board of Foreign Missions of the Presbyterian Church in the United States of America, 1902), 9; 차재명 편, 『조선예수교장로회사기』 상권 (서울: 조선기독교창문사, 1928). 초기에 남녀 교인들은 다른 시간에 따로 예배를 드리다가, 예배당 건축 후 같이 예배드리기 시작했다. 대개는 새문안교회의 신축 예배당처럼 장방형 본당의 강대상에서 뒤쪽까지 휘장을 쳐서 남녀 좌석을 구별하였고, 평양 장대현교회의 증축 예배당처럼 본당 내부를 'ㄱ'자형으로 하여 남녀가 양쪽으로 앉는 경우도 있었다.

한 대부분의 초기 예배당은 전통 한옥 양식으로 한국교인들의 자발적인 헌금과 헌신(품삯 제공)으로 지어졌다.

또한 예외적인 경우 선교부 자금으로 교회 건축을 보조하였지만 지원 액수가 총 건축비의 1/3을 넘지 않도록 했다. 이 경우에도 두 가지 방안이 있었다. 첫째, 1893년 1월 뉴욕 북장로교 해외선교부에서 초교파적으로 모인 제1회 북미 개신교 해외선교부 회의에서 언더우드가 밝힌 방안으로서, 교인들이 건축비의 1/3을 감당하고, 1/3은 선교자금으로 지원하고, 그 나머지 1/3은 선교부 재정에서 빌려주고 3년에 걸쳐 갚도록 하였다.[38] 둘째, 자급원칙이 더 강화된 방안으로, 교인들이 건축비의 2/3를 부담하고, 나머지 2/3은 선교부에서 지원하는 것인데 1907-08년에 건립된 연동교회가 이에 해당하였다.[39]

1934년 출판된 『미 북장로교의 한국선교 50년사』에서 로즈(Harry Rhodes)는 "네비우스 방법 때문에 한국교회가 성장한 것인가, 아니면 한국교회가 성장하는 단계에 있었기 때문에 그 방법이 수용이 가능해진 것인가?"라는 질문을 던졌다. 이어서 그는 급속한 교회 성장이 일어나기 전에 네비우스 방법이 도입되었기 때문에, 네비우스 방법이 한국교회 성장의 원인이었다고 단정하였다.[40]

그러나 아무리 네비우스의 방법이 좋다고 해도 이를 수용할 수 있는 한국교회의 잠재적 역량이 없었다면 좋은 방법도 별 효과를 보지 못했을 것이다. 선교 초기부터 한국교인들의 자발적인 전도열심(self-propagation)과 자립의지(self-support)는 남달랐다. 십시일반

---

38) *Interdenominational Conference of Foreign Missionary Boards and Societies in the United States and Canada, 1893* (New York: E. O. Jenkin's Son's Printing Press, 1893), 16.
39) Rhodes, *History of the Korean Mission*, 399.
40) 위의 책, 89. 로즈는 네비우스 방법이 채택될 1890년 당시, 북장로교는 100명의 교인 밖에 없었다는 점을 지적하였다.

으로 자기 교회의 교역자 사례비를 책임지려는 자립심과 수입의 십일조를 드리며 자신들의 예배당을 세우기 위해 금지환과 금비녀를 뽑고 전답(田畓)을 헌납하는 교인들의 놀라운 헌금 열이 있었기에 네비우스의 선교방법이 성공적으로 뿌리내릴 수 있었다.[41] 네비우스의 자립정책은 한국교인들의 강한 자립과 구령 열정 그리고 독특한 민족적 특성의 여러 요인들이 합력하여 진원지인 중국에서 제대로 시행되지 못했지만 한국에서 접목되고 뿌리내려 아름다운 열매를 맺었던 것이다.[42]

D. 선교지역 분할과 협력선교

"남의 터"에 들어가 일하지 않고, 아직 그리스도의 이름이 전해지지 않는 곳에 가서 복음을 편만하게 전하겠다는 바울의 생각은 천주교와 개신교를 포함하는 모든 선교사들의 공통된 것이었다. 한 종파나 교파의 선교사가 특정 지역에서 선교활동을 시작하면, 뒤이어 파송된 타 종단이나 교파의 선교사들은 그 지역을 피하여 다른 지역에 가서 사역하거나, 필요한 경우 먼저 들어와 있는 선교사와 협의한 후 합의된 지역에 가서 사역하였다.

---

41) Martha Huntley, *Caring, Growing, Changing: A History of the Protestant Mission in Korea* (New York: Friendship Press, 1984), 127-28.
42) 교회성장학의 창시자 맥가브란은 네비우스의 선교방법이 한국교회 성장의 한 요인일 수 있으나 유일한 요인은 아니라고 분석한다. Donald A. McGavran, *Understanding Church Growth*, 이요한, 김종일, 전재옥 옮김, 『교회성장이해』 (서울: 대한예수교장로회총회출판국, 1987[1980]), 241-42. 헌틀리도 한국교회의 성장은 방법 때문이 아니라 한국의 환경적 요인에 기인한다고 보았다. Huntley, 위의 책, 127. G. Thompson Brown, "마포삼열과 네비우스 선교방법," 『장신논단』 제6집 (1990년), 18-31도 참조하라.

선교역사를 보면 '선교지역 분할협정'(comity agreements)은 1820년대부터 100여 년간 선교현장에서 협력선교의 한 방편으로 널리 시행되었다. 선교지 분할정책은 한 선교지역에 여러 선교부가 동시에 들어감으로써 생기는 불필요한 경쟁과 중복을 피하고 교회의 제한된 인적·물적 자원의 효능을 극대화하고 골고루 배치하여 미전도지역의 "신속한 복음화"를 위하여 효율성과 경제성의 관점에서 고안된 선교전략이었다.[43] 선교지 분할을 통한 협력은 타선교부 선교사들을 경쟁자가 아닌 함께 하나님의 나라를 세워가는 동역자로 보는 연합의 정신을 바탕으로 이루어졌으며 초교파 협력의 기초를 마련해 준 셈이 되었다.

여러 교파 선교사 숫자가 급증하면서 타선교부의 선교지역을 침범하는 사례, 타선교부에 속한 일꾼들이나 교인들을 더 많은 돈을 주고 스카우트하거나 가로채는 "양 훔치기"(sheep stealing)의 문제들이 자주 발생하였다. 이러한 문제들을 해결하고 사전에 예방하기 위한 전략적 차원의 다양한 협력 방안들이 1850년대 이후 본국과 선교지에서 개최된 여러 선교대회에서 논의되면서 선교지역 분할과 협력 방안은 여러 의제 중 하나가 되었다. 이후 1888년 영국 런던에서 개최된 '세계 개신교선교 100주년대회'에서 논문발표와 토의를 통해 활발하게 논의되면서, 선교지역 분할을 통한 선교협력은 세계 선교계의 주요 논제로 확고하게 자리 잡았다.

한국에 거의 비슷한 시기에 선교사를 파송하고 가장 많은 선교인력을 보냈던 미국 장로교와 감리교는 교파형 교회를 설립하기 위해

---

43) H. G. Gray, *Comity in the Mission Field* (London: Longmans, Green & Co., 1914), 2; R. Pierce Beaver, *Ecumenical Beginnings in Protestant World Mission: A History of Comity* (New York: Thomas Nelson & Sons, 1962), 16-17.

파송 받았다. 하지만 해외의 다른 선교지에서의 초교파협력 분위기의 영향과 알렌의 광혜원에서 함께 일하며 예배하고 공동 성찬식, 연합 송구영신예배, 연합 기도주간 등의 여러 연합집회를 통해 장·감 선교부는 선교 초기부터 초교파 협력의 공감대를 형성하여 왔다. 1885년 10월 장·감 공동으로 신약성경을 번역하는 문제가 논의되었고, 1888년 3월 처음으로 선교구역 분할과 조정을 위한 두 차례 협의가 장·감 선교부 연합모임으로 서울에서 있었다.

1888년 3월 9일 선교구역 분할을 논의하기 위한 첫 장·감 선교부 모임에서 아펜젤러는 "작은 읍(邑)은 양 선교부가 한 읍씩 맡을 것, 한 선교부가 사역을 시작한 지역에는 다른 선교부가 들어가지 않을 것, 그러나 한 선교부에 할당된 지역이라도 그 지역 신자들이 타선교부에 와달라고 요청하는 경우에는 타선교사가 들어갈 수 있도록 할 것"을 제안하였다.[44] 아펜젤러의 제안은 당시 모든 선교지에서 통용되던 선행선교부의 '선점권(先占權)' 인정과 후발 선교부의 '불침범' 원칙을 담고 있다.

언더우드는 이 제안에 대해 "이론적으로 불합리"하며 "별로 도움이 안 될 것"이라고 평하였다. 언더우드는 한국에 장로교와 감리교 두 선교부 밖에 없고 아직 개척되지 않은 선교지가 많이 있는데 양 선교부가 경쟁하듯이 한 지역에 들어가서 일하는 것은 "부끄러운 일"이라고 주장하였다. 언더우드는 선교구역을 "읍 단위"로 나누지 말고 "전국" 단위로 나누자고 수정 제안하였다. 또한 어떤 선교부에 할당된 지역 내라도 "요청이 있으면" 타선교부가 들어가도록 하면 분쟁이 발생할 여지가 많음도 지적하였다. 이어 장로교선교부는 2명의 선교사를

---

44) Underwood to Ellinwood, Seoul, March 12, 1888.

위원으로 하는 위원회를 구성하였고 감리교에서도 위원을 임명하면 장·감 선교규칙 위원회가 모여 양 선교부의 현안들을 해결하도록 하였다.[45]

1888년 3월 23일 선교구역 분할을 위한 두 번째 장·감 선교부 모임이 열려 언더우드와 아펜젤러가 선교지 분할에 대한 소논문을 제각기 발표하였다. 아펜젤러는 "한 분 하나님과 예수님 그리고 세례"를 믿는 어느 선교부와도 연합하여 일할 수 있으며 장로교 선교사들은 "적"이나 "경쟁자"가 아니라 "하나님의 영광스러운 복음"을 위한 "동역자"라고 하였다. 또한 그는 장·감 두 교파의 "교리적 차이"는 논의하지 말자고 하였다.[46] 이어서 아펜젤러는 새로운 분할 안을 또 내놓았다. 즉, "서울을 남북으로 나눈 후 서울 이북은 감리교가, 이남은 장로교가 맡는다. 함경도와 평안도를 경계로 전국을 동서로 나누어 맡는다. 황해도와 강원도를 경계로 나누어 맡는다."[47]

그러나 아펜젤러는 이러한 선교지 분할로는 대도시를 양 선교부에 공평하게 배치할 수 없으므로 대도시는 양 선교부가 선교거점으로 활용할 수 있도록 공동 점유로 하고, 대도시에서 학교, 병원, 인쇄소는 연합 사업으로 운영하자는 협력 안을 내놓았다. 이어서 아펜젤러는 행정단위인 도(道)를 경계로 더 발전된 분할안을 제시하였다. "경기도는 공동선교구역으로 하고; 함경도, 강원도 북부, 충청도, 전라도 지역을 한 선교부가 맡고; 평안도, 황해도, 강원도 남부, 경상도는 다른 선교부가 맡도록 하자."[48]

---

45) 위의 편지.
46) Appenzeller's Address, "Presbyterian and Methodist Missions in Korea," Paper Read at the Missionary Conference of Seoul, March 23, 1888.
47) 위의 편지.
48) 위의 편지.

하지만 두 번째 회합에서도 양 선교부는 선교구역 분할 합의안 도출에 실패하였다. 이후 몇 년 동안 장·감 선교부는 선교지역 분할 협정을 맺지 못하고 서로 경쟁을 피하며 적당히 문제를 해결해왔다. 그러나 1889년 이후 호주 빅토리아 장로교 그리고 미국 남장로교 선교사들이 입국하면서 이들은 선행 선교부인 미국 장·감 선교부와 선교구역을 조정할 필요성이 대두되었고 장·감 선교부도 선교구역 분할 문제를 더 미룰 수 없게 되었다.

한편 1892년 미국 북장로교와 북감리교는 선교지 분할과 조정을 위한 협의를 재개하였다. 1892년 1월 북장로교 연례회의에 북감리교 대표로 참석한 올링거(Franklin Ohlinger)는 수 년 전 멕시코에서 채택되었던 선교구역 분할과 협력 방안들을 장·감 선교부간(間) 협력의 기본 틀로 삼을 것을 제안하였다.[49] 이후 장·감 선교부는 선교지 분할을 비롯한 선교협력 방안(rules of comity)을 모색하기 위한 위원회를 공동으로 임명하였고 1892년 5월 장·감 연합 위원회는 두 차례의 회합을 갖고 마침내 8개항의 선교협정을 이끌어내는데 성공하였다.

① 인구 5천명이 넘는 개항장과 도시는 공동 점유하기로 한다. 그러나 5천명 미만의 도시는 한 선교부의 단독 점유로 한다. ② 한 선교부에 의해 선점된 지역의 경우 최소한 1년 이상 사역이 중단된 경우 이외에는 타선교부가 들어갈 수 없다. ③ 선교 사업을 새로 시작하는 선교부는 아직 점유되지 않은 지역에서 시작하여야 한다. ④ 한 교파의 교인이 다른

---

49) *Minutes of the Annual Meeting of Korea Mission of the Presbyterian Church, 1892*, 8. 멕시코 선교분할 협정의 주요 내용에 대해서는 *Report of the Centenary Conference on the Protestant Missions of the World, Held in Exeter Hall, London, June 9th-19th, 1888* (London: James Nisbet & Co., 1889), Vol. 2, 445-46을 참조하라.

교파로 교적을 옮길 때에는 직전 선교부 담당자의 추천장(移名證書) 없이는 받아서는 안 된다. ⑤ 협력 교단의 치리를 상호 존중한다. ⑥ 한 선교부에 속한 조사, 학생, 교사 및 보조인 등의 일꾼들은 그 선교부의 문서로 된 동의서 없이 받아서는 안 된다. ⑦ 기독교 서적은 같은 가격에 팔아야하며 무료로 주어서는 안 된다. ⑧ 서울을 제외한 지역에서는 단 하나의 종합 병원을 설립하여야 한다. 그러나 진료소와 여성병원은 예외로 한다.[50]

위의 8개항의 선교협력 초안은 이후 장·감 선교부와 연합위원회를 거치면서 약간 개정되고, 1893년 7개항의 선교구역 분할과 협력에 관한 협정이 통과되었다.[51] 그러나 이 협정안은 1893년 9월 미감리교 선교부 연례회의에서 순회감독 포스터(Randolph Foster)와 스크랜턴의 반대로 공식적으로 채택되지 못했지만 이후 여러 선교부간 선교지 분할과 선교협력의 기본원칙이 되었다.[52]

주목할 점은 1888년부터 미국 북장로교와 감리교가 선교구역을 나누기 위해 여러 차례 모임을 가졌지만 선교협의체를 구성하지 못했고 분할 협정도 맺지 못하였다는 것이다. 반면 미국 북장로교는

---

50) H. G. Appenzeller Papers, "Rules of Comity and Co-operation," Korea Presbyterian and Methodist Missions, Seoul, May 23 & 27, 1892; *Minutes of the Annual Meeting of Korea Mission of the Presbyterian Church in the United States of America*, January 17-24, 1893.
51) 2번 항목의 사역 중단 기간이 1년에서 6개월로 단축되었고, 선교사가 없어도 매 주일예배가 열려야 하며, 1년에 최소한 4번을 방문을 해야 하고, 그 중 2번은 선교사가 직접 방문을 해야 점거된 지역으로 간주되어 타선교부가 들어갈 수 없도록 하였다. 또한 8번 항목은 삭제되었다. 최종석으로 합의된 협정 내용에 대해서는 H. G. Appenzeller Papers, "Rules of Comity and Co-operation (Revised form)," Korea Presbyterian and Methodist Missions, Seoul, February 3, 1893; Robert E. Speer, *Report on the Mission in Korea of the Presbyterian Board of Foreign Missions* (New York: Board of Foreign Missions of the Presbyterian Church in the U.S.A., 1897), 41-42; 한국기독교역사연구소, 『한국기독교의 역사』 I (서울: 기독교문사. 1989), 213-14를 참조하라.
52) *Minutes of the Annual Meeting of Korea Mission of the Methodist Episcopal Church, Aug. 31st to Sept. 8th, 1893*, 41; Charles D. Stokes, "History of Methodist Missions in Korea, 1885-1930" (Ph.D. diss., Yale University, 1947), 127-28.

1889년 입국한 호주 장로교와 1892년 입국한 미국 남장로교 선교부와 '장로교 연합선교공의회'라는 협의체를 구성하였고 여러 장로교 선교부들간의 선교지역 분할과 조정은 이를 통해 이루어졌다. 즉, 1889년 10월 호주 장로교선교부가 입국하자 북장로교는 장로교공의회를 통해 부산지역을 제안하였고,[53] 1893년 1월 새로 입국한 남장로교에 호남지역과 충청 일부를 할당하였다.[54] 1898년 10월 북장로교는 한 달 전 입국한 캐나다 장로교에 함경도지역을 양도하였다.[55] 또한 1903년 북장로교는 그때까지 송도에서 사역하던 선교사업을 남감리교에 양도하고 그곳에서 철수하였다.[56]

1905년에는 장로교 4개 선교부(미 북장, 남장, 캐장, 호장)와 감리교 2개 선교부(미 북감, 남감)가 협력하여 '한국복음주의선교 연합공의회'를 조직하였다. 연합공의회를 통하여 교육, 의료, 문서사업 분야에서 연합사업이 활발하게 추진되었다. 하지만 연합공의회의 가장 중요한 업적은 그간에 중복되어 진행되고 있는 선교사업과 선교지역을 조정한 것이었다. 그리하여 1905년부터 1909년 동안에 6개 선교부간 광범위한 선교구역 조정과 협정이 이루어졌다.[57] 이후 인구 5천명 이상

---

53) R. A. Hardie, "Founding of Missions in Korea," *Korea Mission Field* 31 (March 1935), 57.
54) "Japan and Christian Missions: Korea," *The Missionary* 26 (September 1893), 337; "A General View of Mission Work: Korea," *The Missionary* 27 (January 1894), 20; "Editorial Note," *The Missionary* 27 (March 1894), 85; W. D. Reynolds, "Letters from the Field: Korea," *The Missionary* 27 (May 1894), 195.
55) 미국 북장로교는 선교부 총무의 승인을 받은 후 함경도에서 사역하던 4명의 선교사를 철수시켰고 원산과 함흥을 포함하는 함경도를 양도하였다. *Minutes of Annual Meeting of the Korea Mission of the Presbyterian Church in the United States of America, 1899*; F. F. Ellinwood to the Korea Mission, Board of Foreign Missions in New York, February 9, 1899.
56) Underwood to Arthur Brown, Seoul, November 16, 1903.
57) 『한국기독교의 역사』 I, 214-18. 모든 선교지역 조정은 1909년 9월 17일 북장·북감의 충북·황해·강원도의 대규모 중복 선교지가 성공적으로 조정됨으로써 일단락되었다. 이후 1914년 북장-호장의 공동 점유지역인 부산·경남 선교구역이 호주 장로교에 이양됨으로써 한국 전역의 선교구역 조정은 끝났다.

의 대도시인 서울(북장-북감-남감), 평양(북장-북감), 원산(캐장-남감) 등은 두 개 이상 선교회의 공동 점유로 하고, 5천명 미만의 도시는 한 선교부가 전담토록 하였다. 그 결과 각 선교회별로 선교지역을 골고루 분할 담당하게 하여 불필요한 경쟁을 막고 선교비의 중복 투자와 낭비를 예방하는 협력선교의 전례를 남겼다.[58]

3. 오늘의 선교를 위한 전략적 방안

모두에 언급한 존 모트(Mott)의 예단은 적중하여 지금 한국교회는 130년의 짧은 역사에도 불구하고 선교사 27,436명을 파송하는 세계 제2위의 선교대국이 되어 세계 복음화의 주도적 역할을 감당하고 있다. 대영제국이 가장 강성할 당시 10,000명을 파송한 전례를 보면 이는 상당한 숫자라 할 수 있다. 초기 한국 선교사들은 "이 세대 안에 세계 복음화"라는 전략적 목표를 수행하기 위해 다양한 선교방법과 정책을 사용하였다. 앞서 논의한 한국 초기 선교전략 중 핵심적인 4가지를 중심으로 오늘날의 선교를 위한 새로운 선교전략과 방법을 재정리함으로써 결론으로 삼고자 한다.

---

58) 오랜 시간이 지나면 선교지역 분할정책은 지역별 교파교회가 설립되고 강화되는 문제점을 야기할 수 있다.

A. 천주교와의 차별화 선교전략

서구 개신교의 한국 전래보다 100여년 앞선 조선 천주교회는 17세기 중국에서 공자와 조상숭배 가부(可否)문제로 촉발되어 일어났던 소위 전례논쟁(典禮論爭)을 18세기말 이후에 겪게 되었다. 유교의 조상제사를 효(孝)의 근본으로 삼고 있던 조선사회의 종교적 상황 속에서 천주교가 직면할 마찰은 처음부터 예견된 것이었다. 선교의 자유가 허락되지 않은 상황에서 국법을 어기며 선교활동을 하다 야기된 한국 천주교회의 박해 경험은 후발 개신교의 선교활동과 전략 수립에 많은 영향을 마쳤다. 알렌 입국 당시 여전히 금교 조치가 발효 중이었고 이런 상황을 잘 알고 있는 개신교 선교사들은 처음부터 개신교는 천주교와 다른 기독교의 갈래라는 점을 부각시켜 나갔다.

천주교와의 차별화에 성공한 개신교는 고종과의 약속처럼 먼저 교회를 세우지 않고 병원과 학교를 세웠고, 기독교 정신 하에 세워진 이들 기관을 통해 조정과 백성들의 마음을 사로잡아 갔다. 또한 개신교는 국법을 준수하며 국왕을 잘 받들며 나라에 화를 초래하거나 사회의 소요를 일으키지 않고 도움을 주는 종교라는 점을 강조하며 복음전도의 때를 준비하였다. 선교 초기부터 개신교가 일관되게 취한 차별화 전략은 천주교 선교의 역사적 경험과 개화를 둘러싸고 전개되던 조선의 정치 상황을 연구한 끝에 나온 선교전략이었다. 이는 천주교의 참혹한 핍박을 피하고 정부와 마찰을 최소화하면서 선교의 교두보를 확보하기 위한 개신교만의 독특한 선교전략이었다.

이처럼 초기 선교사들은 천주교의 선교역사를 통해 차별화 선교전략을 수립하였다. 선교사는 어느 지역에 가든지 먼저 그 나라의 선교역사를 연구하는 것이 절대적으로 필요하다. 지나간 선교역사를 통하여 우리가 선교지에서 직면하는 다양한 갈등과 여러 가지 시행착오를 줄일 수 있고, 지금도 현장에 적용할 수 있는 생생한 선교방법과 전략적 지혜들을 배울 수 있기 때문이다.

B. 전문인 선교와 창의적 선교전략

　　개항 후에도 조선은 동아시아 국가 중 유일하게 기독교 선교를 금하는 나라였다. 하지만 한국 개신교는 고종으로부터 교육과 의료 선교사업 윤허를 받아 합법적으로 시작되었고, 이런 상황에서 입국한 의료선교사 알렌은 갑신정변 통에 섭리적으로 열린 선교의 기회를 잘 포착하였다. 이후 선교병원인 광혜원을 통해 떳떳하게 선교사들이 입국하였다. 선교를 금하는 나라 법을 존중하여 직접적인 전도활동을 자제하며 때를 기다리면서 당시 조선이 가장 필요로 하는 병원, 학교, 고아원을 설립하여 그 필요를 채워주는 간접 선교전략을 전개하였다. 이러한 선교전략은 초기 정착과 굳게 닫힌 마음의 문과 복음전도의 문을 여는데 많은 공헌을 하였다.

　　전문인 선교, 특히 의료선교는 비록 단기간이라도 선교지의 교회개척 사역에 많은 도움을 줄 수 있다. 예컨대, 1893년 한국 장로교선교부공의회가 채택한 10개항의 선교정책 중 2개항은 의료신교의 혜택을 받은 환자들을 교회로 인도하기 위한 구체적 방법을 제시하고 있다. 또한 1913년 한국 장로교회는 최초의 타문화권 선교사로 중국 산동에 3명의 목회자 선교사를 파송하였고, 1919년 이후 3명의 장로교인 의사(양의)들이 산동으로 이주하였다.[59] 장로교 출신의 의사들은 그곳에서 병원을 세워 장로교 선교사들의 선교사역을 크게 도와주었을 뿐만 아니라 자신들의 의료 기술을 가지고 자비량 선교의 모본을 보여 주었다.[60] 이처럼 의료사역은 전도와 교회 설립에도 중요한 역할을 한다. 필리핀에서도 의료선교를 통해 100개 이상의 현지인 교회가 개척된 사례들이 보고되었다.[61] 평신도 전문인 선교사들은 자신들의 전문분야에서 바로 일할 수 있기 때문에 목사 선교사들처럼 선교 현지에서 별도의 선교 적응(문화·언어) 훈련을 그다지 요하지 않는다. 한국교회 교인 중에 선교에 헌신된 전문 인력을 선발하여, 선교병원을 비롯한 의료센터에서 최소 6개월에서 2년 정도 단기선교사로 봉사하게 하면 선교지에도 큰 도움이 된다.[62]

전문직을 통한 간접 선교전략은 오늘날 선교사 신분으로 입국할 수 없거나 일할 수 없는 지역에서 여전히 유효한 전략이다. 다시 말해 법으로는 선교가 금지되어 있지만 나라의 형편이 어려워 외부 전문인의 도움을 받아야하는 개발도상국의 선교지에서 여전히 효과적으로 사용되는 창의적인 접근방안이다. 예컨대, 복음에 적대적이거나

---

59) 박상순, "산동선교의 과거와 현재," 『신학지남』 제17권 (1935. 11), 27-29; Allen D. Clark, *A History of the Church in Korea* (Seoul: The Christian Literature Society, 1971), 177-78; 박기호, 『한국교회 선교운동사』 (서울: 아시아선교연구소, 1999), 62-87; 김영동, "한국교회의 선교: 선교초기부터 6·25 이전까지," 『선교와 신학』 제14집 (2004. 10), 44-54; 한국기독교역사연구소, 『한국기독교의 역사』 II (서울: 기독교문사. 1990), 133-39. 산동 선교사들은 교회뿐만 아니라 초등학교와 성경학교도 설립하여 영육간의 모든 필요를 돌보는 교회-(성경)학교-병원을 엮는 통전적 선교의 전례를 남겼다.
60) 마닐라에서 가진 면담에서 방지일 목사는 장로교 의사들이 산동선교에 많은 도움을 준 것은 사실이지만 공식적으로 총회의 파송을 받지 않았기에 '선교사'로 부를 수 없다고 하였다. 방지일 목사와 저자(총회파송 선교사)의 인터뷰, 필리핀 마닐라 마카티의 식당, 2005년 11월 14일.
61) Merrill Ewert, ed., *A New Agenda for Medical Missions*, 오상백·변창욱 역, 『의료선교를 위한 새로운 전략: 의료선교의 과제와 전망』 (서울: 예본출판사, 1999[1990]), 37-54.
62) 서울 명성교회의 해외선교사업의 경우, 아프리카 에티오피아 선교병원에 진료와 의학교육을 위한 의사, 간호학 교수, 수(첩)간호사 등의 평신도 고급 전문 인력을 단기간 파송해 좋은 결과를 얻고 있다.

복음에 제한적인 여러 지역에서 비정부기관(NGO)으로 등록되어 이들의 필요나 요청에 따라 각종 구호사업, 문맹 퇴치, 지역사회개발, 농업·직업 훈련, 의료·보건사업, 식수 개발, 컴퓨터교육 등의 다양한 프로젝트를 통하여 현지의 절박한 필요를 채워주며 기독교적 봉사와 나눔을 실천하는 기독교 선교단체들이 많다.[63] 흥미로운 점은 이들 나라에서 전문인들이 선교사인 것을 알면서도 현실적으로 긴급한 필요 때문에 묵인하여 받아들이고 있다는 것이다.

또한 전문인 선교는 역사적으로 기독교가 서구 제국주의의 부정적인 면과 연루되어 있어 교회 이름이나 십자가를 내걸 수 없는 선교 지역에서 큰 공헌을 할 수 있다. 선교사가 직접적인 복음의 구두 선포를 할 수 없지만, 이들과 함께 살면서 기독교 복음을 행동으로 보여주어 현지인과 현지 정부에 좋은 인상을 심어주고 굳게 닫힌 마음의 문과 복음의 문을 서서히 열어가는 봉사·실천적 차원의 선교전략이다. 그러므로 이슬람, 힌두교, 불교권 그리고 공산주의·사회주의 정권을 포함하는 가장 복음화가 덜된 이른바 10/40창(window) 지역에서 적극 개발되어야 할 전략인 것이다.[64]

---

63) 선명회(World Vision), 가나안농군학교, 방글라데시개발협회(KDAB), 장미회, 한아봉사회 등의 기독교 선교단체들이 군부 독재국가(캄보디아, 미얀마)나 공산권(중국, 베트남), 회교권(인도네시아, 방글라데시, 말레이시아, 파키스탄) 및 라오스, 스리랑카, 필리핀, 태국 등지에서 NGO로 등록되어 의료, 농업, 공업, 사회사업, 교육, 관정, 빈곤, 문맹 퇴치 등의 프로젝트를 진행하고 있다. 전문인 선교에 대해서는 Tetsunao Yamamori, *Penetrating Missions' Final Frontier: A New Strategy for Unreached Peoples* (Downers Grove: Intervarsity Press, 1993), 49-78을 참조하라.

64) Luis Bush, "What Is The 10/40 Window?" and Fred Markert, "The Challenge of the 10/40 Window," in *Praying Through the 100 Gateway Cities of the 10/40 Window*, eds, C. Peter Wagner, Stephen Peters & Mark Wilson (Seattle, WA: YWAM Publishing, 1995), 11-21. 10/40창은 서아프리카부터 동아시아까지 북위 10도에서 40도 내에 위치하는 지역을 말한다. 세계 인구의 44%, 극빈층의 82%, 미전도종족의 95%가 거주하며, 선교사 신분으로 입국이 불가능하거나 제약이 많은 이슬람, 힌두교, 불교권에 속하는 55개 나라가 속해 있다. 하지만 세계선교 인력의 6%만이 이곳에서 사역하고 있는 형편이어서 1989년 7월 마닐라의 제2차 로잔(Lausanne) 세계복음화선교대회 이후 복음주의 진영에서는 10/40 지역을 주요 목표로 하는 선교 전략적 관심을 강조하고 있다.

이처럼 전문인 선교는 복음에 비우호적인 선교지역의 틈새를 파고 들어가 선교의 교두보를 확보할 수 있게 해준다. 또한 개발도상국의 우호협력 및 상호교류를 증진하고 이들 국가들의 경제·사회 발전을 지원하기 위해 외교통상부 산하기관으로 설립된 한국국제협력단(KOICA) 등의 해외 봉사에 전문직 기독교인들이 대거 참여함으로써 기독교적 영향력을 확대해갈 수도 있을 것이다.[65] 세계선교의 문이 점점 닫혀가는 이때에 전문직 선교는 새로운 선교의 영역을 열어주는 창의적 선교전략이며, 한국교회의 풍부하고 헌신된 평신도 선교자원의 개발과 활용이란 측면에서도 주목해야 할 전략이다.

C. 네비우스의 자립선교 전략

서구 기독교선교가 본격화된 19세기는 지리적 확장이라는 측면에서는 "위대한 세기"였지만 선교이론 면에서는 아직 검증된 선교 규범이나 방법론 없이 열정만으로 시작된 면이 강했다. 그러던 중 19세기 중반에 이르러 위대한 선교행정가이자 선교전략가인 영국교회선교회 총무 벤(Henry Venn, 1796-1873)과 미국회중교회 해외선교부 총무 앤더슨(Rufus Anderson, 1796-1880)에 의해 선교의 최종 목표는 선교지에서 자립·자치·자전하는 교회의 설립이라는 삼자원리가 주창되

---

[65] 1886년 9월 한국 정부가 세운 최초의 근대식 학교인 육영공원의 교사로 초빙된 길모어, 벙커, 헐버트는 Princeton, Oberlin, Dartmouth 대학을 각각 졸업하고 뉴욕 유니언신학교에서 공부한 엘리트들로서 교사 신분으로 공공연하게 전도할 수는 없었지만 간접적으로 복음전도에 힘쓴 교육 선교사들이었다. 이향순, "초기 한국 선교의 양면성: 기독교화와 문명화," 『선교와 신학』 제13집 (2004 봄), 33-36; 이광린, 『한국 개화사 연구』, 128-45.

었다.⁶⁶⁾ 이들에 의해 제기된 삼자이론은 현장 선교사 네비우스의 교회 개척 경험을 바탕으로 선교지인 중국 상황에 맞게 좀더 분명하고 실천가능한 방법론으로 발전되었다. 그러나 네비우스 선교방법론은 중국에서 채택되지 못하고 한국에서 선교 초기부터 철저한 자급을 강조하는 교회 설립과 발전원리로 수용되어 놀라운 성공을 거두었다.

물론, 자립교회가 저절로 세워지는 것은 아니다. 근대 서구 개신교선교는 하층계급이나 극빈층보다는 중류계층을 선교의 주요 대상으로 삼았다. 대부분 중산층 출신의 선교사들은 의식적으로 중류층 하층부나 하류층 상층부에 접근하여 교회의 청소년들을 10년 이상 "교육"으로 문명화하여 한 단계 신분 상승을 시킨 후, 중류층 중심의 자립교회 설립을 목표하였던 것이다.⁶⁷⁾ 이처럼 자립교회가 설립되기 위해서는 교회가 세워질 지역의 사회계층이 중요한 요인으로 작용한다.

한국 장로교회가 자립에 성공한 여러 이유 중에 서북지역의 개방적이고 독립적이며 신분 상승에 대해 강한 욕구를 가지고 있던 신흥 중산층이 네비우스 정책이 필요로 하는 사회경제적 자립 기반을 제공해주었기 때문이라는 분석이 있다. 기타 지역에서도 중산층을 겨냥한 장로교의 자립 선교전략이 적중하여 많은 자립교회들을 세울 수 있었다.⁶⁸⁾ 필리핀에서도 자립교회가 설립되려면 지역적으로 중하층

---

66) 자립을 근간으로 하는 벤-앤더슨의 삼자교회론은 이후 네비우스를 거쳐 테일러(William Taylor)와 알렌(Roland Allen)까지 말선하며 여러 선교내외의 주요 의제로 논의되면서 20세기 초반까지 세계 선교계에 큰 영향을 주었다. Peter Beyerhaus and Henry Lefever, *The Responsible Church and the Foreign Mission* (Grand Rapids, MI: William B. Eerdmans Publishing Company, 1964), 25-39; Wilbert R. Shenk, *Changing Frontiers of Mission*, 장훈태 역,『새로운 선교의 영역』(서울: 기독교문서선교회, 2001), 59-80.
67) McGavran,『교회성장이해』, 416-18.
68) 이광린, "개화기 관서지방과 개신교,"『한국 개화사상 연구』(서울: 일조각, 1979), 239-54; 옥성득, "초기 한국 북감리교의 선교 신학과 정책,"『한국기독교와 역사』제11호 (1999. 10), 30-31.

내지는 하상층 지역에 교회가 개척되어야 하고 교인수가 최소한 70-100명이어야 한다.[69] 물론 예외도 있는데, 마닐라에서 2시간 떨어진 까비테(Cavite) 공단 인근 주택가에 세워진 교회는 비록 교인 수 30여 명으로 시작했지만, 설립 초창기부터 자립이 가능했다. 그 이유는 교인들의 월 고정 수입이 있었고 십일조 훈련이 되어 있었기 때문이었다.

장로교가 서북지방에서 비슷한 시기에 사역을 시작한 감리교에 비해 급성장을 이룬 또 하나의 이유가 있다. 장로교가 처음부터 예배처소를 스스로 마련하도록 교인들의 자립심을 꾸준히 키워온 반면, 감리교는 초기부터 선교부 돈을 가져와 교회를 건축하고 교역자 사례비를 지불하여 한동안 큰 성공을 거두었으나 후에는 교세가 크게 약화되었던 것이다. 즉, 감리교인들이 스스로의 힘으로 교회를 세우고 교역자 사례비를 감당할 기회를 주지 못하고 너무 빨리 선교사가 외국 자금으로 미리 예배당을 세움으로써 교인들의 자립 의지의 싹을 잘라 버린 결과였다. 그리하여 교인들이 선교사와 외부의 선교자금에 의존적으로 길들여져 버렸다. 그 결과 1909년 평양의 장로교 교세는 감리교의 10배나 되었다.

현지 교인들에게 자신들은 가만히 있어도 선교사가 모든 재정을 책임지고 해결해 줄 것이라는 생각을 갖게 해서는 안 된다. 선교사는 처음부터 자립을 염두에 두고서 다양한 자립의 방법들을 강구해야 한다.[70] 선교사가 너무 성급하게 선교 자금을 가져와 현지교회를 세

---

69) 필리핀 개신교 DAWN(Discipling a Whole Nation) 2000 운동본부가 필리핀 복음주의교회협의회(PCEC)와 연합으로 조사한 바에 의하면, 2000년 현재 51,555개의 개신교회 중 44,340개가 교인 수 100명 미만의 작은 교회들이었다. 이는 전체 교회의 86%에 해당하며 대다수 필리핀 교회들이 교역자 사례비를 감당할 수 없는 형편에 있다. Manfred W. Kohl, *The Church in the Philippines: A Research Project with Special Emphasis on Theological Education* (Mandaluyong, Metro Manila: OMF Literature Inc., 2005), 12.

우거나 프로젝트를 하려는 태도는 바람직하지 않다.

자립교회의 설립은 선교의 궁극적 목표여야 한다. 그러나 자립원리가 아무리 건전한 정책이라고 할지라도 모든 선교지에 일관되게 적용될 수는 없다. 일반적인 교회 개척이론은 평안도의 자립적 중산층 교회 설립과 성장을 통하여 입증된 것처럼 급속한 교회 성장이 일어나는 지역에 자립정책이 도입되면 엄청난 시너지 효과를 얻게 된다는 것이다. 하지만 교회 성장이 느리거나 자립을 위한 경제적 기반이 없는 소작농 계층이나 빈민층 지역에서 처음부터 자립정책을 엄격하게 고수하다보면 교회 개척과 성장할 수 있는 기회마저 박탈할 수 있음도 간과해서는 안 된다.[71] 1901년 한국을 방문한 바 있는 미북장로회 선교부 총무 브라운(A. J. Brown)은 한국에서의 자립선교 정책의 성과를 칭찬하면서도 지역 상황을 고려하지 않고 무조건적으로 자립정책을 강요해서는 안된다고 조언하였다.[72]

그런데 선교사들이 세운 대부분의 교회들이 빈민층에 세워져 있어 자립의 관점에서 보면 언제까지 '밑 빠진 독 물붓기'로 도와야하는가 라는 의문이 제기될 수 있다. 네비우스의 자립정책을 통하여 자랑스러운 자립의 전통을 지닌 한국교회가 선교지 곳곳에서 물량주의

---

70) 필리핀 마닐라의 새생명교회는 남부의 네그로스 오리엔탈과 옥시덴탈 섬 지역에 개척한 여러 현지교회 목회자들에게 생활비 일부를 지원하면서, 망고나무를 심어주어 장기적으로 자립할 수 있는 경제적 기반을 제공하고 있다. 중국 선교사 네비우스도 미국 뉴 잉글랜드산 사과와 배를 산동지역에 수입·보급하여 교인들의 소득 증대를 꾀했다. 옥성득, "한국 장로교의 초기 선교정책(1884-1903)," 『한국기독교와 역사』 제9호 (1998. 9), 138-39.

71) 미북장로회 선교구역인 경북에서 선교무 자금을 살 사용하여 교회 성장에 큰 도움을 빚은 여러 사례도 보고되었다. Shearer, 『한국교회 성장사』, 111-23, 227-33. 네비우스의 자립원리가 한국에서는 잘 정착되어 교회 발전에 큰 공헌을 했지만, 이를 한국에만 적용되는 예외적 사례로 보는 서구의 학자들도 있다. 한국일, "선교 120년과 한국선교의 미래," 『선교와 신학』 제14집 (2004. 10), 114-15.

72) Arthur J. Brown, *Report of a Visitation of the Korea Mission of the Presbyterian Board of Foreign Mission* (New York: The Board of Foreign Missions of the Presbyterian Church in the United States of America, 1902), 12.

공세로 인해 비난을 받고 있는 것은 역사의 아이러니가 아닐 수 없다. 만약 선교지에 교회를 설립한 모(母)교회가 계속해서 현지교회의 모든 재정을 책임져야한다면, 어느 교회가 선교지에 교회를 지으려고 하겠는가. 선교사는 현지교회가 짧은 시간 내에 완전 자립을 이루지 못한다고 하더라도 부분적인 자립을 이룰 수 있는 계획을 가지고 있어야 한다. 이것이 한국에 온 초기 선교사들에게서 배워야 할 교훈이다. 한국 선교사가 자립이나 자립의식 함양에 대한 장·단기 계획 없이 선교자금을 끌어와 현지교회를 세우려는 과시적 유혹에서 벗어나야 한다. 언제나 외자(外資)의 도입은 신중하고 지혜롭게 이루어져야 하기 때문이다.

D. 선교지역 분할과 에큐메니컬 선교협력 전략

위의 자립정책은 선교구역 분할정책과 같이 추진되어야 실효를 거둘 수 있다. 장로교의 자립정책이 성공한 이유 중에는 장로교 구역 내에 자립정책을 따르지 않는 다른 선교부가 들어올 수 없었기에 아무런 방해를 받지 않고 자립원칙을 시행해 나갈 수 있었기 때문이었다. 만약 다른 선교부가 들어와서 외부 자금으로 교회를 건축하고 현지 교역자들의 봉급을 지불하는 일이 생겼다면 장로교의 자립정책도 큰 성공을 거둘 수 없었을 것이다.[73] 흥미롭게도 한국의 선교구역 분할정책은 필리핀의 여러 개신교 선교부간 선교지 분할에도 영향을

---

73) Shearer, 위의 책, 230.

미쳤다. 한국과 여러 세계 선교지에서 초교파연합운동으로 시행된 선교구역 분할협정은 에큐메니컬 운동사에서 곧이어 전개될 "에큐메니컬운동을 배태하는 최초의 구체적인 단계"로 간주되었다.[74]

초기 한국의 여러 선교부간 선교협력의 전통은 한 선교지 내의 다른 개신교 선교부와 협력할 뿐만 아니라, 현지 교단과 협력하여 일할 것을 교훈하고 있다. 장·감 선교부는 초기부터 불필요한 중복 투자와 하나님의 제한된 자원의 낭비를 피하기 위한 많은 노력을 경주하였다. 1888년 아펜젤러가 제안한 의료와 출판의 장·감 연합 사업은 그 당시 추진되지 못했다. 그러나 10여년이 지난 1899년경부터 감리교는 인쇄(출판)소를 운영하고 장로교는 병원을 운영하기로 합의하여, 장로교는 별도의 인쇄소를 세우지 않고 감리교 인쇄소를 이용하였고 감리교는 별도의 병원을 세우지 않고 장로교 병원을 이용하기도 하였다.

오늘날 대부분의 선교지에는 많은 개신교단들이 이미 존재하고 있으며 우리 교단과 에큐메니컬 동역관계에 있는 교단들도 많이 있다. 우리 교단은 제81회 총회(1996년)에서 '대한예수교장로회 선교신학지침'과 '우리의 선교신학'을 채택함으로써 우리 선교사들이 현지 교단과 적극적으로 협력하여 선교할 것을 천명하였고, 제87회 총회(2002년)에서 이를 재차 확인하였다. 만약 파송하려는 선교지의 현지 교회와 협력관계가 되어 있으면 그들이 필요로 하는 분야의 전문지식을 가진 선교 동역자를 파송해야 한다. 그러나 협력관계가 되어있

---

74) R. Pierce Beaver, *A History of Comity*, 15-17; Kenneth S. Latourette, "Ecumenical Bearings of the Missionary Movement and the International Missionary Council," in *A History of the Ecumenical Movement, 1517-1948*, eds. Ruth Rouse and Stephen C. Neill (Geneva: World Council of the Churches, 1986), 353. 1893년 1월 선교현장의 초교파적 협력 방안을 실무적 차원에서 지원하기 위한 제1회 북미 개신교해외선교부 초교파 모임이 열린 이후, 매년 다양한 선교전략과 방법들이 논의되었다.

지 않다면 총회 세계선교부나 개척선교사는 현지 교단과 협력할 수 있는 길을 우선적으로 모색해야 하며 이것이 여의치 않을 경우에만 조심스럽게 개척선교를 생각할 수 있을 것이다.[75]

4. 맺는 말

종합하면, 초기 선교사들이 한국에서 적용했던 선교전략과 방법들이 한국교회의 성장에 공헌한 바가 컸음을 부정할 수 없다. 그러나 한국에서의 성장이 단순히 선교사들의 선교정책이나 선교전략 때문이었다고 단정할 수는 없다. 한국교회의 설립과 놀라운 발전은 때가 찬 하나님의 경륜과 예정 가운데 선교사들의 희생과 불타는 구령 열정에, 한국 교인들의 말씀 사모함과 전도 열정이 더하여졌고, 여기에 이웃 선교지에서 검증된 선교 정책들이 한국 상황에 맞게 잘 변용됨으로써 합력하여 선을 이룬 결과였다고 평가할 수 있다.

---

[75] 서성민, "한국장로교회의 선교협력," 『선교연합강좌 주제발표』, 2001. 10. 19, 장로회신학대학교; 한국일, "선교 120년과 한국선교의 미래," 128-30; 안재웅, "아시아의 현 상황과 선교 비전," 『한국선교 120주년 기념 세계평화와 생명을 위한 선교대회』 (서울: 한국장로교출판사, 2004), 246-48. 예컨대, 사오백년 이상의 천주교 역사를 가진 남미나 필리핀 혹은 천 년 이상의 정교회 전통을 가지고 있는 구 러시아 지역에서 그들의 오랜 기독교 역사를 무시하고 그곳을 복음의 불모지로 간주하여 그들 모두를 개종 대상으로 삼아 선교한다든지, 장기적 플랜 없이 새로운 독립교단이나 신학교를 세워 현지 목회자를 배출하는 경우에 장기적으로 많은 문제에 직면하게 될 것이다.

제4장

초기 내한 장·감 선교부간(間) 초교파 협력의 이중적 성격
- 연합과 협력 vs. 경쟁과 갈등 -

1. 들어가는 말

한국 개신교선교 130년을 맞는 지금 한국교회는 타문화권 선교사 파송 수에 있어서 27,000여명의 선교사를 보낼 만큼 경이로운 숫자적 성장을 이룩하였다. 문제는 이러한 양적 성장과 더불어 질적 성장도 병행되었느냐 하는 것이다. 또한 한국교회의 선교 열기가 예전 같지 않으며 멀지 않아 한국 경제와 선교의 위기가 올 지도 모른다는 소식들이 들려오고 있다. 더 큰 문제는 현장 선교사들이 모국 교회의 이러한 위기감을 제대로 느끼지 못하고 있지는 않은가 하는 것이다.

1929년부터 시작된 경제 대공황을 거치면서 해외 선교사업이 엄청난 타격을 입는 상황에서 미국 개신교회는 지난 100년간 진행되어 온 해외선교 실태를 점검하고 새롭게 나아갈 방향을 모색하게 된다.

2년 6개월에 걸친 아시아의 선교지 조사와 연구 끝에, 미국 개신교선교 120년째 되는 1932년에 발표된 윌리엄 혹킹(William E. Hocking, 1873-1966)의 "선교 재고론(再考論)"은 당시의 시대적 상황을 다음과 같이 진단하고 있다:

> 해외선교만큼 계속적인 후원에 전적으로 의존하며 그토록 오랫동안 많은 사람들의 관심을 끌어 온 사업이 있을까 싶다. 해외선교는 이미 적립되어 있는 기금 때문이 아니라, 지금도 꾸준하게 선교의 목적을 신뢰하는 교인들이 해마다 희생하였기에 지속될 수 있었다. 그동안 헤아릴 수도 없을 만큼 많은 통로를 통하여 선교비가 지원되어 왔기에 지금까지 선교사업이 잘 진행되어 왔을 뿐 아니라 놀라운 성장을 거둘 수 있었다. 교인들의 선교 의지와 뜻이 꾸준해야 가능한 일이기에 그 태도에 어떤 변화가 있게 되면 중대한 선교사업이 어려움을 겪게 된다. 지난 몇 년 사이에 그러한 변화의 조짐(sign)들이 나타나기 시작하였다. … 선교헌금이 계속해서 줄어들고 있다. 교단 선교본부들이 거의 모든 선교지에서 매우 중요한 문제들에 직면해 있다. 선교사업은 지금 기로에 서 있으며 심각한 결정들을 내려야한다는 생각들이 점점 강해지고 있다.[1]

초기 내한 선교사들, 특히 가장 많은 선교 인력을 파송한 미국 북장로교와 감리교의 두 선교부가 교파의 장벽을 뛰어 넘어 다양한 초교파 연합사업을 추진하였다는 것은 잘 알려져 있다. 하지만 이들 장·감(長·監) 선교사들이 남긴 1차 자료들을 면밀히 분석해 보면 겉으로

---

1) The Commission of Appraisal (William Ernest Hocking, Chairman), *Re-Thinking Missions: A Laymen's Inquiry after One Hundred Years* (New York and London: Harper & Brothers Publishers, 1932), ix. 혹킹의 선교 재고론은 미국 여러 개신교단의 평신도들에 의해 추진되었기에 "평신도 선교연구 보고서"라고도 불린다.

드러난 협력과 연합의 정신 이면에 경쟁과 갈등의식 또한 매우 강하게 흐르고 있었다는 사실에 놀라게 된다.

본 장에서는 1884년부터 1910년까지 선교사들이 교단 해외 선교본부에 보냈거나 선교부 총무와 주고받았던 선교보고서, 선교부 연례회의 회의록, 선교편지, 일기, 선교부간(間) 협정서, 연설문 등의 1차 자료를 중심으로 초기 장·감 선교부간 협력의 이중성, 즉 연합과 협력 그리고 경쟁과 갈등의 긴장관계를 살펴보고자 한다.

2. 내한 장·감 선교사들의 협력의 기초

A. 19세기 해외 선교의 상황: 교파주의와 초교파운동

16세기 종교개혁으로 인하여 그 이전까지 하나의 보편적 혹은 에큐메니컬 교회로서 존재해 오던 교회의 일치가 무너지고 여러 교파교회로 갈라지는 교파분열의 시대가 오게 되었다.[2] 교회의 분열 이후에 기독교회의 하나 됨을 회복하려는 일치 추구의 노력들이 있어왔고, 특히 19세기 후반 들어 영국과 미국을 중심으로 자기 교파를 초월하여 타교파들과의 연합과 일치를 추구하는 노력들이 간헐적으로 있었다.[3] 하지만 서구교회 특히 한국에 파송된 서구 선교사의 대부분을

---

2) 이형기, 『세계교회의 분열과 일치추구의 역사』(서울: 장로회신학대학교출판부, 1994), 114-67.

차지하던 미국 개신교회는 교파주의(denominationalism)가 극성을 부리던 때였다.⁴⁾ 따라서 19세기의 기독교 선교활동은 교파주의적 색채를 강하게 띠는 교파주의 확장의 역사라 할 수 있다. 즉, 선교사들은 자신들이 속해 있는 본국의 교파교회를 설립하기 위하여 파송되었다. 19세기 말 미국의 교파적 교회들은 다 이러한 배경 하에 한국에 도입된 것들이었다.

그러나 선교현장에서 선교사들은 다른 교파 선교사들과 함께 일하면서 연합의 필요성을 절실히 느끼게 되었다. 그 결과 다른 교파들과의 연합활동은 선교지에서 먼저 이루어졌고 본국의 교단들에게도 연합의 정신을 심어주는 계기가 된 것이다. 즉, 본국의 교단이나 선교부에 의해 교파 연합이 주도되지 않았음을 주목해야 한다. 그리하여 선교사가 라투렛(Kenneth S. Latourette)은 "에큐메니컬 운동의 대부분은 선교운동의 결과 생겨난 것이다"라고 주장하였던 것이다.⁵⁾

---

3) Henry Renaud Turner Brandreth, "Approaches of The Churches Towards Each Other in the Nineteenth Century," in *A History of the Ecumenical Movement, 1517-1948*, eds. Ruth Rouse and Stephen Neill (Geneva: WCC, 1986), 263-306.
4) Claude Welch, *Protestant Thought in the Nineteenth Century, 1799-1870, Vol. 1* (New Haven: Yale University Press, 1972), 190; George M. Marsden, *The Evangelical Mind and the New School Presbyterian Experience: A Case Study of Thought and Theology in Nineteenth-Century America* (New Haven: Yale University Press, 1970); Nathan O. Hatch, *The Democratization of American Christianity* (New Haven: Yale University Press, 1989); Richard J. Carwardine, *Evangelicals and Politics in Antebellum America* (New Haven: Yale University Press, 1993), 2-5.
5) Kenneth S. Latourette, "Ecumenical Bearings of the Missionary Movement and the International Missionary Council," in *A History of the Ecumenical Movement, 1517-1948*, 353. 루스 라우즈는 "해외선교와 초교파 운동(에큐메니즘)은 서로 불가분리의 관계에 있다"고 하였다. Ruth Rouse, "Voluntary Movements and The Changing Ecumenical Climate," in *A History of The Ecumenical Movement, 1517-1948*, 310.

B. 미국 장·감 선교부의 연합운동

소위 "위대한 세기" 동안에 한국에 유입된 미국 북장로교와 감리교파의 두 선교부들은 본국 교단 해외 선교부의 엄격한 통제를 받으면서도 선교지인 한국에서 여러 가지로 협력과 연합을 도모하였다. 중국이나 일본에 비해서 비교적 늦게 열린 선교지인 한국에서 미국의 장·감 선교부가 거의 동시에 사역을 시작하게 되어 시행착오를 줄이고 타선교지의 초교파 연합활동의 전례를 통하여 얻는 반사이익들도 많았다. 또한 협소한 선교지에서 사역을 시작하려고 하니 가까운 중국과 일본에서의 초교파 협력에 관한 선배 선교사들의 자문과 조언도 많이 얻을 수 있었다.

개신교 최초의 의료 선교사 알렌(M.D.)은 1884년 12월 4일 갑신정변 때 우정국 개원 만찬에서 자객의 공격을 받아 자상(刺傷)을 입고 사경을 헤매던 민영익을 완쾌시켜 조정의 신임을 얻었다. 이를 발판으로 1885년 4월 9일에 최초의 서구식 병원인 광혜원(廣惠院)을 개원하였고[6] 그 이후 입국하는 언더우드, 헤론(M.D.) 등의 장로교 선교사뿐만 아니라, 감리교 첫 선교사 윌리엄 스크랜턴(M.D.)도 교파를 초월하여 광혜원(濟衆院 개명)에서 협력하였다.[7] 이렇듯 광혜원은 초기 내한 장·감 선교사들에게 선교 거점을 제공하며 교파를 초월하여 하나로 모일 수 있는 친교공동체와 예배공동체 역할을 하였다. 또한 앞으로 장·감 선교부 사이에 보다 활발하게 전개될 초교파 협력의 묘판

---

6) Allen's diary, December 5, 11, 26, 1884 and January 22, February 14, April 13, 1885.
7) 알렌은 감리교의 스크랜턴을 광혜원의 의사(assistant)로 청원하는 편지를 조정에 보냈다. Allen to Ellinwood, May 5, 1885; Allen's diary, May 12, 1885.

(苗板) 역할을 하였다. 이처럼 한국 개신교 초기에 장로교와 감리교 선교사들은 모두 관립병원이자(조정 입장에서 본 시각) 선교병원(선교사 입장에서 본 시각)의 병원장인 알렌의 도움으로 선교의 교두보를 확보할 수 있었던 것이다.8) 그 이후 장·감 선교사들은 주일마다 함께 모여 예배를 드렸다. 또한 1885년 10월에 두 선교부에 소속된 언더우드와 아펜젤러는 신약성경 번역을 장·감 연합 사업으로 추진할 것을 논의하였다.9)

1887년 1월에 뉴욕의 미국 북장로교 해외선교부 총무에게 보낸 선교편지에서 언더우드는 장로교와 감리교 간의 협력이 가능하다고 보고하였다.10) 언더우드와 아펜젤러는 한국 개신교의 초교파 연합 선교의 분위기를 다음과 같이 각각 전하고 있다.

"한국에서는 선교 초기부터 여러 선교회 간에 조화의 정신이 싹텄던 바이는 실로 놀라운 것이었다."(언더우드, 1909)11)

"한국에서만큼 여러 교파 선교사들 간에 조화가 잘 이루어진 선교지역은 없을 것이다."(아펜젤러, 1897)12)

한국에서 이처럼 이른 시기부터 초교파 협력이 가능했던 데는 몇 가지 요인들이 있었다. 먼저는 현장 선교사의 협력의지가 있었고, 이

---

8) Allen's diary, May 12 and June 28, 1885
9) H. Appenzeller to Reid, the Corresponding Secretary of the Methodist Episcopal Mission, Seoul, October 13, 1885.
10) Horace G. Underwood to F. F. Ellinwood, Seoul, January 22, 1887.
11) H. G. Underwood, "Division of the Field," *Korea Mission Field* 5 (December 1909), 211.
12) Appenzeller' address to the Presbyterian Mission of the Presbyterian Church (North) in Korea, Seoul, August 30, 1897.

와 아울러 본국 선교본부, 특히 해외선교부 총무의 초교파 협력에 대한 이해와 협조가 있었다. 예를 들면, 1888년 1월 11일, 당시 미국 북장로교 해외선교부 총무였던 엘린우드(F. F. Ellinwood)는 언더우드에게 보낸 편지에서 "같은 복음을 전하는 감리교 선교사들과 그 외 모든 선교사들의 노고를 치하하며 선교지에서의 협력을 고무시켰다."[13] 또한 1893년 9월 엘린우드는 주한 북장로교 선교회 앞으로 보낸 회람용 공문에서 초교파 협력을 독려하였다. 이 서한에서 흥미로운 것은 엘린우드가 선교지에서 이루어지는 초교파 협력사업을 실무적 차원에서 지원하기 위하여 북미의 여러 개신교 교단의 해외선교부 총무들과 모여 회의를 하였으며 한국뿐 아니라 기타 선교지에서 실천할 수 있는 구체적인 협력방안까지 제안하고 있다는 점이다.[14]

3. 미국 장·감 선교부 협력의 양면성: 연합과 협력 vs 경쟁과 갈등

한국에 파송된 미국의 장로교와 감리교 선교부는 모국의 교파형 교회를 이식하기 위해 왔지만, 의료선교사 알렌의 광혜원(제중원)을 통하여 두 선교부의 선교사들 사이에 초교파 협력의 분위기가 배태

---

13) Ellinwood to Underwood, New York, January 11, 1888.
14) Ellinwood to C. C. Vinton, Mission Board of New York, September 23, 1893. *Interdenominational Conference of Foreign Missionary Boards and Societies in the United States and Canada, Held in the Presbyterian Mission House, 53 Fifth Avenue, New York, January 12, 1893* (New York: E. O. Jenkins' Son's Printing House, 1893), 47도 참조하라.

되어 온 것을 살펴보았다. 선교사들이 남긴 여러 기록들을 분석해 보면 두 선교부 간에 초교파적 연합과 협력의 정신뿐만 아니라 교파적 경쟁의식도 동시에 작용하고 있었음을 확인할 수 있다.

초교파 협력에 있어서는 한국에 선교사를 먼저 보낸 장로교가 주도권을 쥔 셈이었다. 앞서 언급했듯이, 조정(朝廷)의 두터운 신임을 통해 개원된 광혜원은 초기 장·감 선교사들 모두에게 선교의 전진기지 역할을 했다. 감리교 스크랜턴 의사도 1885년 5월 말부터 헤론이 올 때까지 한 달 남짓 제중원에서 장로교의 알렌 의사와 함께 일하였다. 스크랜턴 의사는 1885년 6월말 제중원 일을 사임하고 그해 9월 10일부터 자신의 집에서 진료를 시작하다가 1886년 6월 15일에 감리교 전용병원인 시병원(施病院)을 개원하고 제중원 중심의 장로교 의료선교와는 차별화된 감리교 의료선교를 펼쳐 나갔다.[15]

개신교는 선교 초기부터 장로교와 감리교의 두 선교부를 통하여 많은 행사들을 연합으로 가져 왔다. 아직도 불안한 한국 정황을 고려하여 서울 정동의 미국 공사관 근처에 거주하던 선교사들은 1885년 6월 21일 개신교 첫 주일예배를 알렌의 집에서 장·감 연합으로 드렸다.[16] 장로교 언더우드와 함께 4월 5일 제물포에 발을 디뎠다가 갑신정변의 여파로 국내 정세가 여전히 불안하자 일본으로 돌아갔다가 6월 20일 재입국한 감리교 아펜젤러는 1885년 10월에 언더우드와 우리말 신약성경의 공동번역 사업을 논의하기 시작했다.[17] 이는 아마도

---

15) *Annual Report of the Board of the Foreign Missions of the Methodist Episcopal Church, Korea Mission (1886)*, 268. 이향순, "초기 한국 선교의 양면성: 기독교화와 문명화," 『선교와 신학』 제13집 (2004. 2), 25-30도 참조하라.

16) Allen's diary, June 21, 1885. 주일예배는 저녁식사 후 8시에 드렸는데 이날 도착한 장로교 헤론 의사 부부를 위해 늦은 시간에 드린 것 같다.

17) H. Appenzeller to Reid, the Corresponding Secretary of the Methodist Episcopal Mission, Seoul, October 13, 1885.

한국에서의 성경 반포사업의 가능성을 조사하기 위하여 10월 초 서울을 방문한 미국성서공회(ABS)의 일본 요코하마 주재 총무인 헨리 루미스(Henry Loomis) 목사와 우리말 성경 번역에 대해 많은 대화를 주고받았기 때문일 것이다.[18] 루미스가 방한 중인 10월 11일 주일에는 장·감 연합으로 한국개신교 최초의 성찬식을 알렌의 집에서 치렀다. 루미스가 설교를 하였고 장로교 언더우드와 감리교 아펜젤러가 루미스의 성찬식을 도왔다.[19] 장·감 선교사들이 내한한 첫 해의 마지막 날 밤, 즉 1885년 12월 31일에는 두 선교회가 연합으로 첫 송구영신(送舊迎新) 예배를 드렸다.[20]

---

18) 이만열, 옥성득, 『대한성서공회사』 I (서울: 대한성서공회, 1993), 197-230. 우리말 성서번역은 선교사들이 내한하기 전 만주의 존 로스(John Ross)와 일본 요코하마의 이수정(李樹廷, 1842-1886)에 의해 먼저 시작되었으나, 국내에 반포되어 있던 로스역과 이수정역에 문제가 있어 언더우드와 아펜젤러는 한국에 도착한 후 장·감 연합사업으로 새로운 번역작업을 추진하였다. 언더우드는 1886년 4월 선교부 총무 엘린우드에게 보낸 편지에서 로스의 번역은 사투리(평안도 의주 방언) 때문에 서북과 만주지역으로 사용이 제한되며, 미국성서공회의 총무 루미스가 이수정의 마가복음과 누가복음 번역본을 자신에게 보내 검토·개정을 요청했으나 자신의 형편없는 한국어 실력으로는 불가능한 일이라고 보고한다. Underwood to Ellinwood, Seoul, April 16, 1886. 1887년 2월 7일 장·감 선교부는 언더우드(회장)와 아펜젤러(서기)를 주축으로 하는 성경번역위원회를 언더우드 집에서 결성한다. 1887년 4월 11일에 미장로교 선임 선교사로서 일본어 성경번역의 베테랑인 헵번(Hepburn, 1815-1911)의 자문에 따라 '상임성서위원회'를 조직하고 기존 번역본의 개정과 새로운 성경번역에 착수한다. W. D. Reynolds, "Bible Translation in Korea," *Korea Repository* 3 (December 1896), 469-70; H. Loomis to W. I. Haven, Yokohama, October 20, 1902; W. D. Reynolds, "The Board of Bible Translators," *Korea Mission Field* 2 (April 1906), 101; W. D. Reynolds, "Translation of the Scriptures into Korean," *Korea Review* 6 (May 1906), 166-67; W. D. Reynolds, "Fifty Years of Bible Translation and Revision," *Korea Mission Field* 31 (June 1935), 116-18.

19) Allen's diary, October 11, 1885; Appenzeller to Reid, Seoul, October 13, 1885; Loomis, "Corea," *Bible Society Record* (American Bible Society) 31 (January 1886), 3-4. 루미스 외에 장로교의 알렌 부부, 언더우드, 감리교의 아펜젤러 부부, 스크랜턴 부부, 스크랜턴 의사의 어머니와 당시 제물포에 정박 중이던 미국 군함 U.S.S. 마리온호의 몇몇 승무원들이 성찬식에 참석했다.

20) 언더우드는 그날 밤을 다음과 같이 회고하고 있다: "의료 선교사들, 목사 선교사들, 그리고 부인들을 포함하여 모두 열 명이 모였다. … 우리 대부분은 이제 한국에 온지 채 일 년이 되지 않았다. … 그날 밤 우리는 큰 믿음은 없었지만, 영혼들을 붙여 달라고 애타게 기도했다. 그리하여 1886년 7월 11일, 우리는 첫 신자에게 세례를 주게 되었다." Underwood, "Romanism on the Foreign Mission Fields," in *Minutes and Proceedings of the [Fifth] General Council of the Alliance of the Reformed Churches Holding the Presbyterian System [Held at Toronto, 1892]* (Belfast, Northern Ireland: Assembly's Offices, 1892), 414. 또한 Lillias H. Underwood, *Underwood of Korea: Being an Intimate Record of the Rev. H. G. Underwood, D.D., LL.D., for Thirty-One Years a Missionary of the Presbyterian Board in Korea* (New York: Fleming H. Revell Co., 1918), 61, 104, 344를 참조하라.

1886년 4월 25일 부활절 주일에 조선에서 최초로 감리교의 두 선교사 자녀에게 세례식이 거행되었는데 아펜젤러가 집례하고 장로교의 언더우드가 도와주었다.[21] 1886년 7월 18일 주일에 조선 최초의 세례식이 거행되었는데 이번에는 언더우드가 집례하고 감리교의 아펜젤러가 보좌하였다.[22] 이때쯤 하여 지금까지 장·감 선교사들만이 참석하던 예배에 조선인들도 점차 참여하게 되었다.

서울에 두 선교부가 밀집해 있다 보니 시간이 흐를수록 선교사업의 중복이 불가피하게 생겨나게 되었지만 때로는 상호 대화와 협력으로 문제가 해소되기도 했다. 한 예로, 1886년 4월 아펜젤러는 장로교의 언더우드가 고아원 겸 학교를 감리교의 스크랜턴 대부인(스크랜턴 의사의 어머니)이 운영하는 여학교 쪽에 세우려고 하자, 아펜젤러는 두 학교가 너무 가까이 있게 되고 감리교에서도 고아원을 개원할 계획이 있기에 충돌이 생길 수 있으므로 언더우드와 대화를 통해 해결하기로 결정했다고 쓰고 있다.[23]

1886년에 접어들면서 장·감 선교부는 첫 여성 의료선교사를 누가 먼저 데려오느냐는 문제로 물밑 경쟁을 심하게 벌이고 있었다. 어느 선교부에서건 여의사가 오면 엄격한 성차별로 인해 남자의사가 진료할 수 없는 명성황후(明成皇后)를 비롯한 고위층 부인들을 진료하며 여성선교의 고지를 선점(先占)할 수 있다고 생각했기 때문이었다.[24] 언더우드가 선교부 총무 엘린우드에게 보낸 1886년 2월 17일자

---

21) Appenzeller's diary, April 25, 1886; Allen's diary, April 25, 1886. 아펜젤러의 딸과 스크랜턴의 딸이 세례를 받았다.
22) Appenzeller's diary, July 24, 1886. 이날 알렌의 한국어 선생인 노도사(노춘경)의 세례식과 함께 헤론 의사의 딸 유아 세례식도 거행되었다.
23) Appenzeller to R. S. Maclay, Seoul, April 2, 1886.
24) 위의 편지; Underwood to Ellinwood, Seoul, April 12, 1886.

편지에는 감리교 선교부와의 선의의 경쟁의식이 잘 나타나 있다.

> 만약 선교본부가 여의사를 보낼 계획이 있다면 빨리 보내어 주셔야 합니다. 그렇지 않으면, 자매[감리교] 선교부에 뒤지게 될 것입니다. 그들은 서울 선교지부에 보낼 여의사를 곧 임명할 것이라고 합니다. 어느 정도의 경쟁의식(rivalry)을 갖는 것이 잘못 되었다고 생각하지 않습니다. 저는 우리 [장로교] 선교부가 앞서 가기를 원합니다.[25]

그러던 중 1886년 4월에 스크랜턴 대부인이 알렌을 찾아와 감리교 여성 전용병원 건물을 구입하려고 하는데 터무니없이 비싼 가격을 요구하니 조정에 선을 대어 가격을 깎아달라는 청탁을 하게 된다. 알렌은 감리교 선교사를 도와주는 것이 "보다 우호적이며 기독교인으로서 할 일"이라고 생각하였고, 고종 황제에게도 전언을 넣어 감리교 여성병원의 개원을 윤허(允許)해 주도록 요청하여 긍정적 확답을 얻어내었고 이를 미북장로교 선교부의 엘린우드 총무에게도 보고하였다.[26]

그런데 이러한 소식을 전해들은 동료 장로교 선교사들, 특히 언더우드와 헤론이 문제를 제기하고 나섰다. 이는 알렌 개인 신분으로 도와줄 수 없는 현지 장로교 선교사 전체의 승인을 필요로 하는 사안이며, 또한 주한 장로교 선교부도 이미 뉴욕 선교본부에 여자 의료선교사 파송을 요청해놓은 상태이기 때문이라는 것이었다. 그리하여 1886년 4월 현지 장로교 선교부는 감리교의 여성병원은 장로교가 밑

---

25) Underwood to Ellinwood, Seoul, February 17, 1886.
26) Allen to Ellinwood, Seoul, April 12, 1886; Allen's diary, April 25, 1886.

고 있는 제중원 내 부인과(婦人科)로 설치되어야 하며, 앞으로 선교본부가 파송할 장로교의 여의사가 부인과 책임을 맡아야 하며, 이와 관련된 모든 조치는 앞으로 장로교 선교사회의 전체 모임에서 결정되어야 할 사안임을 의결하였다.[27]

이처럼 감리교 선교사를 도와주려는 알렌의 호의(好意)와는 다른 방향으로 진행되었다. 언더우드는 이 일을 "불행한 일"이며 "장·감 두 선교부 사이의 우호적인 관계를 파괴"하기에 충분한 사건이었지만, 이제는 문제가 다 해결되었으며 아펜젤러도 이 사건의 전모를 듣고 나서 장로교 입장을 이해했다고 보고하였다. 또한 아펜젤러는 감리교 선교부가 장로교와 같은 입장에 있었더라도 그러한 결정을 내릴 수밖에 없었을 것이라는 의견을 개진했다는 내용의 편지를 뉴욕의 장로교 선교부 총무에게 써 보냈다.[28] 이후 미북장로교 선교부는 조선의 상류층 귀부인들을 진료할 수 있는 부인과 여의사 애니 엘러스(Annie J. Ellers)를 1886년 7월 4일 파송하여 알렌의 제중원 내에 신설된 부인과를 전담하게 하였다.[29]

초기 한국선교에서 장로교와 감리교의 두 선교부나 선교사들이 늘 교파적 경쟁관계에만 사로잡혀 있는 것만은 아니었다. 예컨대 위의 사건에서 교파적 입장을 취했던 언더우드가 다음의 사건에서는 초교파적 배려를 하고 있음을 보게 된다. 1887년 1월에 쓴 선교편지

---

27) *Minutes of the Korean Mission of the PCUSA (1885-1899)*, 28-29. Sung-Chun Chun, *Schism and Unity in the Protestant Churches of Korea* (Seoul: Christian Literature Society of Korea, 1979), 99-100에서 재인용. 알렌은 이 일로 인해 생겨난 북감리교 선교사들의 실망감과 불편한 마음을 솔직하게 적고 있다. Allen to Ellinwood, Seoul, April 12, 1886.
28) Underwood to Ellinwood, Seoul, April 16, 1886. 그러나 스크랜턴 의사만은 아직도 화가 안 풀려 있다고 언더우드는 쓰고 있다.
29) Annie Ellers to Ellinwood, Seoul, July 25, 1886; *Allen's diary*, September 5, 1886. 엘러스는 사실 정식 의사는 아니었다. 한국에서 여자의사가 급하게 필요한 상황 때문에 졸업을 한 학기 앞두고 의과대학(Boston Medical School)을 중퇴하고 파송되었기 때문이다.

에, 언더우드는 공부하기 위해 장로교로 찾아 온 몇 명의 남자와 한 명의 여자 아이를 감리교 선교부로 보내주었다고 보고했다.[30] 한편 같은 편지에서 감리교에 대한 배려뿐만 아니라 경쟁심도 읽을 수 있어서 흥미롭다. 감리교에 비해 상대적으로 열세인 학교사역과 여성사역을 언급하면서 여성 사역자들의 보강을 뉴욕 선교본부에 요청한 후, 언더우드는 "우리 장로교 선교부는 다른 선교부들에 뒤쳐져 있으며 우리가 곧 사역을 시작하지 않으면 그들을 따라잡기가 쉽지 않을 것입니다. (중략) 우리가 이 모든 사역들을 감리교 사람들에게 넘겨주어서는 안 될 것"라고 썼다.[31] 그럼에도 불구하고 언더우드는 장로교와 감리교 간의 협력의 분위기가 무르익었다고 생각했다. 초교파 협력에 대한 그의 생각은 다음의 인용구에 분명하게 나타나 있다.

> 지금 한국에 있는 [장로교-감리교] 선교회는 각 선교회가 해야 할 선교사역을 감당할 수 있는 능력이 있으나, 만약 한 선교회가 주어진 사역을 감당할 수 없게 되면 또 다른 선교회에게 그 일을 감당해달라고 요청할 수 있는 때가 되었다고 생각합니다.[32]

두 달여가 지난 1887년 4월 8일 언더우드는 미국 북장로교 해외

---

30) Underwood to Ellinwood, Seoul, January 22, 1887. 몇 년 전에 발굴된 아펜젤러의 편지(journal)에 의하면, 아펜젤러는 1886년에 언더우드에게서 편지와 함께 한 나이 많은 청년(강 형제)을 넘겨받았으며 그는 1000년 1월 세례를 받고 지금은 감리교 선교사 존스(George H. Jones)의 신실한 일군으로 일하고 있다고 쓰고 있다. Appenzeller's Journal, Seoul, February 20, 1890.
31) Underwood to Ellinwood, Seoul, January 22, 1887. 당시 장로교는 소년 고아원만을 운영하고 있었고 학교까지 운영할 수 있는 형편이 못되었기에 공부하기 원하여 찾아 온 남자 아이들을 받을 수 없었고 또한 여자도 받을 수 없었다. 언더우드는 감리교 이화학당의 첫 번째 여자 아이는 장로교에서 보낸 아이임을 밝히고 있다. 흥미로운 점은 언더우드가 경쟁심에서 감리교의 선교 성과를 은근히 깎아내리고 있다는 것이다.
32) 위의 편지.

선교부 회장인 존 웰스(John D. Wells) 박사에게 보낸 편지에서 자신을 "분파적인"(sectarian) 사고에 사로잡힌 사람으로 오해하지 말 것을 부탁한 후, 한국에서 감리교 선교사들의 성공적인 사역에 기꺼이 찬사를 보내지만, 그간 선두에 써왔던 장로교 선교부의 사역이 감리교에 뒤처지는 것을 원치 않는다고 썼다. 한국에서 선교의 문이 계속 열려가고 있기에 감리교 선교부는 새로운 선교사들을 충원하려 하고 장로교 선교비의 3배도 더 되는 선교비를 보낸다는데, 장로교는 새로운 선교사들을 보내주지도 않고 있으며 오직 한 명의 목사 선교사인 자신이 한국 전역을 감당하기가 너무 벅차다며 더 많은 선교사들을 보내줄 것을 간청하였다.[33]

언더우드는 흔히 초교파 협력 주창자 혹은 "연합주의자"(unionist)로 많이 알려져 있다.[34] 그러나 정형화된 이런 평가가 늘 맞는다고 말할 수는 없을 것이다. 비록 그에게 그런 성향이 많았던 것은 사실이지만, 때로는 그도 교파적 경쟁의식에서 완전히 자유로울 수 없었기 때문이다. 앞서 살펴보았듯이, 교파적 성향을 지닌 것으로 보였던 장로교의 헤론 의사 또한 늘 그런 것은 아니었다. 그는 때때로 감리교 병원에 가서 스크랜턴 의사를 크게 도와주곤 하였다.[35] 이는 당시 언더우드 목사나 헤론 의사는 각 선교부의 교파적 배경 내에서 협력이나 연합할 일이 있으면 서로 연합할 수 있다고 보고 각자가 속한 교파

---

33) Underwood to John D. Wells, Seoul, April 8, 1887.
34) 언더우드 목사가 미국 뉴저지 어틀랜틱 시티에서 별세한 후, 한국 서울에서 열린 장례예배에서 에비슨 박사는 언더우드를 "unionist"로 회고했다. O. R. Avison, "An Address Delivered at the Memorial Service, for the Late Horace Grant Underwood, D.D., LL.D., Held at the Central Y.M.C.A., Seoul, on October 19, 1916," *Korea Mission Field* 12 (December 1916), 323.
35) *Annual Report of the Missionary Society of the Methodist Episcopal Church, Korea Mission (1887)*, 315. 1887년 10월말 발간된 미북감리회 선교부의 연례보고서에서 스크랜턴 의사는 장로교의 헤론 의사가 감리교 병원에 와서 보여준 친절과 도움에 무척 감사한다고 밝히고 있다.

적 배경을 유지한 채로 감리교나 다른 교단 선교부와 협력하는 방법을 모색했던 것이다. 그 결과 때로는 교파적 이해관계를 우선시할 수밖에 없었던 것이다.

장·감 두 선교부의 사역이 점차 확대되면서 두 교단 간의 갈등을 극명하게 잘 보여주는 사건은 이른바 교인 쟁탈에 해당하는 "양 훔치기"(sheep stealing)일 것이다. 언더우드는 일본 주재 장로교 선임 선교사인 헵번(James Hepburn) 부인에게 보내는 1888년 2월 6일자 편지에 다음과 같이 썼다.

> 그러나 이곳[한국] 사역이 모두 다 순조롭게 진행되고 있지는 못합니다. 우리와 감리교 선교부 간에 분쟁(trouble)이 일어날 것 같아 걱정이 됩니다. 얼마 전에 우리 선교부에 속한 한 사람을 감리교로 데려가려는 명백한 시도가 있었습니다만, 우리가 이를 막아 내었습니다. 그들은 마치 낚아챌 먹잇감을 찾고 있는 것처럼 보입니다. 이런 말씀 드리는 것이 유쾌한 일은 아닙니다마는, 사실(a fact)입니다.[36]

언더우드가 공공연하게 이런 사안들을 털어놓기는 아마 쉬운 일이 아니었을 것이다. 그래도 장·감 두 선교부는 그때까지 비교적 좋은 관계를 유지해오고 있었기 때문에, 언더우드는 위의 사건을 "즐겁게" 해결하려고 결심하였다. 그럼에도 불구하고 "오, 저는 얼마나 우리가

---

36) Underwood to Mrs. J. C. Hepburn of Yokohama, Seoul, February 6, 1888. 샌프란시스코를 출발한 기선이 한국으로 가는 도중 1885년 1월 25일 요코하마에 기착했을 때, 언더우드는 3월 26일까지 헵번 선교사의 집에 머물며 미국성서공회의 루미스 목사를 만나고 이수정에게 한국어를 배우고 영어도 가르치며 한국선교를 준비하였다. Underwood to Ellinwood, Yokohama, January 26, 1885; Underwood to Ellinwood, Yokohama, February 16, 1885. 그 후 언더우드는 일본을 방문할 때마다 헵번을 만나 우리말 성서번역에 관한 자문과 조언을 얻곤 하였다.

이 이방 땅[한국]에 우리[미국 교회]의 교파적 차이를 이식해서는 안 된다고 생각했는지 모릅니다. 그러나 어찌할 방도가 없는 것 같습니다"라고 쓰고 있다.[37]

1888년 3월 12일에 언더우드는 뉴욕의 선교부 총무에게 감리교 선교부와의 분쟁 소식을 다시 보고하면서, 장로교 선교부는 2명의 선교사를 위원으로 하는 위원회를 구성하였으며 감리교 측에 대해서도 그리하도록 요청하였다고 썼다. 그는 이 장·감 위원회가 선교부 간의 예의규칙(mission comity)을 엄격하게 작성할 것이라고 썼다.[38] 1889년 3월 13일 제중원에서 물리, 화학을 가르치던 언더우드가 릴리어스 호튼(Lillias S. Horton)과 결혼한 후 신혼여행을 겸한 북부지방의 순회 여행 중에 쓴 1889년 4월 8일자 편지에서 장로교 선교부는 감리교보다 까다롭게 교인들을 받고 있으며, 그 결과 장로교의 엄격한 치리에 따르지 못하고 탈락하는 사람들은 감리교로 넘어가는 것 같다고 적고 있다.[39] 여기서도 감리교와의 은근한 경쟁의식을 엿볼 수 있다.

가까운 거리 내에 다른 선교부가 중복되는 사역을 시작함으로써 야기된 장·감 두 선교부의 갈등관계를 여실히 보여주는 사건이 1889년 11월에 발생하였다. 장로교의 여자 의료선교사 릴리어스 언더우드(1851-1921)[40]는 관립병원인 제중원의 일을 그만두고 서울 정동에 설립된 감리교 여성진료소[41] 부근에 독자적으로 장로교 여성진료소

---

37) Underwood to Mrs. Hepburn, Seoul, February 6, 1888. 언더우드는 계속해서 "저는 이 분쟁이 어떤 악감정 없이 해결되기를 희망하고 있습니다"라고 덧붙였다. 한편, 같은 편지에서 언더우드는 감리교 선교부와의 초교파 협력의 두 사례들, 즉 장·감 연합으로 진행되는 성경번역 사업과 구정(舊正)부터 시작될 일주일 간의 "연합기도 주간"을 언급하고 있다.
38) Underwood to Ellinwood, Seoul, March 12, 1888.
39) Underwood to Ellinwood, Hur Chun of North Korea, April 8, 1889.
40) 릴리어스 언더우드는 애니 엘러스가 1887년 육영공원의 교사로 있던 벙커(D. A. Bunker)와 결혼하면서 사직한 제중원 내 부인과 책임자로 있었다.

를 개원하려고 하였다. 그러나 감리교 선교부의 거센 반발에 직면하게 된다.[42] 1889년 11월 8일 뉴욕 미북장로교 선교부에 보내는 편지에서 기포드 목사(Daniel Gifford)는 이 일은 마치 감리교 선교부 안에 "벌집을 쑤셔놓은 것"과 같은 일이었다고 보고하였다. 분쟁의 직접적인 당사자인 두 여성 선교사 스크랜턴 대부인과 릴리어스 언더우드는 여러 차례 편지를 주고받으며 문제를 해결해 보려했지만, 뾰족한 해결책을 찾지 못하였다.[43]

결국 두 선교부는 "직접적인 경쟁상태"에 돌입하게 되고 스크랜턴 대부인은 이를 선교부 간에 지켜야 할 도리를 명백하게 위반하는 "무례한 행동"이며 감리교의 여성 의료사역을 파괴시키기 위한 "경쟁병원"(rival hospital)의 설립이라고 보았다.[44] 스크랜턴 대부인의 항의서한에 대해 언더우드 부인은 친절하게 답장을 보내지만 만족스러운 문제 해결의 방안을 제시하지는 못했다. 그러자 스크랜턴 대부인은 언더우드 부인에게 다시 훈계조의 편지를 써 보냈다.

> 당신[언더우드 부인]은 선교 초기에 이곳에 없었기에 그때의 상황을 좀 설명하는 것이 좋을 듯합니다. 스크랜턴 의사[스크랜턴 대부인의 아

---

41) 1888년 10월 한국 최초의 여성병원으로 설립된 '보구여관'(保救女館)을 말하며, 이는 병든 여인들을 보호하고 구한다는 뜻이다.
42) 당시 한국을 방문 중이던 미국 북장로교 선교부 미첼(Mitchell) 총무와 제중원의 동료의사 헤론은 릴리어스 언더우드에게 단독으로 진료소를 개원할 것을 권하였다. 릴리어스 언더우드는 "[제중원에서] 선교활동을 할 수 없고 의료 진료만 해야 하는 일에 저는 만족할 수 없습니다. 저는 이 점이 늘 불만이었습니다. 저는 선교하기 위해 왔는데 이 일을 할 수 없는 곳에 있기가 싫습니다. … 제 본업이 아니기 때문입니다"라고 썼다. Mrs. Underwood to Ellinwood, Yokohama, November 22, 1889.
43) 기포드는 "아펜젤러 목사, 존스 목사 그리고 스크랜턴 의사는 강경한 어조로 항의했습니다. 또한 감리교의 여성·의료사역을 책임지고 있는 매리 스크랜턴 대부인은 언더우드 부인에게 항의서한을 보내 왔습니다"라고 보고했다. Gifford to Ellinwood, Seoul, November 8, 1889.
44) 위의 편지.

들]가 서울의 이 지역[정동]에서 의료사업을 시작했을 때 그는 장로교 선교부에서 운영하는 병원[제중원]과 멀리 떨어진 장소에 병원을 세우겠다는 분명한 생각을 가지고서 이 지역을 택했습니다. 그 이유는 아무리 대의명분이 정당해도 지금 진행되고 있는 장로교 사역을 훼방하려고 한다는 비난을 받아서는 안된다고 생각했기 때문이었습니다.[45]

위의 감리교 스크랜턴 대부인의 편지에 의하면, 감리교의 스크랜턴 의사가 선교병원을 개원할 때 먼저 병원사역을 하고 있는 장로교 선교부를 배려하여 장로교 병원에서 멀리 떨어져 있는 곳에 병원 부지를 정했음을 강조하고 있다. 이처럼 감리교 선교부는 장로교 선교부의 권리를 존중함으로써 양 선교부 간의 충돌이나 갈등을 피하려고 노력했다는 것이다. 주목할 점은 스크랜턴 대부인은 감리교가 장로교를 배려했던 것처럼 감리교 선교부가 먼저 시작한 사역을 장로교 선교부가 인정하고 존중해주어야 한다고 주장한다. 즉, 감리교 선교부가 여성진료소를 먼저 시작하였으므로 "우선 점유권의 도덕적 권리"(moral right)를 내세우고 있는데, 이는 당시 선교지에서 암묵적으로 인정되던 한 지역에 먼저 정착한 선교부의 "선점권"(先占權)을 인정하라는 주장이다. 다시 말해, 감리교 선교부가 선점하여 추진하고 있는 병원사역을 가까운 곳에서 시작하려고 하는 장로교 선교부의 행위는 감리교 사역을 방해하는 것이며 이는 비난받아 마땅하다는 것이다.[46]

---

45) Mrs. Mary Scranton to Mrs. Underwood, Seoul, November 6, 1890 [1889]. 흥미롭게도 감리교 선교사인 스크랜턴 대부인의 이 편지는 지금 미국 필라델피아의 장로교역사학회(Presbyterian Historical Society)에 마이크로필름 형태로 보관되어 있는데, 후대에 이 편지를 분류하고 편집하는 과정에서 실수로 1890년으로 분류하였으나 1889년에 쓴 편지이다. 언더우드 부인이 읽은 후 참조용으로 뉴욕의 미장로교 선교본부에 보낸 것으로 사료된다.

스크랜턴 대부인은 장로교 사역을 배려했던 감리교 선교부와는 달리, 장로교 선교부는 감리교 사역을 배려하는 노력을 기울이지 않고 있으며 "협력"과는 정반대되게 갈등을 일으키고 감리교의 사업을 빼앗아가려 하고 있다고 항변하였다. 더 나아가 그녀는 "서울에 일할 곳이 많이 있지 않은가"라고 반문하며 장·감 선교부의 두 선교병원이 가까이에 위치해서는 안 된다는 입장을 단호하게 밝히면서, 언더우드 부인의 발상은 잘못된 것이며 언젠가 자신의 잘못을 깨닫게 될 것이라며 편지를 끝맺었다.47)

스크랜턴 대부인의 두 번째 편지를 받고나서 언더우드 부인은 뉴욕의 장로교 선교본부의 엘린우드 총무에게 제가 "경쟁하려는 의도"를 가지고 계획한 것은 아니었지만, "제가 이곳의 감리교 친구들이 길 건너편에서 여성병원을 운영하고 있는데 지금 그 병원을 돌볼 여의사가 없다는 것을 깊이 있게 생각하지 못한 것 같습니다"라고 보고하면서, 현 상황에서 장로교 여성 진료소를 강행하게 되면 그동안 장·감 선교부 간에 형성된 모든 "친교관계"가 끝나게 될 지도 모른다는 한 감리교 선교사의 말을 인용하고 있다.48)

언더우드 부인의 진료소 설립이 감리교의 완강한 반대에 부딪쳐

---

46) Gifford to Ellinwood, Seoul, November 8, 1889. 선교부간 지역 분할에 있어 중요한 의제인 선행 선교부의 선점권은 1854년 뉴욕의 연합선교대회 이후 1888년 런던의 개신교100주년선교대회에 이르기까지 여러 차례 논의되고 인정되던 문제였다. *The Proceedings of the Union Missionary Convention, Held in New York, May 4th and 5th, 1854: together with the Address of Rev. Dr. Duff, at the Public Meeting in the Broadway Tabernacle* (New York: Taylor and Hogg, 1854), 16-17; James Johnston ed., *Report of the Centenary Conference on the Protestant Missions of the World, Held in Exeter Hall, London (June 9th-19th) 1888*, Vol. 2 (London: James Nisbet & Co., 1889), 438-42.

47) Mrs. Mary Scranton to Mrs. Underwood, Seoul, November 6, 1890 [1889]. 당시 감리교 여성병원을 돌보던 여의사 메타 하워드(Meta Howard)가 1년 만에 건강쇠약으로 미국으로 돌아가고 없던 때여서 남자 의사들이 여환자들을 돌보고 있었기에 길 건너에 장로교가 여성병원을 세워 여의사가 여환자들을 돌본다면 감리교로서는 심각한 타격을 입을 것이 뻔했다. 그리하여 스크랜턴 대부인은 매우 강경한 어조로 항의하고 있다. *Annual Report of the Missionary Society of the Methodist Episcopal Church, Korea Mission, 1888*, 340; *1889*, 292-330; *1890*, 272.

계속 난황을 겪고 있던 중에, 장로교 선교부 내에서 언더우드 부인의 여성진료소 개원에 대한 반대의 목소리가 나오기 시작하였다. 예를 들면, 처음에 언더우드 부인의 진료소 개원에 공감했던 장로교의 헤론 의사조차도 마음을 바꾸어 2년 전에 개원한 감리교 여성진료소 가까이에 장로교 진료소를 설립하는 것은 "매우 불행하고 지혜롭지 못하다"라며 선교부 총무에게 반대 의사를 개진하였다.[49] 또 다른 장로교 선교사인 기포드도 "두 선교부 간의 '우애'(comity)를 고려하여 진료소를 개원하는 것은 바람직하지 않다"고 보고하였다.[50] 결국 언더우드 부인은 감리교와의 우애와 협력이라는 대의(大義)를 위하여 서울 도심에 여성진료소 설립을 포기하고 만다.

4. 오늘날의 협력선교를 위한 교훈

미국 교회에 의한 한국선교는 서구교회의 놀라운 지역적 확장이 이루어진 위대한 세기인 19세기 말에 시작되었다. 또한 한국에 선교

---

48) Mrs. Underwood to Ellinwood, Yokohama, November 22, 1889. 같은 편지에서 언더우드 부인은 감리교 선교부 쪽에 두 가지 타협안을 제안한다. 첫째, 감리교의 여의사가 올 때까지 언더우드 부인이 감리교 여성병원에 가서 도와주겠다. 둘째, 감리교 여의사가 올 때까지 장로교 여성병원의 개원을 연기할 수 있다. 그러나 스크랜턴 대부인은 어떤 경우에도 장·감 선교부의 여의사들은 경쟁과 갈등관계에 내몰리게 되며, 장로교 여의사(언더우드 부인)는 감리교의 신참 여의사보다 진료 경험과 한국어 구사 능력에서 우위를 점하고 있기에 감리교의 사역이 타격을 입을 것이라고 주장하였다. Gifford to Ellinwood, Seoul, November 8, 1889.
49) Heron to Ellinwood, Seoul, December 6, 1889.
50) Gifford to Ellinwood, Seoul, November 8, 1889. 마침내 언더우드 부인은 감리교의 간섭이나 항의를 받지 않을 곳에 진료소를 설립하겠다고 보고하였고, 몇 년 후 서울 교외에 진료소를 개원한다. Mrs. Underwood to Ellinwood, Yokohama, November 22, 1889; Lillias H. Underwood, *Underwood of Korea*, 132.

사를 파송한 주요 두 교파인 미국의 장로교회와 감리교회는 당시 교파주의가 극에 달하던 때였다. 이들 장·감 선교사들은 자신들이 속한 교파교회를 설립하기 위해 파송받았다. 하지만 이제 막 문호를 개방하기 시작한 한국에 거의 동시에 입국한 미국 장·감 선교사들은 할 일 많고 넓은 선교의 일터를 놓아둔 채 굳이 '남의 터'에 들어가 그 터 위에서 불필요한 경쟁을 벌이지 않았다. 또한 다른 선교부가 사역하고 있는데 가까운 거리에서 유사한 사역을 시작함으로써 중복 투자로 인한 하나님의 귀중한 선교자원을 낭비하지 않았다. 그럼에도 불구하고 문제가 발생할 때는 자발적인 대화를 통해 아직 그리스도의 이름이 전해지지 않은 곳을 우선적으로 개척하는 등 상호 협력의 길을 모색하였다. 그리하여 이들은 교파의 장벽을 뛰어 넘는 많은 연합사역을 활발하게 전개하여 오늘 우리에게 초교파 협력의 좋은 선례와 모범을 보여주고 있다. 살펴본 대로, 초기 단계에서 알렌의 광혜원은 미국 북장로교와 북감리교 선교사들 간에 초교파 연합의 발판을 마련해 주었다.

서로 다른 교파적 배경에도 불구하고 장·감 선교사들은 선교 현지에서 초교파적 선교협력의 필요성을 절감하였다. 그리하여 피차 반목하고 경쟁하기보다는 제한된 선교 인력과 자원을 균형 있게 배치하고 그 효율성을 극대화시키기 위해 비교적 선교 초기부터 협력 사역을 추진하였던 것이다. 최초의 목사 선교사로 내한하여 미국 북장로교 선교부의 선두 주자격인 언더우드와 그의 에큐메니컬 상대역인 감리교 아펜젤러는 모두 초교파 협력의 필요성을 인식하였고 이에 주도적인 역할을 담당하였다. 선교사들은 타교단 선교사들을 적이나 경쟁 상대가 아니라 한 마음으로 같은 목표를 향해 협력하는 동역자로 인정하고 받아들였다. 그러나 언더우드와 아펜젤러의 초교파 협력에 대한 인식과 태도는 각자 조금씩 서로 달랐다. 아펜젤러는 자신이 속한 감리교를 비롯한 각 선교부의 교파적 성격과 특성을 유지하면서 참여하는 초교파적 협력 방안을 가지고 있었다. 반면에 언더우드는 장로교의 울타리를 뛰어 넘어 하나의 개신교회를 설립하려는 생각까지 가졌다. 하지만 이러한 언더우드가 때로는 교파 경쟁의식을 갖고 있던 것도 엿볼 수 있었다.

흥미로운 것은, 장·감 선교부 모두 그 사역의 성공이 선교사들이 내한하기 이전에 이미 만주와 일본에서 번역되어 국내에 반포된 로스(1841-1915)와 이수정(1842-1886)의 복음서 번역본에 힘입은 바가 크다는 것을 인정하고 있다는 점이다. 특히, 언더우드와 아펜젤러 모두 스코틀랜드 연합장로교회의 존 로스 목사가 북부지방에 뿌린 사역의 열매를 자신들이 거두고 있다고 쓰고 있다.[51] 혼자 힘으로 이룬 것이 아니라, 연합적 노력을 통한 협력 사업의 결과라는 것이다. 주목할 점은 비교적 늦게 개방된 선교지인 한국은 후발 선교지 특성상 이웃 선교지인 일본과 중국을 비롯한 많은 선교지의 초교파 연합의 모범을 따랐다는 것이다.

초기 내한 선교사들의 연합 사업을 통하여 얻을 수 있는 또 다른 교훈은, 선교 현장에서의 초교파 협력 사업이 원활하게 이루어지기 위해서는 소위 3박자가 잘 맞아야 한다는 것이다. 다시 말하면 현장 선교사들과 모국 교회와 파송교단의 선교본부 총무 등 삼자가 초교파 협력의 당위성과 필요에 공감해야 한다. 무엇보다도, 현지 선교사가 초교파적 연합 사업에 대한 협력의지를 가지고 있어야 한다. 또한

---

51) Underwood to Ellinwood, Seoul, January 22, 1887; *Annual Report of the Missionary Society of the Methodist Episcopal Church, Korea Mission (1887)*, 307-308.

여하한 형태의 에큐메니컬 협력 방안도 선교 현지의 상황과 목소리를 무시해서는 안 된다. 특히 협력하려는 선교지에 선교사들이 먼저 나가있을 경우에 더더욱 그러하다. 선교 현장에 도움이 되는 선교 협력 체결은 현장을 잘 알고 있는 선교사들의 제안에 의해, 아니면 적어도 선교사들과의 협의 하에 이루어져야 한다는 말이다. 한국을 비롯한 많은 선교 지역에서 에큐메니컬 협력은 현지 선교사들의 주도에 의해 선교지에서 먼저 이루어졌으며, 현장의 협력 방안을 실무 차원에서 돕기 위해 본국에서 선교부 총무 간에 초교파 회합이 뒤따랐음을 기억해야 한다. 그 단적인 실례가 1893년 1월에 처음으로 열렸고 그 이후 정례화 된 북미의 여러 개신교단의 해외선교부 총무 회담일 것이다.

　초기 내한 장·감 선교사들은 교리문제보다는 공동의 사업을 통하여 협력을 모색하였으며, 교단 선교부 총무와의 보고와 긴밀한 협의를 거쳐 협력 사업을 추진하였다. 또한 선교 현장의 필요에 의해 개신교단 선교부 총무 간의 만남과 협의체도 형성되었다. 어제나 오늘이나 선교 현장은 초교파 협력의 길로 나아갈 수도 있고 또 다른 교파 분열의 길로도 나아갈 수 있음을 초기 내한 선교사들을 통하여 우리가 볼 수 있다.

　앞서 살펴보았듯이, 장·감 두 선교부 간의 협력 사업은 하루아침에 이루어진 것이 아니었다. 여러 형태의 친교활동이 두 선교부 간의 우호관계를 지속적으로 발전시키는 중요한 촉매제 역할을 하였다. 알렌의 집과 광혜원(제중원)에서 함께 모여 예배드리며 연합 성찬식을 거행하였고 연합기도회, 연합 송구영신 예배를 함께 드렸으며 순회 전도여행을 함께 떠나기도 하였다. 장·감 선교사들 간에 맺어졌던 몇 차례의 결혼도 두 선교부의 관계를 돈독하게 만들어 주었다. 예를 들면, 1910년 9월 미국 북장로회 선교부의 헬렌 테일러(Helen I. Taylor) 양과 북감리회 선교부의 빌링즈(Bliss W. Billings) 군의 결혼식이 거행되었다. 같은 해 3월 장로교의 언더우드가 이들의 약혼예식의 인도를 맡았는데, 그는 "연합"(Union)이라는 약혼식 설교에서 이 감리교 약혼자에게 있어 이 결혼은 "예정"된 결혼이며, 반면에 장로교 약혼녀에게 있어서는 이 결혼은 그녀의 "자유 의지"에 의해 결정된 연합의 좋은 예라고 하였다. 장로교의 예정론과 감리교의 자유의지론의 두 교리를 뒤바꾸어 적용시켰던 것이다.[52]

그러나 종국적으로 한국에서 장·감 두 선교부는 이러한 깔뱅주의와 아르미니안주의의 한계를 극복하지 못하고 각기 제 길로 가고 말았다.[53] 하지만 미국과 호주, 캐나다의 여러 장로교 선교부들이 제각기 파송국가의 장로교회를 설립하지 않고 한국에 하나의 장로교회를 형성하였고, 미국의 남북 감리교회가 하나의 감리교회를 한국에 세웠다는 것은 초기 내한 선교사들의 큰 공헌이 아닐 수 없다.

---

52) Helen I. Taylor to Arthur Brown, Seoul, March 29, 1910; George W. Fulton (Acting until Dr. Brown returns) to Helen Taylor, Mission Board of New York, April 30, 1910.
53) 한국기독교역사연구소, 『한국 기독교의 역사』 I (서울: 기독교문사, 1989), 208-213.

제5장

한국교회의 자립선교 전통과 비자립적 선교 행태
- 자립적 선교 패러다임으로 변화를 모색하며 -

1. 들어가는 말

　한국 선교사들은 교회 개척을 주 사역으로 하면서 필요에 따라 신학교, 선교 센터, 학교, 병원, 사회사업 기관 등 다양한 건축 프로젝트를 추진하고 있다. 그런데 선교사 대부분이 하류층 혹은 빈민층에서 사역하고 있기 때문에, 수많은 선교비를 지원하면서도 돈으로 선교한다는 비난을 받고 있다. 이러한 상황에서 선교지의 자립(self-support) 문제는 중요한 주제가 되어야 한다. 역사적으로 보면, 네비우스(John Nevius)의 자립선교 전략을 바탕으로 건강한 교회개척과 성장을 이룩한 한국교회가 여러 선교지에서 비자립적 선교 행태로 적지 않은 문제를 일으키는 것은 역사적 아이러니가 아닐 수 없다. 선교사들이 자립교회 설립에 대한 구체적 방법이나 원칙을 알지 못하고 교회 개척을 시작하는 형편이다. 그리하여 수차례의 시행착오와 값비싼 대가를 치룬 후에야 선교사들은 선교지 자립에 대해 나름대로의 생각을 갖게 된다. '구슬이 서 말이라도 꿰어야 보배'란 속담이 있듯이 한국교회는 지난 세기 동안 풍부한 교회 개척 경험의 구슬을 잘 꿴다면 하나의 명품 선교이론을 만들 수 있다.

본 장에서는 한국교회의 주요사역인 예배당 건축과 미션스쿨, 선교병원 등 사역에서 적용 가능한 자립선교 방안을 찾고, 서구선교와 차별화된 한국적 자립선교 패러다임을 모색해 본다. 이를 위해 한국의 자립교회 형성과 발전에 중요한 역할을 했던 네비우스 자립선교 원칙과 이를 충실히 적용했던 미국 북장로교 해외선교부 총무의 선교보고서, 언더우드(Underwood), 마펫(마포삼열, Moffett), 클라크(곽안련, Charles A. Clark, 1878-1961), 베어드(Baird) 그리고 미국 북감리교 스크랜튼(Scranton)의 선교편지, 보고서와 1900년 4월 뉴욕 에큐메니컬 선교대회(언더우드)와 1910년 6월 에딘버러 세계선교사대회에서 발표한 마펫의 논문과 *Korea Methodist*, *Chinese Recorder*, *Missionary Review of the World* 등의 1차 자료를 중심으로 자립선교 방안과 사례들을 찾아본다.

2. 선교와 선교사의 부유함

1986년 10월 남미 페루의 안데스 산악지대에 위치한 교회의 엘리트 청년이 서구 선교사에 대해 "서구 선교사는 돈을 많이 가지고 페루에 와서 귀족처럼 산다. 그리고 사람들이 살기 힘든 지역이나 교통이 나쁜 곳, 아마존 밀림이나 안데스 산악지대 등에는 들어가지 않으려 하고, 생활하기에 좋은 수도 리마나 큰 도시의 아스팔트만 밟고 다니려고 한다."[1]라고 평가했다. 2003년 10월 저자가 필리핀 선교사로 있을 때 마닐라 외곽의 A지역에 위치한 M신학교의 한 필리핀 여자교수는 한국 선교사에 대해 "한국 선교사들은 우리 덕분에 많은 돈을 모아 이곳에서 잘 살고 있다"고 평가했다.

현지인의 눈에 비친 선교사의 모습은 서구 선교사이건 한국 선교사이건 간에 17년의 시간차에도 불구하고 별다른 차이가 없었다. 분명한 사실은 선교사의 평범한(?) 생활수준이 선교 현지의 사람들에겐 특권층의 신분표시로 간주되어 선교사들을 교인들에게서 고립시킬 수 있음을 인식해야 한다.[2]

선교와 돈 문제는 현장 선교사뿐 아니라 선교본부에서도 오랫동안 선교의 중요한 문제가 되어왔다. 1850년대에 선교행정가이며 전략가인 헨리 벤(Henry Venn)과 루퍼스 앤더슨(Rufus Anderson)은 비슷한 시기에 삼자 원리에 입각한 자립선교를 주창했다.[3] 이후 1860년 영국의 리버풀(Liverpool) 선교사대회에서 선교사에 고용되어 일하는 현지인 유급 전도자에 대한 문제가 제기된 이후, 1877년과 1890

---

1) 황윤일, "동역 선교에 관한 연구: 페루 예수교 장로교회와 한국 선교사와의 동역 선교를 중심으로." (미간행 신학석사학위논문, 장로회신학대학교, 2005), 1에서 재인용.
2) 봉크는 MK와 에티오피아 선교사 경험을 바탕으로 "선교사의 안락하고 잘 꾸며진 집, 영양가 있는 음식으로 가늑찬 냉상고, MK들의 치아교정 시술, 값비싼 자동차, 국내선과 국제선을 이용한 빈번한 휴가, MK들을 위한 놀라운 교육기회 제공" 등을 열거하고 있다. Jonathan J. Bonk, *Mission and Money: Affluence as a Western Missionary Problem*, 이후천 옮김, 『선교와 돈: 부자 선교사, 가난한 선교사』 (서울: 대한기독교서회, 2010), 127-28.
3) Peter Beyerhaus and Henry Lefever, *The Responsible Church and The Foreign Mission* (Grand Rapids, MI: William B. Eerdmans Publishing Company, 1964), 25-39; Wilbert R. Shenk, *Changing Frontiers of Mission*, 장훈태 역, 『새로운 선교의 영역』 (서울: 기독교문서선교회, 2001), 59-80.

년 상해의 중국 개신교 선교사대회에서도 현지교회와 자립 문제는 비중 있게 다루어졌다. 1897년 마펫(Samuel A. Moffett)은 선교비 삭감이 불요불급한 낭비를 바로 잡고, 비효율적인 사역을 포기하게 만들고, 한국교회를 더 든든한 자립의 토대 위에 세우는 계기가 될 것이라고 미북장로교 선교부 총무 엘린우드(F. F. Ellinwood)에게 적었다.[4]

미국 북장로교 선교부의 차기 총무 아서 브라운(Arthur J. Brown)은 1901년 한국의 선교지를 돌아본 다음에 발간한 한국방문 보고 책자에서 "세계 선교역사 전체를 살펴보면, 선교지에서 돈을 너무 적게 사용했을 때보다 너무 많이 사용함으로써 나타나는 해악이 더 많았던 사실을 확인할 수 있다."[5]고 적었다. 1907년 평양 대부흥기에 한국을 방문했던 존 모트(1865-1955)는 "선교비 지출 비율을 비교해 볼 때, 한국보다 더 크고 상당한 선교결과를 얻을 알지 못한다."[6]고 단언하였다. 브라운 총무는 이제 "한국 선교사들에게 자신들의 선교방법[자립선교]을 시도해 볼 수 있는 정당한 기회를 주도록 하겠다"라고 한국 순방보고서에 썼다.[7]

1937년 곽안련(C. A. Clark) 선교사는 자신의 시카고대학 박사학위 논문을 책으로 간행하면서 "지금까지 얻어진 결과를 놓고 보았을 때, 한국에서 전개된 선교사역의 성과는 세계의 어떤 선교지 보다 적은 선교비를 지출하고 얻어진 것"임을 확인할 수 있다고 평가하였다.[8]

---

4) S. A. Moffett to Ellinwood, July 31, 1897.
5) Rev. Arthur J. Brown, *REPORT OF A VISITATION OF THE KOREA MISSION of the PRESBYTERIAN BOARD OF FOREIGN MISSIONS* (New York, N.Y.: The Board of Foreign Missions of the Presbyterian Church in the U.S.A., 1902), 11.
6) *Korea Mission Field* 4 (May 1908), 67.
7) Brown, *REPORT OF A VISITATION OF THE KOREA MISSION*, 11.
8) Charles Allen Clark, *The Nevius Plan for Mission Work: Illustrated in Korea*, 박용규·김춘섭 역, 『한국교회와 네비우스 선교정책』 (서울: 대한기독교서회, 1994[1937]), 158.

한국뿐 아니라 선교역사에 나타난 여러 사례를 보면, 선교사의 풍부한 재정 후원으로 지어진 교회가 건강하게 성장하지 못하고, 선교사의 도움을 많이 받지 않은 교회가 더 건실하게 성장했음을 알 수 있다.

그런데 작금의 한국선교의 행태는 초기 선교의 모습과는 많은 차이가 있다. 한국교회 대부흥 100주년 기념대회 준비위원회 초청으로 2007년 한국을 방문한 세계기독학생회총연맹(WSCF) 아시아태평양사무국 총무 몬테스(Necta Montes)는 한국교회의 선교는 돈을 앞세우는 경향이 있음을 지적하면서 한국교회의 선교 패러다임이 바뀌어야 한다고 일갈한다. 그녀는 "한국교회가 필리핀의 어떤 작은 교회에 재정지원을 하기 시작하면 주변교회의 교인들이 다 그 교회로 옮겨가 결국 주변교회를 파괴하는 결과를 낳고 있다."[9]며 우려를 표명했다.

3. 한국교회와 자립정책

"자립 정책을 세우는 것도 쉬운 일이 아니었지만 이 정책을 계속 고수하는 것도 쉬운 일은 아니었다. 자립정책을 포기하고 싶은 유혹을 많이 받았고 자주 받았다." (마펫, 1910)[10]

---

9) 넥타 몬테스, "필리핀에서 한국교회의 선교는 돈 선교," 『들소리신문』, 2007. 8. 20. 2005년 9월 마닐라 장로회신학대학(MPTS)의 교무처장으로 있던 저자가 "신학교육과 필리핀 교회: 그 도전과 방향"이라는 주제로 세부(Cebu)에서 열린 필리핀신학교협의회(PABATS) 모임에 참석했을 때, 어떤 필리핀 교수가 한국 선교사들이 한국에서 거금을 가져와 현대식으로 신학교 건물을 세우고 학비, 기숙사비 등 모든 것을 무료로 제공하여 주변의 필리핀 신학교 재학생들을 몽땅 끌어가버림으로써 현지 신학교 운영에 막대한 어려움을 초래했다며 신랄하게 비판하던 모습을 지금도 생생하게 기억한다.

"우리는 당신들이 우리에게 무거운 짐을 지운 것에 대해 감사한다. 그리고 초기에 우리가 더 많은 도움을 요청할 때에 우리의 요청을 들어주지 않은 것에 대해서도 감사한다." (한국 교인, 1910)[11]

"선교 초기부터 재정 자립을 강조한 결과, 한국교회는 19세기와 20세기의 선교로 세워진 신생교회 중에 어떤 다른 장로교회보다 가장 많은 헌금을 드리는 교회가 되었다." (라투렛, 1945)[12]

벤과 앤더슨의 삼자교회론은 이후 존 네비우스(John Nevius, 1829-1893)[13]를 거쳐 테일러(William Taylor)와 알렌(Roland Allen)까지 발전하며 여러 선교대회의 주요 의제로 논의되면서 20세기 초반까지 선교계에 큰 영향을 주었다. 네비우스는 여러 선교 이론가들의 삼자이론을 자신의 교회 개척 경험을 바탕으로 선교지 상황에 맞게 실제적인 방법론으로 발전시키고 널리 보급시키는 데 중요한 역할을 했다. 그는 처음부터 외국 선교자금에 의지하거나 유급 전도인을 고용한 교회는 "모식 신자"만을 양산할 뿐 "자립"에 이르지 못한다는 사실을

---

10) S. A. Moffett, "The Place of the Native Church in the Work of Evangelization," *Union Seminary Magazine* 22 (October-November 1910), 233.
11) Moffett, "The Place of the Native Church in the Work of Evangelization," 235. 1910년 에딘버러 세계선교사대회에서 마펫이 한국교회의 자립에 대해 언급하면서 소개한 내용이다.
12) Kenneth S. Latourette, *A History of the Expansion of Christianity, Volume VII: Advance Through Storm, A.D. 1914 and After, With Concluding Generalizations* (New York: Harper & Brothers, 1945), 404.
13) 1854년부터 중국 영파와 산동에서 30여 년간 사역하면서 네비우스는 자신의 선교방법을 1885년 *Chinese Recorder*에 처음 기고했고, 이는 1886년 『선교방법론』(*Methods of Mission Work*)으로 출간되었다. 이 책은 1899년 『선교교회의 설립과 발전』(*The Planting and Development of Missionary Churches*)이라는 제목으로 재출판되어 한국에 파송될 선교사와 대학생선교자원운동(SVM)의 선교연구반 교재로 널리 읽혔다.

발견했다. 그는 현지교회의 자립을 저해하는 "옛 방법"을 포기하고, 외부 선교자금의 사용과 선교부의 봉급을 받는 현지 사역자 수를 최소화하면서, 선교사의 재정 도움을 받지 않는 현지인 전도자의 사용을 극대화하는 "새 방법"을 제창했다.[14]

1890년 5월 상해에서 개최된 제2회 중국 개신교선교사대회[15]에서 "선교방법에 대한 역사적 고찰"[16]이라는 논문을 발표한 네비우스는 주한 미북장로교 선교사들의 초청으로 그해 6월 서울에서 20대 후반의 젊은 선교사들에게 자립선교에 대한 자신의 경험을 나누었다.[17] 이후 주한 장로교선교부는 네비우스 자립 선교방법을 공식적으로 채택했고, 언더우드와 마펫에 의해 철저하게 수용되었다.[18]

1891년 미북장로교 선교부가 발표한 선교정책을 보면, 자립 원칙이 강하게 반영되어 있음을 알 수 있다. 보수를 받는 현지인 사역자의 숫자는 최대한 줄이고, 미션 스쿨의 경우 교과서 값을 받았고 학비도 무료로 하지 않았다. 신학반의 경우, 숙박과 식비는 각자 내도록 하고 예외적인 경우에 교통비를 지원했다. 찬송가, 성경, 전도용 책자도 무료가 아니라 종이값의 1/3이상에 판매했다.[19] 의료사업의 경우, 극빈

---

14) C. A. Clark, 『한국교회와 네비우스 선교정책』, 23-72; 송길섭, 『한국 신학사상사』 (서울: 대한기독교출판사, 1987), 69-72.

15) 상해 중국 개신교선교사대회(1890)에 주한 미 북장로교의 기포드(Daniel L. Gifford)와 미 북감리교의 올링거(Franklin Ohlinger) 선교사가 장·감 두 선교부를 대표하여 참석했다.

16) John Nevius, "Historical Review of Missionary Methods, Past and Present, in China, and How Far Satisfactory," in *Records of the General Conference of the Protestant Missionaries of China Held at Shanghai, May 7-20, 1890* (Shanghai: American Presbyterian Mission Press, 1890).

17) H. G. Underwood, "Object Lessons of Self-Supporting," *Report of the Ecumenical Conference on Foreign Missions, Held in Carnegie Hall and Neighboring Churches, April 21 to May 1*, Vol. II (New York: American Tract Society, 1900), 301.

18) Horace G. Underwood, *The Call of Korea* (New York: Fleming H. Revell Company, 1908), 109-110; Roy E. Shearer, *Wildfire: Church Growth in Korea*, 이승익 역, 『한국교회 성장사』 (서울: 대한기독교서회, 1966), 243-247.

19) C. A. Clark, 『한국교회와 네비우스 선교정책』, 97-113; Harry A. Rhodes, *History of the Korean Mission: Presbyterian Church U.S.A., 1884-1934* (Seoul: YMCA Press, 1934), 88-89.

자를 제외하고는 무료진료를 지양하고 적은 진료비라도 받았고, 입원 환자는 자신들의 침구를 가져오고 식비도 지불하도록 했다. 병원의 비싼 의료설비(plant)는 선교자금으로 구입하지만, 병원 운영비 대부분은 환자들이 내는 진료비로 충당했다.

1886년 초 언더우드에 의해 고아원으로 시작된 소년학교(경신학교 전신)의 경우에도 1890년 9월 마펫이 새로 책임을 맡고서 무료에서 유료로 바꾸었다. 부모로부터 일부 학비라도 부담하겠다는 확답을 받은 후 입학시켰으며, 여름방학 때는 학생들을 집으로 돌려보내었다.[20] 또한 1896년 주한 미북장로교 선교부는 기독교학교에 대한 지원이 학교 운영비의 50%가 초과하지 않도록 함으로써 최소한 절반(50%)의 자립을 목표로 한 것이다.[21] 참고로, 1893년 1월에 조직된 한국 장로교선교부공의회에서 채택한 10가지 선교정책 중에 "진취적인 교회는 자립하는 교회가 되어야 한다. 우리는 한국교회 중에 외부 자금 의존비율을 낮추고 자립비율을 높여야 한다. 그리고 헌금하는 교인들의 수를 늘리도록 해야 한다"라는 내용이 들어 있다.[22]

미국 북장로교의 윌리엄 베어드(William Baird)의 훈련반(1897-1898년) 보고서를 보면 12개의 훈련반 중에 한국인 지도자가 인도하는 4개반은 선교사의 지원 없이 참석자들이 모든 비용을 감당하여

---

20) 이 원칙에 따라 저자는 마닐라 소재 신학교의 책임을 맡으면서 그때까지 모든 것을 무료로 하던 필리핀신학교의 정책을 바꾸었다. 먼저 학생의 밥값을 받도록 했고, 수합된 한 달 치 밥값으로 신학교 건물 한 달 임대료를 지불할 수 있었다. 공짜에 길들여 있는 학생에게 식대를 받는 것은 결코 쉬운 일이 아니었지만 그들의 자긍심과 자립의식 함양에도 도움이 되었다. 이후에 신학교의 자립율은 0%에서 33%까지 높아졌다.

21) 1900년에 설립된 대구지역의 첫 기독교 교육기관인 "야소교 대남소학교"의 경우에도, 자립의 원칙에 따라 학생들이 50%를 부담하고, 나머지 50%를 선교사들이 지원했다. Rhodes, *History of the Korea Mission*, 190. 1896년 마펫은 평안도 순안교회가 초등학교 설립을 계획할 때 교인들이 건축비 3/5(60%)을 내고, 나머지 2/5(40%)를 지원하는 방안을 소개한다. S. A. Moffett to Ellinwood, January 21, 1896.

22) C. C. Vinton, "Presbyterian Mission Work in Korea," *Missionary Review of the World* 9 (September 1893), 671.

100% 자립 운영되고 있으며, 선교사들이 지도하는 8개반 중에 4개는 100% 자립 운영되며, 나머지 4개반은 단지 적은 액수의 재정 후원을 받았다. 베어드 관할 하에 있던 평양의 신학반은 베어드의 교육정책을 기반으로 운영되었는데, '네비우스 방법반' 혹은 '네비우스반'(Nevius Class)으로 불렸다. 또한 평양의 겨울 신학반의 경우, 105명의 참석자 중에 80명이 자비로 학비를 부담하거나 친구의 재정적 도움을 받아 경비를 지불했다.[23]

1890년부터 네비우스 자립선교 원칙에 따라 선교한 지 9년이 되던 1899년 9월 당시 한국 장로교회의 자립 현황을 보면 아래의 〈표-1〉과 같다. 언더우드는 당시 전국에 세워져 있던 총 188개 장로교회 중에서 186개 교회가 예배당 건축비와 보수비, 교회 경상비, 교육비, 국내 및 해외선교비 등 거의 모든 경비를 스스로 감당하는 자립교회로 그리고 자전하는 교회로 건실하게 성장하고 있었다고 밝혔다.

〈표-1〉 한국 장로교회 자립 현황(1899)[24]

전체 교회	완전 자립교회	부분 자립교회	완전 자립교회 비율
188개	186개	2개	98.9%

한국교회 선교가 시작된 지 25년이 되고, 네비우스 자립선교 원칙에 따라 선교한 지 19년이 되던 1909년 미국 북장로교 선교부의 한국인 사역자 사례비 지불과 자립 현황을 살펴보면 다음과 같다.

---

23) Richard Baird, *William M. Baird of Korea: A Profile by Richard H. Baird*, 김인수 옮김, 『배위량 박사의 한국 선교』(서울: 쿰란출판사, 2004), 208, 210-13.
24) Underwood, "Object Lessons of Self-Supporting," 302.

〈표-2〉 한국인 사역자 사례비 자급 현황(1909)[25]

한국인 사역자 수	한국교회 전액 부담	한국교회 + 선교자금 지원	완전자립 비율
1,052명	991명	61명	94.2%

위의 〈표-2〉를 보면, 1909년 당시 1,052명의 한국인 유급 사역자 중 991명의 사례비를 한국교회가 전액 감당하여 94.2%의 매우 높은 자급률을 보이고 있다. 나머지 61명의 교역자들은 한국교회가 전액 재정 부담이 어려웠기 때문에 선교사의 재정 후원을 부분적으로 받기도 했으나 그 비율은 단지 5.8%에 지나지 않았다.

선교사가 선교지에서 교회 개척을 시작할 때마다 현지 교역자 고용문제는 늘 뜨거운 감자였다. 풀러신학교의 박기호는 필리핀 선교사로 사역하던 초기에 장로교(합동, GMS) 선교사들 간에 다음의 2가지 방법을 놓고 의견 대립이 있었다고 소개한다.

> 첫째, 사역 초기에는 자유롭게 현지인을 고용하여 사역을 촉진시킨 다음 점차적으로 자치, 자립, 자전하는 교회로 발전시켜 나가자는 의견과, 둘째, 봉급을 주고 현지인들을 고용하여 교회들을 개척하는 일은 처음부터 지양하고, 철저하게 자치 · 자립 · 자전하는 원리 위에서 교회들을 개척하자.[26]

---

25) *Quarto Centennial Papers Read before The Korean Mission of the Presbyterian Church in the U.S.A. at the Annual Meeting in Pyeng Yang, August 27, 1909*, 23. 1934년경, 300여명의 한국교회 목회자 사례비는 한국 교인들에 의해 100% 지불되고 있으며, 600여명의 남녀 조사와 전도자 중 90%는 한국교회가 전적으로 감당하고 있고, 나머지 10% 정도는 전부 혹은 부분적으로 미국 선교부 돈에서 지원받았다. Rhodes, *History of the Korean Mission*, 398-99.

위의 첫 번째 방법은 소위 "옛 방법"에 속하며, 두 번째는 네비우스의 "새 방법"을 지칭한다.[27] 박기호는 현지인을 돈을 주고 고용하면 처음에 교회수도 급속히 늘어나고 교인들도 늘어나지만 자립교회에 이르지 못한다고 주장한다. 문제는 현지인 교역자를 고용하지 않던 선교사들도 조급한 마음과 후원교회의 지나친 기대 때문에 자신의 생각을 접을 수밖에 없다는 것이다. 또한 교회를 개척한 후 처음에 현지 교역자를 돈으로 고용했다가 몇 년 내에 순차적으로 지원 액수를 조금씩 줄여 나가는 방법, 즉 옛 방법을 사용한 경우에 목표한 기간 내에 자립에 성공한 교회는 없었다고 보고했다.[28]

역사적으로 보면, 현지 교역자를 고용하여 점차적으로 지원금을 줄여나가는 방법(gradual reduction)은 서구 선교부가 1850-60년대부터 지금까지 150여년 간 사용해 온 것이다. 그런데 박기호처럼 쉬와르츠(Glenn Schwartz)도 이러한 방법에 의해 완전 자립까지 이른 교회가 거의 없다고 주장한다. 이론적으로는 그럴듯하지만, 심리적으로 "이 교회는 내 교회"라는 인식이 현지 목회자와 교인들 속에 생겨나지 않기 때문에 높은 자립의 단계까지 나가지 못한다는 것이다.[29]

---

26) 박기호, 『타문화권 교회 개척』 (서울: 개혁주의신행협회, 2005), 12.
27) 옛 방법은 개척 초기에 선교 자금으로 지원을 많이 하다가 점진적으로 지원액수를 줄여나가고, 새 방법은 처음부터 자립원리를 적용시켜 유급 현지인 일꾼들 고용을 최소화하는 것이다. John L. Nevius, *Planting and Development of Missionary Churches* (New York: Foreign Mission Library, 1899), 8; C. A. Clark, 『한국교회와 네비우스 선교정책』, 25.
28) 1년차 100% 지원, 2년차 70% 지원, 3년차 30% 지원, 4년차 완전 자립을 계획했는데 목표한 4년 만에 자립에 성공하지 못했다고 한다. 박기호, 『타문화권 교회 개척』, 12.
29) Glenn J. Schwartz, *When Charity Destroys Dignity: Overcoming Unhealthy Dependency in the Christian Movement* (Lancaster, PA: World Mission Associates, 2007), 66-67. 쉬와르츠는 28년이 지나도 자립교회에 이르지 못한 교회의 사례를 들고 있다. 그러나 쉬와르츠의 주장과는 달리, 1877년과 1890년 개최되었던 중국 개신교선교사대회 자료를 보면 완전 자립에 도달한 교회도 상당수 있고, 부분 자립에 이른 교회 숫자도 많은 것으로 보인다.

한국교회는 1894년부터 예배당 건축을 시작했는데, 1895년경 황해도 솔내와 경기도 인천에 건축된 여러 장로교회들이 한국 교인들의 전적인 헌금부담으로 지어졌다.30) 1896년 미북장로회 선교부 보고서에는 평양의 장로교회 교인들은 장로교 선교부가 예배처소를 건물을 구입해주면서 외부사역을 도우라고 제안에 호응하여 20킬로(km) 떨어진 곳의 순안교회 건축비 절반 이상을 지원해 주기도 했다.31) 당시 1천 명에서 1천5백 명을 수용할 수 있는 대형교회 건물은 많았지만, 화려한 건물은 거의 없었고 대부분 검소하게 지어졌다.

교회 건축에 관한 미국 북장로교 선교부의 정책은 한국교인들 스스로 건축헌금을 모금하여 세우게 하는 완전 자립이 원칙이었다. 이 원칙에 몇 가지 예외가 있었는데, 도시에 큰 규모의 예배당을 짓는 경우, 건축비가 너무 많이 소요되어 가난한 교인들이 짧은 기간 내에 건축비 전부를 모금할 수 없는 경우들이 생겨났기 때문이다. 주목할 점은 외부(선교부) 자금의 지원이 필요하다고 판단하는 경우에도, 장로교 선교부는 지원 액수가 총 건축비의 "3분의 1"을 넘지 않도록 했다. 서울 연동교회(1907-1908 건축)의 경우는 교인들이 건축비 3분의 2를 부담하고 나머지 3분의 1은 선교자금으로 충당되었다.32) 서울 새문안교회(1895년 성탄절 헌당)는 두 번째 교회를 건축할 때에 선교회에서는 예배당 부지만을 제공하였고, 그 외에 교인들이 노동력 제공, 목수 봉

---

30) Paik, *The History of Protestant Missions in Korea*, 1832-1910 (P

31) 1893년 설립된 널다리(判洞) 교회로서 1900년 기역자 형태의 한옥으로 지어진 1,500명을 수용하는 장대현교회의 전신이다. 순안교회 교인들이 5,300냥의 건축기금을 모았고, 널다리 교인들이 6,700냥을 지원하였을 뿐 아니라, 시골지역의 7개 교회건축비까지 지원하였다. 1895년 10월 마펫이 북장로교 선교부에 보낸 평양 선교지부 보고서와 선교편지, 옥성득 책임·편역, 『마포삼열 자료집』 2 (서울: 새물결플러스, 2017), 601-615, 637.

32) Rhodes, *History of the Korean Mission*, 399. 연동교회 담임목사였던 게일(J. S. Gale, 1863-1937)은 남자 교인들은 식사를 하지 않고 식대를 절약하였고, 여성 교인들은 금가락지와 은비녀, 옥비녀를 건축기금으로 헌납했다고 증언한다.

사, 건축자재 제공을 통해 건축비 전부를 감당하였다.[33]

평양 장대현교회(1899-1900년 건축)는 1,500명 수용규모로 당시 가장 많은 비용이 소요되는 초대형교회 건축이었다. 마펫은 예외적으로 지원하더라도 건축비의 3분의 1 이상을 지원할 수 없다는 북장로회 선교부의 원칙을 상기시키면서, 지난 2년간(1888-89) 교인들이 600엔의 건축기금을 적립했다고 밝힌다. 그러나 건축에 필요한 총 비용 4,000엔을 모으기 위해 교인들이 2,000엔을 더 내야한다고 보고한다. 마펫은 시급하게 필요한 예배당을 세우기 위해 교인들로 하여금 3년 작정으로 건축헌금을 내도록 하였다. 다시 말해, 교인들의 작정헌금이 최소한 2,000엔이 모금되면 나머지 2,000엔을 선교부 자금으로 지원하여 교회건축을 즉시 시작하려고 계획했다. 그런데 주일예배(1900년 2월 4일)에서 400명 교인이 무려 3,000엔을 건축헌금을 작정했으며, 일부 여성 교인들은 은반지를 뽑아서 헌납하기도 했다. 마펫은 한국교인들의 건축 작정헌금에 선교사들뿐 아니라 교인들도 무척 놀랐다며 "교인들은 작정헌금으로 인해 3년 동안 많은 희생과 어려움을 겪게 되겠지만, 동시에 풍성한 영적 축복도 받을 것이다."고 적었다.[34]

정리하면, 예외적으로 건축비를 지원하는 경우에 두 가지 방안이

---

33) "언더우드가 미북장로교 선교부 총무에게 보낸 서신(1899년 7월 11일)," 이만열·옥성득 편역, 『언더우드 자료집』 II (서울: 연세대학교 출판부, 2006), 91; Underwood, "Object Lessons of Self-Supporting," 304. 새문안교회의 3번째 예배당(1910년 헌당)은 1,200명 수용 규모로 지어졌으며, 교인들 모두가 가난하여 한번에 목돈을 헌금할 수 없어서 3년간 매달 작정헌금으로 건축비를 충당하였다. Horace G. Underwood to A. J. Brown, Seoul, January 6, 1910.

34) Samuel A. Moffett to F. F. Ellinwood, February 6, 1900; 옥성득 책임·편역, 『마포삼열 자료집』 2, 523-24. 이로부터 2년이 지난 1902년 미북장로회 선교부 총무 브라운은 장대현교회 건축비 4,000엔 중에서 교인들이 절반을 모금하면 나머지 절반을 선교부 기금으로 지원하기로 동의하였다고 밝힌다. 그런데 주일에 3,000엔의 헌금을 작정한 이후에 한국교인들이 지원받은 건축비 1,000엔도 계속 모금하여 선교부 기금을 갚으려는("refunding") 열의를 뜨겁다고 증언한다. Brown, *Report of a Visitation of the Korea Mission*, 11.

있었다. 첫째, 현지 교인들이 건축비의 3분의 2를 부담하고, 나머지 3분의 1은 선교부에서 지원한다. 둘째, 한국교인들이 건축비의 3분의 1을 감당하고, 나머지 3분의 2의 건축비를 지원하되, 그 중에서 3분의 1은 후원하고, 나머지 3분의 1은 3년에 걸쳐 상환하도록 했다.[35] 이를 도표로 표시하면 아래와 같다.

〈표-3〉 교회 건축비 조달 유형(1893)

	유형 1	유형 2	유형 3
한국 교인 헌금	100%	2/3	1/3 ⇨ 2/3
선교 자금 지원	0%	1/3	2/3 ⇨ 1/3
유형별 특징	완전 자립	부분 지원	3년 내 1/3 상환

흥미로운 점은, 비용이 많이 소요되는 도심지 대형교회 건축의 경우, 예외적으로 선교부 자금으로 지원하는 방안에 대해 언더우드와 마펫의 생각이 달랐다는 것이다. 1895년 10월 북장로교 총무에게 보낸 선교편지에서 마펫은 현지 교인들 스스로 충분한 건축비를 모금할 때까지 기다리지 말고, 먼저 선교부 자금으로 지원한 후에 지원받은 그 교회가 (이 교회는 충분히 자립이 되는 대형교회이므로) 시골의 더 작은 교회들의 건축을 지원하도록 가르치고 있다고 보고하였다.[36] 그

---

35) *Interdenominational Conference of Foreign Missionary Boards and Societies in the United States and Canada, 1893* (New York: E. O. Jenkin's Son's Printing Press, 1893), 16. 이는 1893년 1월 미국 북장로교 해외선교부에서 모인 제1회 북미 개신교 해외선교부 회의에서 언더우드가 밝힌 방안이다.

36) S. A. Moffett, "평양과 인근 지방의 전도 사역(1895년 10월)," 김인수 옮김, 『마포삼열 목사의 선교 편지(1890-1904)』 (서울: 장로회신학대학교출판부, 2000), 320-21.

러나 1897년 북장로교 선교본부에 보낸 보고서에 의하면, 언더우드는 현지 교인들이 건축비를 모금할 때까지 기다리는 방법과 마펫의 방법 사이에 어떤 방식이 좋을지 확신하지 못하고 있었으며, 두 방안 중에 어느 것이 더 현명한 것인지를 문의하고 있다.

> 정동교회[새문안교회]와 산하 지교회들은 지금까지, 예외적으로 선교부 자금으로 일부 도와준 것을 제외하면, 교회 운영비를 감당해왔으며 예배당 건물도 스스로 지었습니다. 그러나 이처럼 가난한 사람들이 모든 교인들을 수용할 수 있는 큰 교회를 도심에 건축할 수 있을까라는 문제가 지금 제기되고 있습니다. 교인들의 외부의 재정 도움을 받지 않고 그들 스스로 헌금하여 지을 수 있을 때까지 기다리는 것이 옳은지? 아니면 평양의 한 선교사[마펫]가 도심지 대형교회 건축시에는 선교자금을 일부 지원하고, 그 교인들의 헌금으로는 시골의 작은 여러 교회 건축비를 지원하거나 선교사업으로 사용하도록 하는 방안이 더 좋고 바른 방안이라고 제게 강하게 권고하고 있는데, 서울 선교지부에서는 이런 방안에 반대하고 따르지 않는 것이 더 현명한 것인지 궁금합니다.[37]

〈표-4〉 교회 건축비 조달 현황(1909)[38]

예배당 수	한국교회 전액 부담	한국교회(⅔) + 선교자금(⅓)	완전자립 교회비율
800개	780여개	20여개	97.5%

---

37) "언더우드가 미북장로교 선교부 총무에게 보낸 전도 보고서(1897년)," 이만열·옥성득 편역, 『언더우드 자료집』 II, 185-86.
38) Rhodes, *History of the Korean Mission*, 398.

위의 미북장로회 자료에 의하면, 1909년 세워진 800개의 교회 중에 780여개가 선교사의 재정 지원 없이 한국 교인의 전적인 헌금으로 세워져 97.5%의 높은 자급률을 보였다. 그밖에 한국교회가 건축비 3분의 2를 부담하고 선교사로부터 나머지 3분의 1을 지원받아 건축한 20여개 교회가 있었다. 또한 1912-13년의 미국 북장로교 평북 선천 선교지부의 선교규범에는 다음과 같은 엄격한 자립 원칙이 강조되고 있다.

① 자립하는 교회를 세우려면 "처음부터" 자립의 원칙을 고수해야 한다.
② 빈곤의 문제는 자립과 아무런 관련이 없다.
③ 예배당 건물은 외국 선교자금으로 건축되어서는 안 된다.
④ 현지인 전도자나 교역자 사례비를 선교자금으로 지불해서는 안 된다.[39]

위의 원칙에 따라 선교사에게 예배당 건축을 요청했다가 거절당했다가, 현지 교인들이 합심으로 헌금하여 교회를 건축한 사례가 많았다. 황해도 장연의 소래교회 건축을 보면, 소래교회 교인들이 언더우드에게 선교부 자금으로 예배당을 지어달라고 요청했다가 거절당했다. 자립 정책에 어긋나기 때문이었다. 몇 년 후 맥켄지(William J. McKenzie, 1861-1895) 선교사가 소래에 왔을 때 그는 교인들에게 예배당 건축을 권면했다. 한 과부가 교회 부지를 헌납했고, 이후 가난한 교인들은 건축을 위해 헌금, 목재, 일꾼들의 음식 등을 제공하기 시작

---

39) 위의 책, 397.

했고, 1896년 6월 언더우드의 집례로 기와집 교회 헌당식이 거행되었다.[40] 이처럼 한국교회는 선교사의 도움을 의존하지 않고 자력으로 예배당을 세웠다. 이렇게 세워진 교회는 선교사 교회가 아닌 한국인 교회였고 주인의식을 가진 교인들은 교회에 더 큰 애착을 가지고 교회를 자립 운영해 나갔다.[41]

현존 자료들을 보면, 한국의 장로교 선교부뿐 아니라 감리교 선교부의 경우에도 상당한 수준의 자립이 추진된 것으로 보인다. 1905년에 미 북감리교 한국선교 전체를 관장하는 총 감리사(general superintendent) 윌리엄 스크랜턴(William B. Scranton)은 자립과 관련하여 현지인이나 선교사의 상관관계를 다음과 같이 설명하고 있다.

> 현지 교인들이 충분히 감당할 수 있는 일에 선교사들이 지나치게 참견하게 되면, 자립정신이 아니라 거지 근성을 초래하게 된다. 너무 많이 도와주게 되면, 현지 교인들이 가지고 있지만 인식하지 못하고 사용하지 않고 있는 능력을 건전하고 자연스럽게 발휘해나갈 수 있는 기회를 빼앗게 된다.[42]

> 한국의 모든 교회들은 자립하는 교회의 모습을 잘 보여주며 자립에 진보를 나타내고 있다. 이제는 우리 선교사들이 한국 교인들로부터 집회 처소나 예배당, 혹은 시골에 학교를 세워달라는 요청을 받는 일이 거의 없다. 예전에 우리가 학교를 세우고 싶으면 우리가 직접 세워야 했다.

---

40) Underwood, "Object Lessons of Self-Supporting," 302-303. 소래교회가 세워진 터는 원래 마을 성황당이 서있던 곳이었다.
41) Brown, *REPORT OF A VISITATION OF THE KOREA MISSION*, 11; 차재명 편, 『조선예수교장로회사기』 상권 (서울: 조선기독교창문사, 1928).
42) W. B. Scranton, "Self Support," *The Korea Methodist* 1 (July 1905), 118.

교회를 지을 때도 대부분 선교부 자금을 가져와서 건축하였다. 미국에서 보내주는 현지 목회자 사례비는 지금도 우리에겐 매우 커다란 부담이 되고 있다.[43]

한국에 온 선교사들은 선교 초기부터 자립정책을 철저하게 적용시켜 나갔다. 그 결과, 전도 사업에서 거의 완벽에 가까운 자급을 이루었고, 교육과 의료사업에 있어서도 상당한 비율의 자립을 이루었다. 선교병원은 30-40년 전만 해도 그 경쟁 상대가 없었다. 선교지의 병원 시설이 대부분 낙후되어 기능을 발휘하지 못했기 때문이다. 하지만 지금은 상황이 많이 변했다. 2/3세계의 선교지에도 양질의 의료 서비스를 제공하는 정부 병원이나 민간 사립병원이 많이 생겨났다. 많은 선교병원들이 구호사업의 일환으로 전개되면서 영세한 규모의 팀 사역보다 1인 진료소(dispensary) 형태로 여러 선교지부에 분산되어 운영되거나, 고비용이 드는 병원보다 이동진료소(mobile clinic)로 유지하기도 하며, 때로는 지속적인 후원을 얻지 못하거나, 고가의 의료장비 구입을 감당하지 못해 문을 닫는 경우도 있다. 1960년대와 1970년대 사이에 선교지의 여러 선교 병원들이 운영에 어려움을 겪었다.[44] 그리하여 폐쇄하기도 하고, 현지 정부에 이양해주기도 하고, 병원 문을 닫는 대신 시골지역으로 이전한 경우도 있었다. 이처럼 선교 병원을 계속적으로 운영하기 위해서는 장기적인 자립 방안이 마

---

43) 위의 글, 118.
44) 예컨대, 1960년 미국 장로교 선교부는 서부 아프리카 카메룬의 7개 선교병원을 현지 교단에 넘겨주었는데, 당시 그 교단에는 단 한 명의 의사도 없었다. 1972년 성경의료선교회(Bible & Medical Missionary Fellowship, 1987년 InterServe로 개칭)는 운영비를 감당하지 못해 75년간 운영해 오던 인도 북부 러크나우(Lucknow) 선교병원을 폐쇄했다. J. Herbert Kane, *Understanding Christian Missions*, 신서균 역, 『기독교 선교 이해』 (서울: 기독교문서선교회, 1997), 400-403.

련되지 않으면 안 된다.[45]

1934년 미국 북장로교 한국선교 50주년(희년) 대회에서 미국 북장로교 한국선교부는 현지교회의 재정 자립은 궁극적으로 현지교회의 책임이라고 선언했다. 또한 자립정책은 해외선교비(Mission money)를 전혀 사용하지 않는 것은 아니며, 교회 건축이나 현지 교역자 사례비 지불에 있어 현지교회의 재정 책임을 해치지 않는 범위 내에서 제한적으로 사용할 수 있다고 밝히고 있다.[46] 이 선교대회에서 스왈른(W. L. Swallen) 선교사는 한국교회의 자립선교를 회고하며 다음과 같이 정리했다.

> 처음부터 나는 한국 교인들이 아무리 가난해도 그들 스스로 교회 재정을 책임질 수 있을 것이라는 신념을 가지고 있었습니다. 비록 그들이 어떻게 해나갈지 몰랐지만, 내 마음에 그러한 확신이 들었던 것입니다. 이제 40년이 지난 지금 나는 이 문제에 대한 나의 생각을 바꿀 하등의 이유가 없습니다.[47]

1934년 해리 로즈(Harry Rhodes)는 『미 북장로교의 한국선교 50년사(史)』에서 한국교회는 네비우스 방법 때문에 성장했다고 주장했다. 한국교회의 급속한 교회 성장이 일어나기 이전에 네비우스 방법

---

[45] 참고로, 영국성공회가 1909년 충북 진천에서 진료소로 시작한 애인병원(愛人病院)의 1911-13년 재정 수입을 보면, 환자 치료 수입은 총수입금의 40% 정도를 차지하여 약 40%의 재정자립도를 이루었다. 이만열, 『한국기독교의료사』, 대우학술총서 542 (서울: 아카넷, 2003), 466-68.

[46] "Korea Mission Jubilee 1934 Findings," *The Fiftieth Anniversary Celebration of the Korean Mission of the Presbyterian Church in the U.S.A., June 30-July 3, 1934* (Seoul: YMCA Press, 1934), 234.

[47] F. S. Miller, "Reminiscences by Some of the Senior Missionaries," in *The Fiftieth Anniversary Celebration of the Korean Mission of the Presbyterian Church in the U.S.A.*, 54.

이 채택되었기 때문에 그 방법이 교회 성장의 원인이었다는 것이다.[48] 그러나 선교사들이 고수한 자립정책과 함께 한국 교인들의 특심한 전도 열정과 자립정신이 뒷받침되지 않았더라면 상황이 달라질 수도 있었을 것이다. 자기 교회의 목회자 사례비를 감당하려고 기꺼이 십일조를 드리며, 예배당을 세우기 위해 금식하며, 논과 밭 그리고 금반지와 은비녀를 뽑아 바치는 교인들이 있었기 때문에[49] 네비우스의 자립선교 방법이 성공적으로 뿌리내릴 수 있었다.[50]

4. 건강한 자립교회 설립을 위한 제언

첫째, 자립선교에 대한 확신을 가지라.

자립선교와 그 결과에 대해 아무 것도 모르는 선교사가 자립선교를 추진할 수는 없다. 많은 선교사들이 손쉽게 선교자금을 끌어와 선교하는 상황 속에서 자립선교를 고집하며 추진하는 것은 결코 쉬운 일이 아니다.[51] 가난한 한국교회가 자립에 성공할 수 있었던 이유도

---

48) Rhodes, *History of the Korean Mission*, 89. 로즈는 네비우스 방법이 채택될 1890년 당시, 북장로교는 100명의 교인 밖에 없었다는 점을 지적하였다.
49) 1907-1908년에 지어진 연동교회는 선교사의 부분 지원과 교인들의 헌금과 여러 헌물을 바탕으로 세워졌다.
50) 네비우스의 자립 정책은 한국 교인들의 강한 자립심과 구령 열정의 요인과 합력하여 아름다운 열매를 맺었다. 맥가브란은 네비우스 방법이 한국교회 성장의 한 요인일 수 있으나 유일한 요인은 아니라고 분석한다. McGavran, *Understanding Church Growth*, 이요한, 김종일, 전재옥 옮김, 『교회성장이해』(서울: 대한예수교장로회총회출판국, 1987[1980]), 241-42. 헌틀리도 한국교회의 성장은 방법 때문이 아니라 한국의 환경적 요인에 기인한다고 보았다. Martha Huntley, *Caring, Growing, Changing: A History of the Protestant Mission in Korea* (New York: Friendship Press, 1984), 127-28. G. Thompson Brown, "마포삼열과 네비우스 선교방법," 『장신논단』 제6집 (1990), 18-31도 참조하라.

선교사들이 초기부터 자립정책을 일관되게 추진했기 때문에 가능했다. 언더우드와 함께 자립선교 원칙을 강력하게 추진했던 마펫 선교사는 토착교회 자립정책은 전적으로 개인 선교사에게 의존한다고 주장한다.[52]

언더우드는 한국선교 초기에 두 가지 방법, 즉 많은 선교부 자금을 넉넉히 지원하는 옛 방법과 처음부터 자립의 원리를 밀고 나갈지의 새 방법을 놓고 고민했다고 밝힌다. 하지만 타선교지의 선교방법과 결과를 세밀하게 검토한 결과, 지난 60년 동안 거의 모든 선교지에서 많은 선교비를 지원하여 자립에 성공한 교회가 없었음을 알고 새 방법인 네비우스의 자립선교 방법을 추진하기로 했다. 비록 느리게 진행되고, 여러 해 동안 가시적인 사역의 열매를 크게 기대할 수 없을지라도 더 확실하게 교회를 세울 수 있는 방법은 자립방법임을 확신했던 것이다.[53]

둘째, "처음부터" 자립 원칙을 고수하라.

중국에서 고안된 네비우스 자립 원칙이 그 진원지인 중국과 한국보다 더 부유한 일본에서 실패하고 한국에서 성공한 이유가 무엇일까? 왜 가난한 한국에서 성공했고 한국보다 잘 살았던 중국과 일본에

---

51) 멜빈 핫지스는 선교사가 현지교회를 건강한 토착교회로 세우는데 실패하는 여섯 가지 이유 중의 하나는 선교사가 외부의 자금을 과도하게 끌어다 돕기 때문이라고 했다. Melvin L. Hodges, "Why Indigenous Church Principle?" in *Readings in Dynamic Indigeneity*, ed. Charles H. Kraft (Pasadena: William Carey Library, 1979), 11-12.

52) *Report of the Fifth Conference of Officers and Representatives of the Foreign Missions Board and Societies in the United States and Canada* (New York: Foreign Missions Library, 1897), 39. "만일 개인 선교사가 그 방법이 최선이라는 확신에 가득 차 있으면 토착교회로 하여금 추진할 수 있다. 그러나 그 확신이 없으면 선교본부에서 토착교회 자금 지원을 철회해도 토착교회에 돈을 주지 못하게 막을 방법이 없다. 선교사는 본부 외에 다른 곳에서도 돈을 받을 수 있기 때문이다."

53) H. G. Underwood, "An Object Lesson in Self-Support," *Missionary Review of the World* 13 (June 1900), 443.

서는 실패했을까? 주된 이유는 "처음부터" 자립 원칙을 엄격하게 추진하지 않았기 때문이다. 언더우드는 일본 교인과 중국 교인들이 한국 교인들보다 외국 선교부의 재정 지원에 더 의존적인 사실을 발견하고 무척 놀랐다고 적었다.[54] 처음부터 자립 원칙이 몸에 배어 있지 못하고 오랫동안 비자립 원칙에 익숙해진 교인들의 관행을 바꾸어 자립으로 되돌리기가 쉽지 않다.

자립 원리를 선교계에 널리 부각시킨 네비우스는 자신의 선교구역인 산동성에서도 자립 방안을 충분히 시행해보지 못한 이유는 같은 미 북장로교 선교회에 속하는 동료 선교사들이 옛 방법에 따라 일했기 때문이었다. 이처럼 같은 선교지에 속해 있는 동료 선교사가 다른 선교 방법을 택하거나 반대하는 상황에서 자립선교 방안을 추진하는 것은 쉽지 않다.[55] 또한 학교와 같이 연합사역을 해야 하는 경우에, 동료 선교사가 자립선교에 대한 이해가 부족하거나 비자립적 방법을 사용하면 너무나 힘이 들게 된다. 그러나 한국에서는 처음부터 모든 선교사에 의해 자립 원칙이 수용되고 추진되었기에 큰 성공을 거둘 수 있었다.

셋째. 가난하기 때문에 자립선교는 불가능하다는 생각을 버리라.

선교지의 교인들이 가난하기 때문에 자립할 수 없다고 생각해서는 안 된다. 한국 교인들은 중국의 가난한 지역인 산동성 사람들보다

---

54) 위의 글, 443-44.
55) 위의 글. "만일 새 선교지 내의 한 마을에 옛 방식대로 일하는 선교회가 있어서 예배당 건축비의 5분의 4 혹은 전체 비용을 도와주고, 전도사나 권서 및 전도부인의 봉급을 주고, 현지인 학교까지 재정 지원을 한다면, 3일 내지 10일 떨어진 곳에서 다른 방식[자립]을 시행하기로 하고 교인들 스스로 예배당을 짓고, 교회 일꾼과 전도사 사례비도 지불하고, 책도 구입하고, 학교도 운영하라고 요구하는 것은 결코 쉬운 일이 아니다."

더 가난했다.⁵⁶⁾ 언더우드는 일본 사람들은 한국인들보다 더 부유했지만 여전히 서구 선교부의 재정 도움을 의지하고 있었다고 증언했다. 그런데 가난한 한국교회만이 자립에 성공했다. 자립은 가난과 직접적인 관련이 없다는 것이다. 선교지 사람들이 가난하기 때문에 헌금을 가르치지 않고, 가난하기 때문에 헌금할 수 없다고 생각하는 선교사는 결코 자립교회를 세우지 못한다. 성경적으로 보면, 현지교회가 헌금하지 않기 때문에 더 가난해진다. 현지 교인들이 가난하지만 그들의 능력에 따라 헌금하는 법을 가르쳐야 한다. 하나님은 가난한 중에도 생활비 전부를 드렸던 과부(눅 21:1-3)⁵⁷⁾와 극한 가난 속에서도 힘에 지나도록 풍성한 헌금을 드렸던 마게도냐 교회(고후 8:1-5)를 축복하셨다. 또한 가난한 중에서도 드리는 훈련이 된 한국교회를 축복해주셨다. 선교사는 현지 교인들이 이러한 축복을 받을 수 있는 기회를 막아서는 안 된다.

예컨대, 필리핀 까비떼(Cavite) 공단의 인근 주택가에서 공단 근로자들을 중심으로 개척한 H교회는 교인수 30여명으로 개척되었지만 처음부터 자립하는 교회로 시작되었다. 선교사가 교인들에게 십일조 훈련을 시켰고, 헌금 수입으로 자립이 가능했을 뿐 아니라 인근 지역에 또 다른 예배 처소를 개척하기까지 했다. 지금 이 교회의 주일예배에는 50-60명의 현지 교인이 참석하고 있다. 필리핀에서 자립교회로 성장하려면 교인수가 최소한 70명은 되어야 하는데 이 교회는 예외적인 경우였다. 한국에서 온 여성 독신 선교사가 처음부터 교인들에게 헌금생활을 강조하며 자립에 대한 말씀교육을 시켰기 때문에

---

56) 이만열·옥성득 편역, 『언더우드 자료집』 II, 90.
57) 언더우드는 황해도 소래 마을에서 한 가난한 과부가 교회 건축을 위한 부지를 헌납한 사례를 소개한다.

가능한 일이었다.

넷째, 건축비 지원을 받은 교회로 하여금 더 가난한 교회를 돕도록 하라.

마펫 선교사는 평양 장대현교회처럼 많은 비용이 드는 도심지의 교회 건축의 경우, 가난한 교인들이 건축비를 모으기까지 시간이 너무 걸리므로 선교부 자금을 일부 지원하여 예배당을 건축하도록 하되, 건축비를 지원 받은 교회는 시골지역의 예배 처소와 교회 건축과 선교사역을 위해 헌금을 모아서 지원하는 방안을 소개한다.[58] 소래교회는 가난했지만 자신들의 힘으로 교회를 세웠을 뿐 아니라, 인근 지역의 교회와 예배 처소의 건축비까지도 도와주었다. 소래교회는 기근이 든 인도와 만주에 구호헌금을 보내고,[59] 터키에 의한 아르메니아인 학살 사건(1894-97) 때도 연보를 모아 보냈다. 이처럼 어려워도 남을 돕는 교회는 더 건강해진다.[60]

한국교회가 선교지에서 예배당 건축을 지원하는 경우에도 일방적으로 돕는 것에만 그치지 말고, 재정 도움을 받은 현지교회가 더 어려운 교회를 돌보게 하는 것이 좋다. 예컨대, 부산의 S교회는 교회 창립 100주년 기념사업으로 필리핀에 기념교회를 세우기로 했다. 필리핀 마닐라 외곽 인구 밀집지역(퀘존시)에 교인 100여명이 모이는 B교회는 자립교회였지만, 예배 처소가 없었다. 그래서 B교회의 절박한 필요인 예배당을 지어주기로 했다. 이후 저자는 B교회의 목사와 장로

---

58) S. A. Moffett, "평양과 인근 지방의 전도 사역(1895년 10월)," 김인수 옮김, 『마포삼열 목사의 선교 편지(1890-1904)』, 320-21.

59) Robert E. Speer, *Report on the Mission in Korea of the Presbyterian Board of Foreign Missions* (New York: Board of Foreign Missions of the Presbyterian Church in the U.S.A., 1897), 19.

60) H. G. Underwood, "Object Lessons of Self-Supporting," 303.

를 만나 다음과 같은 약정을 맺었다. 한국교회가 B교회 건축비 100%를 지원하지만, 향후 5년에 걸쳐 B교회는 마닐라 외곽 철거민지역에 위치한 같은 교단에 소속한 더 어려운 C교회를 매달 일정액의 선교헌금으로 돕도록 했다. B교회의 긴급한 필요를 채우는 동시에, B교회에 자립정신을 가르치기 위해 더 어려운 지역의 C교회를 돕도록 한 것이다. 이로써 B교회는 의존적 교회가 아닌 자립적이고 선교적 교회가 되어 자신들보다 더 어려운 지역의 교회에 대한 관심과 연대감을 강화시키고, "한국교회-필리핀 중형 자립교회-필리핀 소형 미자립교회"의 연결 네트워크를 통해 자립선교와 연대의식을 강화하는 3자 모두에게 도움이 되는 프로젝트를 시도한 적이 있었다.

다섯째, 자립교회 설립에 성공하려면 중류층 하층부나 하류층 상층부에 교회를 세워라.

선교지의 교회는 일정 시간이 지난다고 자동적으로 자립교회로 자라나지 않는다. 자립교회 설립을 염두에 둔 서구 선교사들은 의도적으로 극빈층은 피하고 중류층 지역에 교회를 세웠다. 중산층 출신의 선교사들은 중류층 하층부나 하류층 상층부에 속한 교회의 청소년들을 10년 이상 "교육"시켜 이들의 신분을 상승시킨 후, 중류층으로 신분이 상승한 이들의 수입을 기반으로 자립교회 설립을 계획했다.[61] 선교사는 교인 자제들에게 교육의 기회를 제공하여 교회나 사회를 위한 차세대 일꾼으로 세워야 한다. 교육을 통해 이들이 신분 상승이 되면 사회적 영향력이 확대되고 수입이 증가하여 사립교회의 재정적 기반이 형성되기 때문이다. 이처럼 자립교회를 세우기 위한

---

61) McGavran, 『교회성장이해』, 416-18.

장기 플랜을 세우기 위해서는 교회가 설립될 지역의 사회 계층과 지역 주민에 대한 세밀한 연구가 필요하다.

일본교회가 거의 자립하는 교회가 된 것은 사무라이 계층 혹은 도시 중산층과 지식인층에서 교회가 개척되었기 때문이다. 필리핀의 경우에도, 최극빈층이 아니라 중류층이나 앞으로 개발 가능성이 높은 하류층 지역에 설립된 교회들이 자립교회로 성장했다. 또한 교인수가 최소한 60-80명 정도는 되어야만 자립이 가능하다. 한국에서도 서북지역의 개방적이고 신분 상승에 대해 강한 욕구를 가지고 있던 신흥 중산층이 네비우스 정책이 필요로 하는 사회경제적 자립기반을 제공해주었기 때문에, 중산층을 겨냥한 장로교의 자립선교 전략이 적중하여 많은 자립교회를 세울 수 있었다는 분석이 있다.[62]

여섯째, 현지 교인들에게 선교사가 모든 재정을 책임져줄 것이라는 생각을 갖게 하지 마라.

언더우드와 마펫을 포함한 미북장로교 선교사들의 건축 지원방안은 현지 교인들 스스로의 힘으로 예배당 건축비를 감당하도록 하였다. 또한 한국교회 건축 시에 노동력을 제공하거나 옥비녀, 은비녀 혹은 금가락지를 빼서 헌납하는 남녀 교인들도 많았음을 증언하고 있다. 마펫은 선교사가 성급하게 후원교회에 건축비 지원을 요청하여 너무 많은 재정적 도움을 주게 되면, 현지교회의 자립 의지를 약화시키며 "의존심"(dependence)을 조장하는 경우가 많음을 지적한다.[63] 유념할 것은 현지 교인들에게 자신들은 가만히 있어도 선교사가 모

---

62) 이광린, "개화기 관서지방과 개신교," 『한국 개화사상 연구』 (서울: 일조각, 1979), 239-54; 옥성득, "초기 한국 북감리교의 선교 신학과 정책," 『한국기독교와 역사』 제11호 (1999. 10), 30-31.
63) S. A. Moffett to Ellinwood, July 31, 1897; 이만열·옥성득 편역, 『언더우드 자료집』 II, 269.

든 재정을 책임지고 해결해 줄 것이라는 생각을 갖게 해서는 안 된다. 현지 교인들에게 십일조 생활을 가르쳐서 자립도를 강화시키는 것도 자립교회 설립을 위한 한 가지 방안이 될 수 있을 것이다.

한국의 서북지방에서 거의 같은 시기에 사역을 시작한 장로교가 감리교보다 급성장할 수 있었던 중요한 이유는 무엇일까? 장로교 선교부는 교인들이 예배 처소를 스스로 마련하도록 부지런히 권면하여 이들의 자립심을 꾸준히 키워갔다. 하지만 스크랜턴의 글에 나타난 감리교의 자립 현황을 보면, 감리교는 장로교 선교부처럼 철저하게 자립을 강조하지 않았던 것 같다. 선교부 자금으로 현지교회를 건축하고 교역자 사례비를 지불하여 한동안 큰 성공을 거두었으나 후에는 장로교에 비해 교세가 크게 약화되었다. 감리교회는 한국교인들이 자력으로 교회를 세우고 교역자 사례비를 감당할 시간이나 기회를 주지 못하고 외국 자금으로 지원함으로써 교인들의 자립 능력을 키워나가지 못했던 것이다. 그 결과 교인들이 선교사 후원 의존적으로 길들여져 버렸다.[64]

일곱째, 이양을 대비해 현지교회가 운영할 수 있는 규모와 시설로 교회를 건축하라.

선교지에 예배당을 세울 때 우리는 한국교회 스타일로 멋있고 크게 지으려는 유혹을 흔히 받는다. 문제는 외부 자금으로 시작된 많은 프로젝트는 때가 되면 현지인들에게 넘겨주어야 한다는 것이다. 현지 이양을 염두에 두지 않고 지나치게 큰 규모로 지은 예배당은 현지교

---

64) 그 결과 1909년 평양지역의 감리교는 장로교 교세의 10분의 1에 지나지 않았다. 선교부 자금으로 도울 때, 현지 교인들의 자립 의지가 약화되지 않고 선교사 의존적이 되지 않도록 세심한 주의가 필요하다.

회에 이양하기가 쉽지 않다.⁶⁵⁾ 1900년 4월 뉴욕 카네기홀에서 개최된 에큐메니컬 선교대회에 참석한 15년 선교경력의 언더우드는 한국교회의 자립에 대해 발표한 논문에서 미북장로교 선교부의 예배당 건축 정책을 소개하면서, 현지인들의 능력에 지나치는 외국 양식의 건축을 하게 되면, 선교사들이 도와주지 않을 수가 없다고 주장한다. "우리는 교회건축은 현지인들이 지을 수 있는 능력과 일반적으로 사용되는 주택양식에 어울리도록 설계하려고 노력합니다. 선교지부가 위치한 대도시에서는 아주 잘 지은 기와집 예배당을 짓지만, 작은 시골에서는 작은 초가집 예배 처소를 짓습니다."⁶⁶⁾

이처럼 선교사가 이양하고 떠나는 경우, 현지 교인들은 거대한 프로젝트성 건물들을 유지하고 보수하는 데 엄청난 경비가 든다. 또한 선교지 교회는 기존 교단과 연계하여 재산 등록을 해야 할 경우도 생긴다. 외국인 소유로 등록이 불가능하기에 현지인 개인 명의로 등록했다가, 후에 교회가 어려움에 빠지거나 교회 건물의 소유권 분쟁에 휩싸이기도 한다. 저자는 필리핀에서 A선교사가 권총 강도를 만나 부상당해 선교지를 떠난 후 교회 건물이 현지교회 사역자에 의해 사유화되어 버린 경우와 불가피한 이유로 선교사가 떠난 이후 예배당이 버려진 채 방치되어 있는 몇몇 사례를 목격했다. 만일 현지 교인들의 헌금으로 지어졌다면 이런 일은 발생하지 않았을 것이다.⁶⁷⁾ 선교

---

65) 서울 강남의 S교회는 몽골 울란바토르에 1,000명 규모의 J교회를 지어주었다. 현지 선교사가 그렇게 크게 짓지 말고, 400-500명 규모로 지을 것을 권했지만, 한국에서 온 선교 담당자는 그 제안에 세심한 주의를 기울이지 않았다. 지금 200여명이 모이는 이 교회는 매달 $3,000-4,000가 소요되는 겨울 난방비를 감당하지 못하고 외부의 도움을 받아야만 한다. 그래도 교회 건물은 울란바토르대학과 연계하여 주일에는 예배 처소로, 주중에는 대학 강당으로 활용되고 있다. 만약 이 교회를 예배 용도의 건물로만 짓는다면, 이양을 대비하여 교회와 상가의 복합건물로 지어 매달 수익을 내는 자립구조로 지을 수도 있을 것이다. 앞으로 성장이 예상되는 교회라면 확장을 예상하고 설계하거나, 터를 넓게 잡음으로써 증축이나 개축이 준비하는 것도 가능할 것이다.

66) H. G. Underwood, "Object Lessons of Self-Supporting," 304.

지 교회는 5년에서 10년 이내에 현지교회에게 이양될 것을 전제로 그들이 감당할 수 있는 적정 규모로 지어져야 한다.

여덟째, 선교지역의 상황에 맞게 특화되고 융통성 있는 자립 방안을 세우라.

선교사는 선교지의 지역 상황과 경제적 상황에 맞는 다양한 자립 방안을 마련해야 한다. 산동의 네비우스는 서구의 앞선 농업 기술을 도입하여 중국을 돕기 원했다. 그리하여 산동지역의 기후와 토양에 잘 자랄 과일 품종을 찾던 중 미국 뉴잉글랜드산 사과와 배 묘목을 산동에 수입·보급하여 지역 교인들의 소득 증대를 꾀했다.[68] 한국 대구 지역에서 사역했던 아담스(James E. Adams)도 개량종 사과 묘목을 미국에서 가져와 교인들에게 보급하여 자립의 기반을 마련하려고 했다. 저자가 선교사로서 출석하던 필리핀 마닐라의 N교회는 남부의 네그로스(Negros) 오리엔탈과 옥시덴탈섬 지역에 개척한 여러 현지교회 목회자들에게 최소한의 생활비를 지원하면서, 몇 가지 자립 방안을 시도했다. 처음에 암퇘지 새끼를 나누어주고 잘 키워서 자립의 기반으로 삼기를 원했으나 새끼를 얻기도 전에 다 잡아먹고 말았다. 이러한 실패를 바탕으로 다음에는 망고나무 묘목을 심어주어 자립할 수 있는 경제적 기반을 제공하고 있다.

교육선교의 경우에도 자립 방안을 강구할 수 있다. 숭실학당(숭실

---

67) 쉬와르츠는 선교사가 교회를 떠나거나, 교회를 지어준 선교팀이 떠난 후 교회 건물이 개인 재산으로 넘어간 경우를 소개하고 있다. Schwartz, *When Charity Destroys Dignity*, 56.

68) Samuel H. Cho, "John L. Nevius and the Conceptualisation of the Gospel in the 19th Century China: A Case Study," *Asia Journal of Theology* 2 (1988), 295-96; C. A. Clark, 『한국교회와 네비우스 선교정책』, 42-43; 옥성득, "한국 장로교의 초기 선교정책(1884-1903)," 『한국기독교와 역사』 제9호 (1998. 9), 138-39.

대학교)을 설립한 베어드(Baird)는 학생들의 85%가 시골에서 왔다는 점을 감안하여 시골 출신 학생들이 학비를 자체 해결할 수 있는 한 방편으로 '자조(self-help) 사업부'를 설립했다. 초기 학당의 모든 학생들은 매주일 정해진 시간에 노동을 해야 했고, 그 수입으로 학비, 기숙사비 그리고 교과서와 옷값을 지불했다.[69] 이처럼 베어드는 학교의 모든 비용을 선교사가 모금한 돈으로 지원하는 '공짜'로 운영하지 않았다. 학자금 자급제도의 일환으로 시작된 숭실의 자조 사업부는 초기 단계로 "근로부"(manual labor department)를 설치했고, 1900년 미국으로부터 인쇄기를 기증받아 보다 전문적인 사업으로 확대되었다. 1902년에는 '기계창'(Industrial Department)을 설치하고 학생들이 기술을 배우며 학비도 벌 수 있도록 했다. 1910년 이후에는 목공, 철공, 유리공, 소규모 인쇄소, 연관공사, 주물 등의 다양한 직업교육을 배우며 학비를 마련할 수 있었다. 이처럼 한국의 가난한 농촌 학생들의 학자금 마련을 위해 시작된 자립방안은 이후 보다 전문적인 직업교육으로 발전되어 나갔다.[70]

아홉째, 완전 자립이 불가능하더라도, 부분 자립에 대한 계획을 세우라.

자립교회의 설립은 선교의 궁극적 목표여야 한다. 유념할 점은 자립교회 개척이론은 한국에서 입증된 것처럼 급속한 교회 성장이

---

69) 학생들은 정원 가꾸기, 새끼줄 꼬기, 비누 만들기, 빗자루 만들기, 제혁, 목공일, 재단일, 제본 등의 일을 했다. Richard Baird, 『배위량 박사의 한국 선교』, 218; C. A. Clark, 『한국교회와 네비우스 선교정책』, 159. 1894년 8월 뉴욕의 미북장로교 선교본부에 보낸 편지에서 베어드는 선교 사업에 소요되는 모든 비용을 100% 지원을 해서는 안 되며 부분적인 지원만을 해야 한다고 강조했다. William M. Baird to F. F. Ellinwood, Fusan, August 29, 1894.
70) 숭실대학교 90년사 편찬위원회, 『숭실대학교 90년사』 (서울: 숭실대학교, 1987), 92-93, 140-46.

일어나고 있는 지역이나 교육받은 중류층이 거주하는 도시 지역의 교회 설립 과정에 자립정책이 도입되면 엄청난 시너지 효과를 얻게 된다.[71] 그러나 교회 성장이 더디거나 자립을 위한 경제적 기반이 거의 없는 소작농 계층이나 극빈층 혹은 저소득 빈민층 지역에서 처음부터 지나치게 자립정책을 고수하면 교회 개척과 성장할 수 있는 기회마저 갖지 못할 수도 있음도 인식해야 한다.[72]

미북장로회 선교부의 예배당 건축과 관련된 정책은 현지교회로 하여금 스스로 헌금하게 하는 완전 자립이 목표였다. 그러나 도심지역에서 큰 규모의 예배당을 건축할 필요가 생겼을 때에 교인들이 가난하여 짧은 시간에 엄청난 건축비를 모을 수 없을 경우에 예외적으로 부분적으로 지원해주었다. 이 경우에도 주한 미장로회 선교부의 정책 때문에 선교사는 총 건축비의 3분의 1 이상을 지원할 수 없었다. 즉 현지 교인들이 3분의 2는 모아야만 했다. 한국교회 예배당 건축역사가 오늘의 우리에게 주는 교훈과 도전은 선교현지 교회의 건축비 100%를 지원하지 말고, 건축비의 상당부분은 현지교회가 감당하도록 해야 하며 선교사의 지원은 부분적이어야 한다는 것이다.

---

71) Shearer, 『한국교회 성장사』, 246.
72) 1910년 에딘버러 세계선교사대회에서 한국과 여러 선교지의 자립(완전 자립과 부분 자립) 사례가 발표되었다. 그중에 인도 펀잡(Punjab) 지역의 미국 장로교 선교부는 1875년 설립 초기부터 자립원칙을 고수했지만, 지역 자체가 극빈층이어서 35년이 지나도 목회자 사례비도 감당하지 못하고 있다고 보고했다. Brian Stanley, *The World Missionary Conference, Edinburgh 1910* (Grand Rapids, MI: William B. Eerdmans Publishing Company, 2009), 141-49.

5. 맺는 말

19세기와 20세기 서구 선교의 노력으로 세워진 한국교회는 짧은 시간 안에 세계에서 몇 안 되는 자립하고 선교하는 교회가 됨으로써 서구교회 선교의 자랑이 되었다. 그런데 지금 우리는 선교지에 어떠한 교회를 세우고 있는가? 일부 선교지에서 물량공세를 폄으로써 서구 선교가 과거에 받던 비난을 받고 있지는 않는가? 한국교회가 본격적인 선교사 파송을 시작한 1980년대를 기준으로 30여년이 경과한 지금, 초기 선교사들이 은퇴하고 현지교회 지도자들에게 지도력과 교회 건물을 이양해야 하는 시기가 도래했다. 그런데 선교사들이 세운 현지교회가 자립의 기반 위에 세워져 있지 않고 너무 의존적이어서 넘겨줄 수 없는, 아니 넘겨주면 심각한 문제가 제기되는 상황에 직면해 있다. 선교역사는 부유한 교인들이 자립에 이르지 못하고 가난한 교인들이 자립에 성공한 많은 사례들을 보여주고 있다. 한국은 중국이나 일본보다 더 가난했지만 한국교회만이 가장 자립교회에 성공했다. 한국교회는 가난이 자립과 직접적인 관련이 없음을 보여주는 단적인 예이다.

선교사는 물고기를 잡아주기보다는 물고기 잡는 법을 가르쳐 주어야 한다. 선교의 궁극적 목표는 건강한 자립교회와 선교하는 교회를 세우는 것이다. 선교사는 영구히 머무를 사람이 아니다. 따라서 선교사의 역할은 한시적이어야 한다. 웅장한 선교센터를 세우고 "주여 여기가 좋사오니"라고 생각하며 반영구적으로 거주할 생각을 하는 선교사는 현지교회의 이양이나 자립 성장에 미온적인 태도를 취할 수밖에 없다. 선교지 자립 문제는 이양(devolution)을 전제로 하는 말인데, 선교사가 이양에 대한 분명한 생각이 없으면, 자립 문제에 대해 깊이 생각하지 않게 된다. 그러나 이제는 한국 선교사들이 세계 도처의 선교지에서 자립교회를 세워가기 위한 새로운 대안을 마련할 때가 되었다. "그는 흥하고 나는 망해야 한다"고 외쳤던 세례 요한처럼 우리 선교는 망하고 현지교회는 흥해야 한다.[73]

    네비우스의 자립정책은 선교 자금을 전혀 쓰지 말라는 것이 아니다.[74] 가급적 적게 쓰고, 쓰더라도 제한적인 범위 내에서 쓰라는 것이다. 선교사들은 말로만 자립을 강조한 것이 아니라, 헌금, 전도, 직업과 농업 기술 훈련을 시켰을 뿐 아니라, 소득 증대를 위해 과수 묘목 수입과 신품종 개발 등 총체적이며 통전적인 접근을 시도했다. 선교지 상황에 맞는 다양하고 특화된 자립선교 방안을 개발하여 교인들에게 자립의 기반을 마련해 주려고 노력했다. 자립교회의 아름다운 전통을 가진 한국교회가 선교지 도처에서 물량주의 공세 때문에 비난받고 있는 현실은 역사의 아이러니다. 물량주의 선교의 폐해를 이해하고 보다 성숙하고 건강한 선교를 수행하기 위해 선교사와 후원교회 모두의 공동의 노력이 요청된다.

    한국교회가 하나님이 허락하신 물질적 축복으로 선교지에 많은 교회를 세우는 것은 좋은 일이다. 하지만 "네 물질 있는 곳에 네 마음이 있다"는 말씀에 비추어 볼 때, 세워진 교회 대부분이 현지 교인들의 물질적 참여나 마음 드림이 없이 세워졌다는 점에서 우리의 교회

---

73) 영국성공회 교회선교부(CMS) 총무 헨리 벤(Venn)은 이를 "선교의 안락사"(euthanasia of a mission)라고 불렀다.
74) Frampton F. Fox, "Foreign Money for India: Anti-dependency and Anti-conversion Perspectives," *International Bulletin of Missionary Research* 30 (July 2006), 137.

개척 방식은 재고되어야 마땅하다. 만일 선교사들이 100% 외부 자금으로 현지 목사의 사례비를 지원하고 교회를 건축해주면 현지 교인들이 스스로 주도권을 쥐고 일할 수 있는 잠재력을 빼앗아 버릴 수 있다. 건강한 교회는 외부 자금에 결코 의존하지 않기 때문이다.

초기 개신교 선교사들이 채택한 네비우스의 정책을 통해 성장한 한국교회의 자립선교 역사는 오늘의 선교가 물량공세에 의존하는 선교방식에서 벗어나 한국에서 검증된 보다 건강한 자립 교회를 설립하라는 도전을 하고 있다. 얼마나 많은 교회를 세웠느냐 보다는 얼마나 자립하는 교회를 세웠느냐가 더 중요하다. 또한 선교지 교회 대부분이 빈민층에 세워져 있기 때문에 자립의 관점에서 보면, 밑 빠진 독에 물 붓기 식의 지원을 언제까지 할 것인가는 문제가 제기될 수 있다. 이제는 자립의 기반이 있는 중산층이나 도시에서도 교회 개척을 시작해야 한다. 100여년 전 에딘버러 세계선교사대회에서 마펫은 "선교지 교회가 자립의 기반 위에 세워지기 전까지는 어떤 교회도 민족복음화를 성취시킬 수 없다"[75]고 외쳤다. 이제는 선교사와 파송교회 모두가 성급하게 가시적인 열매를 얻으려는 자세에서 벗어나 현지교회의 자립이나 리더십 이양과 같은 장기적 안목에서 선교를 바라보아야 할 때이다.

---

[75] S. A. Moffett, "Policy and Methods for the Evangelization of Korea," *The Chinese Recorder and Missionary Journal* 37 (May 1906), 246-47; S. A. Moffett, "The Place of the Native Church in the Work of Evangelization," 226.

제6장

내한 선교사들의 교육선교

1. 들어가는 말

예수의 3년여의 공생애 사역은 교육, 복음전파, 치유사역으로 구분된다(마 4:23)[1]. 윌리엄 캐리 이후 개신교 선교운동에서도 위의 3가지 사역은 미션스쿨을 통한 교육선교, 복음전도를 통한 교회개척선교, 선교병원이나 진료소(clinic)를 통한 의료선교, 그리고 다양한 형태의 긍휼과 구제사역으로 추진되어왔다. 이러한 전통에 따라 한국에 온 선교사들도 교회개척, 선교병원, 미션스쿨, 고아원 설립 등의 사역

---

[1] 2015년 3월 10일(화) 장신대 한경직 기념예배당에서 거행된 마삼락(S. H. Moffett, 1916-2015) 박사 추도예배에서 박창환 박사(장신대 전 학장)는 마태복음 4장 23절을 인용하면서 마삼락은 부친 마포삼열(S. A. Moffett, 1864-1936)과 함께 2대에 걸쳐 한국의 신학교육에 헌신하였음을 회고하였다.

에 매진하였음을 알 수 있다.

선교사들의 입국과 동시에 시작된 미션스쿨은 조선의 근대식 교육 도입과 확산에 큰 공헌을 하였다. 본 장에서는 구한말(舊韓末) 조선의 개국과 함께 내한하는 미국 선교사들로부터 시작하여, 일제하 신사참배 강요로 인해 선교사들이 추방당하는 1940년까지의 교육선교 역사를 개관한다. 이를 위해 미국 북장로교 선교부가 한국에서 채택한 여러 교육선교 정책의 주요 내용과 1910년 에딘버러(Edinburgh) 세계선교사대회의 제3분과("교육")가 심층 분석한 인도, 중국, 일본에서의 교육선교 평가를 살펴본다. 이를 바탕으로 일제하의 미션스쿨이 직면했던 문제들이 오늘날 한국교회 해외선교의 교육선교 현장에 주는 실제적인 교훈을 제안한다.[2]

2. 교육선교와 미션스쿨

A. 교육과 선교

선교사역에서 교육은 필수적인 부분이었다(마 28:19-20). 국내 사역뿐 아니라 해외 선교사역에서 교육과 선교는 함께 추진되어 왔다.

---

[2] 필리핀 마닐라장로회신학대학(Manila Presbyterian Theological Seminary)에서 3년 6개월 동안 선교사(2003-2006)로 사역한 저자의 경험을 바탕으로 선교지의 미션스쿨이 보다 효과적이고 선교 목적에 부합되게 운영되는 방안을 모색하고자 한다.

학교는 지난 200여년의 근대 개신교 선교역사 초기부터 지금에 이르기까지 매우 중요한 선교적 도구로서 핵심적 위치를 차지해 왔다.[3] 1910년 에딘버러 세계선교사대회에서도 교육선교는 선교활동의 중추적 역할을 감당해 왔다. 전통적으로 선교지에서 추진된 교육사업은 ① 현지교회 지도자 양성, ② 사회개선을 위한 수단, ③ 비그리스도인 학생에게 전도하기 위한 3가지 목표로 진행되었다.[4] 미국 트리니티 복음주의신학대학원의 테드 워드(Ted Ward) 교수는 선교역사에서 선교사들이 학교를 세우는 일은 매우 흔한 일이었으며, 한국에 온 선교사들도 많은 학교를 설립했음을 지적하고 있다.[5]

B. 한국 교육선교의 시작

1882년 미국과 조미수호통상조약이 체결되고, 1883년 미국 공사관이 서울 정동에 개설되면서 미국 장로교와 감리교 선교부는 조선 선교의 가능성을 타진하기 시작하였다. 굳게 닫혀있던 한국선교의 빗장을 연 것은 의료와 교육선교였다. 한국의 개신교는 미국 북장로교가 중국에서 의료 선교사로 일하던 알렌(Horace Allen, 1858-1932)을 한국에 파송함으로써 시작되었다. 선교가 허락되지 않던 상황에서 1884년 9월 알렌은 미국 공사관의 공의로 내한하였다. 입국 2개월 후

---

3) Ted Ward, *Cross-cultural Christian Education and the Korean Mission Movement*, 횃불성경연구소 옮김, 『기독교 교육과 한국교회 선교운동』 상권 (서울: 도서출판 횃불, 1994), 61.
4) Paul Pierson, "변혁의 역사"(A History of Transformation), 랄프 윈터, 스티브 호돈, 한철호 편저, 정옥배·변창욱 역, 『퍼스펙티브스 1: 성경적·역사적 관점』 (서울: 예수전도단, 2010), 524.
5) Ward, 『기독교 교육과 한국교회 선교운동』, 167.

갑신정변(1884년 12월 4일) 때 개화파 자객에 의해 심각한 자상을 입고 사경을 헤매던 민영익(1860-1914, 명성황후의 조카)을 알렌이 완치해줌으로써 고종 황제(1852-1919)와 명성황후(1851-1895)의 신임을 얻게 되었다. 이후 알렌이 고종의 어의가 되면서 1885년 4월 제중원(원래 광혜원)을 개원하여 선교의 발판이 마련되었다.

미국 북장로교 알렌 선교사의 입국에 앞서 인천 개항 이듬해인 1884년 6월 27일 일본 주재 미북감리교 선교사 맥클레이(Robert Maclay, 1824-1907)가 조선을 방문하여 외아문 고위직에 있던 김옥균(1851-1894)을 통해 고종 황제로부터 교육과 의료사업을 허락받았다. 감리교 선교사들은 입국과 동시에 교육과 의료사업을 시작하였는데, 고종 황제는 감리교 선교사들의 사업을 갸륵하게 여겨 남학교는 배재학당(培材學堂, 1885년 6월), 여학교는 이화학당(梨花學堂, 1887년 2월), 병원에는 시병원(施病院, 1886년 6월)이란 이름을 지어주었을 뿐 아니라 그 현판까지 하사해 주었다.[6] 의료선교사 알렌을 통해 선교의 교두보를 확보한 후에 미북장로교와 대부분의 다른 선교부는 복음 전파를 통해 교회를 세워나가면서, 장기적으로는 미션스쿨을 설립하여 기독교 신앙을 가진 인재와 영적 지도력을 갖춘 목회자들을 양성해 나갔다. 이처럼 한국의 선교역사에서도 앞서 언급한 3가지 영역의 사역이 모범적으로 추진되었다.

조선에서의 근대 사립학교의 시작은 1894년 갑오개혁 이후로 보는 것이 학계의 정설이다. 갑오개혁 이후 한국에서 근대식 교육제도

---

[6] 미북감리회 의료선교사 스크랜튼(William Scranton, 1856-1922)은 부인들을 위한 병원을 구상하였고, 1887년 10월 31일 감리교의 하워드(Meta Howard)가 내한하여 이화학당 구내에 여성만을 위한 진료소를 개설하였다. 한국 최초의 여성 전문병원에 고종 황제는 보구여관(保救女館, 동대문 이화여대부속병원 전신)이라는 이름을 하사하였다.

가 확립되기 시작했으며, 정부는 소학교와 중학교를 비롯한 각종 관립학교를 세워 인재 양성에 힘을 기울였고, 전국의 애국지사와 애국단체들은 민족계 사학을 세워 민족 교육운동을 전개하기 시작하였고, 개신교 선교사들도 미션스쿨을 세워 근대 학문을 보급하여 근대 교육에 큰 역할을 감당하였다. 주목할 점은 1895년 고종 황제의 교육입국 조서 발표와 함께 신교육과 근대적 학제 도입이 시작되지만, 갑오개혁 이후 정부가 설립한 관·공립학교의 수는 아주 미미했으며, 우리나라의 공교육은 국·공립보다 사립학교, 특히 기독교계 사학(미션스쿨)에 의해 많은 영향을 받아 왔다는 것이다.

C. 미션스쿨의 주요 고려사항

1) 교수-학습 언어: 영어 vs 현지어

일본의 미션스쿨 대부분이 영어를 교수-학습 언어로 사용했던 것과는 달리, 한국의 미션스쿨에서는 한국어로 수업을 진행하였다.[7] 중국에서는 수업 매개체로 영어를 사용하는 것에 대해 선교사들 간에 찬반양론이 존재하였다.[8] 일본의 경우, 미션스쿨의 수업을 영어로 진행하였기 때문에 영어 습득을 목적으로 하는 많은 젊은이들을 끌

---

7) 이명실, "메이지 초기 일본의 미션스쿨: 선교사의 활동과 교단 내 통합을 중심으로," 『교육사학연구』 제19집 (2009년 6월), 37-40.

8) World Missionary Conference, 1910, *Report of Commission III: Education in Relation to the Christianization of National Life*, 조범연 번역, 『1910년 에딘버러 세계선교사대회 제3분과위원회 보고서: 국민생활의 기독교화에 연관된 교육』 (서울: 미션아카데미, 2012), 117-22.

어 모을 수 있었으나, 기대한 것만큼의 결신자를 얻을 수 없었다. 그리하여 일본과 다르게 한국에서 미국 장로교 선교부는 영어를 사용하지 않고 현지어로 수업을 진행하였다. 1893년 미국 북장로교 선교사 베어드(William Baird, 1862-1931)는 뉴욕의 미국 북장로교 해외선교부 총무 엘린우드(F. F. Ellinwood, 1826-1908)에게 보낸 선교편지에서 "때때로 우리는 쉽게 정착하기 위해 이런 것[영어]을 가르치고 싶은 유혹을 받습니다. … 일본선교는 예수 그리스도 대신에 영어를 가르친 데 대한 성공과 실패 모두를 보여주는 예입니다."9)라고 적었다.

2) 정부의 미션스쿨에 대한 통제10)

1905년 11월에 체결된 을사늑약(보호조약) 이후 일제의 간섭이 심해지면서 민족계 사학과 미션스쿨은 1908년 '사립학교령'의 발표와 함께 일제하 조선총독부의 탄압과 통제를 받기 시작한다. 주목할 점은 1908년 일제의 '사립학교령' 공포 이전까지는 사학을 설치하는 데 정부의 인허가가 필요하지 않았으며 보고 의무도 없었다. 이후 일제는 교육규칙을 발표하여 미션스쿨을 규제하기 시작한다.

1911년 일제는 '사립학교령'을 더욱 통제하는 '사립학교규칙'을 발표하는데, 이는 당시 민족운동을 전개했던 민족계 사학과 종교계 사학을 규제할 목적으로 발표되었다. 주요내용을 보면, ① 학교의 설립과 폐쇄, 학교장·교원의 임용 시 총독부의 허가를 받을 것, ② 수업연한,11) 교과서, 교육과정 및 수업시수, 학생 정원, 학년, 학기, 입학학

---

9) William M. Baird to F. F. Ellinwood, December 15, 1893.
10) 참고로, 기독교계 학교에 직접적으로 영향을 미치는 사립학교 규정을 살펴보면, 사립학교령(1908년 10월) → 사립학교규칙(1911년 10월) → 개정 사립학교규칙(1915년 4월)을 들 수 있다.

생에 대해 총독부의 허가를 받아야 하며, ③ 총독부가 편찬하거나 총독부의 검정을 거친 교과서만을 사용해야 하며, ④ 상기 법령을 위반할 경우, 학교를 폐쇄하거나 학교장과 교원의 해고를 명령할 수 있다 등이다.

1915년 일제는 이전의 '사립학교 규칙'보다 통제를 더 강화하는 '개정 사립학교 규칙'을 발표한다. 이를 통해 일제는 학교의 설립, 교육과정, 교과서, 교원의 자격 등에 관해 노골적으로 간섭하기 시작하는데, 그 주안점은 무엇보다도 기독교 사학인 미션스쿨에서 성경과 조선의 지리와 역사를 가르치지 못하게 하는 데 있었다. 또한 그 동안 가르쳐오던 영어를 일본어로 바꾸도록 요구하였고, 독립사상을 고취하는 교원들을 교단에서 추방하려고 하였다.[12]

3) 성경교육 금지와 선교사의 대응

기독교계 학교들은 교육과정에 성경을 포함시켰는데, 성경은 선교를 목적으로 하는 미션스쿨의 중요한 교과목이었기 때문이다. 그런데 1915년 일제(조선총독부)가 '개정 사립학교 규칙'을 공표하여 미션스쿨에서 종교교육(성경)을 가르치지 못하게 하였다. 그러자 감리교 학교들은(배재학당, 이화학당, 광성학교, 정의 등) 일제의 요구를 수용하는 입장을 취하였다. 그리하여 감리교 선교부는 정규 교과과정에서

---

11) 1910년대 조선총독부가 편성한 식민지교육 체제에서 조선인은 ① 보통학교(4년), ② 고등보통학교(4년)의 8년 과정으로 교육을 마치게 되어 있었다. 이는 일본의 소학교 수업 연한(6년)보다 2년밖에 길지 않았으며 중고등 교육이 배제된 종속적 교육체제였다. 이후 1920년에 보통학교 수업 연한은 일본처럼 6년으로 연장되었다. 정준영, "1910년대 조선총독부의 식민지교육정책과 미션스쿨: 중·고등교육의 경우,"『사회와 역사』제72집 (2006년), 216-18.
12) 교육윤리연구실 편,『한국 근현대 교육사』(서울: 한국정신문화연구원, 1995), 188-89.

성경과 채플 예배종교를 포기하고 이를 "과외활동"으로 해도 좋다는 총독부의 양해 아래 학교를 계속 유지시키기로 하였다.[13] 그러나 장로교 선교부는 학교 문을 닫더라도 절대로 이를 수용할 수 없다(보성여학교)며 강력하게 반발하였다.[14] 그리하여 장로교 계통의 학교들은 정규학교 인가를 신청하지 않고 각종 학교가 되는 편을 택하였다. 그 결과 이들 학교 졸업생들은 상급학교 진학시 불이익을 감수해야만 했다.[15]

1910년대부터 조선총독부가 기독교계 학교에 대한 직접적인 규제와 간섭에 나서기 시작한 이유는 미션스쿨이 일제의 조선인 동화정책에 협조해주지 않고, 당시 조선인 교육의 주도권을 일제의 관·공립학교가 아니라 선교사들이 세운 미션스쿨이 쥐고 있었기 때문이다.[16] 이후 1930년대에 일제가 신사참배를 강요함으로써 촉발된 기독교계 학교의 위기 상황에서도 장·감 선교부는 상반된 태도를 보였다. 즉, 1935년 12월부터 강제화된 신사참배에 대해 한국의 선교사들은 두 가지로 대응하였다. 첫째, 천주교, 미감리회, 캐나다 장로교, 미국 북장로교의 일부 선교사들은(서울의 교육 & 의료 선교사) 신사참배

---

13) 예컨대, 배재학당은 학교 외의 다른 건물에서 종교교육을 하였고 희망자에 한해 성경을 가르쳤다. 연희전문학교도 이를 수용하는 조건으로 설립 인가를 받았다.

14) 박상진, "한국 초기 기독교학교의 쇠퇴에 관한 연구: 장로교 계통의 소학교를 중심으로," 『기독교학교, 역사에 길을 묻다』, 박상진, 백승종, 임희국, 강영택, 한규원 지음 (서울: 예영커뮤니케이션, 2013), 243.

15) 1915년 이후 미국의 북장로교 해외선교부 총무 브라운(A. J. Brown)은 조선총독부와 서신 교환을 통해 조선의 미션스쿨에서 성경교육과 예배가 허용되게 하기 위해 노력하였다. 그런데 이 과정에서 미국 선교본부는 일제의 조선 통치를 정당화하는 입장(러시아의 조선 통치보다 낫다)을 밝히며 이를 협상의 지렛대로 사용한 것은 지적하고 넘어가야 할 부분이다. 이성전, 『미국 선교사와 한국 근대교육』, 서정민, 가미야마 미나코 옮김 (서울: 한국기독교역사연구소, 2007), 100-12.

16) 1910년 조선에서 인가받은 관립 보통학교가 102개, 사립학교는 2,250개였다. 사립학교 중에서 823개가 종교계 학교(36.6%)였으며, 그 중 대부분이 미션스쿨이었다 [學部編, 『韓国教育の現状』 (1910), 54]. 정준영, "1910년대 조선총독부의 식민지교육정책과 미션스쿨," 218-19, 226에서 재인용.

를 국가의례로 간주하여 허용하였다. 둘째, 미국 북장로교의 대부분 선교사, 미국 남장로교, 호주 장로교는 신사참배를 우상숭배로 간주하여 반대하였다.[17] 이처럼 미션스쿨의 건학 이념과 설립 목적을 저해하는 상황에 대해 선교사들이 취한 대응방식(수용, 타협, 반대)은 제각기 달랐다.

4) 교육선교와 자립

미국 북장로교 선교사로 중국 산동에서 사역하던 네비우스(John Nevius, 1829-1893)는 1890년 6월 2주간 서울에 머무르며 한국의 젊은 장로교 선교사들에게 자립(自立), 자전(自傳), 자치(自治)하는 토착교회의 설립을 목표로 하는 자신의 선교방법을 전수해주었다.[18] 네비우스의 자립선교 방안은 1891년 미국 북장로교 한국 선교회의 공식 정책으로 채택되었다. 주요 내용은 처음부터 외국 선교비에 의지하는 현지교회는 결코 "자립" 단계에 이르지 못하고, 자립의지를 상실한 채 선교사와 외부 지원금에 의존하게 된다는 것이다.[19] 네비우스의 자립선교 정책은 한국선교 초기부터 모든 장로교 선교사들에 의해 수용됨으로써 한국선교의 성장에 긍정적인 영향을 미치게 되었다.[20]

주한 미국 북장로회의 교육정책 수립에 많은 영향을 미친 베어드

---

17) 김승태, "일제하 주한 선교사들의 '신사문제'에 대한 인식과 대응," 『한국기독교의 역사적 반성』 (서울: 다산글방, 1994), 53-82.
18) Harry A. Rhodes, *History of the Korea Mission Presbyterian Church U.S.A., 1884-1934* (Seoul, Chosen: Chosen Mission Presbyterian Church U.S.A., 1934), 86-90.
19) Charles Allen Clark, *The Nevius Plan for Mission Work: Illustrated in Korea*, 박용규·김춘섭 역, 『한국교회와 네비우스 선교정책』 (서울: 대한기독교서회, 1994[1937]), 23-72; 송길섭, 『한국 신학사상사』 (서울: 대한기독교출판사, 1987), 69-72.
20) 변창욱, "한국교회의 자립선교 전통과 비자립적 선교행태," 『선교와 신학』 제27집 (2011. 2), 239-75를 참조하라.

는 네비우스의 자립선교의 영향을 강하게 받았다. 베어드는 교육선교를 체계화시키기 위해서 자선사업과 교육선교를 구분할 필요가 있다고 확신하였다. 그는 1886년 언더우드(Horace G. Underwood, 1859-1916)가 시작한 고아원은 자선사업이지, 교육사업은 아니라고 하였다. 마펫(Samuel A. Moffett, 1864-1936)도 1890년 언더우드의 고아원 사역을 인계받아 운영하면서, 유료화를 시도하였다.[21] 베어드는 교육사업이 자선(구제)사업처럼 모든 것을 무료로 제공해서는 안 된다고 생각하였다. 1899년 뉴욕의 장로교 선교부 총무에게 보낸 편지에서 베어드는 어린 소년들을 무료로 오랜 기간 가르치면, 선교회나 교회가 자신들을 먹여 살려야 한다고 생각하는 "게으르고 감사할 줄 모르는"[22] 사람들을 양산하게 된다고 주장하였다.

1894년 8월 뉴욕의 미국 북장로교 선교부 총무에게 보낸 편지에서 베어드는 선교사업에 있어 100%를 지원해서는 안 되며, 부분적인 지원만을 해야 한다고 주장한다.[23] 1896년 주한 미국 북장로교 선교부의 세칙을 보면, 미션스쿨에 대한 선교부의 지원 액수가 전체 운영비의 50%를 넘지 못하게 했다. 즉, 최소한 50%의 자립율을 확보하도록 하고 그 나머지를 지원하도록 했다.[24] 숭실대학(1906)의 설립자 베어드는 네비우스의 자립선교 원리를 교육 현장에 적용하여 학생들이 반드시 학비를 내도록 했으며, 미션스쿨의 모든 비용을 외국 선교기금으로 충당하지 않았다. 학생들이 부분적이라도 학비를 감당해야 한

---

21) 마펫과 베어드는 네비우스가 주창한 자립선교의 철저한 신봉자들이었다. 같은 장소에서 같은 대상에게 오랜 기간 계속 도와주면 의존성(dependency)을 강화시킨다는 것은 선교지에서 이미 입증된 사실이었다.
22) Baird to Ellinwood, September 14, 1899.
23) Baird to Ellinwood, Fusan, August 29, 1894.
24) Rhodes, *History of the Korea Mission Presbyterian Church U.S.A., 1884-1934*, 190.

다고 생각하여 "자조(自助) 사업부"(self-help department)를 신설하여 가난한 기독교인 가정의 학생들이 근로활동을 통해 학비를 스스로 마련하도록 했다. 숭실대학 초기에 절반 정도의 학생들이 일을 하였는데, 이들은 매주 일정한 시간 노동을 하여 얻은 수입으로 학비를 지불하였다.25)

5) 미션스쿨 지원금과 재정 취약성

1915년 '개정 사립학교 규칙'이 공표된 이후, 1923년까지 미국 북장로교 선교부는 미션스쿨에 대해 최소한의 재정 지원만을 해주었다. 1920년대에 주한 장로교선교부는 일제가 요구하는 지정학교 요건을 충족시키기 위해 학교시설을 확충하고 우수한 교사진을 확보하는 데 더 많은 재정이 소요되었다.

다음의 표에서 보는 것처럼, 미북장로교가 운영하던 미션스쿨 8개 학교에 대한 지원금 현황을 살펴보면, 평양, 서울에 소재한 미션스쿨에 대한 미북장로교 선교부의 지원액은 대구, 선천의 미션스쿨 지원액보다 많았다. 특히 평북 선천과 대구 소재 미션스쿨에 대한 후원 액수가 적은 것은 이들 지역의 교인들이 많은 헌금을 드려서 재정자립도가 높았기 때문이었다.

1923년 평양, 서울, 대구, 선천의 미션스쿨에 대한 미북장로교 선

---

25) 근로 학생들은 정원 가꾸기, 새끼줄 꼬기, 비누 만들기, 빗자루 만들기, 제혁, 녹용일, 새난일, 제본 등의 일을 하여 수입을 얻었다 [Richard H. Baird, *William M. Baird of Korea: A Profile*, 김인수 역, 『배위량 박사의 한국 선교』(서울: 쿰란출판사, 2004), 218]. 1901년 한국을 방문한 미북장로회 선교부 총무 브라운은 "세계선교역사를 보면, 돈을 적게 사용할 때보다는 너무 많이 사용함으로써 나타나는 해악이 더 많았다는 것을 알 수 있다."며 자립선교를 강조한다. Rev. Arthur J. Brown, *REPORT OF A VISITATION OF THE KOREA MISSION of the PRESBYTERIAN BOARD OF FOREIGN MISSIONS* (New York, NY: The Board of Foreign Missions of the Presbyterian Church in the U.S.A., 1902), 11.

⟨표⟩ 미국 북장로교 선교부의 학교지원금 현황(1923–1938) (단위: 원)[26]

연도	평양		서울		대구		선천		합계
	숭실	숭의	경신	정신	계성	신명	신성	보성	
1923	6,987	4,700	5,085	5,839	4,000	2,975	3,887	1,551	35,024
1927–28	10,860	8,748	10,860	11,440		9,586		9,440	60,934
1928–29	12,000	9,500	12,000	6,000		11,000		10,000	60,500
1929–30	12,000	8,428	12,000	5,725	8,750	4,554		9,000	60,457
1930–31	12,000	8,750	12,000	6,000	8,750	4,860		8,000	60,360
1931–32	11,500	8,750	11,500	6,000	8,750	4,860		9,000	60,360
1932–33	10,000	10,000	10,000	7,500	9,700	4,766	6,000	3,000	60,966
1933–34	8,000	8,000	7,450	3,700	8,000	2,300	5,000	2,304	44,754
1934–35	7,000	7,000	1,200	8,000	8,000	2,600	4,000	1,200	39,000
1935–36	4,600	7,000	2,400	7,000	8,000	2,300	3,000	2,000	36,300
1936–37	4,553	6,929	2,375	6,929	7,919	2,276	2,969	1,980	35,930
1937–38	4,553	6,929	2,375	6,929	7,919	2,276	2,969	1,980	35,930

교부의 지원금이 35,024원에 불과했다. 이후 지정학교 제도 도입으로 교육시설 확충과 우수 교사진 확보를 위해 많은 예산이 소요됨에 따라 1927-32년까지의 지원금이 170%로 증액되었다. 이 기간에 증액된 학교 지원금은 1933년부터 감소하여 예전의 수준으로 돌아갔다. 이는 1930년대에 발생한 미국의 경제공황으로 인해 한국을 포함한 모든 선교지에서 선교비 감축의 직격탄을 맞았기 때문이다. 이처럼 본국의 선교비 후원은 대·내외적인 경제 환경의 변화에 매우 취약함을 알 수 있다.

---

26) *Minutes and Reports of the 42nd Annual Meeting of the Chosen Mission of the Presbyterian Church in the U.S.A. Held at Seoul, June 25th to July 2nd, 1926*, 49-50; *Minutes and Reports of the 43rd Annual Meeting of the Chosen Mission of the Presbyterian Church in the U.S.A.* (1927. 6. 23 - 6. 30), 53. 박혜진, "미 북장로회선교부 관할 미션스쿨에 대한 한국인의 경영 참여," 『한국기독교와 역사』 제39호 (2013. 9), 218에서 재인용.

3. 미국 북장로회 선교부의 교육정책

선교의 자유가 허락되지 않던 시기에 내한한 초기 선교사들은 자유롭게 복음을 전할 수 없었다. 따라서 선교사들은 교육과 의료사업에 치중하면서 선교를 위한 우호적인 분위기가 조성될 결정적인 때를 기다릴 수밖에 없었다. 그런데 교육 및 의료사업은 고종 황제가 미감리교 선교사 맥클레이(Maclay)를 통해 선교사들에게 이미 요청한 내용이었다. 다시 말해, 한국 초기 선교에서 서구의 지식과 기술을 전수받기 원하는 고종 황제와 조정은 서구 문물의 도입을 위해 선교사들을 적극적으로 활용하려고 했다.

한국 정부는 기독교나 복음에 대한 관심보다 서구의 개화된 문명에 대한 필요가 더 강했기 때문에 선교사들을 환대하였다. 이러한 시대적 요구에 순응하여 선교사들은 교육과 의료사업을 제공하면서 이를 발판으로 선교사업을 펼쳐나가려고 하였다. 한국선교는 개신교 초기에 조정의 요구와 선교사들의 숨은 의도가 잘 맞아떨어졌다. 미북장로교 선교부가 채택한 선교정책 중에 교육선교와 연관된 내용을 연대기별로 정리해보면, 장로교선교부가 시행하는 선교활동이 이러한 정책에 기초하여 추진되어 나간 것임을 알 수 있다.

A. 1891년의 교육정책

1891년 2월 주한 미국 북장로회 선교부가 채택한 교육의 기본규칙과 세칙은 다음과 같다.

① 학교의 기본적 이념은 유용한 지식을 교육시키는 일이며, 학생들이 적극적으로 자신들의 삶에 대하여 여러 의무와 책임을 감당할 수 있도록 하는 데 있다.
② 학생들에게 종교적, 영적 영향력을 끼치는 것이 학교에서 가장 중요한 일이다.
③ 미션스쿨의 주된 목적은 조선교회의 발전과 조선인들에게 적극적으로 기독교인으로서 사명을 다할 수 있는 지도자를 육성하는 일이다.[27]

선교사들이 설립한 미션스쿨의 가장 중요한 사명은 전도를 통해 한국교회 발전과 기독교 지도자 양성에 있었다. 미션스쿨들이 초등학교에 머물고 있었으므로, 향후 중등학교 또는 대학의 고등 교육기관이 필요하다고 제안한다. 또한 당시 선교사가 설립한 초등학교 가운데 자립하는 학교들이 많지 않으므로 한국교회와 협력하여 자립하는 방안을 모색하라고 제안하며, 미션스쿨의 교사는 건전한 인격과 기독교 신앙을 가진 한국인 교사를 채용하라고 제안하고 있다.

---

27) "Standing Rules and By-laws of the Korea Mission, Adopted at the Annual Meeting, February 1891," 6-7.

B. 1893년의 교육정책

1893년 1월 미국 북장로교 선교부가 채택한 10개항의 선교정책 가운데 교육과 자립과 관련된 내용은 다음과 같다.

① 전도의 목표를 상류층보다 근로 계급의 귀도(歸道)에 두는 것이 더 낫다.
② 모성은 후대의 양육에 중요한 영향을 주므로 부녀자의 귀도와 청소년의 교육을 특수 목적으로 한다.
③ 군소재지에 초등학교를 설립함으로써 기독교 교육에 성과가 많을 것이니 선교부 소관 학교에 재학한 남학생들을 교사로 양성하여 각 지방으로 파송한다.
④ 교육받은 교역자를 배출하는 희망도 우리 교육기관에서 실현될 것이니 이 점에 항상 관심을 기울여야 한다.
⑤ 모든 문서사업에는 한자의 구속을 벗어나 순한글을 사용함이 우리의 목표가 되어야 한다.
⑥ 진취적인 교회는 자립하는 교회가 되어야 한다. 자립하는 교회와 헌금하는 교인수를 증가시킨다.
⑦ 한국인들을 그리스도에게 인도하는 일은 한인 자신들이 하여야 한다. 전도자를 철저하게 훈련시킨다.[28]

---

28) C. C. Vinton, "Presbyterian Mission Work in Korea," *Missionary Review of the World* 6 (September 1893), 671. 한국기독교역사연구소, 『한국기독교의 역사』 I (서울: 기독교문사, 1996), 221에서 재인용.

위의 교육정책 중에 주목할 점은 주한 장로교 선교부가 상류층이 아니라 노동자, 부녀자와 청소년, 아이들과 같은 하류계층을 선교의 주요 목표로 삼았다는 것이다. 조선 500년 동안 지배층인 양반과 유학자들이 교육기회를 독점해왔지만 선교사들은 그간에 배제되었던 여자와 아이를 포함하는 하류계층에 교육 기회를 제공함으로써 사회적 장벽을 허물었고, 한글(언문)을 교수-학습 언어로 사용함으로써 대중교육을 위한 기초를 닦았다. 또한 교육선교 초기에 서울에 집중되어 있던 미션스쿨들을 서울 이외의 지역에도 설립할 것을 제안하고 있다.[29]

C. 1895년의 교육정책

1895년 10월 미국 북장로교 선교부가 채택한 8개항의 선교정책 가운데 교육과 자립과 관련된 4개항의 내용은 다음과 같다.

① 우리는 영어를 가르치기 위해 존재하는 학교를 운영해서는 안 된다고 믿는다.
② 그러나 초등학교의 설립이 필요하다고 생각한다. 그리고 초등학교가 발전하고 필요성이 인정될 때는 고등교육을 실시할 학부를 신설할 수 있다고 생각한다.

---

[29] 이러한 선교정책에 따라 미국 북장로교 선교부에서는 평양(숭실, 숭의), 선천(신성, 보성), 대구(계성, 신명), 재령(명신) 등지에 많은 학교를 설립하기 시작하였다. 이만열, 『한국기독교문화운동사』 (서울: 대한기독교출판사, 1987), 184-98.

③ 종교 사업을 추진할 때 외국 선교자금으로 지불하는 현지 전도인의 숫자는 최소화하여야 한다.
④ 현지 교인들이 처음부터 자급하는(self-support) 것을 적극 추진할 것이며, 현지 교인들 스스로 책을 구입하고, 교회를 짓고, 현지인 목회자의 사례비를 지급하게 한다.[30]

위의 교육정책 중에 흥미로운 점은 미션스쿨에서 교수-학습 언어는 영어가 아닌 현지어로 할 것과 초등학교의 발전과 함께 고등교육 기관의 설립을 모색하기 시작했다는 것이다. 또한 네비우스의 자립선교 방안이 이전보다 훨씬 강조되어 있음을 알 수 있다.

D. 1896-1909년의 베어드의 교육정책

1896년 12월 미국 북장로교 선교부는 한국교회가 성장함에 따라 교사 경험이 있는 베어드(William Baird)로 하여금 한국의 교육선교 정책을 입안("교육자문")하도록 요청한다. 이처럼 베어드는 교육선교 전문가로서 초기 한국교회와 기독교교육 사상을 이해함에 있어서 매우 중요한 인물이다.[31] 1897년 1월 베어드는 뉴욕의 미국 북장로교 해외선교부 총무 엘린우드에게 보낸 편지에서 교육선교의 목표가 "조사, 설교자, 교사, 그리고 지적인 기독교 평신도"를 훈련시키는 데

---

30) Daniel L. Gifford, "Annual Meeting of the Presbyterian Mission, North," *The Korean Repository* 2 (November 1895), 444.
31) 류대영, "윌리엄 베어드의 교육사업,"『한국기독교와 역사』제32호 (2010년 3월), 127-28.

있다고 하였다.[32] 1897년 8월 서울에서 개최된 장로교 선교부 연례회의에서 베어드는 "우리의 교육정책"(Our Educational Policy)라는 글을 발표하였고 선교부는 이를 채택하였다. 이 글에서 그는 교회가 어느 정도까지 성장하고 자립할 때까지는 학교와 병원과 같은 기관들을 동시에 설립해서는 안 된다고 주장하였다. 베어드는 선교 초기와 달리 당시 한국교회가 학교나 병원의 도움 없이도 교회가 급성장하고 있었으며, 선교부의 제한된 자원과 힘을 기관사업에 분산시키면 교회가 제대로 성장할 수 없다고 보았다. 복음에 대한 수용성이 높고, 성장 가능성이 높은 교회 개척 분야에 집중적인 투자를 하자는 제안이었다.[33]

한국교회가 급성장하는 시기인 1905년 9월 미국 북장로교 선교부 총무 브라운(Arthur Brown, 1856-1963)에게 보낸 서신에서 베어드는 "선교사의 조사(helper)"를 양성하려는 현재의 정책에 이어서, "선교사의 후계자"를 배출하려는 장기적 목표를 채택할 필요가 있다고 주장한다.[34] 즉, 베어드에 의하면, 중등학교의 목표는 조사의 배출에 있었고, 고등 교육과정(대학)의 목표는 선교사를 계승하여 한국교회를 이끌고 갈 지도자를 훈련시키는 데 있었다. 1909년 8월 주한 미국 북장로교 선교부는 평양에서 개최된 한국선교 25주년 기념식에서 "교육사업의 역사"[35]라는 제목으로 발표한 글에서 베어드는 미션스쿨의 목적은 복음전도인을 배출하는 데 있음을 분명히 하였다. 이러한 교육목표를 달성하기 위해 베어드는 미션스쿨의 재학생은 그리스

---

32) Baird to Ellinwood, January 12, 1897.
33) 변창욱, "윌리엄 베어드의 선교방법과 교육선교 정책," 『베어드의 선교와 사상』, 한국기독교문화연구소 편 (서울: 숭실대학교 출판국, 2013), 135-38.
34) Baird to Brown, September 15, 1905.

도인 가정의 학생이 대다수여야 한다고 생각했다. 그리하여 상당한 기간 동안 그리스도인 가정의 학생들만을 수용했으며, 이후 불신 가정의 학생들을 받았지만, 그 수가 그리스인 학생의 숫자를 넘지 않도록 하였다. 또한 베어드는 미션스쿨의 교수-학습 언어는 현지어로 해야 하며, 미래의 교회 지도자로 훈련받는 중등학교 이상의 학생들은 일반 교인의 생활수준이나 생활양식과 너무 동떨어진 삶을 살게 해서는 안 된다고 주장한다.[36]

E. 1924년의 교육정책

1919년 3·1운동이 일어나고 주한 선교사들이 미션스쿨에 대한 탄압에 항의하는 서신을 조선총독부에 보내고 이후 일제가 '신교육령'을 발표하고 지정학교 제도를 도입하면서 그간에 미션스쿨에 주어졌던 불이익이 상당수 해소되기 시작했다. 대규모 독립운동에 충격을 받은 조선총독부는 유화책으로 미션스쿨에 성경교육을 허용하였다. 1924년 주한 미국 북장로교 선교부는 미국 장로교 선교본부와 협의를 거쳐 다음과 같은 교육정책을 발표하였는데, 그중 중요한 내용은 다음과 같다.

---

35) William M. Baird, "History of Educational Work: For Boys and Men Conducted by the Korea Mission of the Presbyterian Church in the U.S.A.," *Quarto centennial papers read before the Korea Mission of the Presbyterian Church in the U.S.A. at the annual meeting in Pyeng Yang* (Aug. 27, 1909), 60-88.

첫째, 지정학교 제도는 조선총독부의 규제 하에 모든 기독교 학교들을 감독하려는 것이다. 우리는 총독부 관계자를 여러 차례 면담하여 기독교 학교의 교육이념을 지켜나가는 범위 내에서 총독부의 규정을 충족시키려고 노력하였으며, 7개의 중등학교들(경신학교는 이미 지정학교로 인가)이 재정과 다른 조건들을 충족함으로써 빨리 지정학교가 되게 하려고 열심히 노력하였다.

둘째, 8개의 중등학교들이 한국교회 교인들의 발전과 성장에 기초하고 있다. 우리는 한국교회가 이들 학교에 대한 전적인 지원을 감당하고, 결국에는 모든 한국교회 학교들이 온전히 지원을 받을 때까지 모든 지원을 아끼지 않을 것이다.[37]

위의 내용을 보면, 주한 미국 북장로교 선교부는 한국교회가 미션스쿨의 재정을 안전히 떠맡을 때까지 계속하여 지원을 하겠다는 약속을 하고 있다. 그러나 한국교회가 선교지의 학교(미션스쿨)를 언젠가는 떠맡아야 하며, 이러한 장기적인 이양 계획 속에서 학교를 운영하고 있음을 알 수 있다.[38] 그러나 1931년 일제가 만주를 침공한 후 1938년 제3차 '조선교육령'을 발표하면서 미션스쿨에서 우상숭배로 간주하였던 신사참배를 강요받는 심각한 상황에 직면하면서, 기독교계 교육기관으로서 존립 자체가 위협받게 되었다.

---

36) William M. Baird, "Educational Report, 1899," 이성전, 『미국 선교사와 한국 근대교육』, 73에서 재인용.
37) *Minutes and Reports of the Substitute for the 40th Annual Meeting of the Chosen Mission of the Presbyterian Church in the U.S.A. Held at Sorai Beach, July 31 to August 7, 1924*, 12.
38) 변창욱, "선교사 리더십 개발과 이양," 『장신논단』 제46집 (2014. 12), 303-331.

4. 오늘의 교육선교 현장에 주는 교훈

오늘날 선교지의 상황은 초기 한국의 교육선교 상황과 같지 않다. 그러나 미션스쿨 본연의 설립 목적과 교과내용 면에서는 초기 한국선교 상황과 크게 다르지 않다. 오늘날 상당수의 한국 선교사들이 학교를 운영하고 있는데, 한국 미션스쿨의 역사로부터 얻을 수 있는 교훈을 정리하면 다음과 같다.

첫째, '선교제한 지역'이나 '창의적 접근 지역'에서 교육선교의 장점을 활용해야 한다.

기독교에 적대적인 지역에서 교회부터 세우면 적지 않은 어려움에 직면할 수 있다. 이런 경우에는 교회를 세우기보다, 교육기관을 먼저 설립하여 선교에 우호적인 분위기를 조성하거나, 교회와 교육기관을 같이 시작할 수 있다.[39] 한국선교 역사에서 보듯이 선교 초기에 교육, 의료, 자선사업이 효과가 있지만, 교회가 어느 정도 성장하면 교회 개척에 집중하고 교회 지도자를 양성을 위한 고등 교육기관의 필요성이 강조된다. 그러므로 개신교 선교운동의 삼총사(교회, 학교, 병원) 중에서 무엇을 먼저 시작할지는 선교지 상황에 따라 결정되어야 한다.

---

39) 2015년 1월 29일(목) 인도 뱅갈로(Bangalore)에서 만난 김영옥 선교사는 기독교에 우호적이지 않는 선교지에서 외국인이 교회만 하는 것은 박해나 공격대상이 되기 때문에, 교회와 함께 방과 후 학교와 유치원을 시작하여 선교를 위한 발판을 마련하였다고 증언한다. 영어교사로 일한 자신의 경험을 토대로 오후에 공부방을 개설하고, 그 아이들을 대상으로 교회학교를 시작하고, 몇 개월 후 유치원을 시작하였다. 또한 마을 사람들을 교사로 고용함으로써 이웃 주민들과도 친하게 지낼 수 있었다고 한다.

둘째, 미션스쿨 설립 시 선교의 목표를 어느 계층에 둘 것인지를 결정해야 한다.

선교의 목표와 선교의 대상(target group)을 정한 다음에 이에 따라 상류계층이 목표라면, 영어를 교수-학습 언어(매개체)로 하고 최상의 교육시설과 교사진을 확보하여야 한다. 중류나 하류계층을 목표로 한다면 현지어(vernacular)를 매개체로 하여도 무방하며, 거기에 맞는 학교 설비와 교사진을 갖추면 된다. 참고로, 내한 선교사들은 일본에서 선교사들이 영어를 매개체로 했을 경우에 많은 개종자를 얻지 못했다는 임상적 경험에 따라,[40] 한국에서는 현지어(언문)로 교육했음을 기억할 필요가 있다.

셋째, 선교지에서 정규학교 인가를 받는 경우, 어떤 제약이 있는지 확인해야 한다.

학교가 인가를 받게 되면 양질의 교육환경을 갖추고 있다는 평가를 보증 받는 셈이어서 학생 수급 면에서 이점이 많으며, 반대로 인가를 받지 못하면 유능한 학생들을 많이 받지 못할 수도 있다. 그러나 선교지에서 설립된 학교가 인가를 받음으로써 미션스쿨 본연의 건학 이념이나 설립 목적을 저해하는 상황이 발생할 수 있음을 인식해야 한다. 예컨대, 1915년 일제는 '개정 사립학교 규칙'을 발표하여 미션스쿨에서 성경교육을 금지시켰으며, 1935년부터는 신사참배를 강요하여 기독교 교육기관은 존립의 위기에 직면하기도 했다.[41]

---

40) World Missionary Conference, 『1910년 에딘버러 세계선교사대회 제3분과위원회 보고서』, 69, 120, 179.

넷째, 미션스쿨의 재정 자립도를 점진적으로 높여나가는 방안을 수립하여야 한다.

1920년대에 주한 장로교선교부는 일제가 요구하는 지정학교 요건을 충족시키기 위해 많은 재정을 투자하면서 재정 악화를 초래하였고, 1930년대에는 미국의 경제공황으로 선교비 축소의 직격탄을 맞았던 적이 있다. 그 결과 미국 장로교와 감리교에서 운영하던 미션스쿨들은 보조금 감소로 인해 일부 학교 폐쇄, 교원 월급 감봉 그리고 한국교회에게 학교 후원을 부탁할 수밖에 없었다. 이처럼 미션스쿨에 대한 선교비 후원은 대내외적인 경제 여건에 따라 쉽게 악화될 수 있다는 사실에 유의하면서 선교사는 자립비율을 점차 높여나가야 한다.[42]

다섯째, 무조건 교회를 먼저 세우지 말고 방과 후 학교나 유치원을 운영하는 것도 좋다.

'어린이 성경선교'(children's Bible missions)의 역사를 보면, 주일에 교회 안에서 이루어진 것이 아니라 주중에 교회 밖에서 이루어졌다. 여성 자원봉사자들이 매주 토요일 혹은 주중 방과 후에 그리스도인 가정의 자녀뿐 아니라 교회에 다니지 않는 어린아이도 함께 받아서 공부를 시켰다.[43] 초기 한국교회와 선교사들도 1910년대에 선교

---

41) 일본의 경우, 1899년 문부성 훈령으로 종교교육과 종교의식을 금지하는 법적 조치를 취했는데, 이에 대해 기독교계 학교들은 성경과 채플 예배를 과외활동으로 돌림으로써 이 결정에 순응하는 방향으로 대응하였다. World Missionary Conference, 『1910년 에딘버러 세계선교사대회 제3분과위원회 보고서』, 168-169. 이 훈령은 조선의 '개정 사립학교 규칙'(1915)의 기본 모형이 되었다. 이성전, 『미국 선교사와 한국 근대교육』, 99.
42) 변창욱, "중국교회 자립과 효율적인 선교비 사용," 『선교와 신학』 제31집 (2013. 2), 206-247을 참조하라.

사업의 일환으로 사립유치원을 시작하였는데, 그 중 최초는 1914년 미국감리교 선교사 브라운리(C. G. Brownlee)에 의해 이화학당 내에 부설유치원으로 설립된 이화유치원이었다.44)

여섯째, 상황에 따라 초등교육부터 중·고등 교육기관까지 연계 시스템을 구축할 수 있다.

한국에서 1890년대 대부분의 교회에서 시작한 초등학교는 1909년까지 그 수가 증가하다가 1910년 이후 점차 감소하였다. 하지만 이와 반대로 중등학교의 수는 꾸준히 늘어났다. 미션계 초등학교 출신의 학생이 일반 중·고등 교육기관에 진학하면 신앙교육의 효과가 단절될 수 있기에 이와 연계하여 중·고등 교육기관의 설립을 추진하였던 것이다. 초등학교와 중등학교가 비약적인 발전을 하면서, 1900년대 초부터 한국의 미국 북장로교 선교부는 대학 설립을 모색하기 시작하였고, 숭실대학(1905)과 연희전문학교(1917)를 설립함으로써 기독교 고등교육 기관의 설립을 마무리하였다.

일곱째, 미션스쿨 본연의 선교 목적을 위해서는 불신 가정의 학생 비율을 정해야 한다.

미국 북장로교가 운영하는 평양숭실대학은 한 동안 그리스도인 가정의 학생들만 선발하였다. 미국 남장로교의 미션스쿨도 신자 가정의 자녀에게 우선권을 주었기 때문에 학생 대부분은 믿는 아이들이

---

43) 170여년의 역사를 가진 이 선교방법은 간단한 성경공부와 성경암송 위주로 이루어졌다. Ward, 『기독교교육과 한국교회 선교운동』, 105.
44) 1916년 정동교회 내에 현재의 중앙대학교 부설유치원의 전신인 중앙유치원이 설립되었고, 1917년 배화유치원, 1919년 영화유치원이 설립되었다. 이후 1926년까지 기독교계 유치원이 101개에 달하며, 그 중 39개의 유치원이 선교사에 의해 설립된 것으로 본다.

였다. 남장로교 선교사 린턴(W. A. Linton, 1891-1960)은 교육선교의 목적은 신자 가정의 아이들을 교육시켜 한국교회의 지도자를 양성하는 데 있다고 보았다. 북장로교의 베어드도 이와 같은 생각을 갖고 있었다.[45] 린턴은 미션스쿨의 학생 가운데 불신 가정의 아이들 비율이 20%를 넘어가면 신앙지도가 힘들다고 보았다. 남장로교 선교부는 "불신자들에게는 전도하고, 기독교인 가정의 자녀들에게는 교육해야 한다"고 주장한다.[46]

여덟째, 교파주의를 뛰어 넘어 연합과 협력의 정신으로 교육선교 사업을 추진하라.[47]

선교지에서 여러 교파 선교사들이 협력할 수 있는 대표적인 분야가 교육선교이다. 1905년 한국에서 장·감 교단 간에 연합운동의 분위기가 고조되면서 1906년 9월-1912년 12월까지 미북장로교가 설립한 평양 숭실대학(Union Christian College) 운영에 미북감리회 선교사들도 참여하였다. 1915년부터 연희전문학교(Chosen Christian College)도 장·감 두 교단이 공동으로 운영하였고, 1905년 9월부터 2년간 경신학교와 배재학당 운영에도 장·감 협력이 이루어졌다. 연합사

---

45) 1914년 10월 미국 북장로교 베어드는 미션스쿨에서 불신 가정의 학생 비율이 높으면, 기독학생들에게 악영향을 끼칠 수 있으며, 불신 학생의 비율이 높아지면 선교목적을 유지하기 어렵다고 주장한다. William M. Baird, "Educational Mission Problems," *Korea Mission Field* 10 (October 1914), 297-98.
46) William A. Linton, "The Place of the Industrial Department Korea Mission Boys' School," The Presbyterian Survey 19 (June 1929), 361. 미국 남장로교 선교회는 미션스쿨에서 기독교인 학생의 비율을 최소한 60% 혹은 75%로 유지했다. George Thompson Brown, *Mission to Korea* (Seoul: The Presbyterian Church of Korea Department of Education, 1962), 66; Martha Huntley, *Caring, Growing, Changing: A History of the Protestant Mission in Korea* (NY: Friendship Press, 1984), 90.
47) 1901년 설립된 평양 장로회신학교는 미북장로회 선교부가 주도하여 설립했지만, 1904년 미남장로회와 캐나다 장로회 선교부가 참여하고, 1906년 호주장로회 선교부가 참여함으로써 4개 장로교 선교부가 함께하는 연합 교육기관으로 발전하였다. 1917년 인가받은 연희전문학교도 미국의 남북장로교, 남북감리교, 캐나다 장로교, 이후 호주장로교회가 협력하였다.

업은 여러 교단 간에 야기될 수 있는 불필요한 중복, 경쟁, 갈등을 피할 뿐 아니라, 현지 교인들에게 동역(partnership)의 좋은 본을 보여줄 수 있다. 1910년 에딘버러 세계선교사대회에서도 교파간(間) 연합 교육 선교사업이 적극 권장되었다.

아홉째, 미션스쿨과 성경교육 시에 현지어와 영어 중에서 무엇을 사용할지 결정해야 한다.

에딘버러 세계선교사대회는 초등교육 과정에서 영어를 교수-학습 언어로 사용하지 말고, 영어를 교과목으로 가르치지 말라고 제안한다.[48] 에딘버러 선교대회의 결론적 제안은 교수-학습 언어가 영어이든지, 현지어이든지 간에 성경교육은 마음의 고향 언어인 현지어로 하라는 것이었다. 인도, 중국, 일본에서 사역하던 대부분의 선교사들도 성경과목은 "영어"로 가르치지 말고 "현지어"로 가르칠 것을 제안한다. 그러나 교수-학습 언어로서 영어 사용에 대해서는 일치된 의견이 없으며, 선교지에서 영어 사용이 늘어날 것이며, 영어를 배워 돈을 벌겠다는 세속적 목적으로 찾아오는 사람들을 주의하라고 권면한다.[49]

열째, 평양숭실대학과 서울 연희전문학교의 고등교육기관 중에서 따를 모델을 선택하라.[50]

---

48) 1910년 에딘버러 세계선교사대회 개최 전에 다수의 선교사들에게 ① 영어 사용이 기독교 교육에 미치는 영향력, ② 현지어(모국어) 사용이 적합한 교육과정에 대한 설문지 조사가 있었다. World Missionary Conference, 『1910년 에딘버러 세계선교사대회 제3분과위원회 보고서』, 31.
49) World Missionary Conference, 『1910년 에딘버러 세계선교사대회 제3분과위원회 보고서』, 69, 85, 120, 178-79, 391.
50) 1912-20년의 기간 동안 한국 어느 곳에 대학을 세울 것인지의 소위 "대학문제"를 둘러싸고 평양 선교지부와 서울 선교지부 간에 매우 격렬한 논쟁이 벌어졌다.

숭실과 연희전문은 선교적 목적으로 세워졌지만 운영방법에 있어서는 서로 달랐다. 마펫(Moffett)-베어드(Baird)의 숭실대학은 교육사업보다 직접적인 복음전도를 강조하며 초기에 기독교인 학생들만 입학시켰으며 세속교육을 거의 배제시켰다. 교과과정에도 성경을 강조하며 선교사의 "조사와 후계자"[51]가 될 사람을 배출하는 신학교 예비학교의 성격이 강하게 나타나 있다. 이에 반해 언더우드(Underwood)-에비슨(Avison)의 연희전문학교는 성경교육을 실시하되 일반교양교육을 강조하며 비기독교인도 학생으로 받아들였다. 이처럼 같은 선교부에 속해 있다고 하더라도, 선교사 개개인의 교육철학에 따라 학교 운영의 방향성에 있어 상반된 입장을 보여주고 있다.[52]

5. 맺는 말

공개적인 선교가 허락되지 않던 한국에 입국하기 시작한 선교사들은 교회부터 시작한 것이 아니라 의료사업과 교육사업에 착수하였다. 1888년부터 선교활동이 허용되던 때에도 교육사업은 계속하여 추진되었고, 한국교회가 급성장하면서 교육사업에 대한 필요성이 절실해졌다. 미션스쿨은 그리스도인 가정의 학생들을 대상으로 운영되었으며, 일정 비율의 비그리스도인 학생들도 받아주었다. 초기 선교

---

[51] William Baird to Arthur Brown, September 15, 1905.
[52] 장신근, "기독교학교의 공공성에 대한 신학적 논의: 공공신학적 관점과의 대화," 『선교와 신학』 제33집 (2014. 2), 274-313을 참조하라.

사들은 여성층과 유치원생까지도 신분을 초월하여 수용하였다. 그 결과 교육받은 현지인들의 신분 상승이 일어나고 그들의 소득 증대로 인해 자립선교의 기반이 마련될 수 있었다. 중국, 일본, 한국의 미션스쿨을 통한 교육선교는 복음전도의 일환으로 전개되었다는 공통점을 지니며 성경이 교과목에 포함되어 있었다. 그러나 교수-학습 언어로 영어를 택할 것인지 현지어를 사용할 것인지는 선교지 상황에 따라 달랐다.

선교사는 현장의 필요에 맞는 특화된 학교를 설립하여 교육선교의 효율성을 극대화할 필요가 있다. 내한 선교사들은 고아원, 유치원부터 대학에 이르는 각종 학교를 설립하였다. 그들은 각 시기마다 새로운 도전에 직면해야 했으며 그러한 위기 상황에서 미션스쿨의 설립 취지와 건학 이념을 고수하기 위해 노력하였다. 1915년 조선 총독부가 미션스쿨에 대한 통제를 강화시키면서 성경과목을 가르치지 못하게 했을 때에 교단 선교부 혹은 개개인 선교사의 확신에 따라 대응 방안은 달랐다. 또한 1920년대 지정학교 요건을 갖추기 위해 학교 시설 확충과 우수 교사진 확보를 하느라 재정 위기가 발생하고, 1930년대에는 미국의 경제공황으로 선교비가 축소되면서 학교 재정 부족 상황이 발생하기도 하였다.

이와 함께 1930년대에 일제가 신사참배를 강요하기 시작하면서 미션스쿨의 정체성과 설립목적도 유지할 수 없게 되자 선교사들은 폐교를 불사하는 극단적 조치를 취하였다. 1936년 6월 30일 미국 북장로교 연례회의는 뉴욕 해외선교본부와 협의를 거쳐 신사참배를 거부하고 조선에서 교육사업을 철수하기로 결의하였고,[53] 1936년 11월 4-5일 미국 남장로교 선교부도 교육사업에서 철수를 결정하였다.[54] 이처럼 선교사는 미션스쿨 본연의 건학 이념이 훼손당할 경우에 대한 대응방안을 갖고 있어야 하며, 이와 아울러 선교비 축소에 대비해 학교의 자립비율을 높여 나가야 한다.

끝으로 선교사들은 이양과 철수에 대비한 장기 이양 플랜을 갖고 있어야 한다. 1940-41년에 대부분의 선교사들은 학교시설을 남겨둔 채 일제에 의해 추방당하거나 미국무부의 철수 권고에 따라 미국으로 귀국하였다. 불가피한 사정으로 갑작스럽게 이양이 일어난 경우이지만, 선교사들이 운영하는 교육시설은 언젠가 현지교회에 넘겨주어야 하며, 이양에 대비한 장기플랜을 수립해야 한다는 사실을 일깨워주기에 충분했다.[55] 현지 리더십에게 학교를 인계하는 장기 이양 계획에 대해서는 추가적인 연구과제로 남겨두고자 한다.

---

53) *Minutes and Reports of the 52nd Annual Meeting of the Chosen Mission of the Presbyterian Church in the U.S.A. Held in Seoul June 25th-July 2nd, 1936*, 37; *Board Actions Regarding Withdrawal from Seoul Education in Chosen: Board Action of September 21, 1936*, 이만열 엮음, 『신사참배 영문 자료집 II: 미국 북장로회 해외선교부 문서 편』 (서울: 한국기독교역사연구소, 2004), 517.

54) 1937년 9월 22일 미국 남장로교 선교부가 미션스쿨을 자진하여 폐교하였고, 1938년 3월 평양 숭실학교가 자진 폐교하였고, 1938년 1학기를 마치고 장로교 평양신학교도 자진 폐교하였다. 호주 장로교 선교부도 1936년 2월 신사참배 거부를 결의하고, 1939년 1월 선교회 소속 학교들을 폐교하였다. 이처럼 미국 남북 장로교와 호주 장로교 선교부는 신사참배를 우상숭배로 간주하였다.

55) 조준형, "선교사 은퇴를 위한 협력과 이양," 『선교와 신학』 제28집 (2011. 10), 152-85.

제7장

베어드의 자립적 교육선교 정책

1. 들어가는 말

　　윌리엄 베어드(배위량, William M. Baird, 1862-1931)는 1885년 하노버(Hanover) 대학을, 그리고 1889년 5월 시카고 맥코믹(McCormick) 신학교를 졸업한 이후 1891년 1월 미국 북장로교 선교사로 파송되어 부산, 대구, 서울 등지에서 교회개척 사역을 감당하였고, 마지막으로 평양에서 교육선교 사역을 끝으로 1931년 한국을 떠나기까지 40여년간 한국 선교사업에 전념하였다. 베어드는 한국에서 선교사역 중에도 학업을 계속하였고, 첫 안식년 기간(1899-1900) 동안 미국에 가서도 계속 공부하여 1903년 모교인 하노버 대학에서 박사학위(Ph.D.)를 받고 다시 내한하여 선교사역을 계속할 만큼 내한 선교사 중 최고의 지성과 선교 열정을 겸비한 선교사였다.

본 장에서는 베어드가 남긴 1차 자료를 중심으로 그의 선교사상을 살펴본다.[1] 베어드의 사역은 부산 사역(1891-1895), 대구와 서울 사역(1895-1897), 그리고 평양 사역(1896-1916)으로 구분된다. 먼저 베어드의 대학과 신학교 시절을 개관하고, 한국에 온 후 베어드가 교회 개척 선교사로서 어떠한 선교방법을 사용했고, 이후 교육 전문 선교사로서 어떤 교육정책을 수립했는지를 분석하려고 한다. 또한 1890년 이후 한국 미국 북장로교 선교부 정책과 베어드의 교육선교 정책에 커다란 영향력을 끼친 네비우스(John Nevius, 1829-1893) 자립선교와의 상관관계도 간단하게 살펴본 후에, 오늘날 한국교회 선교에 주는 교훈을 모색하고자 한다.

2. 학생자원운동과 한국선교

윌리엄 베어드의 아버지는 스코틀랜드계 미국 장로교회 장로였으며, 어머니는 미국 남부의 화란 개혁교회 교인으로서 베어드는 어려서부터 주일성수하는 엄격한 개혁교회 전통에서 자라났다.[2] 베어

---

1) 베어드에 관한 1차 자료는 뉴욕의 선교본부에 보낸 선교편지와 보고서, 미국 북장로교 주한 선교부 연례회의 회의록 등이 필라델피아 장로교 역사자료실(PHS)이 제작한 마이크로필름 형태로 존재하며 그가 『신학지남』에 기고한 글과 그의 아들이 쓴 『배위량 박사의 한국 선교』(William M. Baird of Korea)와 베어드와 동시대에 사역했던 언더우드(Horace Underwood)와 마펫(Samuel A. Moffett) 자료 등이 있다.

2) Richard H. Baird, *William M. Baird of Korea: A Profile by Richard H. Baird*, 김인수 역, 『배위량 박사의 한국 선교』(서울: 쿰란출판사, 2004), 16-17, 300. 마펫은 베어드가 한국에 도착한 이후 1891년 11월 미국 북장로교 선교부 총무 엘린우드 박사에게 보낸 편지에서 "현재 한국 선교부는 칼빈주의 신조를 고수하는 정통 장로교인들로 이루어져 조화를 잘 이루고 있다."고 보고했다. Samuel A. Moffett to F. F. Ellinwood, Seoul, November 27, 1891.

드가 수학했던 시카고 지역의 하노버대학과 맥코믹신학교는 1870년 대 이후 무디(Dwight L. Moody)와 생키(Ira Sankey)에 의해 주도된 부흥운동(Detroit revivals)이 활발하게 일어난 곳이었다. 또한 1886년 7월 무디와 피어슨(Arthur T. Pierson)이 주도한 미국 매사추세츠 주 헐몬산(Mt. Hermon) 수련회가 개최된 이후 시카고 지역은 미국 동북부 지역과 함께 미국 해외선교운동에 양질의 선교 인력을 제공했던 해외선교를 위한 대학생자원운동(Student Volunteer Movement for Foreign Missions, SVM)[3]이 활발하게 일어나 수많은 선교사를 배출한 곳이었다. 대학생자원운동은 무디의 부흥운동을 뒤이어 또다시 미국 전역에 큰 영적 각성과 선교적 부흥을 가져왔고 캐나다, 호주, 스칸디나비아를 비롯해 세계 각국의 선교운동에 지대한 영향을 끼쳤다.[4]

이후 피어슨은 프린스턴 신학교(1884), 프린스턴 대학(1886), 뉴브룬스윅 신학교를 순회하며 선교 집회를 통해 향후 미국 선교운동을 주도할 중요한 대학생 선교 헌신자들을 얻게 된다. 그 중에는 38년 간 이슬람 선교사로 사역한 사무엘 즈웨머(Samuel Zwemer),[5] 미국 북장로교 해외선교부 총무를 역임한 로버트 스피어(Robert E. Speer) 등이 있었다.[6] 또한 위대한 선교의 세기가 거의 끝날 무렵에 은둔의 나라 한국에 온 미국 북장로교와 북감리교의 언더우드와 아펜젤러(Henry G. Appenzeller)와 이후 한국 선교에 헌신했던 마펫(Samuel A.

---

3) 해외선교를 위한 대학생자원운동(SVM)이 공식적으로 조직된 해는 1888년이다.
4) 이로써 미국 선교사들은 대학 졸업 후 신학대학원을 거쳐 선교지로 나갔다. 이후 학생자원운동을 통해 50년 동안 2만 5백 명이 선교사로 파송되었다. 이 학생자원운동은 한국에도 커다란 영향을 미쳤는데, 1950년 전까지 한국에 파송된 선교사들의 50%가 학생자원운동의 헌신자들이었다.
5) 즈웨머(Zwemer)는 선교지에서 돌아와 프린스턴 신학교의 종교사(History of Religions) 교수로 가르쳤다.
6) Dana L. Robert, *Occupy Until I Come: A. T. Pierson and the Evangelization of the World* (Grand Rapids, MI: William B. Eerdmans Publishing Company, 2003), 129.

Moffett), 베어드(Baird), 그래함 리(Graham Lee) 등 맥코믹 신학교 출신들과 베어드의 부인 애니 아담스(Annie L. Adams, 1864-1916)도 SVM 출신의 대학생 선교 자원자들이었다.[7] 특히 베어드가 신학교를 졸업한 1888년 맥코믹 동기생 중 4명이 한국 선교사로 왔고 그 외 중국, 인도, 일본 선교사로 나간 사람들도 있었다.[8]

베어드는 마펫과 같은 대학(마펫은 1년 앞선 1884년 졸업)을 나왔고, 신학교와 목사 안수 동기생으로서 8년간 같이 공부하며 친한 친구로 지냈고,[9] 1888년 5월 마펫과 함께 맥코믹 신학교를 졸업했다. 또한 같은 해 5월 인디애나 뉴알바니 노회의 메디슨장로교회에서 마펫과 같이 목사 안수를 받았다. 이후 마펫이 미주리 장로교회에서 설교목사로 1년간 섬기다가 1889년 3월 말 미국 북장로교 선교사로 지원하는 동안, 베어드는 잠시 미주리 주(州)의 한 장로교회에서 임시목사로 있다가, 콜로라도 델노르떼(Del Norte)의 작은 교회로 옮겨 목회하면서 남미 멕시코와 스페인계 학생들을 교육하는 기독교학교의 교장직도 같이 수행하며 선교사의 꿈과 비전을 키워 나갔다.[10]

베어드는 1890년 6월 한국 선교사로 임명받았고,[11] 11월 18일 애

---

7) 프린스턴 대학 출신의 와일더(Robert P. Wilder)와 포만(John N. Forman)은 1886-87년에 미국과 캐나다의 162개 대학을 순회하면서 2,106명(여학생 500명 포함)의 대학생 선교 자원자를 얻었다. 한국 선교 초기에 많은 공헌을 한 캐나다 출신 선교 4인방으로 불린 평양 대부흥운동의 주역 하디(R. A. Hardie), 세브란스병원을 설립한 에비슨(O. R. Avision), 캐나다 최초의 SVM 선교사 게일(James S. Gale), 한국 침례교의 선구자 펜윅(Malcolm Fenwick) 등은 위의 선교 동원가들이 북미 대학 순회 중에 토론토대학에 왔을 때 SVM 선교서약문에 서명했다. 또한 평양에서 의료선교사로 사역하다가 순직한 윌리엄 홀(William James Hall, M.D.)도 포만이 캐나다 퀸즈(Queens) 대학에 왔을 때 선교사로 자원했다.

8) Richard Baird, 『배위량 박사의 한국 선교』, 22-23. 1888년 맥코믹 신학교 졸업 동기생으로 한국에 온 4명의 선교사는 기포드(Daniel Gifford, 1888.10.27), 가드너(William Gardner, 1889.2) 마펫(1890.1.25), 베어드(1891.2.2)이다. 그 중 1889년 2월 중순 내한한 가드너는 한국의 기후에 적응을 못하여 2개월만인 4월 23일 선교사직을 사임하고 미국으로 돌아갔다. Horace G. Underwood to F. F. Ellinwood, Seoul, March 11, 1889.

9) S. A. Moffett to F. F. Ellinwood, Seoul, March 18, 1890.

10) 이상규, "윌리엄 베어드의 부산에서의 활동," 유영석, 이상규, 존 브라운 지음, 『부산의 첫 선교사들』(서울: 한국장로교출판부, 2007), 270; Richard Baird, 『배위량 박사의 한국 선교』, 23.

니 아담스(Annie Adams)와 결혼한 후 1890년 12월 8일 증기선으로 미국 서부를 출발하여[12] 1달여의 항해 끝에 1891년 1월 8일 일본 요꼬하마에 도착하였다. 이후 2주간 일본에 체류하며 일본 선교 현장을 돌아보며 한국에 대한 정보와 선교 소식을 접하다가, 1월 25일 일본 고베항을 출발하여 1891년 1월 29일 부산에 도착하고 2월 2일 서울에 도착하였다. 곧이어 2월 3일부터 7일까지 개최된 미국 북장로교 선교부 연례회의에 참석하였는데, 이 회의는 마펫에게는 평양 선교지부를 개척하고, 베어드에게는 인구가 밀집되어 있는 부산에 새로운 선교지부를 개척하도록 의결했다. 결국 베어드는 서울의 선교기지를 벗어나 최초의 개척선교의 사명을 부여받았다.[13] 베어드는 독신으로 있던 서울의 마펫 집에 머물면서 1년간 한국어를 공부하며, 이 기간 동안 부산에 부지를 구입하고 선교관 건축을 준비하도록 하였다.[14]

1891년 2월 24일 베어드는 언더우드와 함께 부산 선교지부 개척을 위한 부지 구입을 위해 부산에 내려갔으나 구입하지 못하고 서울로 귀경했다.[15] 부산 내륙의 군(郡) 소재지인 동래(東萊)에서 선교부지 구입을 시도했으나 외국인으로 구입이 불가능했던 것이다. 베어드 부부는 7월 여름 휴가를 남한산성에서 보낸 후, 9월초 영구한 선교주거지를 마련하기 위해 다시 부산으로 내려갔다. 1891년 9월 24일 베어드는 미국 공사관의 허드(Augustine Heard) 공사와 알렌(Horace

---

11) H. G. Underwood to F. F. Ellinwood, Nam Han, August 10, 1890.
12) S. A. Moffett to F. F. Ellinwood, Seoul, November 4, 1890.
13) Harry A. Rhodes, *History of the Korea Mission Presbyterian Church U.S.A., 1884-1934* (Seoul, Chosen: Chosen Mission Presbyterian Church U.S.A., 1934), 129. 이후 미국 북장로교 선교회는 지방에도 선교지부 개척을 시도하기 시작했다.
14) S. A. Moffett to F. F. Ellinwood, Seoul, February 11, 1891.
15) H. G. Underwood to F. F. Ellinwood, Fusan, February 27, 1891; H. G. Underwood to F. F. Ellinwood, Fusan, March 6, 1891.

Allen) 서기관의 도움으로 부산에서 외국인 최초로 부산항 근처의 일본인 거주지에 땅을 구입하여 선교관을 짓기 시작했다.[16] 이로써 베어드는 부산지방 최초의 미국 북장로교 선교사가 된 것이다. 선교관이 완공될 때까지 베어드 부부는 지금 용두산 부근(초량 왜관) 하디(R. A. Hardie) 의사의 집에 임시로 머물렀다.[17] 1891년 10월 이후에는 부산에서 순직한 데이비스(Davies) 선교사 후임으로 새롭게 부산으로 파송된 호주 빅토리아 장로교회 선교사들과 함께 하디 의사 집에 머물다가, 1892년 3월 5일 베어드 부부는 거기에서 나와 선교관 내 가 건물에서 일시 기거했고, 선교관은 1892년 6월경 완공되었다.

3. 베어드의 선교방법

한국에 온 후 선교지부 개척을 위해 5년간(1891-1895) 상주했던 부산에서 베어드가 사용한 선교방법은 크게 다음 5가지로 분석할 수 있다. 첫째로 광범위한 순회 전도여행을 통한 선교, 둘째로 사랑방을

---

16) 이상규, "윌리엄 베어드의 부산에서의 활동"(2007), 273; Richard Baird, 『배위량 박사의 한국 선교』, 45. 그러나 이만열·옥성득은 부산의 선교 부지 구입 시기가 1891년 7월이라고 주장한다. 이만열·옥성득 편역, 『언더우드 자료집』 I (서울: 연세대학교출판부, 2005), 251의 각주 238. 마펫은 1891년 12월 16일 베어드로부터 부산 선교지부 대지의 매입증서를 받았다고 기록한다. S. A. Moffett to F. F. Ellinwood, Seoul, December 16, 1891.

17) 당시 부산에 거주하던 5-6명에 불과했는데, 그 중 1891년 봄에 부산으로 내려온 영국 세관원인 헌트(J. H. Hunt)와 캐나다 의사 하디 가족이 있었고, 미국인은 베어드 부부가 유일했다. 베어드가 부산에 왔을 때 캐나다 YMCA 파송 선교사 게일(Gale)은 이미 부산을 떠나고 없었다. 하디(Hardie)는 토론토 YMCA 파송의 독립 의료선교사로서 의사 학위(M.D.)를 받지 않은 채 일하고 있었고, 이후 감리교 선교사로서 1903년 8월 원산 대부흥의 주역이 되었고 1907년 한국교회 대부흥운동에 큰 영향을 미쳤다. 이상규, "윌리엄 베어드의 부산에서의 활동"(2007), 276-77.

이용한 전도, 셋째로는 전도용 소책자 번역과 보급을 통한 문서선교, 넷째로 복음 전파의 수단으로 의료선교의 활용, 다섯째는 자선사업과 전도를 겸한 서당을 통한 교육선교 등이다.

내한 초기 베어드가 부산 중심의 영남권에서 가졌던 다양한 선교 사역은 후에 평양 중심의 교회 개척과 선교방법 및 교육정책을 세워 나갈 때 매우 소중한 경험적 지식을 제공했다는 점에서, 그의 후기 선교사상을 이해하는 데도 매우 중요하다. 왜냐하면 베어드가 대구와 서울에 잠시 체류하다가 1896-1916년까지 평양에서 교육사업에 종사한 후에는 다시 초기 사역인 문서사역과 순회 전도사역에 매진했기 때문이다.

A. 순회 전도

한국에 온 초기 미국 북장로교 선교사들과 마찬가지로, 베어드 선교사의 부산 개척 사역 중에 주목할 만한 사역은 광범위한 순회 전도여행이었다. 부산·경남 지역에서 수행된 이러한 순회여행은 선교 지부 개척을 목적으로 한 '정탐여행을 겸한 전도여행'(exploratory and evangelistic journey)이었다. 베어드는 1년에 7달 이상 집을 떠나 있었다.[18] 순회 전도여행 중에는 이전에 사랑방을 방문했거나 환자였던 자들을 찾아가 다시 기독교를 권유하거나 서당, 한약방, 서당 등 사람

---

18) William M. Baird to F. F. Ellinwood, Fusan, May 16, 1892; Rhodes, *History of the Korea Mission Presbyterian Church U.S.A.*, 129.

들이 많이 모여 있는 곳을 찾아가 기독교에 대한 이야기를 전했다. 흥미로운 점은, 거리와 시장 등지에서 개별적으로 기독교에 대해 이야기를 건네거나 전도용 소책자를 판매했지만, 기독교 선교가 아직 허락되지 않은 때여서 공개적인 노방전도나 설교를 시도하지는 않았다는 것이다.[19]

부산에 머무는 동안 베어드는 복음을 전혀 들어보지 못한 지역에 3차례에 걸쳐 순회 전도여행을 다녀왔다. 제1차 전도여행은 1892년 5월 15일 서울에 경험 많은 전도자 서상륜의 도착으로 시작되었다. 그를 한국어 교사 및 통역, 전도자와 매서인으로 삼아 5월 18일부터 6월 13일까지 경상도 남부의 김해, 창영, 마산, 진해, 고성, 통영 지방 등 서쪽 해안을 다니며 별다른 반대를 받지 않고 100-200명의 한국인들에게 복음을 전했다.[20] 제2차 전도여행은 1893년 4월 17일부터 5월 18일까지 서상륜의 동생인 서경조를 조력자 겸 전도자로 삼아 동래, 양산, 물금, 밀양, 청도, 대구, 상주, 풍산, 안동, 영천, 의성, 경주, 울산을 거치는 1,200리의 거리를 다녀왔다. 제3차 전도여행은 1893년 9월 25일 부산을 출발하여 모라, 김해, 장유, 창원, 의령, 남원, 청주, 은진, 공주, 수원 등지를 거쳐 10월 11일 서울에 도착하는 여정이었다.[21]

---

19) Richard Baird, 『배위량 박사의 한국 선교』, 58-59.
20) William M. Baird to F. F. Ellinwood, Fusan, June 27, 1892; 이상규, "윌리엄 베어드의 부산에서의 활동"(2007), 280.
21) Richard Baird, 『배위량 박사의 한국 선교』, 68-74.

B. 사랑방 전도

한국의 독특한 제도인 사랑방을 이용한 선교는 베어드만이 활용한 선교방법은 아니었다. 사랑방 전도는 한국선교 초기부터 거의 모든 선교사에 의해 널리 활용되었는데 네비우스의 순회전도가 개인전도 형태로 변형된 전도법으로서 1891년 초 언더우드에 의해 처음으로 시도된 것으로 보인다. 사랑방 전도법에 대한 현존하는 최고(最古)의 기록은 1891년 2월 언더우드가 미국 북장로교 선교본부에 보낸 편지에서 찾아볼 수 있다.[22] 그 후 언더우드의 집 구내에 있는 '사랑방 사역'은 언더우드가 안식년으로 미국에 가 있는 동안 마펫에 의해 운영되기도 했다. 마펫은 "사랑방 사역의 목적은 일상적인 질문과 성경에 관한 대화와 공부를 위한 공간을 제공하기 위하여 마련된 것인데, 매일 2-3시간을 이 일에 투자함으로써 큰 기쁨과 유익이 있을 것으로 기대합니다."[23]라고 적고 있다. 리처드 베어드는 아버지 베어드가 즐겨 활용했던 사랑방 전도에 대해 다음과 같이 기술한다.

> 베어드 박사가 순회 전도여행을 하지 않을 때, 사랑방은 그의 모든 선교활동에 있어서 중심이 되었다… 거의 매일 방문자들이 사랑방에 찾아왔다. 그들은 사랑방에서 진행되는 가정예배나 주일예배 등 여러 가지 일을 지켜보았다. 전도용 소책자가 무료로 주어지기도 했고, 또한 쪽복음

---

22) 언더우드는 "저는 저의 집 입구에 사랑방을 지었는데, 이곳에서 한국인들은 늘 말씀을 공부하고 있습니다. 우리는 사랑방을 통한 선교방법이 그리스도의 대의를 위해 매우 유용하게 사용되기를 희망하고 기도합니다."라고 적고 있다. Horace G. Underwood to F. F. Ellinwood, Fusan, February 27, 1891.
23) S. A. Moffett to F. F. Ellinwood, Seoul, February 17, 1892.

이나 기독교를 설명하는 팸플릿을 구입하도록 권유받기도 했다. 대화의 시간이 지나면 그들은 몇 시간 동안이나 자리에 앉아서, 베어드 선교사가 한국어 선생과 함께 한국어를 공부하는 것이나 새로운 소책자를 번역하는 것을 지켜보았다.[24]

사랑방은 안방에서 멀리 떨어져 있고, 안마당을 통하지 않고도 거리나 길에서 바로 접근할 수 있어서 누구나 부담 없이 이용할 수 있었다. 지리적으로 가까운 곳뿐 아니라 먼 지역에서 온 사람들도 사랑방을 이용했다. 예컨대, 베어드는 1893-1894년 부산의 사랑방 이용자 중에 멀리 제주도나 최북단에 있는 만주 국경의 함경도에서 온 사람들도 있었다고 밝히고 있다.

이처럼 언더우드가 처음 시작한 사랑방 전도는 이후 모든 선교부 구내마다 길에서 가까운 곳에 사랑방을 건축하여 초기 한국교회 복음 확장의 중요한 장소로 효과적으로 이용되었다. 시기적으로 볼 때, 베어드가 부산을 기점으로 하여 본격적으로 순회 전도여행을 떠날 때나 사랑방 사역을 시작한 1893년 당시, 언더우드의 사랑방 전도방법은 서울과 평양 등 한국 전역에 이미 널리 보급된 것으로 보인다. 또한 사랑방은 대화를 통해 남성 구도자들을 만나 종교적 대화와 토론 그리고 교제 공간으로뿐 아니라, 그들에게 복음 전파와 신앙 권면이나 직접적인 전도 처소 이외에 주일예배, 성경공부와 기도회, 전도지나 전도용 책자 배포 등 다양한 용도로 사용되었다.

한국의 사랑방 전도는 19세기 초 미국 개신교 최초의 선교사로 버마에 갔던 아도니람 저드슨(Adoniram Judson)이 현지인들이 자유

---

24) Richard Baird, 『배위량 박사의 한국 선교』, 56.

로이 들어와 휴식을 취하며 토론도 하고 불교 승려의 설법도 듣는 장소인 자야트(Zayat)를 활용하여 많은 선교적 열매를 얻었던 것과 매우 유사하다. 저드슨 이후 선교사들은 동네마다 대로변에 위치하여 나그네들의 쉼터와 대화 장소로 이용되던 자야트에서 힌트를 얻어 선교용 자야트를 건립하여 효과적인 복음전파 장소로 활용했다. 한국에서도 언더우드 이후 거의 모든 미국 북장로교 선교사와 선교지부는 '선교 사랑방'(sarang, guest room)을 세워 이를 접촉점으로 삼아 전도사역을 감당했다.[25] 이러한 사랑방 사역은 1900년 평양을 중심하여 많은 교회가 세워질 때까지 거의 모든 지역에서 시행되었다.[26]

현존하는 여러 자료를 종합해 볼 때, 베어드 또한 선교 초기부터 사랑방을 잘 활용하여 정해진 시간에는 한국인 방문객들을 만났고, 이를 통해 많은 전도의 열매를 거둔 것으로 사료된다. 1893년 2월 10일 부산에서 자신의 집을 건축한 후에 베어드는 가장 먼저 장로교 선교본부에 사랑방 건축을 위한 자금을 요청하였다. 1893년 6월 1일 베어드와 동역하던 의료선교사 브라운(Hugh Brown)은 부산에서 뉴욕 본부에 보낸 선교편지에서 선교사 거주지가 완공되었으며, 선교기지 구내에 한국인 방문자들을 위한 사랑방도 건립되었다고 보고한다.[27] 베어드 자신도 1893년 6월 4일(주일)자 일기를 "사랑방(Sarang) 사역

---

[25] 버마의 자야트 전도와 한국의 사랑방 전도를 비교하면 다음과 같다.

한국의 사랑방 전도	미얀마의 자야트 전도
언더우드(1891년) 이후 선교 사랑방 보급	저드슨(1818년) 이후 선교 자야트 보급
집안 가장이 손님을 맞아 대접하는 곳	불교 승려의 설법, 사교 모임
남성 구도자들과 대화, 복음전파, 소책자 배포	현지인들과 대화, 복음전파
길에서 가까운 곳에 사랑방 위치	도로변에 자야트 위치

[26] 이만열, 옥성득 편역, 『언더우드 자료집』 I (2005), 248의 각주 234.
[27] Hugh M. Brown to F. F. Ellinwood, Fusan, June 1, 1893.

이 시작되었다."라는 제목으로 시작하고 있다.[28]

또한 1893년 9월 7일 베어드 부인은 뉴욕의 선교부에 보낸 편지에서 브라운 의사가 새 집으로 입주했으며 방문객을 위해 사랑방을 건축할 계획이라고 보고한다.[29] 그로부터 며칠이 지난 9월 11일자 일기에서 베어드는 그날 원근각처에서 그의 사랑방으로 찾아온 다양한 방문객들을 다음과 같이 기록하고 있다.

> 첫째, 부산에서 50마일 떨어진 김해에서 온 배씨 노인. 둘째, 남쪽으로 100마일 떨어진 제주도에서 온 장님. 셋째 10마일 떨어진 동래에서 온 박씨. 넷째, 북쪽으로 400마일 떨어진 만주 국경의 함경도에서 온 사람.[30]

또한 베어드는 사랑방에서 기독교에 관심 있는 한국인들을 만나 전도하며 기독교를 소개하는 여러 소책자를 번역하기도 했다. 후에 평양으로 이주한 후 1910년 10월 평양 자신의 집 구내에 세워진 사랑방에서 숭실학당의 수업을 하기도 했다. 바로 이곳에서 시작한 "사랑방 교실"이 숭실학당의 모체가 되었던 것이다.[31]

---

28) Diary of Baird, June 19, 1893. 이상규, "윌리엄 베어드의 부산에서의 활동"(2007), 287-88에서 재인용.
29) Mrs. William M. Baird to F. F. Ellinwood, Fusan, September 7, 1893.
30) Richard Baird, 『배위량 박사의 한국 선교』, 56-57.
31) Richard H. Baird, *William M. Baird of Korea: A Profile* (Oakland, CA: by the author, 1968), 29; 이인성, "베어드 선교사와 한국 기독교 그리고 숭실," 『윌리엄 베어드 박사의 한국선교와 숭실』 (서울: 숭실대학교 한국기독교박물관, 2007), 61, 67.

C. 문서 선교

한국은 선교사보다 쪽복음 형태의 성경이 먼저 국외에서 번역·보급되었고, 이를 통해 복음을 받아들인 사람들이 선교사가 들어와 세례 주기를 기다리던 선교지였다. 언더우드의 표현을 빌리면, 복음의 씨앗을 뿌리러 나왔더니 이미 말씀의 씨앗이 뿌려져 있었고, 그 열매를 거두는 형국이 되었던 것이다. 유교 문화권의 한국은 선교역사상 다른 선교지와 유사하면서도 구별되는 독특한 면이 많았다. 특히 중국인들처럼 유교 경전을 읽고 암송하던 한국의 상류층에게 기독교 서적과 전도용 소책자는 매우 효과적인 선교방법이었다.

중국에서 직수입된 한문 기독교 문서는 번역되지 않고 바로 활용될 수 있었다. 하지만 유교의 경전이 어려운 한문으로 기록되어 있어 상류층의 독점물이 되고 하류계층은 접근하기가 어려웠다. 그러나 한글로 번역된 쪽복음과 전도용 소책자는 문맹 퇴치 역할과 함께 서민과 대중 계층에게 쉽게 접근할 수 있는 기회를 주었다. 특히 기독교 문서 번역과 보급 면에서 선교사들의 광범위한 순회 전도와 근대식 인쇄기를 통한 대량 인쇄와 잘 조직된 매서인들로 인해 한국의 방방곡곡까지 엄청난 양의 전도 책자를 배포할 수 있었다.

특히 1885년 첫 개신교 선교사가 내한한 후 얼마 되지 않은 1888년경부터 주기도문, 사도신경, 웨스트민스터 소요리문답(Westminster Catechism) 등의 교리서가 번역 출판되었을 뿐 아니라, 베이드가 내한한 1890년대에서 1900년에 이르는 기간에 언더우드가 1890년 번역한 『성교촬리』(聖敎撮理, *Salient Doctrines of Christianity*)를 비롯한 기독교의 중심교리를 설명하는 60여 종의 전도문서들도 번역·출간되어 널리 반포되었다.[32] 1890년대에 한글로 간행된 이들 전도 책자의 대부분은 선교사들의 번역이거나 저술이며 기독교 소개와 전도를 목표로 한 것이 많다. 베어드가 본격적으로 순회 전도에 나설 때는 전도 활동과 함께 한글로 번역된 여러 종류의 전도용 소책자가 널리 보급되던 시기였던 것이다. 예를 들면, 1892-1893년 베어드가 한국인 매서인과 함께 광범위한 순회 전도여행을 할 때 말 달구지에 약과 여러 전도용 문서를 싣고 다니며 배포했으며, 오전에는 한국어 교사의 도움을 받아가며 틈틈이 소책자를 한글로 번역하기도 했다.

베어드는 1893년 앞서 언급한 바 있는 버마의 미국 침례교 선교사 저드슨(Judson)이 버마어로 쓴 소책자『텬로지귀』(天路指歸, Sure Guide to Heaven)를 한글로 번역·출간하였다.[33] 흥미로운 점은 미국 남장로교 선교사 레이놀드(W. D. Reynolds)가 1894-1895년 전라도 지역을 순회 전도할 때 가장 잘 팔린 전도 소책자 중에 베어드가 번역한『텬로지귀』가 포함되어 있었다는 것이다.[34] 1894년 12월초 베어드는 순회여행 중에 실제로 자신이 번역한『텬로지귀』를 읽은 한 청년(윤선달)을 만나기도 했고, 1894년 4월초 순회 전도여행 중에『텬로지귀』번역본 수정 작업을 하기도 했다.[35] 또한 베어드는 중국 런던선교회 소속의 선교사 그리피스 존(Griffith John)이 중국어로 쓴『구셰

---

32) 이만열,『한국 기독교와 민족의식』(서울: 지식산업사, 1991), 221-22.
33) 리처드 베어드는 저드슨이 버마어로 쓴 것을 아버지가 한글로 번역·출간했다고 기술한다. Richard Baird,『배위량 박사의 한국 선교』, 153. 하지만 이 소책자는 1891년 중국에서 중국어로 출간된 것을 윌리엄 베어드가 한글로 번역한 것인데 리처드 베어드가 이를 인식하지 못함으로써 비롯된 오류로 보인다.
34) W. D. Reynolds Diary, 1894-1895, "W. D. Reynolds Papers." Sung-Deuk Oak, "The Indigenization of Christianity in Korea: North American Missionaries' Attitudes towards Korean Religion, 1884-1910" (Th. D. diss., Boston University, 2002), 219에서 재인용.
35) Richard Baird,『배위량 박사의 한국 선교』, 64, 79, 153. 이후『텬로지귀』는 여러 차례의 수정을 거쳐 발간되었는데, 현재까지 남아 있는 판은 1894년(32쪽)과 1895년(27쪽)이 있다.

진주』(救世眞主, True Savior of the World)를 한국어로 번역 출간하였다. 1895년에 발간된『구셰진주』는 아직까지 전해져 오고 있다.

이처럼 베어드는 내한 초기뿐 아니라 1916년 숭실대 교장직 사임 후 1931년 소천할 때까지 매우 활발하게 문서사역과 번역사업에 종사하였다. 특히 당시 신학생들과 목회자들에게 널리 읽히던『신학지남』(神學指南)에 상당히 많은 글을 기고했다. 여러 신앙위인과 선교사에 관한 글도 많이 썼는데, 그 중 우리의 흥미를 끄는 글은 1918년에 기고한 "근대 선교의 아버지"라 불리던 윌리엄 캐리(William Carey)에 관한 글이다. 12쪽짜리의 이 글에서 베어드는 먼저 유럽(영국) 교회가 해외선교에 참여하지 못한 이유를 설명한 후, 어떻게 선교에 무관심했던 유럽교회가 캐리에 의해 선교의 물꼬를 튼 후 선교에 동참하게 되었는지 설명한다. 베어드는 당시 영국교회가 매월 1회 해외선교를 위해 모이던 중보기도회("기도합주회")를 소개하며, 침례교 선교회가 조직된 경위와 선교비 모금에 대해 기술한다. 이후 베어드는 근대 개신교 선교의 도화선에 불을 지폈던 캐리의 두 가지 선교 원칙을 소개한다.

> 하느님을 爲ᄒᆞ야 크고 만흔 일을 ᄒᆞ여보고, 하느님의 일 ᄒᆞ는 가온대 하느님의 도으심을 만히 밧을 줄 밋고 行ᄒᆞ라.[36]

베어드는 캐리 이후 본격화된 영국교회와 유럽교회의 선교활동은 마태복음 28장 19-20절에 나오는 예수의 선교명령에 대한 성취를

---

[36] 배위량 목사, "윌렴 캐리전,"『神學指南』통권 제1호 (1918년 7월), 81. 참고로 영어 원문에는 "하나님으로부터 위대한 일을 기대하고 하나님을 위해 위대한 일을 시도하라"(Expect great things from God; Attempt great things for God.)로 되어 있다.

보여주는 것이라고 주장하며 자신의 글을 맺는다.[37] 베어드는 한국교회에 윌리엄 캐리를 소개함으로써 당시 중국 산동성선교에 힘쓰다가 주춤한 상태에 있던 한국 장로교회에 다시 선교의 불길을 지피려고 했던 것 같다. 왜냐하면 베어드가 이 해외선교의 글을 기고한 때는 1913년 한국 장로교회 최초로 김영훈, 박태로, 사병순의 세 선교사 가정을 파송함으로써 시작된 중국 산동선교가 3년 6개월만인 1917년 4월 선교사 전원이 철수하면서 실패로 끝나고, 이후 장로교 총회전도국은 1917년 10월 방효원, 홍승한 선교사의 두 가정을 새로 산동에 파송한 시기였기 때문이다.

D. 의료 선교

주한 미국 북장로교 선교부는 그 설립 초기부터 의료 선교의 효능을 인식하고 있었다. 예컨대, 1890년 초 언더우드는 뉴욕 선교부 총무에게 부산과 같은 새로운 선교지부 개척에 목사 선교사만 아니라 의료선교사가 반드시 동행해야 한다고 주장했다. 특히 언더우드는 1859년 요코하마에 도착한 헵번(James C. Hepburn, 1815-1911) 선교사나 1884년 서울에 도착한 알렌(Allen) 선교사의 경우처럼 일본과 한국의 첫 상주 선교사가 의사였음을 상기시키며 선교 초기 외국 선교사에 대한 편견 제거를 위해 의료선교사가 절대적으로 필요하다고 보고했다.[38]

---

37) 위의 글, 84.

이러한 분위기를 반영하여 1892년 1월 주한 미국 북장로교 선교회 연례회의는 새로운 선교지부 개척은 의료 선교사의 도움을 받아 추진되어야 한다고 의결했다. 1892년 선교본부에 보낸 선교보고서에서 베어드는 부산에 의료선교사를 보내줄 것을 요청했고, 이 요청에 따라 1892년 10월말 의료선교사 브라운(Hugh Brown)이 부산으로 배치되었다. 하지만 브라운 의사는 결핵에 걸려 1894년 1월 미국으로 돌아가고, 의료선교사 어빈(Irvin)이 새로 부산에 파송되었다. 어빈은 베어드와 함께 순회 전도를 하며 베어드는 그가 진료하는 동안 성경과 기독교 문서들을 판매했다.[39]

마펫 선교사가 지적하듯이, 의료사역이 복음전도 사역과 연합함으로써 얻게 되는 시너지 효과는 대단했다. 1892년 9월 마펫은 "의료 사역은 복음전도 사역을 위한 수단이 되어야지 그 자체로서 목적이 되어서는 안 될 것이다."[40]라고 했는데 이는 당시 베어드를 포함한 대부분의 한국 선교사들의 공통된 생각이었다. 참고로 언더우드는 의료선교의 장점에 대해 다음과 같이 소개한다.

> 선교사는 순회 전도 때 그 도시들을 방문할 수 있지만, 내륙으로 들어가면 거의 모든 곳에서 첫 입구부터 편견, 미신, 불신과 직면하게 된다. 만일 그 옆에 그리스도를 사랑하는 의사가 있어서 그리스도께서 인간에게 선의를 베풀러 오셨음을 실제적으로 보여준다면 그런 편견, 미신, 불

---

38) H. G. Underwood to F. F. Ellinwood, Yokohama, January 7 and February, 1890; H. G. Underwood, "Medical Missions in Japan and Korea," *Missionary Review of the World* 5 (September 1892), 706-710.
39) Richard Baird, 『배위량 박사의 한국 선교』, 75-76.
40) Samuel A. Moffett to F. F. Ellinwood, Seoul, September 6, 1892.

신은 떠오르는 태양 앞에 아침 이슬처럼 사라질 것이다.[41]

4. 자립적 교육선교 정책

베어드는 미국에서 선교사로 파송되기 전 콜로라도에서 목회하면서 남미의 히스패닉계(係) 학생을 교육하는 기독교학교의 교장으로 근무한 적이 있었다. 이후 1891년 한국에 온 베어드는 1895년 1월 부산에서 사랑방을 만들어 하류계층의 아이들을 위해 '한문 서당'(Chinese School)을 시작했다. 이것은 단지 자선사업만이 아니라 "복음전도의 수단"으로 운영되었다. 학생들은 매일 사랑방 예배에 참석해야 했으며 한문, 성경, 산수, 지리 등의 교과목을 가르쳤다. 수업료는 무료였으나 최소한 헌금은 드리도록 훈련되었다.[42]

이러한 학교 운영 경험과 초기의 교회 개척 사역을 바탕으로 베어드는 1896년 12월 주한 미국 북장로교 선교부의 교육정책을 전담할 '교육 자문'(adviser)으로 임명되어 대구 사역은 처남인 제임스 아담스(James E. Adams) 선교사에게 넘겨주고 서울로 올라왔다. 당시 한국 장로교 선교부는 장기적인 교육선교 정책을 절실하게 필요로

---

41) Underwood, "Medical Missions in Japan and Korea"(1892), 709.
42) Richard Baird, 『배위량 박사의 한국 선교』, 75-77, 177, 192. 흥미로운 점은 베어드 부인(애니 베어드)이 아이들에게 찬송가를 가르치기 시작한 것이었는데, 이런 경험이 바탕이 되어 이후 그녀는 미국 찬송가의 한국어 번역과 편집에 많은 공헌을 하게 되었다. 1895년 3월 베어드 부인은 이 조그마한 서당이 매우 흥미있고 희망을 주는 사업이 되어 간다고 적었다. Mrs. William M. Baird to F. F. Ellinwood, Fusan, March 12, 1895.

했다. 특히 놀라운 복음의 수용성을 보이며 급성장하는 서북지역의 많은 교회들의 당면한 필요를 충족시킬 뿐 아니라 교회의 장래를 끌고 갈 지도자들을 양육하기 위해서도 교육정책이 시급한 상황이었다.[43] 그리하여 베어드는 장로교 선교부의 교육정책 수립의 책임을 떠맡았고, 1897년 8월말에 열린 주한 미국 북장로교 선교부 연례회의에서 자신이 연구한 바를 "우리의 교육정책"(Our Educational Policy)이라는 문서로 제출했고 선교부는 이를 채택했다. 베어드가 제안한 교육정책은 '토착교회 설립'을 선교의 최우선 과제로 인식하고, 교회의 발전을 돕는 방편으로 학교의 발전을 모색하는 방향으로 수립되었다.

베어드는 교회가 어느 정도까지 성장하고 자립할 때까지는 학교와 병원과 같은 기관들을 동시에 설립해서는 안 된다고 주장했다. 선교부의 제한된 자원과 능력을 기관 사업에 분산시키면 교회가 제대로 성장할 수 없다고 생각한 것이다. 성장가능성이 높은 교회 개척 분야를 선택하여 집중적인 투자를 하자는 것이었다. 이는 당시 대부분 선교지에서 시행되던 선교 패턴과 정반대되는 정책이었다. 당시 대부분의 선교회들은 하류 계층의 가난한 사람들을 대상으로 선교하고 있었음에도 불구하고, 부유한 비기독교인 상류계층을 대상으로 하는

---

43) 백락준은 민족주의에 물든 청년들이 선교사가 설립한 학교에 몰려드는 상황에서 1896년에 베어드를 서울로 이주케 했다고 보았다. 백락준, 『한국개신교사, 1832-1910』 (서울: 연세대학교출판부, 1985), 244-45). 참고로 1895년부터 1910년까지 주한 장로교 선교부의 교회 개척 상황을 비교하면 다음과 같다.

연도\도	서울	함북	함남	평북	평남	황해	경기
1895-1910	11	5	24	98	162	102	56
연도\도	충북	충남	전북	전남	경남	경북	계
1895-1910	23	2	30	45	83	42	683

※ 출처: 박은구, "숭실대학교의 첫 장을 연 배위량," 숭실인물사 편찬위원회, 『인물로 본 숭실 100년』 (서울: 숭실대학교 출판부, 1995), 463.

교육기관을 설립함으로써 막대한 선교자금과 인력을 투입하고 있었다. 문제는 선교사들의 기대와는 달리, 오랜 시간이 경과해도 엄청난 선교비가 투입된 교육기관을 통해서 강력한 토착교회가 쉽게 세우지지 않았다는 것이다. 그래서 베어드는 이전과는 다른 방식, 즉 강력한 토착교회를 먼저 설립하고, 다음 단계로 영어가 아닌 '현지어'(vernacular)를 사용하는 기독교학교를 설립할 것을 주장했다.[44] 이처럼 베어드는 "학교 ⇨ 교회"가 아니라 "교회 ⇨ 학교"의 순서로 선교의 우선순위를 바꾸었다. 즉, 베어드는 선교지에서 '여왕의 자리'의 차지하고 있던 선교 교육기관을 '교회의 시녀'로 끌어내렸던 것이다.[45]

베어드가 내한할 당시 한국 장로교 선교부는 "한국 실험"이라고 불리는 새로운 선교이론과 선교방법론을 시도하려는 때였으며, 한국은 그 실험의 장이었다. 이와 관련하여 미국 북장로교 선교본부의 새로운 선교정책을 이해할 필요가 있다. 기록에 의하면, 베어드는 한국에 파송되기 직전에 미국 북장로교 해외선교부 총무 엘린우드(Ellinwood) 박사로부터 다음과 같은 선교지침을 이미 받았던 것으로 나타나있다.

> 우리는 다른 선교지에서 범한 실수들, 즉 몇 곳의 중심 지역에서 행해지는 기관 사역(institutional work)에 대부분의 선교사를 투입함으로써 야기되었던 정책적 실수를 한국에서는 되풀이하지 않기를 바랍니다.[46]

---

44) William M. Baird to F. F. Ellinwood, Seoul, January 12, 1897.
45) Richard Baird, 『배위량 박사의 한국 선교』, 189-93.
46) William M. Baird, "The Opening and Early History of Fusan Station," Richard H. Baird, *William M. Baird of Korea*, 104에서 재인용.

이처럼 그 때까지 대부분 선교지에서는 교회뿐 아니라 교육, 의료, 자선 시설도 함께 세워 현지인을 개화시킴으로써 기독교인으로 만들어 나가는 선교정책을 시행하고 있었다. 이런 선교철학은 흔히 기독교 문명화(civilization) 이론으로 불렸는데, 19세기 말 서구 선교의 주도적 흐름으로 자리잡고 있었다. 이는 이슬람권이나 로마 가톨릭 지역처럼 복음에 적대적이어서 교회가 존재하지 않거나, 기독교가 이제 막 전파되기 시작하는 곳에서는 병원과 학교만이 선교의 발판을 마련할 수 있었기 때문에 당시로서는 상당히 검증된 방법이었다.[47] 그러나 복음에 대한 수용성이 뛰어난 신생 선교지 한국에서는 그럴 필요가 없었다. 왜냐하면 학교나 병원의 도움 없이도 전도가 잘 되었고 한국교회는 급성장하고 있었기 때문이다. 또한 1897년 미국 북장로교 뉴욕 선교본부는 주한 선교부에 교육 프로그램에 지원할 선교부 자금이 없다고 통보해왔다.[48]

이러한 한국적 상황을 고려하여, 미국 북장로교 선교본부의 총무 엘린우드와 주한 미 장로교 선교부는 당시 선교지에서 널리 수용되던 '기독교 문명론'을 배격하고 다른 방법, 즉 기독교화(Christianization)를 통한 점진적 문명화를 추구해 나가기로 결정했다. 즉, 직접 선교를 통한 토착교회 설립을 우선 목표로 삼고, 이 목표가 어느 정도 달성될 때까지 학교와 병원과 고아원과 같은 19세기 말의 근대적인 '기구'를 통한 '간접선교' 수단인 고아원, 학교, 병원을 세우지 않기로 한 것이다.[49] 베어드의 이러한 선교정책은 1890년 6월에 네비우스가

---

47) Richard Baird, 『배위량 박사의 한국 선교』, 192.
48) 위의 책, 198, 203, 205.
49) 이런 원칙으로 인해 이미 세워져 있던 몇몇 학교와 병원은 한국 선교회 내에서 계속적인 마찰의 원인이 되었다. Richard Baird, 『배위량 박사의 한국 선교』, 173.

방한한 이후 주한 장로교 선교부에 의해 공식적인 선교방법으로 채택되기 시작된 네비우스 선교방법과 그 궤를 같이하는 것이었다.

베어드가 내한하기 8개월 전인 1890년 6월, 미국 북장로교 중국 산동지부의 고참 선교사 네비우스(Nevius)는 한국을 방문하여 2주간 머무르며 20대 후반의 젊은 장로교 선교사들에게 자신의 실패한 선교경험과 선교방법을 전수했다.[50] 이후 자급(自給), 자전(自傳), 자치(自治)하는 토착교회를 설립하기 위한 네비우스 선교방법은 1891년 미국 북장로교 한국 선교회의 공식 정책으로 채택되어, 뒤이어 일어난 한국교회 급성장의 선교정책적 기반이 되었다. 네비우스 방법은 한국선교 초기부터 거의 모든 장로교 선교사들에 의해 수용되었고, 특히 언더우드와 마펫에 의해 네비우스보다 더 철저하게 자급의 방향으로 발전되어 나갔다.

네비우스 방법은 한국보다 선교역사가 약 반세기 이상 오래된 중국이나 일본에서의 시행착오를 피하고 한국 상황에 적용할 수 있는 새로운 교회 개척 방법론으로 고안되었다. 즉, 처음부터 외국 선교자금에 의지하거나 유급 전도인을 고용하는 교회는 결코 "자립"의 단계에 이르지 못하는데, 현지교회가 자립 의지를 상실하고 선교사와 외부 지원금에 의존하기 때문이었다. 그래서 현지교회의 자립을 저해하고 의존성(dependency)을 강화시키는 "옛 방법"을 포기하고, 외부 선교자금의 도입과 선교부의 봉급을 받는 현지 사역자 수를 최소화하고(전혀 쓰지 않는 것은 아니다) 그 대신 보수를 받지 않는 현지인 전도자의 사용을 극대화하는 "새 방법"을 제창했던 것이다.[51]

---

50) Rhodes, *History of the Korea Mission Presbyterian Church U.S.A*, 86-90. 네비우스는 1854년 중국 영파에서 선교사역을 시작한 이후 산동 선교지부에서 20여년의 교회개척 경험을 가지고 있던 베테랑 선교사였다.

1901년 선교지 한국을 돌아본 직후, 미국 북장로교 선교부 총무 브라운(Arthur Brown)은 선교와 돈 문제에 관한 자신의 생각을 다음과 같이 피력하고 있다.

> 어쨌든 우리는 한국의 선교사들이 자신들의 선교방법을 시도해 볼 수 있는 정당한 기회를 주도록 하자. … 세계 선교역사를 통틀어 살펴보면, 선교지에서 돈을 너무 적게 사용할 때보다는 너무 많이 사용함으로써 나타나는 해악이 더 많았다는 것을 알 수 있다.[52]

문제는 네비우스 방법이 한국에서 자립적 개교회 개척과 평신도(장년층) 지도력을 키우는 데는 아주 효과적이었지만, 반면에 개교회의 발전을 넘어 장기적 안목에서 교회의 어린 아이들과 차세대 지도자들을 육성시켜 나가는 일에는 별다른 언급이 없었다는 것이다. 이것은 네비우스 방법이 갖고 있던 생태적 한계였다.[53]

1897년 한국 선교부가 채택한 베어드의 교육정책은 다른 선교 현장에서 일어났던 실수를 반복하지 않기 위해 입안되었고, 한국 장로교 선교부 선교정책의 근간을 이루고 있는 네비우스의 자립정책을 교육선교 분야에 적용시킨 것이었다. 베어드의 교육정책의 주요 골자는 미션스쿨의 주된 목적은 교회봉사에 필요한 인재를 양성하고 사

---

51) Charles Allen Clark, *The Nevius Plan for Mission Work: Illustrated in Korea*, 박용규·김춘섭 역, 『한국교회와 네비우스 선교정책』 (서울: 대한기독교서회, 1994[1937]), 23-72; 송길섭, 『한국 신학사상사』 (서울: 대한기독교출판사, 1987), 69-72.
52) Rev. Arthur J. Brown, *REPORT OF A VISITATION OF THE KOREA MISSION of the PRESBYTERIAN BOARD OF FOREIGN MISSIONS* (New York, NY: The Board of Foreign Missions of the Presbyterian Church in the U.S.A., 1902), 11.
53) 네비우스가 자신의 방법과 조화되는 교육 이론이나 교육 신학을 만들어내지 못한 상황적 이유에 대해서는 Richard Baird, 『배위량 박사의 한국 선교』, 177-79를 참조하라.
54) Richard Baird, 『배위량 박사의 한국 선교』, 189-91.

회의 모든 분야에서 적극적인 복음전파자로 키우는 것이었다.[54] 따라서 학교의 설립에 앞서 교육정책의 수립을 필요로 했던 것이다. 베어드의 교육정책이 채택된 이후 이 정책에 의해 세워진 학교가 숭실대학이었다. 이후 숭실대학은 근대 교육선교 역사에서 네비우스 자립방법을 충실하게 따라 발전한 거의 유일한 대학이 되었다는 평가를 받았다.[55]

네비우스의 자립정책이 반영되어 1896년 부가된 주한 미장로교 선교회 세칙에 의하면, 학교 교육에서 학생에 대한 지원은 없으며, 기독교학교에 대한 선교부 지원은 그 운영비의 절반을 넘지 못하도록 했다(최소한 50% 자립 목표).[56] 베어드의 1897-1898년 훈련반 보고서에 의하면, 12개의 훈련반 중에서 한국인 지도자들이 인도하는 4개 반은 선교사의 재정 지원 없이 참석자들이 모든 비용을 지불하여 100% 자립 운영되었고, 선교사들이 지도하는 8개반 중에서 4개는 100% 자립 운영되며, 나머지 4개 반은 단지 적은 액수의 후원만을 받고 있었다. 베어드 관할 하에 있던 이러한 평양의 신학반은 베어드의 교육정책을 기반으로 운영되었는데, '네비우스 방법반'(Nevius Method Class) 혹은 '네비우스반'(Nevius Class)으로 불리기도 했다. 또한 평양의 겨울 신학반의 경우에 105명의 참석자 중에 80명이 자비로 학비를 부담하거나 친구의 재정적 도움을 받아 경비를 지불했다고 보고되었다.[57]

숭실학당(숭실대학교)의 설립자인 베어드는 한국 교인들의 85%

---

55) 위의 책, 297; 이인성, "베어드 선교사와 한국 기독교 그리고 숭실"(2007), 62.
56) 1900년에 설립된 대구 지역의 첫 기독교 교육기관인 "야소교 대남소학교"의 경우에도, 자립의 원칙에 따라 학생들이 50%를 부담하고, 나머지 50%를 선교사들이 지원했다. Rhodes, *History of the Korea Mission Presbyterian Church U.S.A*, 190.
57) Richard Baird, 『배위량 박사의 한국 선교』, 208, 210-13.

가 시골 출신이라는 점을 감안하여 시골 출신 학생들이 학비를 자체 해결할 수 있는 자립방안의 일환으로 "자조(自助) 사업부"(self-help department)를 만들었다. 초기 학당의 모든 학생들은 일주일에 일정한 시간 동안 노동을 해야만 했고, 그 수입으로 학비와 기숙사비를 지불하게 했다.[58] 이처럼 베어드는 학교의 모든 비용을 선교사가 모금한 돈으로 지원하는 방식으로 추진하지 않았다. 흥미로운 점은 1894년 8월 뉴욕 미국 북장로교 선교본부에 보낸 편지에서 베어드가 자립선교에 대해 언급하면서, 선교사가 현지의 선교사업에 대해 100% 지원을 해서는 안 되며 부분적인 지원만을 해야 한다고 강조했다는 것이다.[59]

학자금 자급제도의 일환으로 시작된 자조사업부는 초기 단계로 "근로부"(manual labor department)를 설치한 이후, 1900년 미국으로부터 인쇄기를 기증받아 설치하면서 보다 전문적인 사업으로 확대되었다. 1902년에는 학교 내에 '기계창'(Anna Davis Industrial Department)을 설치하고 학생들에게 일감을 제공함으로써 학생들은 기술을 배우고 학비도 벌 수 있었다. 1910년 이후 기계창은 앞서 언급한 작업 이외에 목공, 철공, 유리공, 소규모 인쇄소, 연관공사, 주물 등의 상당한 수준의 전문직에 가까운 작업도 가능하게 되었다. 이처럼 한국의 어려운 농촌 현실을 이해하고 가난한 농촌 학생들의 학자금 마련을 위해 시작된 자립방안은, 이후 전문성을 띠게 되면서 실질적인 직업교육을 겸하게 되었고, 이는 근대적 기술이 절실했던 당시 학생들이 졸업 후에 유용한 사회의 역군이 되도록 준비시키는 역할도 수

---

58) 학생들은 정원 가꾸기, 새끼줄 꼬기, 비누 만들기, 빗자루 만들기, 제혁, 목공일, 재단일, 제본 등의 일을 했다. Richard Baird, 『배위량 박사의 한국 선교』, 218.
59) William M. Baird to F. F. Ellinwood, Fusan, August 29, 1894.

행하게 해주었다.[60]

마지막으로 1905년 이후 한국의 여러 교파 선교부 간에 일기 시작한 연합활동을 주목할 필요가 있다. 특히 1906년 10월 평양의 숭실대학과 학당이 "기독교연합대학"(Union Christian College)으로 통합되면서 미국 북장로교와 미국 북감리교 연합사업으로 추진되었는데 이 과정에서 교장인 베어드의 역할이 컸다. 이는 가장 오랫동안 유지되어 온 연합운동의 모범으로 간주되었다.[61] 또한 1899년 베어드 부인의 제안으로 장로교와 감리교를 포함하는 모든 선교사 자녀(MK)들을 위한 초교파 성격의 평양외국인학교(PYFS)가 베어드의 집에서 시작되었다. 이처럼 베어드 부부는 장로교와 감리교의 교파장벽을 뛰어넘는 초교파 연합사업에서 주도적 역할을 감당했다.[62]

5. 맺는 말

베어드는 부산과 대구 지역 최초의 상주 선교사로서 이들 복음의 불모지에 처음으로 복음을 널리 전파한 개척 선교사로 기억된다. 그는 한국의 문화를 이해하고 사랑방 사역을 효과적으로 잘 활용했고, 중국에서 사용되던 전도용 소책자 『텬로지귀』(天路指歸) 등 한문으로 되어있던 여러 전도용 책자를 우리말로 번역하여 한국교회 성장에

---

60) 숭실대학교 90년사 편찬위원회, 『숭실대학교 90년사』 (서울: 숭실대학교, 1987), 92-93, 140-46.
61) 위의 책, 171-78; Rhodes, *History of the Korea Mission Presbyterian Church U.S.A.*, 421-23.
62) Rhodes, *History of the Korea Mission Presbyterian Church U.S.A.*, 457-60.

기여한 문서사역자였다. 또한 개척사역 시에 의료 선교사의 역할과 중요성을 강조한 순회전도자였다.

　베어드가 내한한 1891년은 노년의 미국 북장로교 중국 산동성 선교사 네비우스가 20대 후반의 젊은 선교사들에게 선교방법을 전수한 지 얼마 되지 않은 때였고, 그 해에 미국 북장로교 한국 선교부는 네비우스 방법을 자신들의 선교정책으로 공식적으로 채택했다. 네비우스 선교방법은 가까운 선교지 중국에서의 실패를 경험삼아 새로 개방된 선교지 한국에서는 시행착오를 줄이고 처음부터 실제적인 교회 개척 방법론으로서 적용됨으로써 초기 한국교회 설립과 성장에 많은 영향을 미쳤다. 이처럼 네비우스의 정책은 교회 개척이론으로서는 상당한 결실을 거두어, 수많은 교회와 대교회들이 생겨나고 있었다. 하지만, 진작 선교사들은 교회 지도자와 교인의 자녀들을 어떻게 교육시킬 것인가라는 교육선교에 있어서는 분명한 선교이론이나 선교방법론을 개발해 내지 못하고 있었다.

　베어드가 한국에서 사역한 기간(1891-1931)은 네비우스의 자립정책이 주한 미 북장로교 선교부의 선교정책과 한국교회 성장에 커다란 영향을 미친 시기(1890-1930)와 정확하게 일치한다. 베어드의 교육선교 정책은 네비우스의 자립선교에 많은 영향을 받을 수밖에 없었다. 이제 성장궤도에 올라선 한국교회 교육 현장의 절박한 상황에 응답할 필요성을 느끼던 차에 1896년 주한 선교부 교육 고문으로, 그리고 1904년 교육 전임선교사로서 임명된 베어드는 교회 개척 선교사(1891-1896)로서의 경험과 미국 북장로교 신교부 총무가 내린 토착교회 설립에 대한 정책적 지침과 주한 미국 북장로교 선교부의 반기관적인(anti-institutional) 분위기에 공감하여 네비우스의 자립 방안이 반영된 구체적 방법론과 대안으로 교육선교 정책을 수립한 것이다. 이로써 급성장하던 한국교회 선교는 교회 확장과 함께 교육사업도 더불어 성장할 수 있는 원동력을 얻게 되었다. 한국 장로교 선교부의 자립정책을 교육 사업에 적용시켜 교육선교의 자립모델로 발전시켜 나갔던 교육선교사 베어드의 공헌은 결코 간과되어서는 안 될 것이다.

끝으로 1897년부터 1930년까지 유지되었던 미국 북장로교 한국 선교부의 선교정책과 베어드가 주도한 교육정책이 오늘날 우리 한국교회의 선교에 주는 교훈과 도전을 정리해보자. 첫째, 타선교지에서 일어난 시행착오를 되풀이하지 않고 그 실수를 통해 배워야 한다. 둘째, 각 선교지마다 기독교화(교회 설립)와 문명화(기관 설립) 간의 상관성과 긴장관계를 유의하여 선교현장에 적합한 선교방법을 모색해야 한다. 셋째, 선교지에서 교파의 장벽을 뛰어넘어 협력하는 초교파 연합과 협력의 장을 찾아야 한다. 넷째, 기독교 학교의 경우에도 최대 50%의 자립을 목표로 해야 한다. 다섯째, 베어드의 성공적인 선교사역은 선교지에서 협력 선교의 중요성을 보여 준다. 즉, 현지인 사역자와 선임 선교사들과의 동역(partnership)이 잘 이루어졌기에 선교사역의 열매를 얻을 수 있었다.

오늘날 한국 선교사들은 선교지 도처에서 학교를 세워 운영하는 경우가 많다. 베어드는 선교지에서 시행되는 교육선교의 경우에도 자선사업이나 구호사업처럼 학비를 전혀 받지 않고 모든 것을 100% 공짜로 제공해서는 안 된다고 주장한다. 선교사가 같은 장소에서 같은 대상에게 장기간 계속해서 도움을 주다 보면 의존성을 강화시켜 '쌀신자'(rice Christians)를 양산하게 되기 때문이다. 현지 교인이나 학생들도 일정 부분 재정을 감당하도록 처음부터 가르치고 훈련시켜야 한다는 것이다.

제8장

한국에서의 선교구역 분할 협정
- 미국 북장로회와 북감리회를 중심으로 -

1. 들어가는 말

이른바 "위대한 세기"(the Great Century)에 한국에 가장 많은 선교 인력을 파송한 미국 북장로교와 감리교 선교부는 본국에서 교파주의가 극에 달하던 시기였음에도 불구하고 선교지인 한국에서 교파의 장벽을 뛰어 넘어 다양한 초교파 연합사업을 추진하였다. 비교적 늦게 열린 선교지인 한국에서 미국의 장·감(長監) 선교부가 거의 동시에 사역을 시작하게 되면서 다른 선행 선교지, 특히 중국과 일본에서의 시행착오를 줄이고 초교파 연합활동의 진례를 통하여 많은 것들을 배울 수 있었다.

선교구역 분할 협정은 서구교회의 에큐메니컬 협력의 대표적 사례로 평가되어 왔다. 이는 1820년대부터 100여 년간 세계의 모든 선교지뿐 아니라 한국에서도 잘 추진되었던 초교파 협력의 중요한 선교전략이었다. 근본 목적은 여러 선교부가 같은 선교지에 들어가 사역하면서 야기될 수 있는 사역의 갈등을 피하고, 선교비와 선교 인력의 불필요한 낭비와 중복 투자를 줄이기 위한 방편으로 계획되었다.[1] 본 글은 한국에 온 미국 장·감 선교부 간의 선교구역 분할 협정(敎界禮讓, comity agreements)을 다룬다. 이를 위해 미국 프린스턴 신학대학교, 드루대학교, 예일대학교의 고문서 자료실(archive)의 자료를 중심으로 1884년부터 1910년까지 선교사들이 교단 해외 선교본부에 보냈거나 선교부 총무와 주고받았던 선교보고서, 선교부 연례회의 회의록, 선교편지, 선교부간 협정서, 장·감 선교사들의 일기, 설교문, 연설문 등에 나타나 있는 한국의 선교지역 분할 정책의 형성과정을 살펴본다.

2. 장·감 선교사들의 초교파 협력의 배경

19세기 말 한국에 선교사를 파송하던 미국 개신교회의 선교는 교파적 색채를 강하게 띠는 교파주의 확장의 역사였다. 즉, 선교사들은 자신들이 속해 있는 본국의 교파 교회를 설립하기 위하여 파송되었다. 그러나 선교지에서 다른 교파 선교사들과 함께 일하면서 현장 선교사들은 연합의 필요성을 절실히 느꼈다. 그리하여 선교사가 라투렛(Kenneth Latourette)은 "에큐메니컬 운동은 그 대부분이 선교운동 때

---

1) H. G. Underwood, "Division of the Field," *Korea Mission Field* 5 (December 1909), 211.

문에 생겨난 것이다"라고 주장하였던 것이다.[2]

개신교 최초의 의료선교사 알렌은 1884년 12월 4일 갑신정변 때 심한 자상(刺傷)을 입고 사경을 헤매던 민영익을 완쾌시켜 조정의 신임을 얻고, 이를 발판으로 1885년 4월 9일에 최초의 서구식 병원인 광혜원을 개원하였다.[3] 주목할 점은 알렌 이후 한국에 온 언더우드, 의료선교사 헤론(M.D.) 등의 장로교 선교사뿐만 아니라, 감리교 첫 의료선교사 윌리엄 스크랜턴(William B. Scranton, 1856-1922)도 교파를 초월하여 광혜원(제중원)에서 협력하였다.[4] 이렇듯 광혜원은 선교 초기의 장·감 선교사들에게 선교 거점을 제공하며 교파를 초월하여 하나로 모일 수 있는 친교공동체와 예배공동체 역할을 하였다. 이처럼 한국 개신교 초기에 장로교와 감리교 선교사들은 모두 관립병원이자 선교병원의 병원장인 알렌의 도움으로 선교의 교두보를 확보할 수 있었던 것이다.[5]

그 이후 장·감 선교사들은 주일마다 함께 모여 예배를 드렸다. 또한 1885년 10월에 양 선교부에 소속된 언더우드와 아펜젤러는 신약성경 번역을 장·감 연합사업으로 추진할 것을 논의하였다.[6] 한국에서 이처럼 이른 시기부터 초교파 협력이 가능했던 데에는 먼저 현장 선교사의 협력 의지와 이와 아울러 본국의 해외선교부 총무의 초교파 협력에 대한 이해와 협조가 있었다는 점이다.[7]

---

2) Kenneth S. Latourette, "Ecumenical Bearings of the Ecumenical Movement and the International Missionary Council," in *A History of The Ecumenical Movement, 1517-1948*, eds. Ruth Rouse and Stephen Charles Neill (Geneva: WCC, 1986), 353.
3) Allen's diary, December 5, 11, 26, 1884 and January 22, February 14, April 13, 1885.
4) Allen to Ellinwood, May 5, 1885; Allen's diary, May 12, 1885.
5) Allen's diary, May 12 and June 28, 1885.
6) Appenzeller to Reid, the Corresponding Secretary of the Methodist Episcopal Mission, Seoul, October 13, 1885.
7) Ellinwood to C. C. Vinton, Mission Board of New York, September 23, 1893.

3. 장·감 선교부 간의 선교구역 분할 협정

한국에 파송된 미국의 장로교와 감리교 선교부는 선교 초기부터 의료 선교사 알렌의 광혜원과 제중원을 통하여 그리고 여러 연합사업을 통하여 서로 친교와 우애를 다지며 초교파 협력의 정신을 키워 왔다. 서울에 제한되어 있던 장·감 선교부는 1887년 봄 이후 보다 본격적인 선교사역과 선교지 분할을 위한 답사의 성격을 겸한 전국적인 순회 전도여행에 나서게 된다.[8] 그간에 서울에 갇혀있던 두 선교부는 아펜젤러와 언더우드를 필두로 하여 서울을 벗어나 북부(평안도) 지방을 포함하는 전국적인 순회 전도여행을 시도하였다. 이는 보다 본격적인 선교사역을 위한 준비이자 전국적인 선교구역 설정을 위한 사전 답사의 성격을 겸한 것이었다.[9] 하지만, 당시 두 선교부는 여전히 서울 이외에 다른 지역에 선교 거점들을 확보하지 못하고 있었다.

당시 수도 서울은 장·감 선교부가 공동 점거구역이었고, 서울에 상주하던 두 선교부가 점점 많은 사역들을 경쟁적으로 추진해 나가는 과정에서 선교부 간의 갈등과 충돌은 불가피한 것이었다. 이런 갈등으로 야기된 문제들을 해소하기 위해 두 선교부는 대화를 통한 협력 방안을 모색하게 되었다. 1887년 1월 언더우드는 뉴욕의 선교본부

---

8) L. George Paik, *The History of Protestant Missions in Korea, 1832-1910* (Pyeng Yang: Union Christian College Press, 1929), 167-70.
9) 아펜젤러는 1887년 4월 13일-5월 7일까지 평안도 평양까지 순회 전도여행을 하였고, 언더우드는 1887년 10월부터 4주간 평안도 의주까지 북부지역 순회 전도여행을 하였다. H. G. Underwood to F. F. Ellinwood, Seoul, November 27, 1887.

에 보낸 편지에서 장·감 선교부 간에 초교파 협력의 분위기가 무르익었다고 보고한다.

> 지금 한국에 있는 [장·감] 선교회는 각 선교회가 해야 할 선교사역을 감당할 수 있는 능력이 있으나, 만약 한 선교회가 주어진 사역을 감당할 수 없게 되면 또 다른 선교회에게 그 일을 감당해 달라고 요청할 수 있는 때가 되었다고 생각합니다.[10]

장·감 두 선교부는 선교 초기부터 비록 몇 차례의 고비들은 있었지만 끈끈한 친교와 우애를 통한 협력정신을 유지시켜 왔다. 이제 본격적으로 전국적인 선교지 개척과 확장을 앞두고 더 이상의 충돌과 갈등을 가져오기 전에 선교구역 분할안에 대한 논의가 필요하며 더 나아가 어떤 형태로든 협정이 있어야 한다는 공감대가 장·감 선교부 내에서 형성되기 시작하였다. 선교 현장에서의 이러한 분위기를 더욱 고양시키려는 듯, 1888년 1월 11일 미국 북장로교 해외선교부 총무 엘린우드는 언더우드에게 타교단 선교사들과의 협력을 격려하는 편지를 보내왔다.[11]

1888년에 접어들면서 장·감 선교부는 이른바 교인쟁탈에 해당하는 "양 훔치기"(sheep stealing) 등의 갈등 국면을 맞게 되지만 이와 동시에 여러 연합집회를 갖게 된다. 예를 들면, 한국 장로교인들의 제안으로 구정(舊正)인 1888년 2월 12일부터 18일까지 장·감 선교사들과 한국의 장·감 교인들은 초교파 "연합기도주간"을 가졌다. 마지막 날

---

10) Underwood to Ellinwood, Seoul, January 22, 1887.
11) Ellinwood to Underwood, New York, January 11, 1888.

은 장·감 선교사들과 한국의 장·감 교인들 모두가 한 성찬식에 참여하여 그리스도 안에서 하나임을 확인하며 연합기도회를 마쳤다.[12] 이후 장·감 선교부는 많은 연합 집회들을 개최하면서 선교구역 조정을 위한 회합들을 빈번하게 갖게 되고 선교지 분할안을 공식적으로 다루기 시작한다.

연합기도 주간이 시작되는 2월 12일 주일 장로교와 감리교 선교사들이 연합하여 예배드리는 서울연합교회(Union Church)에서 감리교의 아펜젤러 목사는 "신실한 말"(Faithful Saying)이란 제목으로 설교하였다.[13] 1888년 3월 4일(주일) 아펜젤러는 서울연합교회의 장·감 선교부 회중 앞에서 "연합"에 대한 설교를 하였다.

> 우리는 개신교파 사이에 필요한 것은 연합(Union)이지 획일성(uniformity)이 아니라는 말들을 듣고 있습니다. 저는 장·감 선교부가 지금 바울이 말하는 연합의 기준에 거의 도달했다고 믿습니다: "주도 하나이요 믿음도 하나이요 세례도 하나이요 하나님도 하나이시니 곧 만유의 아버지시라. 만유 위에 계시고 만유를 통일하시고 만유 가운데 계시도다." 그에게 세세토록 영광이 있을 찌어다.[14]

---

12) Underwood to Ellinwood, Seoul, January 15, 1888; Underwood to Mrs. J. C. Hepburn, Seoul, February 6, 1888; Appenzeller's diary, March 12, 1888; *Annual Report of the Board of Foreign Missions of the Presbyterian Church in the United States of America (1888)*, 170. 언더우드는 다음 해인 1889년에 제2회 "연합기도주간"이 열렸다고 쓰고 있다. Underwood to Ellinwood, Seoul, February 18, 1889.

13) Appenzeller's diary, March 12, 1888. 장로교의 언더우드나 감리교의 아펜젤러 모두 연합기도 주간에 무척이나 고무된 듯하다. 언더우드는 연합기도회를 앞두고, 이 기도회는 한국에서 "영광스러운 계절"의 도래를 알리는 사건이 될 것이며, "이렇게 빠른 시기에 한국에서 이런 행사가 일어나리라고 누가 믿었겠는가!"라고 썼다. Underwood to Ellinwood, Seoul, January 15, 1888. 아펜젤러는 기도회가 끝난 후에, "모두들 열심히 기도회에 참석했으며 관심도 대단했다. 한국에 종교의 자유는 없으나 한국교인들은 마치 종교의 자유가 있는 것처럼 행동한다"고 적고 있다.

다같이 주일 예배를 드린 후 금요일, 즉 1888년 3월 9일에 장·감 선교부는 선교구역 조정을 위해 한국 기독교역사에 기억될 역사적인 모임을 가지게 된다. 주목할 점은 이들 두 선교부의 연합모임에서 한국에서 선교지 분할 문제가 처음으로 심도 있게 논의되기 시작하는데, 이는 본격적인 선교구역 개척과 확장을 앞두고 두 선교부 간에 더 심각한 충돌과 갈등이 발생하기 전에 한국 전국을 대상으로 선교구역을 분할할 필요가 있다는 공감대가 장·감 선교부 내에서 공통적으로 형성되기 시작하였기 때문이다.

A. 선교구역 분할을 위한 첫 모임: 1888년 3월 9일(금)

현존하는 자료에 의하면, 1888년 3월에 장로교와 감리교 선교부는 지역 분할을 의제로 하여 두 차례의 회합을 가졌다. 첫 번째 모임인 1888년 3월 9일 저녁에, 장·감 선교부는 처음으로 선교지 분할의 문제를 다루었다. 안타깝게도 이날 저녁 첫 회합에서 다루어진 의제의 자세한 내용을 담고 있는 장·감 자료들이 거의 남아 있지 않다. 다만 아펜젤러의 일기에 의하면, 두 선교부는 한국의 선교구역 분할을 논의하였으며 2주일 후, 즉 3월 23일의 2차 모임에서 언더우드와 아펜젤러가 장·감 선교부를 대표하여 선교지 분할에 대한 소논문을 발표하기로 결정하였다.[15]

언더우드에 의하면, 감리교의 아펜젤러가 선교구역 분할안을 먼

---

14) Appenzeller's sermon at the Union Church, Seoul, March 4, 1888.

저 장로교 측에 제안하였다.

> 작은 읍의 경우는 (장·감 선교부가) 한 읍씩 교대로 맡고, 장로교 선교부가 사역을 이미 시작한 지역의 경우에는 감리교 선교부가 들어가서는 안 된다. 그러나 (장로교가 사역하고 있는 지역이라도) 그 지역 내에서 "감리교 선교사들에게 와달라고 요청하는 경우"에는 감리교 선교사가 들어갈 수 있도록 하자.16)

아펜젤러의 제안은 선교구역 분할의 대원칙을 담고 있다. 즉, 당시 세계적으로 선교부 간의 선교지 분할 협정에서 통용되던 선행 선교부의 선점권(先占權)을 인정하고, 후발 선교부는 타선교부가 선점하고 있는 지역에 들어가서는 안 된다는 불간섭 원칙을 재확인하는 것이었다. 아펜젤러는 여기에 하나의 예외적 조항, 즉 선행 선교부에 할당된 지역이라도 그 지역 내의 사람들이 타선교부에 요청을 해오면 다른 선교부가 들어가도록 허용하자고 제안하였다.

이에 대해 장로교 언더우드는, 소규모 읍의 경우에 장·감 두 선교부가 하나씩 교대로 담당하자는 아펜젤러의 제안은 "이론적으로 불합리"하며 이런 선교구역 분할안은 "별로 도움이 안 될 것"이라고 보았다. 부락별로 전국을 나누기보다는 "전국을 선교구역별로 나누자"고 수정제안을 하였다. 또한 한 선교부에 할당된 선교구역이라도 "요청이 있으면 타선교부가 들어 갈 수 있다"는 조항이 문제가 될 수 있음을 지적한 후, 한국에 장·감 두 선교부만 있고 개척해야 할 선교지

---

15) Appenzeller's diary, March 12, 1888; Underwood to Ellinwood, Seoul, March 12, 1888.
16) Underwood to Ellinwood, Seoul, March 12, 1888.

가 아직도 많이 남아 있는데 경쟁적으로 한 지역에 집중하는 것은 "유감스러운 일"이라고 주장하였다.[17] 첫 모임에서 두 선교부는 만족할 만한 합의점에는 이르지 못하고, 서로의 입장을 밝히고 견해차만 확인하고 헤어졌다.

두 번째 모임을 앞두고 1888년 3월 12일에 언더우드는 뉴욕의 장로교 해외선교부 총무 엘린우드(F. F. Ellinwood)에게 다음과 같이 보고한다.

> 어떤 결정이 내려질지 잘 모릅니다만 감리교 선교부가 평안도를 요구할 것 같습니다. 우리 선교부는 그곳에 사역이 많이 있습니다만, 저들은 아직 그곳에 내세울만한 사역이 없습니다. 우리는 그곳의 사역 전부를 포기하고픈 생각이 없습니다. 어떻게 해야 할지 모르고 있습니다.[18]

언더우드는 엘린우드에게 감리교 선교부와의 분쟁 소식을 다시 보고하면서, 장로교 선교부는 2명의 선교사를 위원으로 하는 위원회를 구성하였으며 감리교 측에 대해서도 상응한 조처를 취하도록 요청하였으며, 장·감 위원회가 선교부 간의 예의 규칙(mission comity)을 엄격하게 작성할 것이라고 썼다.[19]

한국에서의 선교구역 분할을 위한 첫 장·감 모임이 끝난 후에도 연합의 분위기를 고취시키는 여러 행사가 개최되었다. 1888년 3월 14일 수요일 저녁에 한국 최초의 개신교 결혼예식이 전체 감리교 선교사와 한 명의 장로교 선교사가 하객으로 참석한 가운데 아펜젤러

---

17) Underwood to Ellinwood, Seoul, March 12, 1888.
18) 위의 편지.
19) 위의 편지.

목사의 집례로 거행되었다.[20] 1888년 3월 18일(주일) 연합교회 예배에서 조지 길모어(George W. Gilmore)가 "연합"(Union)에 대한 설교를 하였는데 그는 "한국 교인들에게 두 개의 교파 교회를 소개하는 것은 무익한 일"임을 역설하였다. 언더우드는 길모어의 의견에 "전적으로 동의"하며 "한국에 이러한 연합이 일어나기를 소원한다"며 한국에서의 연합에 대한 장로교 선교본부의 입장은 어떠한지를 문의하고 있다.[21]

B. 선교구역 분할을 위한 두 번째 모임: 1888년 3월 23일(금)

선교구역 분할을 위한 2차 장·감 선교부 모임은 1888년 3월 23일 서울에서 열렸다. 이 날의 장·감 연합회의에서 양 선교부를 대표하여 언더우드와 아펜젤러는 한국의 선교지 분할에 대한 소논문을 각각 발표하였다. 아펜젤러는 장·감 선교부가 "적"이 아니며 "경쟁자"도 아니며 한 깃발 아래에서 공통의 목적인 "하나님의 영광스러운 복음"을 위해 함께 일하는 동역자임을 강조하였다. 그는 장·감 선교사들이 "한 분 하나님, 한 분이신 주님, 하나의 세례"를 믿고 고백하는 전제조건만 충족되면, 협력할 수 있다고 보았다. 이러한 신앙고백이 아펜젤러에게 있어 연합의 기초였다. 주목할 점은, 그 외의 교리문제는 논의하지 말 것을 제안하는데 장·감 교회의 상이한 교리문제를 지나치게

---

20) Appenzeller's diary, March 15, 1888.
21) Underwood to Ellinwood, Seoul, March 18, 1888.

강조하다 보면 선교구역 분할 등 실제적인 협력이 힘들 것으로 생각했기 때문이었다.[22]

아펜젤러는 한국 전역을 선교구역으로 나누기 위해 3가지의 선교구역 분할안을 내놓았다. 첫째는, 서울을 동서로 선을 그어 서울 이북은 감리교가, 서울 이남은 장로교가 맡는 방안, 둘째는, 함경도와 평안도를 경계로 양분하는 방안, 셋째는, 황해도와 강원도를 경계로 하여 나누는 방안이다. 그러나 아펜젤러는 이러한 분할로는 대도시(의주, 평양, 해주 등)를을 양 선교부에 공평하게 할당할 수 없는 문제점이 있음을 인식하고서 평양, 송도, 의주 등의 대도시는 장·감 두 선교부의 공동 점거구역으로 하고 학교, 병원, 인쇄소 등의 연합 사업을 추진하자고 하였다. 하지만 곧이어 아펜젤러는 다음과 같은 분할안을 내놓았다:

> 평양이 개항장이 아닌 동안에는 경기도를 공동 선교구역으로 개방한다. 예컨대 50,000명[5,000명] 이하의 인구를 가진 지역은 한 선교부가 담당하고 함경도, 강원도 북부, 충청도, 전라도 지역을 한 선교부가 맡고, 평안도, 황해도, 강원도 남부, 경상도는 다른 선교부가 맡기로 하자.[23]

앞서 제안한 분할안이 모호하고 복잡했던 것에 비하여 위의 선교구역 분할은 한국의 전통적인 행정 단위인 도(道)를 경계로 되어 있어서 나누기가 쉽고 장·감 각 선교부에 동해안의 주요 항구들을 하나씩

---

22) Appenzeller's Address, "Presbyterian and Methodist Missions in Korea," March n.d. [23], 1888. 같은 날 언더우드가 발표한 소논문은 아직까지 발견되지 않고 있다.
23) 위의 글. 인구 5만 명 이상의 대도시는 두 선교부의 공동 점거지역으로 한다.

할당할 수 있고 다양한 계층의 사람들을 균형 있게 나눌 수 있는 이점 (利點)이 있어서 "가장 좋은 분할"이라고 아펜젤러는 설명한다. 하지만 이 선교구역 분할안은 전국을 지역적인 넓이로만 나누었지 각 지역의 정확한 인구 통계를 모르는 가운데 나눈 결정적인 약점을 지니고 있었다. 그리하여 아펜젤러는 최종적인 선교구역 분할을 하기까지는 최소한 몇 개월이 더 소요될 것이라며 자신의 말을 맺었다.[24]

그로부터 15일이 지난 1888년 4월 7일에, 아펜젤러는 뉴욕의 미감리교 선교본부에 다음과 같이 썼다. "장·감 선교부는 선교구역을 분할하기로 뜻을 모았습니다. 아니 지금 두 선교부가 그 문제를 논의 중에 있다고 말해야 할 것 같습니다."[25] 그리고 나서 장감 두 선교부를 대표하는 언더우드와 아펜젤러는 전국의 선교구역을 보다 더 공평하게 분할하기 위한 마지막 준비 작업으로 양 선교부의 전도 상황과 지역별 인구수를 파악하기 위해 1888년 4월 17일부터 북부지방으로 순회 전도여행을 함께 떠났다.[26]

아펜젤러의 글을 살펴보면, 아펜젤러가 자신이 속한 감리교를 자랑스럽게 여기고 좋아하면서도 장로교와의 연합사업과 선교구역 분할을 추진하고 있음을 알 수 있다. 그는 두 선교부가 각 교파의 특성을 유지하면서, 상호 협력을 통하여 한국 전역을 복음화할 수 있는 방법을 모색하였던 것이다. 아펜젤러는 양 선교부가 선교지역을 나누고 할당된 구역 내에서 각 교파의 "교리와 교회 정치 형태"에 따라 교파형 교회들을 발전시켜 나가는 것이 "가장 효과적인 방안"이라고 보았

---

24) 위의 글.
25) Appenzeller to Reid, Seoul, April 7, 1888.
26) 언더우드와 아펜젤러 모두 뉴욕의 장·감 선교본부에 이 사실을 보고하고 있다. Underwood to Ellinwood, Haiju, April 22, 1888; Appenzeller to Reid, Seoul, May 21, 1888; *Annual Report of the Missionary Society of the Methodist Episcopal Church, Korea Mission, 1888*, 337.

다. 흥미로운 것은 지금 선교사들이 다루고 싶어 하지 않는 장·감 두 교파의 교리적 차이와 서로 다른 교회 정치조직이 나중에 화근(禍根) 이 되어 후일 한국교회 내에 "파당이 생길 것"을 미리 내다보고 있다 는 점이다.[27] 어쨌든 당시 아펜젤러는 선교구역의 분할과 이를 통한 교파적 교회의 정착이라는 생각에 사로잡혀 있었기 때문에, 그 후 1905년경에 장·감 두 선교부를 중심하여 제기되었던 교파를 초월하 여 한국에 하나의 개신교회를 세우자는 생각까지는 아직 미치지 못 하고 있음을 알 수 있다.

1888년 3월 개최된 두 번의 장·감 선교부 회합에서 구체적인 선 교구역 분할안을 이끌어 내지는 못했지만 이는 한국기독교사에서 이 문제를 다룬 최초의 모임으로 기억되어야 한다. 아울러 첫 모임에서 먼저 발표된 아펜젤러의 분할안은 언더우드의 수정·제안과 토의를 거치면서, 두 번째 모임에서는 훨씬 구체적이고 실천 가능한 분할안 으로 발전된 것을 보게 된다.[28]

C. 한국 최초의 선교구역 분할 협정

1889년부터는 한국선교를 주도하고 있던 미국 북장로교와 북감 리교의 선교부의 양대 구도에 변화가 나타나기 시작한다. 1889년 10

---

27) Appenzeller's Address, "Presbyterian and Methodist Missions in Korea," March n.d.[23], 1888.
28) 1888년에 감리교의 아펜젤러가 제안한 선교구역 분할안은 보다 정확한 지역 통계 수치를 참고 로 하여 1892년과 1893년에 합의에 도달한 장·감 선교부의 선교지역 분할의 근간이 되었다.

월에 호주 빅토리아 장로교회에서 선교사를 파송했고 뒤이어 1890년부터 1897년까지 많은 교단 선교부들이 들어오기 시작하였기 때문이다. 이들 후발 선교부들은 이미 한국에서 정착하고 있던 미국 장·감 선교부와 함께 전국의 주요 지역에 상주 선교지부들을 본격적으로 설립할 계획들을 세우면서 사전 작업으로 여러 선교부 간에 선교구역을 분할하기 위한 협정들을 본격적으로 추진하는 시대에 들어서게 되었다.[29]

선교사들이 남긴 기록들을 보면, 장·감선교부가 1888년 3월 이후에도 지역분할 문제의 해결 방안을 찾기 위한 노력을 계속 기울였던 것을 알 수 있다. 앞서 언급한 1888년 초에 발생한 장로교와 감리교 선교부 간의 분쟁 이후에, 두 선교부는 갈등을 해소하기 위한 여러 방안들을 모색하게 되었다. 예컨대, 1891년 10월 6일에 미국 북장로교의 베어드(William M. Baird)는 "장로교 선교부는 동해안에 위치한 두 개의 개항장인 원산과 부산을 포함하는 두 개 지역을 분할한 후, 그 중 하나를 택하라고 감리교 선교부에 제안하였지만 감리교에서 이를 거부하였다"라고 밝혔다. 베어드는 이는 감리교 선교부의 분파주의적 태도 때문이며 한국에 분파주의(sectarianism)를 이식하려는 "유치한 짓거리"라고 주장했다. 더 나아가 그는 미국의 감리교 선교본부로 하여금 한국의 감리회 선교부에 압력을 행사하여 선교구역을 분할하지 않음으로써 생기는 선교인력의 분열을 막을 수 있기를 소원한다고 썼다.[30]

---

29) 이 기간 동안 4개 교단(침례교회, 성공회, 감리교회, 장로교회)에 속하는 9개의 선교부가 입국했다. 그러나 영국성공회의 복음전도회(Society for the Propagation of the Gospel)와 침례교는 지역 분할에 참여하지 않았다. Paik, *The History of Protestant Missions in Korea*, 158-235.
30) William Baird to Ellinwood, Fusan, October 6, 1891.

1892년과 1893년에 접어들면서 장·감선교부는 여러 차례의 모임을 연합으로 가졌다. 1892년 초부터 두 선교회는 상대방 선교회의 연례 총회 때마다 친선 대표단을 교환하기 시작하였다. 이들은 타선교회의 연례회의에 참석하여 간단한 연설, 개회 혹은 폐회기도 혹은 축도를 맡아서 하였다. 이를 통하여 장·감 선교부는 상호 협력과 우애의 정신을 발전시켜 나갔던 것이다. 예컨대, 1892년 1월 20일에 열린 북장로교 연례회의에 북감리교 선교부의 대표단으로 참석한 올링거(Franklin Ohlinger)는 장로교와 감리교 선교부의 선교구역 분계선은 분명치 않은 곳이 많으므로 멕시코에서 시행되고 있는 선교구역 분할 협정을 한국에서도 채택하자고 제안하였다.[31]

올링거의 제안에 따라 미국 북장로회와 북감리회 선교부는 교계예양 규칙 제정을 위한 위원회(Committee for Rules of Comity)를 공동으로 임명하였고, 위원회에 속한 장·감선교사들은 1892년 5월 23일과 27일 두 차례 모임을 가지며 협의하게 된다. 5월 23일 회합은 서울의 장로교 게일(J. S. Gale, 1863-1937) 선교사 집에서 모였다.[32] 위원회 서기 올링거는 1888년 런던 선교사대회에서 언급되었던 멕시코 선교 협정 내용과 1890년 상해에서 개최된 중국 개신교선교사대회에서 발표된 선교지 분할 협정 내용을 낭독하였다. 이후 올링거는 위의 두 선교지 분할협정의 내용을 한국적 상황에 맞게 개정한 내용을 제안하였다. 많은 토론이 있은 후에 장·감위원회는 상해 개신교선교사

---

31) 올링거는 1892-1893년의 한국에서의 장·감 선교지역 분할 협정 과정에서 매우 중요한 역할을 하였다. 멕시코 선교구역 협정에 대해서는 A. C. Thompson, "Missionary Comity," in James Johnston ed., *Report of the Centenary Conference on the Protestant Missions of the World, Held in Exeter Hall, London (June 9th-19th) 1888*, Vol. 2 (London: James Nisbet & Co., 1889), 445-46을 참조하라.

32) 장로교 대표로 빈턴(C. C. Vinton) 의사, 게일 선교사 부인, 기포드 선교사가 참석하였고, 감리교 대표로 아펜젤러, 올링거가 참석하였으며, 장로교 빈턴이 회장, 감리교 올링거가 서기로 선출되었다.

대회에서 채택된 선교지 분할 협정안을 더 연구 검토하기로 결의하였다.[33]

1892년 5월 27일 모임은 감리교 스크랜턴 대부인(Mary F. Scranton)의 집에서 모였는데, 이 모임에서 3개항의 합의가 이루어지고, 5월 27일 회합[34]에서 5개항의 합의가 추가로 이루어져서, 마침내 한국적 상황에 맞는 8개항의 선교구역 분할 협정을 이끌어 내는데 성공하였다.[35] 장·감 연합 위원회에 의해 작성된 8개항의 상호협약문(안)은 장·감 선교부에 송부되어 검토되고 수정되는데, 1893년 2월 3일 양 선교회에 의해 최종 승인된 협약의 주요내용은 다음과 같다. 주목할 점은 8번째항은 삭제되고 7개항으로 된 선교지역 분할 협정안을 통과시켰다.[36]

① 작은 도시나 그 주변 지방을 공동 점유하는 것이 우리의[장·감 선교부] 선교 역량을 활용하는 가장 효율적인 방안이 아님을 일반 원칙으로 확인한다. 그러나 인구 5천명 이상이 거주하는 개항장이나 도시는 공동 점유로 하고, 특히 이런 지역을 넘어서 전도하기 위한 선교기지로 삼기 위해서 필요한 경우에 공동으로 점유하도록 한다.

---

33) Davies M. Davies, ed., *The Complete Writings of Henry Gerhard Appenzeller*, Vol. 1: Sermons and Addresses (Preliminary Draft: Edwin Mellen Press, 1993), 92.
34) 장로교 대표로 빈턴(C. C. Vinton) 의사, 게일 선교사 부인, 기포드 선교사가 참석하였고, 감리교 대표로 아펜젤러, 올링거, 의료선교사 로제타 셔워드(Rosetta Sherwood) 양이 참석하였다.
35) 8개항의 협정 내용에 대해서는 H. G. Appenzeller Papers, "Rules of Comity and Co-operation," Korea Presbyterian and Methodist Missions, May 23 & 27, 1892; "Report of the Committee on Comity" submitted to the Annual Meeting of the Korea Mission of the Presbyterian Church in the United States of America, Seoul, January 23, 1893; 한국기독교역사연구소, 『한국기독교의 역사』I (서울: 기독교문사, 1989), 213-14도 참조하라.
36) Appenzeller Papers, "Rules of Comity and Co-operation (Revised form)," Korea Presbyterian and Methodist Missions, Feb. 3, 1893; Davies, ed., *The Complete Writings of Henry Gerhard Appenzeller*, Vol. 1, 93-94. 한국기독교역사연구소, 한국기독교의 역사 I, 213-14도 참조하라.

② 인구 5천명 미만이 거주하는 도시에서 그 지역을 맡고 있는 선교사에 의해 준 선교기지(sub-station)37)가 세워져 있는 경우에는 점유된 것으로 간주하고, 다른 선교부가 그곳에서 선교사업을 시작하는 것은 바람직하지 못하다고 생각한다. 그러나 그 지역에서 6개월간 선교사업이 중단될 경우에는 다른 선교부가 들어가 사역할 수 있다.

③ 선교사업을 새로 시작하려는 선교회나 선교사업을 확장하려는 선교부들은 아직 점유되지 않은 지역에 들어가서 사역할 것을 강력히 권고한다. 이는 전 선교지역을 신속하게 복음화하기 위한 조처이다.

④ 각 교회 교인들은 다른 교파로 소속을 옮길 수 있는 권리가 있다. 그러나 이미 한 교회의 교인이나 원입교인으로 이름이 올라 있는 사람들은 다른 교회로 옮길 때 이전 교회 담임으로부터 추천장을 받지 않고는 옮길 수 없다.

⑤ 우리는 서로 다른 교회[교파]들의 치리를 상호 존중한다.

⑥ 한 선교부의 사역에 조사(助事), 학생 및 보조인으로 일하는 분들은 그들을 책임지고 있는 사람의 문서로 된 동의서 없이는 다른 선교부가 받아서는 안된다.

⑦ 기독교 문서들은 판매해야 하며, 공짜로 나누어 주어서는 안 되며, 판매 가격도 같아야 한다는 것이 우리의 일반 원칙이다.

그러나 이 협정안은 1893년 9월 7일에 열린 미북감리교 선교회의 연례회의에서 "이 규칙에 매일 수 없다"며 이 합의안을 다시 감리교 선교부 내의 우호위원회로 환부시킴으로써 공식적으로 채택되어

---

37) '준선교기지'는 선교사가 상주하지는 않지만 매주일 예배가 드려지고, 1년에 최소한 4번 이상 방문해야 하는 지역인데 그중 적어도 2번은 선교사가 방문해야 하는 지역을 말한다.

실행에 옮겨지지는 못했지만 이후, 특히 1909년 9월 17일에 합의된 장·감 선교구역 분할의 기본 내용이 되었다.[38]

4. 맺는 말

미국교회에 의한 한국선교는 서구교회의 놀라운 지역적 확장이 이루어진 위대한 세기인 19세기 말에 시작되었고 한국에 선교사를 파송한 주요 교단인 미국 북장로교와 북감리교는 당시 교파주의가 극에 달하던 때였다. 선교지 한국에 거의 동시에 입국한 장·감 선교사들은 교파형 교회를 설립하기 위해 파송 받았지만, 선교 현지에서 초교파적 선교협력의 필요성을 절감하였다. 선교 초기 단계에서 알렌의 광혜원은 미국 장·감 선교사들 간에 초교파 연합의 발판을 마련해 주었다. 현장 선교사들은 타교단 선교사들을 적이나 경쟁 상대가 아닌, 같은 목표를 향해 매진하는 동역자로 이해하였다. 그리하여 피차 반목하고 경쟁하기보다는 제한된 선교 인력과 자원을 균형 있게 배치하고 그 효율성을 극대화시키기 위해 비교적 선교 초기부터 협력 사역을 추진하였다.

초기 장·감 선교사들은 선교지는 넓고 할 일이 많은데 굳이 '남의 터'(롬 15:20)에 들어가 불필요한 경쟁을 벌이지 않았으며 또한 타선

---

38) 장·감 협정 안은 미감리교회의 순회 감독 포스터(Randolph S. Foster)와 스크랜턴의 반대에 부딪쳐 공식적으로 채택되지 못했다.

교부가 사역하고 있는데 가까운 거리에서 유사한 사역을 시작함으로써 중복 투자로 인한 하나님의 선교 자원을 낭비하지 않았다. 미국 북장로교 선교부의 선두 주자격인 언더우드와 그의 에큐메니컬 상대역인 감리교 아펜젤러는 초교파 협력의 필요성을 인식하여 선교구역 분할에 주도적인 역할을 담당하였다. 타교단 선교부와의 불필요한 경쟁과 중복 투자를 피하고 제한된 인적·물적 선교자원을 극대화시켜 빠른 시간 내에 전(全)세계 복음화를 이루기 위한 선교지 분할정책은 초교파 연합 사업의 대표적인 사례였다. 이를 통해 아직 그리스도의 이름이 전해지지 않은 곳을 우선적으로 개척하는 등 우리에게 초교파 협력의 좋은 선례와 모범을 보여주고 있다.

선교현장에서 초교파 협력사업은 현장 선교사들과 모국 교회와 파송교단의 선교본부 총무 등이 에큐메니컬 협력의 당위성에 공감해야 한다. 특히 현장 선교사가 초교파적 연합 사업에 대한 협력 의지가 있어야 한다. 늦게 개방된 후발 선교지인 한국은 가까운 일본과 중국과 그 외 선교지에서의 행해진 초교파 연합의 여러 선례와 모범을 따랐다. 한국에서의 선교구역 분할협정은 1854년 뉴욕 연합선교대회, 중국 상해에서 열린 중국 개신교선교사대회(1877년과 1890년), 1888년 런던에서 개최된 개신교 100주년 세계선교대회, 그리고 1888년에 채택된 멕시코의 선교구역 협정안의 영향을 많이 받는 등 앞서 열린 여러 선교사대회에서 다루어진 의제와 결의사항의 영향을 많이 받았다.[39]

초기 내한 장·감 선교사들은 교리 문제보다는 공동의 사업을 통

---

39) 자세한 내용은 Chang Uk Byun, "Comity Agreements between Missions in Korea from 1884 to 1910: The Ambiguities of Ecumenicity and Denominationalism" (Ph.D. diss., Princeton Theological Seminary, 2003)을 참조하라.

하여 협력을 모색하였으며, 여러 교단 선교부 총무와의 보고와 긴밀한 협의를 거쳐 협력사업을 추진하였다. 또한 선교 현장의 필요에 의해 여러 개신교단 선교부 총무들간의 만남과 협의체도 형성되었다. 예나 지금이나 선교 현장은 초교파 협력의 길로 나아갈 수도 있고 또 다른 교파 분열의 길로도 나아갈 수 있음을 보여주고 있다.

【부록 1】 미국 북장 · 북감 선교부의 선교구역 분할 주요 연표(1885–1909)

1885년 4월 5일 : 언더우드와 아펜젤러 내한
1887년 4월 13일 – 5월 7일 : 아펜젤러 평안도(평양) 첫 순회 전도여행
1887년 10월부터 4주간 : 언더우드 북부지방(의주) 첫 순회 전도여행
1888년 3월 9일 : 북장로회와 미감리회 선교구역 분할을 위한 1차 모임
        3월 12일 : 북장로회 북감리회에 교계예양 위원회 조직 제안 (Committee for Mission Comity)
        3월 23일 : 북장로회와 미감리회 선교구역 분할을 위한 2차 모임
        4월 17일 : 언더우드(장)와 아펜젤러(감) 서북지방 전도여행 (선교구역 분할을 위한 정탐 여행)
1892년 장·감 선교부 연례회의에 상호 친선대표단 교환 시작
        1월 20일 : 감리회의 올링거 북장 선교부 연례회의에서 멕시코 선교구역협정안(1888) 채택을 제안
        1월 22일 : 북장로회 선교부 "선교지 분할을 위한 규칙 위원회" 임명(Committee for Rules of Comity)
        5월 23일 : 장·감 선교부의 선교구역 분할을 위한 연합위원회(3개항의 선교구역 분할안 채택)
        5월 27일 : 장·감 선교부의 선교구역 분할을 위한 연합위원회 (5개항의 선교구역 분할안 추가. 총 8개항의 선교구역 분할안 채택)
1893년 2월 3일 : 선교구역 분할을 위한 장·감 연합위원회에서 8째 항 삭제(총 7개항의 선교구역 분할안 확정)
        9월 7일 : 미감리회 선교부(7개항 선교구역 분할안) 거부
1905년 – 1907년 : 장·감선교부(평북, 평남, 황해도 선교구역 확정)
1909년 9월 17일 : 장·감 선교부(충북, 강원도, 황해도, 경기도, 평안북도 선교구역 분할 최종 획정).
☞ 한국에서 장·감 선교부간 선교구역 분할 협정은 1936년까지 지켜짐

【부록 2】 한국의 6개 선교부 간의 선교구역 분할(1909년 9월 17일)[40]

선교회	도	도시 및 지방
북장로회	경기	서울, 고양, 파주, 교하, 양근 7/10, 광주 1/2, 과천, 용인, 양지, 진위, 양성, 안성, 시흥, 김포, 죽산, 통진, 지평, 양주 1/2
	충북	연풍, 청주, 문의, 영동, 회인, 청산, 보은, 청안, 옥천, 황간, 괴산 1/6
	경북	대구, 안동, 경주를 비롯한 전 지역
	황해	봉산, 수안 1/2, 곡산, 황주, 은율, 문화, 장연, 신천, 송화, 풍천, 안악, 재령, 평산, 서흥 일부
	평남	평양 3/4, 안주, 숙천, 영유, 순안, 강동(한 그룹 제외), 자산, 삼등, 중화, 상원, 용연, 덕천, 개천 1/2, 순천 1/2, 은산 2/3, 맹산 1/2, 성천 2/3, 강서 1/2, 증산 1/4, 용강(감리교 그룹들 제외)
	평북	의주, 용천, 철산, 선천, 곽산, 정주, 가산, 박천, 구성, 삭주, 창성, 벽동, 초산, 위원, 강계, 자성, 후창
남장로회	충남	대전, 부여, 목천
	전북	전주, 군산, 이리, 익산 등 전 지역
	전남	목포, 나주, 광주, 순천 등 전 지역
	제주	전 지역
오스트레일리아 장로회	경남	부산, 마산, 진주, 거창, 통영, 김해 등 전 지역
케나다장로회	함남	원산, 성진, 문천 등 북부 지역
	함북	회령, 종성, 경성 등 전 지역
미감리회	경기	서울, 인천, 수원, 안산, 남양, 교동, 강화, 부평, 여주, 광주 1/2, 이천, 음죽, 양근 3/10, 양천
	충북	진천, 음성, 충주, 제천, 증평, 영춘, 단양, 괴산 5/6
	강원	원주, 횡성, 평창, 영월, 정선, 강릉, 삼척, 울진, 평해
	황해	옹진, 강령, 해주, 연안, 백천, 평산, 신계, 봉산 일부, 수안 1/2, 서흥 일부
	평남	평양 1/4, 양덕, 함종, 진남포, 삼화(진남포 4천명 제외), 맹산 1/2, 성천 1/3, 개천 1/2, 은산 1/3, 순천 1/2, 강서 1/2, 증산 3/4, 강동 한 그룹, 용강 현재 그룹들
	평북	태천, 운산, 희천, 영변
남감리회	경기	서울, 송도(개성)
	강원	춘천, 철원, 양구, 이천, 지경대
	함남	원산, 회양, 안변, 용동

---

40) *Fifth Annual Meeting of the General Council of Protestant Evangelical Missions in Korea, Seoul, October 8-9, 1909*, 32-34; "AGREEMENT for division of the entire territory worked by the Korea Mission of the Methodist Episcopal Church, and the Korea Mission of the Presbyterian Church in U. S. A.," Seoul, Korea, September 17, 1909; 한국기독교역사연구소, 『한국기독교의 역사』 I (서울: 기독교문사. 1989), 216-174을 참조하여 작성하였다.

제9장

선교사의 리더십 개발과 이양

"네가 많은 증인 앞에서 내게 들은 바를 충성된 사람에게 부탁하라 저희가 또 다른 사람들을 가르칠 수 있으리라"(딤후 2:2)

1. 들어가는 말

1970년대 말과 80년대에 본격화되기 시작한 한국교회의 해외선교사 파송의 역사는 이제 35년을 넘어서고 있다. 30대 초빈에 파송되었던 초기 선교사들은 이미 은퇴했으며, 80-90년대에 파송된 선교사들 가운데에 상당수는 5-10년 내에 본국으로 귀환할 때가 점점 가까워지고 있는 이때에 선교지 교회와 현지 리더십에 대한 이양(devolution) 문제는 한국교회의 긴급한 과제가 되었다. 따라서 선교지에서 이양과 현지 리더십 양육의 문제는 더 이상 미룰 수 없는 매우 긴급한 문제가 되었다. 문제는 한국교회와 선교사들이 이양의 중요성을 절실하게 느끼지 못하고 있을 뿐 아니라, 선교사들이 참조할 수 있는 모범적인 이양 사례(case)와 이양 매뉴얼이 별로 없으며, 넘겨줄 경우 이를 넘겨받아야 하는 현지교회 리더십에 대한 양육과 준비에 대한 대비가 얼마나 되어 있느냐는 것이다.

본 장에서는 선교사와 현지 리더십의 관계를 살펴본 후 성공적으로 이양의 단계를 거쳤거나 이양중인 이양사례를 다룬다. 이를 위해 수단내지선교회(Sudan Interior Mission, SIM: 1980년대에 Serving in Mission으로 개명)와 새부족선교회(NTM)의 리더십 이양 과정과 유형을 살펴보면서 그 장단점을 분석해본다. 또한 모범적인 리더십 이양 사례로 평가되는 나이지리아 수단내지선교회, 필리핀 새부족선교회, 한국 글로벌 파트너스 선교회(GP)의 인도네시아에서의 교회개척과 리더십 이양 사례를 중점적으로 살펴본다. 건강한 리더십 이양 매뉴얼과 사례가 개발되고 공유되어 한국선교가 업그레이드되는 전기가 마련되기를 바란다.

2. 선교사와 이양의 문제

선교사의 사역은 선교사 철수 후에도 현지 교회에 의해 계속되어야 하며, 선교사가 세운 건물은 언젠가 현지 리더에게 넘겨주어야 한다. 따라서 현지교회 리더십 개발과 이양 문제는 자립(self-support) 문제와 함께 선교 초기부터 서구교회의 주요 관심사였다.

A. 서구교회와 리더십 이양

근대 개신교선교의 아버지라 불리는 윌리엄 캐리(William Carey, 1761-1834)는 인도에 선교사로 가기 전인 1792년에 발표한 선교신학 소논문 『이교도 선교 방법론』에서 현지 리더십의 훈련과 영적 성숙의 문제를 언급하였다.

> 선교사들은 현지 교인들을 … 가르치고, 권면해야 하며, 책망도 해야 한다. 하지만 선교사들은 현지인들에 대해 오래 참아야 하며, 그들을 향한 간절한 소원을 가져야 하며, 무엇보다도 현지 교인들 가운데 성령의 부으심이 나타나도록 항상 기도에 힘써야 한다. … 만일 현지 사역자들이 세워진다면, 이들은 현지어에 능통할 뿐만 아니라 현지관습도 잘 알고 있는 등 많은 이점을 지니고 있으며, 만약 이들의 행동까지 변화된다면 이들의 사역은 커다란 힘을 얻게 될 것이다.[1]

이후 1805년 인도에서 12년의 사역을 마칠 즈음에 세람포어 선교회의 마쉬맨(Joshua Marshman), 워드(William Ward)와 함께 발표한

---

1) William Carey, *An Enquiry into the Obligations of Christians to Use Means for the Conversion of Heathens*, 변창욱 번역, 주해, 『이교도 선교방법론』 (서울: 미션아카데미, 2008), 94-95.

"선교 협약문"에서 캐리는 몇 가지 선교원리를 밝힌다. 캐리는 인도 복음화는 현지 기독교인들을 통해 완성되어야 하기 때문에 현지 리더십의 양육, 훈련, 파송의 중요성을 재차 강조하였다.

> 선교사는 현지 교인의 능력향상에 모든 관심을 기울여야 한다. 거대한 인도 대륙에 편만하게 복음을 전하려면 현지 전도인을 통한 방법밖에 다른 방도가 없다. … 대부분의 지역에 유럽 선교사들을 파송하여 복음을 전할 도구로 삼기에는 유럽 선교사의 숫자가 너무 적을 뿐 아니라, 이들의 선교사 파송비용이 너무 많이 든다. … 이러한 점 때문에 현지인 사역자의 능력을 향상시켜서 가능한 한 많은 현지인 전도자를 파송하는 것은 반드시 추진해야 할 실제적인 선교방안이다.[2]

> 현지교회는 그곳 기후에 익숙하고 현지인의 관습과 언어와 여러 방언과 사고방식을 잘 알고 있는 수많은 현지 설교자들을 양육하여 현지인 선교사로 파송할 수 있게 될 것이다. … 현지인 선교사는 인도 전역을 거의 아무런 비용을 들이지 않고서도 여행할 수 있다.[3]

개신교 선교 초기부터 현지 교회의 리더십 개발과 이양 문제는 서구교회 선교사들의 주요 화두였다. 예컨대, 1860년 영국 리버풀(Liverpool) 선교사대회에서 "리더십 개발"에 대한 논의가 있었으며,[4]

---

2) "Form of Agreement"(Serampore: Brethren's Press, 1805). Reprinted at the Baptist Mission Press, Calcutta, in 1874, with the title "Form of Agreement respecting the Great Principles upon which the Brethren of the Mission at Serampore think it their duty to act in the work of instructing the Heathen, agreed upon at a Meeting of the Brethren at Serampore, on Monday, October 7, 1805." 윌리엄 캐리, 『이교도 선교방법론』의 부록, 117을 참조하라.
3) 윌리엄 캐리, 『이교도 선교방법론』, 118-19.

1907년 상해에서 개최된 중국개신교선교 100주년 기념선교사대회에서도 중국교회의 "자립-자치-자전"에 대한 심도 깊은 논의가 있었으며,[5] 현지 목회자의 지적 개발, 현지교회의 자립, 현지 목회자와 선교사와의 관계 뿐 아니라 서구 선교부와의 관계 등의 실제적인 문제가 다루어 졌다. 이후 1910년 에딘버러 세계선교사대회에서도 서구 선교사들의 리더십을 현지교회 지도자들에게 이양해야 한다는 논의가 활발하게 이루어졌다. 이처럼 서구교회의 여러 선교사 대회에서 현지교회 발전과 리더십 개발과 이양은 선교사대회의 주요 관심사로 다루어지던 주제였다.

B. 한국교회와 리더십 이양

현장 선교사는 30년 정도 사역하고 나면 사역과 관련 시설들을 현지교회나 현지인 리더들에게 이양해주어야 한다. 그런데 한국교회의 은퇴한 선교사들 중에는 30년 이상을 사역했지만, 아직도 선교지를 떠나지 못할 뿐만 아니라, 그동안 해오던 사역과 선교센터 등을 현지 리더십에게 넘겨주지 못하고 여전히 움켜쥐고 있는 이들이 적지 않다. 이러한 데에는 여러 이유가 있겠지만, 가장 중요한 이유는 선교사가 처음부터 이양에 재한 분명한 계획을 갖고, 현지 목회자가 선교

---

4) 1860년 개최된 리버풀 선교사대회에서 참석한 126명(선교사 37명, 선교부 총무 52명 등)은 선교사 증원, 선교지 신앙교육, 선교지 교회 리더십 개발, 현지교회 발전 등의 주제를 논의했으며, 자립선교정책을 채택하였다.

5) *China Centenary Missionary Conference Records: Held at Shanghai, April 25 to May 8, 1907* (Shanghai: Centenary Conference Committee, 1907), 8-18.

사의 사역을 떠맡을 수 있는 훈련을 시키지 못했기 때문일 것이다.

한국교회는 그간에 선교사 파송에만 관심을 기울인 나머지 현지 리더십 개발이나 이양 등에 대해서 별다른 관심을 기울이지 못했다. 1980년대에 본격적인 선교사 파송이 시작된 이후 30년이 경과한 지금, 한국교회 1세대 선교사들은 향후 5년 내에 선교지에서 철수해야 하며, 1990년대에 나간 2세대 선교사들도 10-15년 내에 귀국해야 하는 상황에 있다. 또한 선교사들 중에 50대 후반이나 60대의 높은 연령층에 속하는 분들이 상당히 많다. 대규모의 선교사 철수가 예상되는 시점에서, 선교사 리더십 개발과 이양은 더 이상 미룰 수 없는 한국교회의 절박한 과제가 되었다. 몇 년 전 한국교회가 '선교지 출구전략'에 대한 논의를 시작한 것은 이러한 위급한 상황을 반영하고 있다고 보아진다.

교회개척은 기독교 선교역사에서 매우 중요한 사역이 되어왔다. 대부분의 선교사들은 교회개척 사역에 종사하였으며, 서구교회의 한국선교뿐 아니라 한국교회가 파송한 선교사들이 선교지에서 수행하는 사역에서 교회설립은 중추적인 위치를 차지해왔다. 참고로, 2013년 4월 한국선교연구원(KRIM)이 발표한 연구에 의하면, 한국 선교사의 45.3%가 교회개척 사역에 종사하는 것으로 조사되었으며, 한국선교사들이 설립한 신학교, 선교센터, 학교, 병원, 유치원, 고아원, 직업훈련원 등도 많은 경우 교회개척과 연관하여 수행되었다.[6]

---

[6] Steve Sang-Cheol Moon, "Missions from Korea 2013: Microtrends and Finance," *International Bulletin of Missionary Research* 37 (April 2013), 96.

3. 성공적인 리더십 이양모델: 선교사와 현지교회와의 관계를 중심으로

한국교회에 널리 소개된 풀러(Harold Fuller)의 이양모델(1978, 1980)과 이 모델의 약점을 보완하는 이론으로 제시된 스테픈(Tom Steffen)의 이양모델(1997, 2010)을 살펴본다. 또한 수단내지선교회(SIM)의 나이지리아, 새부족선교회(NTM)의 필리핀, 한국 글로벌파트너스(GP) 선교회의 인도네시아에서 추진된 교회개척과 이양 사례를 통해 건강한 리더십 이양을 돕거나 방해하는 요인들을 찾아본다. 끝으로 풀러 이양모델과 스테픈 이양모델의 특징과 장단점을 살펴보고, 건강한 리더십 이양을 위한 실체적 방안들을 제안해 본다.

A. 선교사와 현지교회 리더십의 역할비교

1) 해롤드 풀러의 이양모델(1980)[7]

1951년부터 수단내지선교회(SIM)의 선교행정가로 나이지리아에서 오랜 기간 사역하였던 풀러(Harold Fuller, 1925-)는 선교사와 현지

---

7) W. Harold Fuller, *Mission-Church Dynamics: How to change bicultural tensions into dynamic missionary outreach* (Pasadena, CA: William Carey Library, 1980), 287.

교회 리더십과의 관계를 4단계(4P)로 설명하였다. 선교사는 선교지에서 개척자(pioneer), 부모(parent), 동역자(partner), 참여자(participant)의 역할을 단계적으로 수행하면서, 1단계에서 다음 단계로 순차적으로 발전해 나가야 하며, 마지막 4단계에 이르면, 현지교회가 선교사로부터 리더십을 완전히 넘겨받는 것으로 리더십 이양이 완료된다. 흥미로운 점은 마지막 이양 단계에 도달하면 선교사는 자신이 양육하고 세운 현지교회 리더십 밑에서 계속하여 동역할 수도 있고, 아니면 새로운 선교지를 찾아서 1단계부터 새로 시작해야 한다는 것이다(참조: 부록 1).

〈표-1〉 해롤드 풀러의 선교사와 현지교회의 역할관계[8]

	1단계	2단계	3단계	4단계
선교사 역할	개척자	부모	동역자	참여자

풀러 모델의 가장 큰 장점은 위의 〈표-1〉에 나타난 것처럼 선교사들이 자신들의 역할과 사역을 단계별로 쉽게 평가할 수 있다는 것이다. 대부분의 선교사들은 1단계 개척부터 사역을 시작하지만, 고참(senior) 선교사를 돕거나, 교단간 선교협력 차원에서 파송받아 현지교단을 돕는 경우에 3-4단계에서 사역을 시작할 수도 있다. 참고로, 저자가 속한 대한예수교장로회(통합, PCK) 교단은 선교지에 선교사를 직접 파송하기도 하지만, 선교지의 특정교단과 협력관계를 맺고 있는

---

8) 랄프 윈터(Winter)가 이 4P 원리를 전세계에 널리 소개했지만, 4P 이론의 창시자는 해롤드 풀러(Fuller)이다.

경우에, 현지교단이 필요로 하는 사역을 도울 수 있는 선교사를 우선적으로 파송하기도 한다. 이 경우 PCK 선교사는 현지교회의 구체적 필요를 돕는 3단계의 선교동역자(co-worker)로 파송받게 된다. 또한 현지교단의 리더십 밑에 들어가 사역을 하기 때문에 4단계의 참여자로 시작한다고 볼 수도 있다.

　선교지 현지 교단의 요청으로 한국교회가 3-4단계의 선교사(동역자, 참여자)로 파송하는 경우, 한국교회는 현지교단 리더십과 조화롭게 협력하며 현지교회의 필요를 채울 수 있는 목회적, 신학적 자질을 갖춘 사람을 보내야 한다. 이 경우 한국 선교사는 현지어(혹은 영어)로 소통이 가능해야 할뿐 아니라, 한국교단과 현지교단 간에 중재자 역할을 잘 감당하고 현지교회의 리더십 개발도 도울 수 있어야 한다. 그렇지 못하면 현지교회 건물을 건축하거나 보수하는 프로젝트를 연결해주는 재정 후원 브로커 역할로 전락할 수 있기 때문이다.

　풀러의 4단계 이양모델의 관점에서 볼 때, 1-2단계의 선교사(개척자, 교사)로 나가는 사람들은 파송 전 한국에서 다양한 목회 경험(성경공부, 기도, 전도, 제자훈련 등)을 받아야 한다. 이를 바탕으로 한국교회가 세계교회와 나눌 수 있는 가장 큰 장점인 예배를 중시하고, 기도와 말씀공부에 대한 열심을 공유할 수 있기 때문이다. 한국교회가 선교지에 건물이나 선교센터를 지어주는 플랜트(하드웨어) 수출이 아니라, 한국교회의 특징을 주님을 사랑하고, 교회중심의 신앙전통을 선교지 교회와 잘 나눌 수 있어야 한다. 그래야만 한국선교와 선교지 교회가 부족한 것을 서로 돕고, 채워가는 상호 윈윈(win-win)의 관계를 발전시켜 나갈 수 있을 것이다.

　한국 선교사들에 커다란 영향을 미친 풀러의 4단계 이양모델의 장점은 ① 풀러 모델은 단계별로 선교사가 감당해야 할 역할과 임무를 분명하게 제시한다. ② 현지교회와의 관계에서 선교사는 자신의 사역이 어느 단계에 와있는지 쉽게 확인하고 점검할 수 있게 한다. ③ 작은 교단보다는 큰 교단이나 인구가 많은 종족 집단에 유용한 사역 모델이다.[9]

풀러의 이양모델이 도움이 되기는 하지만, 한계도 지니고 있다. ① 선교사의 비협조로 다음 단계로 나가지 못할 수 있다. ② 선교사가 현지 리더십의 성장을 받아들이지 못하고, 이를 불편해하는 경우, 현지 리더십과 갈등을 초래할 여지가 많다. ③ 교단간 선교협력을 통한 선교사 파송이나 선임선교사의 사역을 돕거나 은퇴하는 선임 선교사의 사역을 계승하여 신임 선교사가 사역하는 경우, 선교사 역할이 개척자 단계부터 순차적으로 발전되어 가지 않을 수 있다. ④ 풀러 모델은 19세기 서구 열강의 식민지 개척과 함께 추진된 서구선교의 우월적 자세와 분위기를 반영하고 있다. ⑤ 풀러 모델은 교회개척에 있어 하나님보다 선교사 자신의 역할을 지나치게 부각시킬 위험이 많다.

풀러 모델은 시간이 경과하면서 선교사의 역할이 감소하고 현지 리더십의 역할이 강화되는 방향으로 나갈 것을 전제로 한다. 그러므로 현지교회가 선교사의 재정 지원에 심하게 의존하는 경우, 선교사가 현지 리더십의 성장과 권한위임(empowerment)에 소극적인 경우, 특히 선교사가 가부장적 분위기에 익숙하여 상급자로서 모든 권한을 휘두르려고 하거나 동역이나 협력사역에 대한 이해가 부족한 경우에 현지 리더십과 갈등을 초래할 여지가 많다. 이런 경우에 3-4단계까지

---

9) SIM과 같이 큰 선교단체가 서아프리카 복음주의교회(ECWA)와 같이 큰 교단과 동역할 때에 선교사의 사역과 역할을 확인하고 평가하여 분명한 과제를 제시해 주는 이점이 있다. 리챠드 슈리트, "OMF와 필리핀 성서기독공동체(ABCCOP) 사이의 관계에 대한 사례연구," 방콕선교포럼위원회, 『한국선교의 출구전략』(서울: 예영커뮤니케이션, 2012), 27.

나가지 못하고 1-2단계에 오랫동안 머물기 쉽다.

2) 탐 스테픈의 이양모델(1997, 2010)

1972년부터 새부족선교회(NTM) 선교사로 필리핀 북부 산악지대의 이푸가오(Ifugao) 부족에 들어가 14년간 사역한 미국 바이올라(Biola) 대학 선교학 교수 스테픈(Tom Steffen)은 서구 중심의 이양모델이 아닌 현지인 중심의 이양 이론을 제안하였다.

〈표-2〉 탐 스테픈의 선교사와 현지교회의 역할관계[10]

탐 스테픈	1단계	2단계	3단계	4단계
	학습자 ---			
		전도자 -------------------------------------		
			교사 ----------------------	
				*조언자 ----

* 조언자: 1) 거주 조언자, 2) 순회 조언자, 3) 비거주 조언자로 세분화

위의 〈표-2〉에 나타난 것처럼, 스테픈의 이양모델은 선교사의 역할관계라는 측면에서 풀러 모델과 현저한 차이가 있다. ① 스테픈 모델은 교회개척을 시작할 때부터 현지 리더십에 이양을 위한 분명한 로드맵을 가질 것을 요구한다. ② 선교사는 현지인들과 함께 살면서 현지어를 배우고 현지어로 소통할 수 있어야 한다. ③ 사역의 첫 단계에서 이양의 마지막 단계에까지 선교사는 현지교회로부터 배우려는

---

10) 탐 스테픈, 『타문화권 교회개척: 단계적 철수와 재생산이 가능한 교회개척』 (*Passing the Baton: Church Planting That Empowers*), 김한성 옮김 (서울: 토기장이, 2012), 69. 스테픈은 6개로 분류했지만, 저자는 4가지로 분류한다.

겸손한 자세를 가져야 한다. ④ 선교사는 사역 초기부터 현지 교회 리더와 파트너십(partnership)을 이루어 함께 사역할 것을 제안한다. ⑤ 선교사는 마지막 단계에서 갑자기 리더십을 이양하는 것이 아니라, 이전 단계부터 권한위임(empowerment)을 통해 현지 리더십을 양육하고 준비시켜야 한다. ⑥ 선교사는 현지교회를 통제하고 간섭하는 태도를 버리고, 섬기는 리더의 자세를 가져야 한다. ⑦ 스테픈 모델은 풀러 이양모델의 2단계인 부모(parent) 단계를 의도적으로 제외시켰다. 그 대신 조언자의 단계를 제안하였다.

풀러의 이양모델은 19세기 서구교회의 인종우월적 자세를 반영하고 있으며,[11] 권위주의적 자세나 태도를 갖기 쉬운 선교사들에게 있어 마지막 단계인 조언자의 위치까지 나아가지 못할 수 있다.[12] 스테픈 모델은 이러한 한계를 극복하기 위한 대안으로 제시되었다. 스테픈의 이양모델은 선교사가 처음부터 이양을 염두에 두고 현지인 리더십과 협의해 나갈 뿐 아니라, 현지 사역자와 협력할 것을 제안한다. 스테픈 모델은 선교사가 이양의 전 단계를 통해 배우는 자로 태도로 사역할 것을 요청한다. 이처럼 스테픈 모델은 선교사가 간섭적이고 온정주의적 태도(paternalism)를 버릴 것을 제안하고 있다.[13]

이처럼 스테픈 모델은 선교사가 현지인과 친숙한 관계를 형성하고 이런 관계형성을 바탕으로 현지교회와 현지 리더십과 사역할 것을 제안한다. 또한 현지 리더십을 잘 키워서 이양하려는 장기계획을 수립하고 있어야 한다. 즉 선교사는 개척 초기부터 때가 되면 자신의 사역을 이양하고 철수한다는 출구전략을 갖고 사역에 임해야 한다.

---

11) 스테픈, 『타문화권 교회개척』, 69.
12) 위의 책, 45.
13) 위의 책, 69-70.

한국선교사 대부분이 대도시 주변부나 빈민층, 중소도시나 시골지역임을 감안할 때, 풀러 모델보다 스테폰 모델이 한국 선교사들이 적용하기에 더 좋은 모델이라고 판단된다. 주목할 점은 스테폰 자신이 필리핀 산지족인 이푸가오족과 15년을 함께 살면서 그들의 언어를 배워 그들과 소통할 수 있는 선교사였기 때문에 현지인들로부터 깊은 신뢰를 받았다는 것이다. 이전의 풀러 이양모델이 오래된 선교단체가 규모가 큰 종족집단에 적용하기 좋은 모델이라면, 스테폰 모델은 큰 인종집단뿐 아니라 작은 인종집단 모두에서 효과적으로 사용할 수 있는 이양모델이라고 평가된다.[14]

B. 선교지의 성공적 리더십 이양 사례

1) 수단내지선교회의 나이지리아 교회개척과 이양

수단내지선교회(SIM)는 1893년부터 나이지리아 사역을 시작하였는데 1950년대부터 현지교회에 리더십의 단계적 이양을 시작한 후 1976년 나이지리아의 최대 교단인 서부아프리카 복음주의교회(Evangelical Church of West Africa, ECWA)에 사역의 리더십을 완전히 이양하였다. 해롤드 풀러(Fuller)는 SIM 선교회와 ECWA 현지교단 사이에서 진행되었던 이양 과정을 토대로 1978년 선교회와 현지교회와의 관계를 4단계로 구분하였다. 풀러의 4단계 이양 이론의 관점에 의

---
14) 슈리트, "OMF와 필리핀 성서기독공동체(ABCCOP) 사이의 관계에 대한 사례연구," 28-29.

하면, SIM이 ① 개척자, ② 부모, ③ 동역자, ④ 참여자의 마지막 단계를 거쳐 선교현지의 ECWA 교단에 리더십을 완전히 이양하는데 83년이 소요되었다. 1-2 단계에서는 ECWA가 SIM의 보호 아래 있었고, 이후 SIM이 ECWA와 3단계인 동역 관계를 거쳐 1976년에 그 리더십을 완전히 넘겨준 후에는 SIM 선교사들이 현지교단인 ECWA의 리더십 아래에서 계속 일하였다(참조: 부록 2).[15]

이처럼 나이지리아 SIM과 현지의 ECWA 교단과의 리더십 이양과 관련하여 SIM 선교사들은 크게 3가지의 선택을 할 수 있었다. 첫째, ECWA의 현지교회 리더십 밑에서 사역을 계속하거나, 둘째, 본국으로 돌아가거나, 셋째, 새로운 선교지로 옮겨가서 다시 1단계부터 시작하는 것이었다. 유념할 점은 SIM이 83년에 걸쳐 ECWA 교단에 점진적으로 리더십을 넘겨주었음에도 불구하고, 1976년의 이양 당시 SIM 선교사의 30%가 현지교회에 리더십을 이양하는 데에 대해 강하게 반대하였다는 것이다. 이러한 상황에 직면한 SIM은 1976년부터 1년에 걸쳐 SIM 선교사들에게 리더십 이양의 목적과 이유에 대해 허심탄회한 논의를 거쳤으며, 그 결과 1977년에 SIM 선교사들 가운데 이양에 대해 반대하는 비율이 4%로 줄어들었다. 그럼에도 10%의 SIM 선교사들은 여전히 현지교회에 리더십을 넘겨주는 이양에 대해 분명한 확신을 갖지 못하였고, 86%의 선교사들만이 리더십 이양에 찬성하였다.

이양과 관련하여 가장 중요한 문제인 현지교단에 리더십을 넘겨준 이양의 시점에 대해 SIM 선교사들 가운데 72%는 "적절한 때에 넘

---

15) 강승삼, "선교지도력 위임과 이양의 단계와 실패 사례," 『한국선교 KMQ』 통권 28호 (2008 겨울), 24.

겨주었다"고 응답하였고, 16%는 "너무 빨랐다"고 대답했으며, 12% 만이 "너무 늦었다"고 응답하였다.[16] 서구교회 선교의 '위대한 세기' 였던 19세기와 20세기 초엽에 선교사들은 개척자나 부모로서 현지교 회 지도자의 역할을 감당해야만 했다. 그러나 나이지리아 SIM과 현지 교단인 ECWA의 예에서 보듯이, 80여년의 사역기간이 지난 20세기 중엽이나 말엽에 이르게 되면 선교사들은 자신의 사역과 리더십을 선교지 교회에 넘겨준 다음에 현지교회 동역자나 자신들이 세운 리 더십 밑에서 사역을 감당하였던 것이다(참조: 부록 3).

2) 새부족선교회의 필리핀 교회 개척과 이양

새부족선교회(NTM) 소속의 선교사로서 필리핀 북부 산지족인 이푸가오(Ifugao) 부족 가운데 들어가 사역했던 교회개척 경험을 바 탕으로 탐 스테폰은 현지인과의 관계에서 감당해야 할 선교사의 역 할 변화와 선교사의 리더십 이양 시기를 중심으로 이양모델을 개발 하였다. 스테폰은 1972년 교회개척을 시작한 이후 사역 7년 만에 단 계적 철수를 시작하였고, 14년이 경과한 1986년 선교지에서 완전히 철수하였다. 스테폰은 설립한 교회를 현지 리더십에 완전히 이양하고 떠난 후에도 현지교회와의 관계를 완전히 단절하지 않았다. 그는 미 국에 거주하는 1989-1993년에도 이푸가오족과 연락을 취하는 비거 주 조언자로서 현지교회와 관계를 계속 유지하였다.

선교지 교회개척과 이양에 대해 스테폰은 ① 선교사는 사역초기

---

16) Fuller, *Mission-Church Dynamics*, 215. SIM 선교사들 내에서도 이양에 대해 다양한 견해가 있 었음을 보여준다.

부터 분명한 이양(철수) 전략을 세워야 한다. ② 설립한 현지교회가 새로운 교회들을 개척(재생산)할 수 있는 교회로 세워야 한다. ③ 선교사는 책임성 있는 단계별 출구전략을 수립하여야 한다. ④ 현지교회로 하여금 (선교사를 신뢰하는 것이 아니라) 하나님을 신뢰하게 해야 한다. ⑤ 선교사는 현지교회가 전도, 제자훈련, 교회 운영, 새로운 교회 개척의 사역 등을 주도적으로 감당해 나갈 수 있도록 현지교회 리더들에게 권한을 부여(empowerment)해야 한다. ⑥ 선교사는 선교지를 철수하더라도 기도, 방문, 제한적 재정 지원 등을 통해 현지교회 리더들과 관계를 계속 유지할 수 있도록 하였다.[17]

스테폰은 필리핀의 경우 하나의 교회를 온전히 세우고 철수하기까지 대개 20년의 기간이 소요되지만, 선교사가 분명한 철수전략과 이양 플랜을 마련하지 않거나 체계적인 현지 목회자 훈련을 시키지 않으면 40년이 지나도 선교사가 선교지를 떠나지 못할 수도 있다고 보았다. 그러므로 선교사는 현지 목회자에게 리더십을 넘겨준다는 분명한 이양 목표와 강한 의지를 가지고 사역을 시작해야 한다고 주장한다. 스테폰은 선교사는 현지인 속에 들어가 그들과 함께 거주하며 그들의 언어를 배워 소통하는 예수님의 성육신적(incarnational) 자세로 선교 사역을 해야 한다고 주장한다.

3) 한국 글로벌 파트너스(GP) 선교회의 인도네시아 교회개척과 이양[18]

1984년 인도네시아로 파송된 안성원 선교사는 1985년부터 깔리

---

17) 스테폰, 『타문화권 교회개척』, 45-69.

만딴(보르네오) 섬에서 사역하면서 30여개의 교회 개척을 시작으로, 자카르타에 3개 교회, 1개 기도처 등 45개 이상의 교회를 개척하였다. 한국교회가 선교지에 교회를 건축할 때 거의 모든 건축비용을 후원하는 방식을 지양하고 현지 교인들이 최선을 다하여 건축비의 상당부분을 감당하게 하고, 선교사는 "최소한의" 지원만을 하였다. GP 선교회의 건축 지원 정책(manual)에 의하면, 현지 교인들이 최소한 건축비의 "50%" 이상을 먼저 감당하게 한 후, 부족한 비용만을 지원해 주도록 되어 있다.[19] 선교사가 건축비의 대부분을 지원하는 등 건축비 모금의 주도적인 역할을 감당하게 되고, 현지교인들이 수동적으로 참여하게 되면 선교사 의존성을 더욱 심화시키게 된다.

안성원 선교사는 신약성경의 교회 개척 모범을 따라, 교회 설립 후 3-5년간 사역한 후에 현지 목회자에게 리더십을 넘겨주었다. 그가 개척 한 후 이양해준 교회 사례들을 살펴보면 다음과 같다.

첫째, 깔리만딴 끄따빵의 안디옥교회(1986-1989년)

안성원 선교사는 3년간 목회 후에 60-70명의 교인이 생겨났을 때 현지인 목회자와 함께 6개월을 같이 사역한 후에 그에게 이양하였다. 주목할 점은 이양하기 6개월 전에 현지인 목사를 초빙하여 동역하였고 이후 안식년을 맞아 그에게 인계하였다는 것이다.

둘째, 깔리만딴의 믐빠와교회(1990-1994년)

안성원 선교사는 신학교 교수로 사역하면서 교회를 개척하여 4

---

18) 안성원, "성남용 목사님의 "선교지 교회개척의 과제"에 대한 응답," 제5차 세계선교전략회의 (NCOWE V)에서 발표된 미간행 원고(2010년 6월 30-7월 3일, 할렐루야교회), 3.
19) 안성원, "교회개척 사역," 『2016 GP 선교사역 백서』 (서울: GP선교회, 2016), 50.

년간 목회하였고, 60-70명(장년 30명)의 교인이 있었는데, 이후 GP선교회 한국본부 대표로 임명되어 한국으로 귀국하면서 현지 목회자에게 이양하였다.

셋째, 자카르타의 고린도교회(1997-2002년)
안성원 선교사는 자카르타시에서 5년간 직접 목회한 후 함께 사역하던 현지인 목회자(부목사)에게 이양했는데, 이양 당시 60-70명의 교인이 있었다. 교회 건물 1층을 지은 후, 교회가 부흥하면 현지 교인들이 헌금하여 2층을 올리도록 남겨 두었다. 이후 2013년 6월 교회 2층이 증축되었다. 또한 안 선교사는 이 교회로 하여금 4명의 자국민(인도네시아) 선교사를 후원하도록 했다.

넷째, 자카르타의 아가페교회(2002-2010년)
자카르타시 인근에 위치한 상가 한 동을 현지 교인들과 함께 구입하고 다른 한 동은 임대하여 예배를 드렸다. 2010년 안 선교사는 이 교회를 현지인 목회자에게 이양하였고, 이 교회는 두 가정의 정글 사역자, 한 가정의 개척교회 사역자, 두 가정의 선교사를 후원하게 하였다.

안성원 선교사의 현지 리더십 이양과 관련하여 주목해야 할 몇 가지 요소가 있다. 첫째, 3-5년 안에 현지 리더십에게 사역을 넘겨준다는 이양에 대한 분명한 목표와 이양 시기를 수립하고 있었다. 둘째, 현지교회가 목회자 사례비를 감당할 수 있을 정도의 출석교인(도시 30명, 시골 60-70명)을 확보하면 지체하지 않고 현지인 목사에게 이양하였다. 셋째, 선교사는 최소한 6개월을 현지인 목회자와 같이 사역하며 목회 계획 수립 과정에 참여시킴으로써 순조로운 이양에 대비하였다. 넷째, 현지 교인들 스스로 전도하고 선교하는 교회가 되도록 처음부터 훈련시켰다. 마지막으로, 현지교회가 교회 건축과 운영에 있어 주도적으로 참여하는 자립교회, 선교교회로 양육하였다.

유념할 점은 2012년 안성원 선교사는 WP(World Partners)라는 현지인 선교단체를 설립하여 인도네시아 교인들을 훈련시켜 필리핀, 베트남, 라오스, 미얀마, 말레이시아 등지에 선교사로 파송하기 시작했다는 것이다. 이처럼 그는 한국교회의 선교전통을 따라 선교지 교회가 선교를 재생산하는 선교교회가 되도록 노력하였다. 위의 이양 사례에서 열거한 교회들이 현지인 리더들에게 넘겨준 이후에도 잘 유지되고 성장하고 있는지 장기적 안목에서 재평가해 보는 것도 흥미로울 것이다.

4. 이양에 대비한 선교사 리더십 개발

한국교회 선교에 커다란 영향을 준 풀러 모델이나 그 보완책으로 제안된 스테판 모델은 리더십 이양을 전제로 하는 이론들이다. 그런데 리더십 이양은 충성된 현지인 지도자의 발굴과 훈련(양육)이 수반되어야 가능하다. 문제는 현지인 리더십 양육이 쉽지 않으며, 현지 리더십이 갑자기 생겨나지 않는다는 것이다. 아무튼 "선교지의 교회는 현지 목자회자에 대한 체계적인 신앙(신학) 훈련 없이는 견고하게 세워질 수 없다."[20]

그러므로 선교사는 현지 문화(언어, 기후, 세계관 등)에 더 효과적으로 사역할 수 있는 현지 리더십을 세울 수 있는 장단기 계획을 갖고 사역에 임해야 순조로운 이양이 가능해진다. 장기적인 안목에서 선교사가 순조로운 이양을 염두에 몇 가지 방안을 제안해 본다.

첫째, 현지인 리더와 함께 교회개척(church planting)과 목회 훈련을 시작하라.

선교사의 교회 개척은 현지인의 도움 없이 쉽지 않다. 선교사가 주도적으로 교회개척을 추진하게 되면 현지인들의 선교사 의존 경향이 심화되기가 쉽다. 따라서 선교사 주도적인 교회개척이나 운영을 지양하고, 초기부터 현지 교인들과 목회자를 참여시키는 협의적 리더십(conciliar leadership)과 동역의식(partnership)이 필요하다. 현지 목회자들이 예배, 전도, 제자훈련, 새로운 사역자 발굴 등 목회 전반과 의사결정 과정에 참여시키면서, 이들이 리더가 되었을 때에 주도적으로 교회를 운영할 수 있는 경험과 안목을 갖추도록 준비시켜야 한다. 이러한 준비과정을 통해 성숙한 현지 리더십은 배양된다.

선교사는 현지교회의 담임목사가 되어서는 안되며 이는 현지 지도자가 감당해야 할 책임이며 선교사는 현지 교회를 세워주기 위해 존재하는 일군이 되어야 한다.[21] 선교사는 언젠가 떠나야 하기에 현지 리더가 그 사역을 계승할 수 있도록 준비시켜야 한다. 따라서 선교사는 현지 리더십 개발과 이양을 염두에 두고 초기부터 (혹은 특정 시

---

20) World Missionary Conference, 1910, *Report of Commission II: The Church in the Mission Field*, 정승현 번역, 『1910년 에딘버러 세계선교사대회 제2분과위원회 보고서: 선교현장의 교회』 (서울: 미션아카데미, 2012), 196.
21) 김다니엘, "한국 선교사들이 지혜롭게 피해야 할 12가지 선교의 장애물들," 『한국선교 KMQ』 통권 25호. (2008 봄), 57.

점부터) 현지교회 리더들을 훈련시켜야 한다.

둘째, 현지교회 리더십의 성장과 독립(independence)을 두려워하지 말라.[22]

선교역사적인 관점에서 연합과 협력(partnership) 선교는 기독교 선교의 매우 중요한 부분이었다. 이를 통해 신실한 현지 리더십을 발굴하고 양육하고 준비시켜야 순조로운 이양이 가능해진다. 특히 타문화권 선교의 경우 현지인과의 협력은 필수적이다. 선교사는 현지인 사역자들을 동역자로서 존중해야 한다.

19세기 중반 영국 성공회 해외선교부 총무 헨리 벤(Henry Venn, 1796-1873)은 선교의 목표는 자립하는 현지교회 설립에 있으며, 선교지 교회가 영적으로 성숙하여 리더십을 발휘하게 되면 선교사는 리더십을 이양하고 기쁜 마음으로 죽음을 맞이해야 한다는 '선교의 안락사'(euthanasia of a mission)를 제안하였다. 세례 요한의 말처럼 "그(현지교회)는 흥하고 우리(선교사)는 망해야 한다."

셋째, 현지교회가 감당하기 어려운 대형 프로젝트를 추진하지 말라.

선교사는 성급하게 본국에서 선교자금을 가져와 교회를 세우거나 초대형 프로젝트나 대규모 투자를 해서는 안 된다. 선교지에 세워진 모든 건물은 언젠가 현지교회에 이양해 주어야 하기 때문에 베테랑 선교사라 할지라도 대규모 건축 사업은 신중하게 추진해야 한다. 특히 선교사의 모금 활동에 심하게 의존하는 경우에 선교사의 리더

---

22) *China Centenary Missionary Conference Records: Held at Shanghai, April 25 to May 8, 1907*, 6.

십 이양을 더욱 더 어렵게 만든다.[23]

현지교회의 또한 현지교회의 재정 능력을 뛰어넘는 프로젝트의 심각성은 이양 후에 선교지의 재산 분규나 현지인 리더에 의한 재산 사유화 혹은 세습의 문제로까지 발전될 수 있다. 선교사의 지도력은 시간이 지나면서 축소되기 마련이므로, 선교사는 자신의 리더십의 가치를 높이기 위해 부단히 노력해야 한다. 선교사는 돈이 아니라 선교사 자신이 현지에서 필요한 존재가 되어야 한다.

넷째, 현지 교회의 자립 비율을 점진적으로 높여 나가라.[24]

한국교회의 자립선교 역사는 돈 선교와는 거리가 멀었다. 그런데도 한국교회는 선교지에서 자립교회가 아닌 선교사 의존적 교회를 양산하고 있다. 네비우스(John Nevius, 1829-1893)의 자립정책을 통해 세계선교사에 자랑스러운 한국교회가 선교현장에서 비자립적 선교 행태를 보이는 것은 한국의 선교역사에 대한 배반이다. 그러므로 선교사 훈련과정에 한국교회 자립선교에 대한 교육이 반드시 포함되어야 한다.

또한 선교사는 이양에 대비하여 현지교회의 자립비율을 점진적으로 높여나가야 한다. 1910년 에딘버러 세계선교사대회 분과('선교지의 교회')에서는 선교지에 세워진 교회가 초창기 일 때에는 선교사들이 재정의 일정 부분을 지원할 수밖에 없지만, 점진적으로 현지교회들도 재정의 일정 부분을 감당할 수 있도록 훈련시켜야 한다고 하였다. 중요한 점은 너무 갑작스럽게 자립시키려고 해서는 안 되며, 그

---

23) 이용웅, "하나님 나라 건설을 위한 이양과 위임," 『한국선교 KMQ』 통권 28호 (2008. 겨울), 35.
24) 자세한 내용은 변창욱, "중국교회 자립과 효율적인 선교비 사용: 중국의 개신교 선교사대회 (1877, 1890, 1907)를 중심으로," 『선교와 신학』 제31집 (2013. 2), 206-247을 참고하라.

렇다고 너무 오랜 기간 현지교회를 통제하려고 해서도 안 된다는 것이다.[25]

다섯째, 교회 개척과 이양의 경험을 가진 선교사를 멘토(mentor)로 활용하라.

선교사에게 있어 이양과 철수 문제는 매우 민감한 사안이다. 선교사 자신이 양육한 현지인 리더십이라고 하더라도, 평생을 수고하여 세워놓은 사역을 현지인에게 선뜻 내줄 수 있는 사람은 그리 많지 않을 것이다. 그러나 사역 이양은 피할 수 없는 과제이며, 교단 선교부나 후원교회는 현지교회에 리더십을 성공적으로 이양한 고참 선교사들의 경험과 노하우를 활용할 수 있어야 한다. 이들이 가진 풍부한 사역 경험을 신임 선교사의 자문역(consultant)이나 멘토로 활용하는 것이 좋다. 또한 은퇴 선교사는 다른 종족에게 선교하려는 현지인 사역자의 훈련가나 지역 선교책임자로서 섬길 수 있다. 은퇴 선교사는 선교지를 떠나더라도 기도, 방문, 제한적 재정 지원 등을 통해 그의 경험을 활용하거나 선교지와의 관계를 유지할 수 있다.

여섯째, 선교사는 리더십 개발과 이양이 선택이 아닌 필수적 과제임을 인식하라.

2014년 2월 발표된 "선교사 리더십 양성"에 대한 연구는 선교사의 리더십 개발이 절실하며 실제적인 대안 마련이 시급함을 보여주고 있다. 이 조사에서 선교사의 53.6%가 "선교학" 공부가 자신의 리

---

25) World Missionary Conference, 1910, 『1910년 에딘버러 세계선교사대회 제2분과위원회 보고서: 선교현장의 교회』, 209-212.

더십 개발에 도움이 될 것으로 기대하며, 78%가 자신의 리더십 개발을 위해 공식 교육과정에 지원할 의사가 있다고 응답하였다. 선교사 연장교육을 통해 '선교학적 관점 확장'(46.3%), '리더십 역량 증대'(39%), '업그레이드된 선교사역'(32%)을 기대한다고 응답하였다.[26] 한국교회는 선교사들의 리더십 개발을 도와서 선교사들이 소중한 경험을 이론화하여 활용할 수 있도록 해야 한다.

일곱째, 한국교회의 자립선교 전통을 현지 리더십과 나누라.[27]

1901년 한국의 서울과 평양의 선교현장을 방문한 뒤에 미북장로회 선교부 총무 브라운(Arthur Brown)은 "세계선교역사에는 선교지에서 돈을 너무 적게 사용했을 때보다 많이 사용할 때에 문제점들이 더 많이 나타났다."[28]고 보고하였다. 곽안련 선교사는 시카고대학에 제출한 박사학위 논문에서 "한국은 세계의 어떤 선교지보다 적은 선교비를 지출하고도 놀라운 선교사역의 발전을 거두었던 선교지"임을 강조한다.[29] 1905년 미국 북감리회 한국선교사 스크랜턴(William Scranton)은 "현지 교인들이 재정적으로 충분히 감당할 수 있는 일에 선교사들이 도와주게 되면 … 거지 근성을 초래하게 된다. 너무 많이 도와주면 현지 교인들이 헌금할 능력을 빼앗게 된다."[30]고 주장하였다.

한국교회는 선교역사가 짧은 교회, 가난한 비서구 교회도 선교할

---

26) 전성걸, "선교사를 위한 리더십 양성 프로그램: 현장 선교사들을 위한 연장교육 학습 시스템 개발을 중심으로," 『현대선교 16: 선교적 리더십의 양성』 16 (2014. 2), 63-67.
27) 보다 자세한 내용은 변창욱, "한국교회의 자립선교 전통과 비자립적 선교행태," 『선교와 신학』 제27집 (2011. 2), 239-78을 참고하라.
28) Arthur J. Brown, *REPORT OF A VISITATION OF THE KOREA MISSION of the PRESBYTERIAN BOARD OF FOREIGN MISSIONS* (New York, N.Y.: The Board of Foreign Missions of the Presbyterian Church in the U.S.A., 1902), 11.
29) Charles Allen Clark, 『한국교회와 네비우스 선교정책』, 158.
30) W. B. Scranton, "Self Support," *Korea Methodist* 1 (July 1905), 118.

수 있다는 좋은 선례를 남겼다. 또한 선교지 교회의 자립이라는 측면에서 한국교회는 모범적인 교회였다. 유념할 점은 중국이나 일본보다 더 가난했지만, 한국교회만이 자립하는 교회로 성장했을 뿐 아니라, 가장 빠른 시기에 선교사를 파송하는 교회로 자라갔다. 서구교회가 선교지에 수많은 교회를 세우는 데에는 성공했지만, 선교지 교회들이 다시 선교하는 교회로 세우는 일에는 대부분 실패했다. 그러나 한국교회는 선교하는 교회, 선교를 재생산해내는 교회로 발전해나갔다. 이처럼 한국교회는 서구교회 선교사역의 자랑스러운 열매이다. 이러한 선교전통을 계승하는 한국선교사들은 선교지에 선교를 재생산하는 교회들을 세워나가야 한다.

여덟째, 선교사는 자신의 사역과 리더십을 이양할 때를 지혜롭게 결정하라.

1890년 내한한 미국 북장로교 마펫(Samuel A. Moffett, 1864-1939) 선교사는 1910년 6월 17일 에딘버러(Edinburgh) 세계선교사대회에서 발표한 논문에서 한국인 리더를 세우고 이양한 후 2선으로 물러선 일을 자랑스럽게 발표하였다.[31] 그런데 그로부터 15년이 지난 1925년 12월 28일 서울 조선호텔에서 국제 YMCA 총무이며 국제선교협의회(IMC) 의장 존 모트(John Mott, 1865-1955)가 주재하는 '한국교회 지도자 초청 간담회'가 "한국교회와 선교사의 관계"라는 의제로 개최되었다. 그 자리에서 1907년 평양신학교 제1회 졸업생 7명 중 1명으로서 마펫 선교사의 조사를 역임했던 한석진 목사(1868-1939)는 마펫

---

31) Samuel A. Moffett, "The Place of the Native Church in the Work of Evangelization," *Union Seminary Magazine* 22 (October-November 1910), 234-35.

에게 이제 한국에서 이양작업이 끝났으니 미국으로 돌아가든지 아니면 하늘나라로 돌아가라고 조언하였다.

> 선교사업을 성공시키고 효과적으로 하려면 선교사가 한 나라에 오래 머물지 말아야 합니다. 교회의 기초가 서게 되면 그 사업을 현지인에게 맡기고 다른 곳으로 가서 새로 일을 시작해야 합니다. 선교사들이 한 곳에 오랫동안 체류하다 보면, 자기가 세운 교회며, 학교라는 생각에 우월감을 가져 영도권을 행사하려하니, 이것은 복음정신에 위배되고 교회발전에 방해가 될 뿐입니다. … 선교사들이 우리나라에 와서 수고 많이 하면서 머리들이 희게 되었으니 진심으로 감사드리는 바입니다. 그러나 이제 우리나라에서 할 일을 다했으니 본국으로 돌아가던가, 그렇지 않으면 하나님 앞으로 가셔도 좋을 듯합니다.[32]

한석진 목사는 미국 선교사들의 노고를 인정하면서도, 이양 후에도 한국에 계속 거주함으로써 선교사들이 한국교회 발전에 걸림돌이 될 수 있음을 염려한 것이다. 한석진이 자신의 멘토였던 마펫 선교사에게 이제 본국으로 돌아가시라고 제안한 것을 보면, 마펫이 여전히 한국교회를 통제하려는 태도를 은연중에 지녔기 때문인 것으로 보인다. 한석진은 "마 목사! 당신도 속히 이 나라를 떠나지 않으면 금후에 유해무익(有害無益)한 존재가 됩니다."[33]라고까지 일갈하였다. 선교사는 너무 빨리 떠나도 안 되고, 너무 오래 머물러서도 안된다.

---

32) 묘동교회 80주년 편찬위원회, 『묘동교회 80년사』 (서울: 묘동교회, 1990), 169-170.
33) 위의 책, 171.

5. 맺는 말

장구한 선교역사는 선교지의 복음화가 선교사가 아닌 헌신된 현지인 리더십에 의해 완수되어 왔음을 증명한다. 선교사는 사역과 리더십을 적절한 시기에 이양하고 떠나야 한다. 선교사가 현지교회 목회자 훈련을 등한시하고, 매월 현지 목회자 사례비만 지원하는 것에 만족하여 선교지에서 하나님 나라가 아닌 자신의 선교센터를 건설하고 "주여, 여기가 좋사오니"라고 하면, 현지 사역자는 20년, 30년이 지나도 선교사의 목회도우미 역할 이상을 감당하기 어렵다. 선교사는 현지인 사역자와 동역하며 이양 준비를 처음부터 진행해야 한다. 따라서 선교사들은 선교 현지의 교회들과 어떤 관계를 형성하고 있는지? 자신의 사역을 간헐적으로 돌아보아야 한다. 선교사 훈련뿐 아니라 선교사 계속 교육 프로그램에도 선교사 리더십 개발과 이양에 대해 가르쳐야 한다.

선교사가 겪는 가장 큰 어려움은 리더십 이양과 철수에 관한 성공적 사례가 많지 않으며 참고할 모범이나 매뉴얼도 없다는 것이다. 선교사의 리더십 이양 시기는 선교지 여건에 따라 다르므로 선교사가 이양 시기를 신중하게 결정하는 수밖에 없다. 본 글에서 다룬 이양 사례들을 정리해보면, 인도네시아 GP 선교부는 개척 3-5년에 이양했으며, 필리핀 NTM은 7-14년에 이양하였고, 나이지리아 SIM 선교회의 경우 60-83년에 이양하였다. 선교 현지 이양의 경우, 너무 빨리 철수하면 현지교회의 생존이 문제가 될 수 있는가 하면, 너무 늦게까지 머물러 있으면 갈등이 야기될 수 있다. 선교사는 현지교회가 어느 정도로 영적 성숙을 이루고 재정 자립을 이룰 때 사역을 인계하고 떠나야 하는지를 잘 판단해야 한다. 선교사는 자신이 리더십 이양을 위한 디딤돌 역할을 하고 있는지 아니면 걸림돌 역할을 감당하고 있는지 자신의 사역을 때때로 점검해 보아야 한다.

1980년대에 본격화되기 시작한 한국교회의 해외선교사 파송의 역사는 이제 40년을 넘어서고 있다. 따라서 30대 초반에 파송되었던 선교사들은 이미 선교지에서 철수했으며, 80-90년대에 파송된 선교사들 가운데에 상당수는 10년 내에 은퇴해야 할 단계에 와 있다. 상당수 선교사의 은퇴와 귀환을 앞두고 있는 시점에서 현지 교회 리더십 개발과 이양 문제에 대한 심도 깊은 논의가 필요하다. 이처럼 이양과 현지 리더십 양육의 문제는 더 이상 미룰 수 없는 긴급한 문제가 되었다.

선교사의 리더십 개발과 이양은 이제 현장 선교사, 후원교회, 교단 선교부가 함께 고민하지 않으면 안 되는 과제가 되고 말았다. 선교지 교회로서 설립된 한국교회는 복음을 받은 지 30년 만인 1913년 중국 산동에 첫 해외 선교사를 파송하였다. 서구교회의 선교가 쇠퇴하는 이때에 서구교회의 자랑스러운 선교 열매인 한국교회가 비서구권 선교의 상당 부분을 감당하고 있는 것은 매우 고무적인 일이다. 이러한 선교전통을 이어가고 있는 한국교회는 지금 선교지에 수많은 교회들을 설립하고 있는데 그 교회 중에 선교를 재생산하는 교회가 얼마나 될까? 이제는 한국선교가 선교지에서 세운 교회들이 선교하는 교회로 세워가야 한다.

선교사의 사역에 대한 평가는 선교사가 은퇴하고 현지 교회에 사역과 교회건물 등이 이양된 후에 제대로 이루어진다. 아무리 많은 교회를 세웠어도 현지 목회자를 잘 세우지 않으면 사역의 열매를 온전히 거둘 수 없다. 서구교회에 비해 선교역사가 짧은 한국교회에는 성공적인 선교지 이양모델이 그다지 많지 않다. 그럼에도 선교현장에서 성공적인 교회개척과 리더십 이양을 마무리 한 사례들과 이양에 실패한 선교사들의 실제 사례들을 발굴하여 후배 선교사들에게 바람직한 이양모델이 공유되고 한국적 이양 매뉴얼이 속히 개발되어야 한다. 건강한 현지 리더십 개발과 이양이 잘 이루어져서, 다가올 이양의 시대를 효과적으로 대비하는 한국선교가 되어야 할 것이다.

[부록 1] 선교사와 현지 교회의 관계 변화(4단계)

Notes: A. The attitudes developed in each stage affect the succeeding stage.
B. Missionaries whose strong leadership gift made Stage I possible, need to know how to change role to that of a counselor in Stage IV or may need to move to another area where their pioneering ability can be used.
C. The main goal of mission and church should be the same, if both are doing God's will.

MISSION'S ROLE:

STAGE I: PIONEER
Requires gift of leadership, along with other gifts. No believers — missionary must lead and do much of the work himself.

STAGE II: PARENT
Requires gift of teaching. The young church has a growing child's relationship to the mission. But the "parent" must avoid "paternalism."

STAGE III: PARTNER
Requires change from parent-child relation to adult-adult relation. Difficult for both to change, but essential to the church's becoming a mature "adult."

STAGE IV: PARTICIPANT
A fully mature church assumes leadership. As long as the mission remains, it should use its gifts to strengthen the church to meet the original objectives of Matt. 28:19-20. Meanwhile the mission should be involved in Stage I elsewhere.

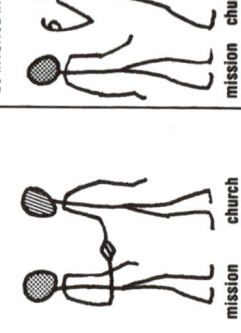

ORIGINAL MOTIVATION:
Matt. 28:19-20 "Preach; disciple"

Matt. 28:19-20 until Christ's return

W. Harold Fuller, SIM, 1978)

* 출처 : *Fuller, Mission-Church Dynamics*, 272.

제9장 선교사의 리더십 개발과 이양 269

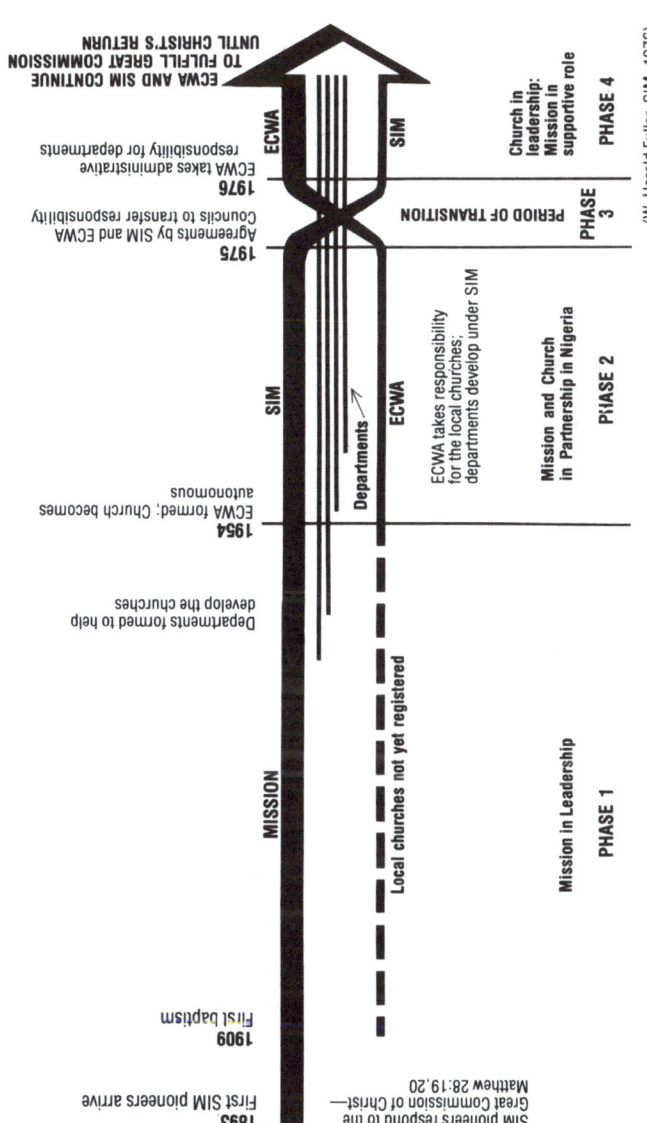

[부록 2] ECWA와 SIM의 관계 발전(4단계)

* 출처 : Fuller, Mission-Church Dynamics, 287.

【부록 3】 SIM의 권한 이양

HOW THE NIGERIAN PUBLIC SEES THE TRANSITION OF AUTHORITY

STAGE 1

In some cultures, the chief's umbrella represents authority. In the first stage of SIM's work in Nigeria, the Mission had to take full responsibility, because the church was only beginning to grow. Nigerians could easily understand this — one organization was responsible for all the work.

STAGE 2

When ECWA was formed, it became responsible for the churches. SIM continued being responsible for the departments, because sufficient Nigerians were not yet trained to be responsible for them. The departments helped the churches. This worked well, but Nigerians were confused when they saw two organizations with responsibility and authority working together. They could not understand the relationship.

STAGE 3

As the churches grew and Nigerians were trained for the departments, SIM turned over the departments to ECWA. Now all the work in Nigeria comes under ECWA's leadership. Nigerians can understand this — one organization has responsibility for the work. They are also glad to see that this does not mean SIM has left the work. The Mission is still there to work with ECWA, even though it is no longer in charge. ECWA has assumed responsibility, and SIM is working with ECWA to help develop her gifts so ECWA can fulfill the Great Commission.

(W. Harold Fuller, as presented to ECWA General Church Council, May 1977)

* 출처 : *Fuller, Mission-Church Dynamics*, 273.

제10장

한국교회 선교 130년의 역사와 교훈

1. 들어가는 말

　　한국교회는 설립 초기인 신생교회 때부터 해외에 선교사 파송을 시작한 선교 지향적 교회였다. 1882년 5월 한미수호통상조약이 체결되고, 1883년 5월 미국 공사관이 서울에 개설되자, 그 열린 문을 통해 1884년 9월 최초의 개신교 선교사로 알렌(Horace Allen)이 한국에 들어왔다. 복음을 받은 지 20여년만인 1908년 봄에 한국 장로교회는 이기풍 목사를 복음의 불모지 제주도에 선교사로 파송한 이후 러시아 블라디보스토크(1909-1929), 일본 도쿄(1909-), 중국 산동(1913-1957) 등지에 선교사를 파송하기 시작했다. 한국교회의 해외선교를 개괄하면, 한인 교포를 상대로 하는 디아스포라(diaspora, 해외 동포) 선교와 선교 현지의 원주민을 대상으로 하는 타문화권(cross-cultural) 선교로 범주화하여 선교를 시작했다고 할 수 있다.

본 장에서는 동북아시아의 한·중·일 3개국 가운데 가장 놀라운 복음의 수용성을 보였을 뿐 아니라, 복음을 받은 지 가장 이른 시기에 해외에 선교사 파송을 시작한 한국 장로교회의 선교사 파송 130년의 역사를 살펴본다. 이를 위해 한국 장로교회 선교사 파송의 역사를 해방 이전과 이후로 구분하여 개관한 후, 지역별, 시기별로 한국교회 선교사 파송이 갖는 선교사적 교훈과 의의를 간단하게 정리하고자 한다.

2. 해방 이전 선교: 선교 정초기(1907-1945)

한국 장로교회는 이기풍에 이어 1909년 최관흘 목사를 연해주 블라디보스토크에, 한석진 목사(1868-1939)를 일본 동경에 파송했고, 1910년에는 백만명구령운동의 연장으로 김영제와 김진근 두 목사를 만주 간도지방으로 파송했다. 1912년 총회 조직을 기념하면서 1913년 한국교회 역사상 최초의 타문화권 선교를 위해 중국 산동에 3명의 선교사 가정을 파송했다. 이처럼 초기 한국교회의 복음 전파 열정은 한민족의 경계를 넘어 해외 선교의 영역까지 확장되었고, 한국교회는 처음부터 선교하는 교회로 성장해왔던 것을 알 수 있다. 그리하여 현재 한국교회는 미국에 이어 세계에서 두 번째로 많은 선교사를 파송하고 있다.

A. 해외 선교(유사문화권, 타문화권)

1) 제주도 선교(1907-1930)

1907년 한국에 파송된 미국 남북 장로교회, 호주 장로교회, 캐나다 장로교회의 4개 선교부가 한국 장로교 독노회(獨老會)를 조직했다. 독노회 창립과 함께 한국교회가 단독으로 이기풍 목사의 제주도 선교사 파송을 결의한 것은 갑자기 생겨난 일이 아니었다. 1903년 겨울부터 원산을 기점으로 평양, 서울, 목포, 송도 등지에서 일어나던 부흥이 1907년 1월 2일부터 15일까지 평양 장대현교회에서 개최된 평안남도 겨울 남자 도사경회 기간에 촉발되었고, 특히 1월 14-15일의 마지막 이틀 동안 평양의 4개 교회 연합 특별 저녁집회 중에 부흥운동의 열기가 최고조에 달했다.[1] 이후 평양 대부흥운동은 길선주 목사가 서울과 전국을 다니며 기도회와 부흥집회를 인도하여 한국교회 안에 널리 확산되기 시작하였다.

이러한 대부흥운동의 전국적 확산의 중심에 서있는 평양 장대현교회에서 1907년 9월 17일(화) 독노회가 조직되고, 새로 임직 받은 7명의 목사 중 1명인 이기풍 목사[2]를 제주도 선교사[3]로 파송하기로

---
1) 박용규, 『평양 대부흥운동』 (서울: 생명의 말씀사, 2000), 205-240; 박용규, "평양 대부흥운동의 성격과 의의," 『한국기독교신학논총』 제46집 (2006. 7), 301-304.
2) 이기풍은 교회를 핍박하고 1890년 마펫(Samuel A. Moffett) 선교사가 처음 평양에 입성했을 때 돌팔매질을 하여 마펫에게 상처를 입힌 자였다. 이제 그가 예수를 믿고 본토에서 멀리 떨어져 언어와 풍속과 문화가 많이 다르고, 그때까지 개신교 전도자가 파송된 적이 없었기에 외지(해외) 선교지로 간주되던 제주도에 선교사로 파송되었다. 흥미로운 사실은 이기풍이 1907년 독노회장 마펫에 의해 안수 받고 제주 선교사로 파송된 후 제주도에서 선교하던 중 해녀들로부터 돌팔매질을 당했다는 것이다.

결의한 사실은 결코 우연한 사건이 아니었다.[4]

① 제주에 선교사를 보내어 전도를 시작할 일, ② 선교사의 월은과 전도 용비는 각 교회에게 감사한 마음으로 연보하게 할 일, ③ 연보할 때는 각 교회에서 연보할 편지 보는 주일에 광고하고 그 다음 주일에 연보할 일, ④ 제주 선교사는 이기풍씨로 전도인 한 두 사람과 동반하여 파송할 일 … ⑦ 제주 선교사와 전도인 월급 밖에 내왕비와 가사비와 전도회 인허 특별비를 본 전도국에서 지출할 일.[5]

즉, 제주도 선교와 관련하여 매우 구체적이고 상세한 선교 사업 추진 방안이 제시되고 있음을 볼 수 있다. 이기풍 선교사의 월 생활비(月銀)와 사업비와 선교비는 전국의 모든 장로교회의 선교 헌금으로 모금·충당하고, 제주 선교를 위한 특별 헌금은 한 주일 전에 광고하고 다음 주일에 헌금하도록 했다. 특이한 점은, 외국 선교자금의 도움을 전혀 기대하지 않고 자립선교를 하였다는 것이다. 또한, 선교사 이외

---

3) 1907년 한글·영문 회의록은 이기풍을 "선교사"와 "해외선교사"(foreign missionary)로 각각 명시하고 있다. 『대한예수교장로회로회회록』(1907), 16-18; *Minutes of The First Annual Meeting of The Presbytery of The Presbyterian Church in Korea, Pyeng Yang, September 13-19, 1907*, 21; 곽안련 편집, 『장로교회사전휘집』 (평양: 북장로교회선교회, 1935), 5. 이후 회의록에는 한동안 "제주 선교(사)"와 "제주 전도(사)"가 같이 쓰이고 있다.

4) 저자의 논문 지도교수 마삼락(Samuel H. Moffett) 박사의 증언에 의하면, 1907년 장로교 독노회 직전 모임에서 목사로 임직 받을 7명 모두가 "선교하지 않는 교회는 교회가 아니다"고 생각하여 새로 조직되는 한국 장로교회가 선교사를 파송해야 한다고 생각했다. 문제는 누가 갈 것인가 였다. 그런데 모두가 마펫 선교사가 처음 평양에 입성했을 때 돌팔매질을 하여 상처를 입혔던 이기풍이 가야한다고 동의했다고 한다. 이에 이기풍도 선교사로 가기로 하였고, 독노회장인 마펫이 그에게 안수하여 선교사로 파송했다. 참고로, 독노회 영문 회의록은 이기풍 목사가 제주 선교사로 '자원했다'(volunteered)고 기록한다. *Minutes of The First Annual Meeting of The Presbytery of The Presbyterian Church in Korea, 1907*, 21, 52-53; 차재명 편, 『조선예수교장로회사기』 상권 (서울: 조선기독교창문사, 1928), 182; Samuel Hugh Moffett, *The Christians of Korea* (New York: Friendship Press, 1962), 55.

5) 『대한예수교장로회로회회록』(1907), 16-17; 곽안련, 『장로교회사전휘집』, 5; 차재명, 『조선예수교장로회사기』 상권, 182. 원문의 고어체를 현대어로 약간 수정하였음.

에 1-2명의 전도인을 조력자로 파송하고, 선교사와 전도인의 오고가는 교통비와 가사비와 특별히 허락받은 비용은 전도국에서 지출토록 했다.[6]

1907년 독노회 전도국 위원 블레어(William N. Blair) 선교사가 "새로운 한국교회의 첫 번째 모임[독노회]은 사실상 선교사를 파송하는 모임"[7]이었다고 증언했듯이, 첫 독노회 모임은 온통 선교적인 분위기로 충일했다. '조선어공의회' 회장(1906-1907년)인 유진 벨(Eugene Bell) 선교사가 사도행전 1장 8절을 가지고 "우리 주 예수께서 마지막 분부하신대로 증인"이라는 제하로 설교했다. 독노회는 먼저 '전도회'를 '전도국'으로 개칭하고, 장로교회 조직 후 첫 노회의 제일 중요한 안건으로 제주 선교사 파송건을 심의·의결했다.[8]

초기 한국교회에 관한 많은 기록을 남겼던 클라크(곽안련, Charles Allen Clark) 선교사는 한국교회의 제주도 선교사업의 의미를 다음과 같이 요약한다.

> 우리 조선 장로교회는 설립 당초부터 전도인과 선교사를 파송한 교회이다. 우리 교회가 1907년에 타국 교회의 관리를 떠나 자치(自治) 교회가 된 것은 자타가 공축(共祝)할 특기의 사실이다. 전국 교회는 이를 축하하는 의미로 전력을 기울여 큰 연보를 하여 제주도로 선교사를 파송하기로 작정하고 7인밖에 없는 목사 중에서 이기풍 목사를 외지에 있는 사람의 생명을 위하여 내놓았다.[9]

---

6) 『대한예수교장로회로회회록』(1907), 16-17.
7) William N. Blair, *Gold in Korea* (Topeka: H. M. Eves & Sons, 1946), 71.
8) 『대한예수교장로회로회회록』(1907), 4, 20.
9) 곽안련, 『장로교회사 전휘집』, 101.

곽안련 선교사가 초기부터 자급하고 자전하는 교회로 성장해온 한국교회가 1907년 독노회 출범과 제주도 선교를 기점으로 하여 자치(自治)하는 교회가 되었다고 밝힌 점은 의미하는 바가 매우 크다.[10] 이는 19세기 중반 영국교회선교회(CMS) 총무 헨리 벤(Henry Venn)과 미국 회중교회 선교부 총무 루퍼스 앤더슨(Rufus Anderson)이 선교의 궁극적 목표가 삼자원칙에 근거한 현지교회 설립이라고 주창한 이후 세계 선교계에 큰 영향을 미친 토착교회론에 의하면, 이제 한국교회가 외부의 도움 없이 홀로 서기 시작한 것이다.

1907년 대부흥운동의 결과 한국교회는 영적 힘을 얻고 그 기세로 국내 전도와 외지선교까지 이어졌다. 같은 해 9월 장로교회의 노회가 조직되면서 첫 사업으로 제주도에 선교사를 파송하는 외지선교를 시작하였다. 특이한 점은 당시 20여만의 인구가 살던 제주가 본토로부터 멀리 떨어져 있고, 언어와 풍습과 문화가 많이 다르고, 그때까지 개신교 전도자가 간 적이 없었기에 제주도 사역을 외지(해외) 선교로 간주하였던 것이다[11].

1908년 이른 봄 이기풍 선교사가 제주도로 이주하여 사역을 시작하였다. 이후 이기풍과 협력하여 일할 1-2명의 전도인을 파송하기로 의결한 1907년 독노회의 결의에 따라, 남녀 전도인이 제주에 파송되

---

10) 1907년 조선예수교장로회 독노회(노회장 마펫)가 창립되고 1912년 9월 총회(총회장 언더우드)가 창립됨으로써 한국 장로교회는 조직 교단으로서 완전한 면모를 갖추게 되었다. 그러나 총회장과 회계 등 대부분의 총회 주요 임직을 서양 선교사들이 차지하고 있었다는 점은 당시 선교사의 영향력이 어떠했는가와 완전한 자치(自治)로의 이양이 이루어지지 않았음을 보여주는 예라고 하겠다.

11) "Foreign Mission Work of the Korean Presbyterian Church," *Korea Mission Field* 19 (April 1923), 69; C. A. Clark, "Following the Koreans Abroad," *Korea Mission Field* 23 (December 1927), 248.

기 시작하였다. 이후 1908년 남전도인 김홍련이 파송되었고, 1908년 9월 제2회 노회에서 이기풍과 함께 김홍련이 제주도 사역을 보고하였고, 제주선교 소식을 교계 신문에 게재하도록 결의하였다. 또한 노회 전도국은 제주선교 사역을 더 확장시켜 나가기로 하고, "가련하고 불쌍한 제주 여성들을 위해 여전도인 한 사람을 파송"하기로 가결하였다.[12]

그리하여 당시 자유로이 외출할 수 없고 '남녀칠세부동석'의 관습에 사로 잡혀 있는 여성들에게 개인 전도를 통해 복음을 전하기 위해, 1909년 평양 여전도회 연합회에서 이선광 여전도사를 제주도에 선교사로 파송하여 여러 해 동안 이기풍 목사를 돕게 했다. 그녀는 여전도회가 파송한 첫 선교사가 되었다.[13] 이기풍이 1911년 노회에 제출한 제주선교 보고에 의하면, 평신도 김창문이 6개월 간 전도했고, 평양 숭실대 기독학생회의 후원으로 김형재를 제주에 파송하여 전도케 했고,[14] 미국 남장로교의 매큐첸(마로덕, Luther O. McCutchen) 선교사의 부인은 개인 헌금으로 여전도인 2명을 보내어 전도하게 했다. 이처럼 열심히 전도한 결과 1908년에 20여명에 불과하던 교인 수가 1911년에 410명으로 증가하였고 3개 교회가 설립되었다.[15] 이후 1912년 제

---

12) 『예수교장로회 대한로회 제2회 회록』(1908), 6,10-11. 김홍년 제주사역은 1909년 제3회 노회에서도 전도국장 길선주 목사에 의해 보고되었다. 『예수교장로회 대한로회 제3회 회록』(1909), 12. 1908년 이후 제주 선교 소식은 노회 석상에서 매년 보고되었다.

13) 『예수교장로회 대한로회 제3회 회록』(1909), 12-13; 『예수교장로회 조선로회 제5회 회록』(1911), 10; 『예수교장로회 조선총회 제2회 회록』(1913), 58; 곽안련, 『장로교회사 전휘집』, 108; 차재명, 『조선예수교장로회 사기』 상권, 274; 이연옥, 『대한예수교장로회 여전도회 100년사』(서울: 신앙과 지성사, 1998), 52, 55. 그러나 김양선, 『한국기독교사 연구』(서울: 기독교문사, 1971), 89에는 '이광선'으로, 주선애, 『장로교 여성사』(서울: 대한예수교장로회 여전도회 전국연합회, 1978), 45에는 '이관선'으로 기록되어 있다.

14) 김양선, 『한국기독교회사 연구』, 89.

15) 『예수교장로회 조선로회 제5회 회록』(1911), 9-10; 제주노회사 편찬위원회, 『제주노회사』(제주: 대한예수교장로회 제주노회, 2000), 23-26.

주선교를 위해 한 명의 조사와 수 명의 남녀 전도인이 더 파송되었고, 1913년 제주선교는 날마다 성장하고 있으며 매서인 1인을 고용할 계획임을 밝힌다. 이후 이기풍은 1915년까지 제주도에 10여개의 교회를 개척하였다.[16]

이기풍 목사와 이선광 여전도사, 여러 남전도인 등 전국교회의 헌금과 기도 그리고 평양 여전도회와 평양의 숭실대학교 학생 등의 연합·협력 사역(team ministry)을 통해 제주선교는 초기의 많은 어려움을 극복하고 성장하였다. 이후 1913년 한국 장로교회가 순수한 해외선교인 중국 산동선교 사업을 시작하면서부터 제주선교는 '내지 전도'로 간주되어 지리적으로 가장 가까이 있는 전라노회가 맡게 되었고, 1917년 전라노회가 전북노회와 전남노회로 분립되면서 전남노회가 제주선교를 전담하게 되었다.[17] 이후 1923년 봄 김익두 목사를 초청하여 10일간 대전도 집회를 열었고, 1922-24년에는 여름방학 중 숭실전문학교 학생 전도대의 대대적인 전도집회 등을 통해 계속 성장하였다. 이기풍 목사가 사역을 시작한지 20여년이 지난 1930년 11월 17개 교회가 개척되어 전남노회에서 분립되어 제주노회가 독립노회로 조직되었다.[18]

● **제주도 선교의 교훈과 의의**

첫째, 제주선교는 1903-1907년 어간에 촉발된 대부흥 운동과 대각성 운동의 결과로 표출된 한국교회의 선교행전의 시발점이었다.

---

16) A 기자, "조선교회 초대7목사: 이기풍 목사," 『게자씨』 제6권 (1937. 6), 22.
17) 『예수교장로회 조선총회 제2회 회록』(1913), 55; 『조선예수교장로회 총회 제6회 회록』(1917), 17.
18) 제주노회사 편찬위원회, 『제주노회사』, 23-26.

즉, 부흥운동의 불길이 제주선교까지 확대되어 나갔던 것이다.

둘째, 제주선교는 한국교회가 "선교하지 않는 교회는 진정한 교회가 아니다"[19)]는 선교적 교회론을 가지고 있었음을 보여준다. 그리하여 1907년 독노회 설립과 함께 한국 장로교 최초로 임직 받은 7명의 목사 중 1명을 선교를 위해 따로 세워 안수한 후 하여 최초의 타문화권 선교사로 제주에 파송했다.

셋째, 당시 한국교회는 선교를 한국교회 전체에 주신 사명으로 이해했고, 제주선교의 모든 비용을 외국 자금의 보조 없이 온전한 한국교회의 헌금으로 감당했다. 제주선교는 몇몇 교인이 아닌 한국 장로교 산하 모든 교회가 헌금을 드려 참여한 사업이었다. 제주선교는 향후 한국교회가 해외 선교비 일체를 스스로 감당해나가는 자립선교의 원년이 되었다.

넷째, 제주선교를 위한 선교비 후원 창구가 독노회 전도국으로 일원화되어 있었다. 전도국이 선교사 인선, 선교비 모금과 후원, 후속 선교인력 파송 등의 모든 총체적 지원을 했다. 또한 선교사는 전도국과 긴밀한 관계를 유지하며, 매년 노회 회기 때마다 전도국에 사역 보고를 하고 교계 신문에도 선교 소식을 게재하였다. 또한 전국 교회의 연보(捐補), 즉 특별 선교 헌금으로 모금된 선교비에서 선교사의 생활비, 사역비 그리고 교통비, 가사비 등이 지원되었다.

다섯째, 안수 받은 목사 선교사뿐 아니라, 남녀 전도사, 조사, 평신도 남녀 전도인, 매서인(賣書人), 학생들의 협력 사역과 팀선교(team mission)가 이루어졌다. 즉, 장로교회의 전도국뿐 아니라, 평양 여전도회, 숭실전문학교, 고등학교 기독학생회까지 선교에 참여했다.

---

19) S. H. Moffett, *The Christians of Korea*, 55.

여섯째, 여성 사역을 위해 독신 여선교사를 파송했다. 평양 여전도회가 이른바 '여성을 위한 여성 사역'(woman's work for woman)을 위해 제주에 여전도사를 선교사로 파송했다.[20] 이로써 여전도회 전국연합회가 보조 선교사 파송기구로서 남성 주도의 장로교 총회 선교사 파송기구인 전도국과 협력하여 선교사를 파송·후원하는 협력사역의 선례를 마련했다.[21]

2) 산동성 선교(1913-1957)[22]

1907년 독노회가 창립된 이후 교회는 국내외적인 어려움 속에서도 꾸준히 성장해나갔다. 1907년 독노회 창립 시에 제주에 선교사를 파송하여 노회 설립을 기념한 한국 장로교회는, 1912년 9월 장로교 총회를 창립하면서 그 기념으로 복음의 역사가 더 오랜 중국 산동에 선교사를 파송하기로 만장일치로 결의하였다.[23] 1912년 및 1913년 총회는 전국 교회가 매년 추수 감사주일을 선교주일로 지키고 그 헌

---

20) 1923년 『코리아 미션필드』(Korea Mission Field)는 이기풍의 조력자로 이선광을 파송한 것을 여성을 위한 여성 사역("Women's Work for Women")의 효시로 보았다. 제주노회사 편찬위원회, 『제주노회사』, 23-26.

21) Patricia R. Hill, The World Their Household: The American Woman's Foreign Mission Movement and Cultural Transformation, 1870-1920 (Ann Arbor, MI: University of Michigan Press, 1985) 4-5. 19세기 중엽 이후 미국 개신교 선교부는 선교지의 여성 선교를 위해 선교사 부인과 이후 독신 여성선교사의 중요성을 인식하기 시작했고, 19세기 말 - 20세기 초 이후 미국 교단 내에 선교부와 협력하여 여성사역을 감당하는 여선교회연합회의 해외선교가 활발하게 전개되었다.

22) 기존의 중국 산동선교 연구는 재한 미 북장로교 선교사들의 영문 자료와 한국 산동 선교사들이 장로회 총회 회의록, 노회록, 『신학지남』, 『게자씨』, 『기독신보』 등에 보낸 선교보고서와 선교 소식, 총회 전도국 산동 시찰단이 남긴 보고서 등에 기초하여 진행되었다. 따라서 후속 연구는 중화기독교회의 중국측 자료, 미북장로교 산동지부 자료와 당시 산동에서 활동하던 로마 가톨릭, 독일 루터교, 미국 남침례교의 1차 자료가 발굴되고 조사되어야 균형 잡힌 역사 기술이 가능할 것이다.

23) "1907년 노회를 창립할 시에 선교사를 제주에 파송하여 교회를 설립함으로 하나님께 영광을 돌림과 같이 금일 총회 창립일에 외국 전도를 시작하되 지나(중국) 산동성 래양현에 선교사를 파송하기로 결정하다." 『예수교장로회 조선 총회 제1회 회록』(1912), 21; 곽안련, 『장로교회사전휘집』, 10; 방효원, "산동선교에 대하야," 『게자씨』 제6권 (1937. 1), 14-15도 참조하라.

금을 해외 선교비로 충당할 수 있도록 전도국에 보내도록 하였다.[24] 또한 1913년 총회는 중국에 파송되는 선교사는 "자유 교회를 설립하지 말고 현지 장로회와 연합할 것"이며 귀국 시에는 "언권 위원(방청원)"으로 총회에 참석하도록 결정했다.[25]

한국선교 역사에서 제주선교가 국내에서 시도된 유사 타문화권 선교였다면, 외국에 선교사를 파송하여 선교한 첫 번째 사례가 중국 산동성 선교였다. 주한 미북장로교 선교사 곽안련(Charles A. Clark)은 한국교회의 중국 산동성 선교의 의의를 다음과 같이 평가한다.

> 1912년 전국 내 7노회를 포함한 조선 총회가 창립되었다. 이 경하할만한 사실을 기념하기 위하여 전국 교회는 대연보를 거출하여 3인의 선교사를 파송하게 되었다. 이는 조선교회가 선교 받은 지 28년밖에 안 된 때였다. 실로 세계에 유(類)가 없는 경이적 사실이 아니고 무엇이랴.[26]

산동선교를 위해 총회는 선교사 파송 전에 현지답사를 하고, 선교지 선정을 위해 중국 교회뿐 아니라 재중(在中)·재한(在韓) 미국 북장로교 선교부와 협의를 거치는 등 사전 준비를 거쳤다. 물론 제주선교 경험도 귀중한 경험이 되었을 것이다. 또한 독노회 창립부터 창립총회(1907-1912)까지 전도국 위원장이었던 길선주 목사는 여러 해 전부터 중국선교에 대한 계획을 갖고 있었던 것 같다.[27] 또한 블레어

---

24) 『예수교장로회 소선 총회 제1회 회록』(1912), 21.
25) 『예수교장로회 조선총회 제2회 회록』(1913), 5,25; 곽안련, 『장로교회사전휘집』, 11.
26) 곽안련, 『장로교회사전휘집』, 102.
27) Choi Young-Woong, "The Mission of the Presbyterian Church of Korea in Shandong, North Korea, 1913-1957," Klaus Koschorke, ed., *Transkontinentale Beziehungen in der Geschichte des Außereuropäischen Christentums (Transcontinental Links in the History of Non-Western Christianity)* (Wiesbaden: Harrassowitz Verlag, 2002), 119.

(William Blair) 선교사에 의하면, 중국에 선교사를 파송하자는 안이 여러 해 동안 청원되었고 1912년 한국 장로교 총회는 중국 내 선교 지역을 조사하도록 지시하였다.

1912년 장로교 총회가 조직되고 선교사 파송이 거론되면서 총회 전도국은 미 북장로교 선교사 헌트(한위렴, William B. Hunt)로 하여금 선교 가능 지역을 조사하도록 하였다. 헌트는 중국을 방문하여 한국 선교사들의 선교사 파송 문제와 사역 가능 지역을 오랫동안 조사했고, 중국교회의 지도자와 중국의 미국 북장로교 선교사들을 만나 이 문제를 협의했다. 이후 그는 귀국하여 중국교회가 한국교회의 중국 선교 계획을 환영한다는 보고를 총회에 제출했다.[28]

1912년 총회에서 만장일치로 중국선교를 결의하고, 1913년 윌리엄 헌트 선교사가 산동 방문을 통하여 긍정적인 반응을 가지고 귀국했지만, 이와는 별도로 장로회 총회는 선교 현지에 있는 중화 예수교 장로회 화북대회(華北大會)[29]와 협의를 통해 "선교지 허가"를 얻기 위해서 2명의 한국인 목사를 파견하였다. 1913년 5월 재령의 박태로 목사와 안주의 김찬성 목사는 산동노회에 파견되어 시찰한 후, 9월 총회에 "산동성 회양현과 래양현 등지"를 선교구역으로 정했다고 보고했다.[30]

또한 래양에서 선교하고 있던 산동 주재 미국 북장로교 선교부는 선교부가 사용하던 소유지를 한국 선교부에 이양하고 다른 지역으로

---

28) William N. Blair, "Mission Work of the Korean Presbyterian Church," *Korea Mission Field* 11 (July 1915), 190.
29) 1912년 조선 예수교장로회는 총회를 조직하였으나, 당시 중화 예수교장로회는 대회가 최고의 기구였으므로 산동대회의 허락을 얻었던 것이다.
30) 『예수교장로회 조선총회 제2회 회록』(1913), 58-59. 박태로는 1913년 11월 총회 파송 선교사로 나갔다.

철수하겠다고 제안했다.[31] 한국의 두 목사가 산동을 방문한 때는 마침 3년 만에 1차씩 있는 화북대회가 개최되는 시기였기 때문에, 조선 총회가 파견한 2명의 목사는 조선교회의 산동선교를 화북대회에 제출하였고, 유력한 대회원의 반대의견도 나왔으나 이를 위해 기도하는 중에, 화북대회는 만장일치로 조선교회의 산동선교를 허락하였다.[32]

이처럼 한국 장로교회는 조직되어 있는 현지교회와 선교사들과 무관하게 선교사역을 시작하지 않았다. 장로교 총회는 선교지 선정의 문제를 현지 미국 선교사들과 중국 장로회대회의 교회 지도자들과 사전 협의하고 허락을 얻은 후에 선교사 파송을 시작했던 것이다. 그리하여 한국 선교부가 제의하고 중국교회의 동의를 얻어 공맹(孔孟)의 출생지인 중국 산동의 래양현을 중심으로 하는 지역을 할당받았던 것이다.[33]

한국교회가 산동성 래양현을 첫 해외 선교구역으로 제안한 이유는 이곳이 오지(奧地)이며, 1900년 의화단 사건의 반(反)외세와 반기독교 투쟁을 주도한 자는 산동성 사람들이며, 산동 지역의 선교사 피해가 컸기 때문이었다. 천주교, 미국 남침례교, 독일 루터교, 미국 북장로교 등 여러 선교부가 산동에서 사역하고 있었지만 주로 도시에 집중하였고, 선교의 열매도 미미하였다. 특히 산동은 1862년부터 50여 년간 사역하던 미국 북장로교 선교부가 유일하게 선교에 큰 어려

---

31) W. N. Blair, "Mission Work of the Korean Presbyterian Church," *Korea Mission Field* 11 (July 1915), 190.
32) 중국은 고대의 문명국이고 자존심이 강한 대국이고 소국을 멸시하는 관행이 있으며 선교역사만 하더라도 중국은 500년이요 한국은 25년에 불과하므로, 한국교회의 중국 선교에 어려움이 많을 것이라는 의견이 개진되었다. 방효원, "산동선교에 대하야,"『게자씨』제6권 (1937. 2), 30.
33) 방효원, "산동선교에 대하야,"『게자씨』제6권 (1937. 4), 15-17; 방지일, "공맹의 본고장 산동성에서,"『빛과 소금』통권 제43호 (1988. 10), 74; 방지일,『복음역사 반백년』(광주: 반도문화사, 1986), 22.

움을 겪고 있던 곳이기도 했다.[34] 1913년 11월 박태로, 김영훈, 박상순 3명의 목사 가정이 최초로 산동에 파견되어 사역하기 시작했다.[35] 래양에 도착한 선교사들은 중국인 가옥을 빌려 살면서 중국말을 배우며 선교하기 시작하여 2년이 채 안 되어 3명에게 세례를 주었다.[36] 그러나 1916년 5월 박태로가 파송 2년 6개월 만에 선교사역을 중단하고 귀국했고, 1917년 4월 김영훈, 사병순도 3년 6개월 만에 극심한 흉년, 생활비와 사역비 부족, 부족한 언어 공부, 자녀교육의 어려움 등을 이겨내지 못하고 총회 "전도국 허락 없이" 선교지를 떠나 귀국해 버렸다.[37] 이처럼 선교사들이 선교지를 무단이탈하고 귀국함으로써 제1기 산동 선교팀은 와해되고 말았다.

파송된 지 3년 어간에 산동 선교사 모두가 철수하자, 1917년 5월 7일 총회 전도국은 질병 치료차 귀국해있던 박태로 선교사와 방효원 목사를 임시로 산동에 파송하여 산동선교를 돌보게 했다. 그러나 한 달 만에 박태로 선교사가 중병으로 다시 귀국하고 중국어를 못하는 방효원 목사만 남게 되자, 6월에 중국어를 할 수 있는 선천의 김병규 조사를 급히 파견하여 그를 도와 중단 위기에 처한 선교 사업을 돌보게 했다.[38] 8월에 귀국한 방효원은 9월 총회에서 산동의 선교 상황을

---

34) 홍승한, "중국 산동성 래양선교소식," 『신학지남』 제3권 (1920. 7), 241-43; 방지일, "공맹의 본고장 산동성에서," 74; 박기호, 『한국교회 선교운동사』, 63. 방효원은 산동 선교가 불가능해 보이지만 인도의 윌리엄 캐리, 아프리카의 리빙스턴, 중국의 마테오 리치의 경우와 같이 성령의 능력으로 가능하다고 확신했다. 방효원, "산동선교에 대하야," 『게자씨』 제6권 (1937. 2), 30-31.
35) 『예수교장로회 조선총회 제1회 회록』(1912), 21; 『예수교장로회 조선총회 제2회 회록』(1913), 58-59.
36) 『예수교장로회 조선총회 제4회 회록』(1915), 160. 1915년 선교보고에 의하면, 전체 교인 수 40여명, 평균 예배 참석자 30여명, 그해 세례자 3인이었다.
37) 『조선 예수교장로회 총회 제6회 회록』(1917), 21. 무단으로 선교지에서 철수한 김영훈 선교사는 산동을 떠난 이유는 전도국에 필요한 선교시설을 충당해달라고 요청하기 위해서였고, 초기 선교사들은 서양 선교사와 달리 빈약한 상황에서도 힘을 다하여 노력했으며 자신들은 "선교의 문로(門路)를 개척"하는 소기의 목적을 달성했다고 주장했다. 이후 산동선교 제2기부터 전도국은 선교사 사택을 포함 800여 평의 선교기지를 매입했다. (김영훈, "산동선교 이의(異議)에 대하야," 『기독신보』 1927. 7. 27; 『조선 예수교장로회 총회 제7회 회록』(1918), 64-65.

보고했고, 총회는 3명의 선교사를 새로 파송하기로 하고 1917년 10월 방효원, 홍승한 목사를 먼저 파송함으로써 산동선교는 중단 없이 계속될 수 있었다.[38] 이들은 셋집에 잠시 살다가 1918년 1월에 전도국에서 구입해 준 가옥으로 이주했고, 처음 3년간 중국말을 배우며 틈틈이 전도했다. 1918년(같은 해) 2월 김병규는 8개월간 임시 전도인으로 책임을 다하고 귀국했다.[40]

1917년 10월 재개된 산동선교는 추가 선교 인력 파송과 김윤식 등 평신도 의사의 자발적인 선교사역 참여와 더불어 시너지 효과를 내면서 1919-1920년에 폭발적인 성장을 보였고 그 이후에도 꾸준히 성장했다. 1918년 11월 박상순 선교사가 증파되었고, 전도사업과 함께 절실히 필요로 하던 의료사업이 병행되었다. 즉, 세브란스 의학전문학교를 졸업한 김윤식 의사가 박상순 목사 가족과 함께 산동선교지에 들어가 협력했다.[41] 그는 총회와 무관하게 래양에서 "계림의원"을 개원하여 자비량("무봉급으로")하며 선교사역을 크게 도왔다. 비록 그는 선교사로 파송받지 않았지만,[42] 가난한 현지인들을 무료치료하고, 교회 서적을 반포하고 중국 사람들의 마음을 움직여 복음에 수용적인 사람들이 많이 생겨났다.[43] 그리하여 이 병원은 개원 초기부터 "조선 장로회 선교병원"으로 알려지기도 했다.[44] 이후 1923년에 주현

---

38) "장로회 통신: 총회 전도국 통신," 『기독신보』, 1917. 7. 11. 김병규는 방효원과 홍승한이 중국어를 공부하는 동안 선교사업을 돌보며 1918년 1월 두 선교사 가정이 거처할 집 두 채도 구입하였다. 김병규는 중단 상황에 처한 1917년 산동에 26개의 예배처소가 있었다고 총회에 보고한다. 곽안련, 『장로교회사전휘집』, 109.
39) 『조선 예수교장로회 총회 제6회 회록』(1917), 21.
40) 홍승한, "중국 산동성 래양선교소식," 『신학지남』 제3권 (1920. 7), 247; 박상순, "산동선교의 과거와 현재," 『신학지남』 제17권 (1935. 11), 27.
41) 홍승한, "장로회 통신: 홍승한 목사의 편지," 『기독신보』, 1919. 2. 5.
42) 중국 산동 선교사 방지일은 이들 의사들이 산동 선교에 큰 도움을 주었지만, 공식적으로 총회 파송을 받지 않았기에 선교사로 부를 수는 없다고 증언한다. 방지일 목사와 저자의 인터뷰, 마닐라, 필리핀 2005년 11월 4일.

칙 의사가 즉묵으로 가서 병원을 개원하고, 1932년에는 안준호 의사가 개원하여 선교사업에 많은 도움을 주었다.[45]

한편 1913년 총회에서 선교사는 현지 노회에 소속되고 별도의 교회를 세우지 않도록 하고 선교사는 '언권 위원(방청원)'으로 허락한 이후, 1916년 총회는 재차 선교사는 중국교회 이명을 허락하고 귀국 시에는 총회의 회원이 됨을 결의하였다.[46] 그리하여 선교사들은 1918년 5월 화북대회에 정식으로 가입하고, 래양성 주변 12km 지점을 선교지역으로 인수했다.[47] 한국 선교사들은 산동노회에 속하여 노회의 지교회로 교회 개척을 하였고, 별도로 한국 선교회를 조직하여 선교사업을 진행하였다.

산동선교가 확장되면서 한국 장로교 총회는 1919년 선교지역 확장을 중국 산동대회(산동·요동노회)에 요청하였고, 11월 양 노회는 한국의 요청대로 래양 전(全) 지역을 한국 선교구역에 이양했다. 선교구역의 확대는 미북장로교 산동지부 선교사들과 중국 노회원들과 협의 하에 기쁜 마음으로 이루어졌다.[48] 이 시기에 산동선교는 선교지역이 확대되고 그 지역 내 미북장로교가 세운 교회들을 인수하면서 급속

---

43) 1921년 11월 산동을 시찰한 마로덕 선교사는 의료선교의 효능을 극대화하기 위한 방안으로 전도국 기금으로 김윤식의 병원을 지어주고 자급하게 하는 방안을 제1안으로 제안하고, 이 방안이 여의치 않으면 김윤식을 의료 선교사로 파송하고 월급을 지원하는 방안을 내놓았다. 마로덕, "조선 예수교 장로회 중국선교 사업 시찰 사황," 『신학지남』 제4권 (1922. 5), 131-32. 방효원도 비슷한 의견을 개진하는 바, 계림의원을 선교병원으로 바꾸고 김윤식을 선교회의 의사로 받아들이자고 제안한다. 방효원, "산동 래양 선교 상황," 『기독신보』, 1922. 7. 19.
44) 방효원, "산동 래양 선교 상황," 『기독신보』, 1922. 7. 19.
45) 곽안련, 『장로교회사전휘집』, 104.
46) 『예수교장로회 조선총회 제2회 회록』(1913), 5, 25, 29; 『예수교장로회 조선총회 제5회 회록』 (1916), 45-46; 곽안련, 『장로교회사전휘집』, 11, 13.
47) 박상순, "산동선교의 과거와 현재," 『신학지남』 제17권 (1935. 11), 27.
48) 이는 산동선교 사업의 꾸준한 성장과 한국 선교사들의 노력이 인정받은 징표였다. 1913년에 할당받은 지역이 내양성 사방 12km의 조그만 구역에 불과했는데, 불과 6년만에 80km 이상, 1백 4십만이 거주하는 넓은 지역을 할당받았다. 곽안련, 『장로교회사전휘집』, 113.

한 성장을 했다. 이후 1921년 11월 산동·요동노회에서 미 북장로교 선교부, 요동노회와의 합의로 산동성 즉묵 지역이 한국 선교지역으로 편입되었다. 1922년 6월 총회는 이대영 선교사를 산동 래양으로 파송하였다. 1922년 9월 산동 선교구역이 확대되면서 래양과 즉묵의 두 구역으로 분할되었다.

하지만 1924년 9월 총회의 선교 예산 축소로 인하여 한 차례 타격을 입는다. 그 여파로 즉묵과 래양 두 선교부가 하나로 병합되고 즉묵의 홍승한, 이대영 선교사가 철수하고, 방효원은 래양에 그리고 박상순은 래양에서 즉묵으로 이주하는 등 선교 인력의 구조조정으로 이어졌다.[49] 또한 운영하던 학교 보조비 삭감 조처로 인하여 학생 수가 감소하고, 자급정책의 강화로 교육분야는 점차 쇠퇴하다가 1936-38년에 학교 교육은 중단된다. 1931년 여전도회는 한국 장로교회 최초의 여선교사로 김순호 여전도사를 산동선교사로 파송했다.[50] 이는 그때까지 남성 목회자만을 선교사로 파송하던 관례를 깨는 것이었다. 꾸준한 성장하던 산동선교는 1933년 5월 새로운 노회, 즉 래양노회를 조직함으로써 중화기독교회 산동대회 내에 하나의 노회로 자리하게 되었다.

1930년까지 지속적인 성장세를 이어가던 산동선교는 1931년부

---

49) 박상순, "산동선교의 과거와 현재," 『신학지남』 제17권 (1935. 11), 29. 1924년 마로덕 선교사는 『신학지남』 독자들이 해외 선교에 더 힘써 줄 것을 요청한다. 마로덕, "종교 통신: 각국 선교통신," 『신학지남』 제6권 (1924. 7), 115.

50) 한국교회 최초의 독신 여선교사로 김순호를 파송한 것은 제주선교를 위해 여전도사 이선광을 파송한 이후 여성 사역을 선남하기 위한 조치로 볼 수 있다. 소위 '여성을 위한 여성 사역'(women's work for women)은 19세기 후반 아시아를 비롯한 여러 선교지에서 남녀유별의 성차(性差)로 인한 남성 선교사의 접근의 어려움과 여성 사역의 중요성을 절감한 후 현지의 여성 사역을 위해 개발된 선교전략이었다. 이후 구미 선교는 많은 독신 여성 선교사를 모집하였고, 1890년대 중국 선교사의 거의 ⅔가 독신 여성이었다. 김순호에 대해서는, 김교철, "한국 여성 최초의 중국 여선교사 김순호와 중국 여성 선교," 『중국을 주께로』 통권 45호 (1997. 5·6), 82-87; 최미경, "총회 회의록에서 찾은 역사 이야기: 김순호 선교사," 『세계선교』 제22호 (2004), 148-64를 참조하라.

터 정체기에 접어든다. 이는 1931년 만주사변에서 1937년 중일전쟁에 이르기까지 산동을 둘러싼 항일 전쟁과 대내외적인 정국 불안 상황 때문이었다.[51] 1937년 전쟁 와중에 박상순, 이대영, 김순호가 귀국하였고, 1937년 파송된 방지일은 산동지역에 들어가지 못하고 청도 지역을 맡게 되었다. 1940년 이후 이대영, 방지일 두 선교사가 잔류하여 교회를 돌보다가, 1948년 이대영이 귀국하고, 1957년 방지일이 귀국함으로써 44년간 지속되던 한국 장로교회 최초의 해외선교 사역은 대단원의 막을 내렸다.[52]

산동선교는 총회 전도국의 주도하에 추진되었지만, 박태로의 제1기 선교팀은 언어 습득, 전염병, 건강 악화, 충분치 못한 후원비, 선교사 자녀 교육 등의 어려움과 스트레스를 극복하지 못한 채 3년을 넘기지 못하고 모두 철수하였다. 이처럼 한국교회가 선교사 파송에는 열심이었지만, 선교사의 선교지 이탈을 막을 수 있는 장치가 전무했다. 다시 말하면, 총회 전도국은 장기 선교사역에 필요한 시설을 제공해 주지 못했을 뿐 아니라, 선교 현장의 여러 문제에 직면하고 있는 선교사들을 도울 수 있는 체계적인 선교사 멤버케어(member care) 시스템도 없었다.

3인의 산동 선교사 모두가 파송 3년여 만에 귀국하자, 1917년 10월 총회 전도국은 방효원[53], 홍승한[54] 선교사를 산동에 추가로 파송하였다. 초기의 실패를 경험삼아 총회 전도국은 산동 선교 제2기부터 선교사 사택을 포함 800여 평의 선교기지(compound)를 매입·제공하

---

51) 한국기독교역사연구소, 『한국기독교의 역사』 II (서울: 기독교문사, 1990), 137의 산동선교 통계 자료 참조.
52) 위의 책, 138.
53) 방지일 선교사의 아버지이다.
54) 방지일 선교사의 고모부이다.

는 등 초기와 비교할 수 없을 정도의 포괄적인 선교사 관리와 지원 체제를 마련해 나갔다. 이후 추가 선교사 파송과 평신도 의사들의 자발적인 선교사역 참여와 더불어 시너지 효과가 생기면서 산동선교는 1919-1920년 폭발적인 성장을 보이며 꾸준히 성장했다. 그러나 방효원의 제2기 선교팀은 초기의 경험을 바탕으로 괄목할 만한 성과를 거두었다. 방효원은 산동선교의 선교사적 중요성에 대해 다음과 같이 기술했다.

> 이 복음발전사상(發展史上) 조선교회의 산동선교는 세계적 신기록을 작성하였다. … 피선교지인 조선교회가 선교를 받은 지 25년 만에 외국에 선교하는 일은 현금 20세기 피선교국으로서는 찾아볼 수 없는 세계적 신기록이다.[55]

이후 산동선교는 순회 전도, 교회 개척, 신학 교육 등 말씀 사역(Word ministry)을 주 사역으로 하면서, 복음 전파를 위한 방편으로 학교와 병원 설립을 통한 봉사 사역이 보조 사역으로 전개되었다. 이는 서구(미국) 선교사들이 한국에서 채택했던 선교방법과 동일했다. 또한 한국에서 잘 뿌리내린 네비우스의 자립원리를 산동에 적용시키려고 노력한 많은 사례를 찾아볼 수 있다.

참고로, 1913년부터 시작된 한국 장로교의 산동선교사 파송 현황은 다음 〈표 1〉과 같다.[56]

---

[55] 방효원, "산동선교에 대하야," 『계자씨』 제6권 (1937. 1), 15-16.
[56] 〈표 1〉은 조선예수교장로회 총회 회록(1912-1937)과 박기호, 『한국교회 선교운동사』 (서울: 아시아선교연구소출판부, 1999), 64; 김영동, "한국교회의 선교: 선교 초기부터 6·25 이전까지," 『선교와 신학』 제14집 (2004. 10), 46; "장로회 통신: 총회 전도국 통신," 『기독신보』, 1917. 7. 11; 박상순, "산동선교의 과거와 현재," 『신학지남』 제17권 (1935. 11), 27-30; 박상순, "산동선교의 소식," 『계자씨』 제51호 (1935. 11), 16을 참조하여 작성되었다.

〈표 1〉 산동선교사 파송 현황(1913-1957)

시기	파송 년도	선교사	소속 노회	사역 기간	사역 장소
제1기	1913	박태로	황해	1913.5(산동 답사, 9월 총회 보고) 1913.11(부임)-1916.5(질병 귀국) 1917.5(임시 파송)-1917.6(중병 귀국) 1917.10(소천)	내양
		김영훈	평북	1913.11-1917.5[4?]	내양
		사병순	평남	1913.11-1917.5[4?]	내양
제2기	1917	김병규	평북/선천 임시 전도인	1917.6-1918.2 (박태로 귀국 후 조사로 파송)	내양
		방효원	평북	1917.5.7-1917.8 (박태로와 임시 파송, 9월 총회 보고) 1917.10(파송)-1935.11	내양
		홍승한	경북	1917.10-1922.7 1922.7-1924.9(선교비 축소로 귀국)	내양
				1917.10-1922.7 1922.7-1924.9(선교비 축소로 귀국)	즉묵
	1918	박상순	평남	1918.11-1924.9 1924.9(즉묵)-1940	내양
				1918.11-1924.9 1924.9(즉묵)-1940	즉묵
제3기	1922	이대영	경안	1922.6-1923.4 1923.4-1924.9(선교비 축소로 귀국) 1925(복직 후 시무)-1955.4.20	내양
				1922.6-1923.4 1923.4-1924.9(선교비 축소로 귀국) 1925(복직 후 시무)-1955.4.20	즉묵
	1931	김순호	여전 도회	1931.9-1939.9	내양
제5기	1937	방지일 방지일	평양	1937.4.28(평양)⇨5.7(내양)-8.19(귀국) 1938.3.14-1957.8.7	내양
				1937.4.28(평양)⇨5.7(내양)-8.19(귀국) 1938.3.14-1957.8.7	청도

● 산동선교의 교훈과 의의

첫째, 산동선교는 한국교회와 한국 장로교회 선교역사상 최초의 타문화권 선교였다. 또한 이는 아시아인에 의한 아시아선교의 시작이기도 했다.[57] 생김새부터 중국인과 비슷한 한국 선교사들은 한자와 그 예의풍속을 배우는 데 별반 어려움이 없었고, 중국 사람처럼 입고 먹고 자는 데에도 아무런 문제가 없었다. 그 결과 산동선교는 서양 선교부처럼 많은 선교 인력과 재정을 투입하지 않고도 괜찮은 성과를 거둘 수 있었다.[58]

둘째, 산동선교는 외국 선교 자금의 도움 없이 100% 순수하게 한국교회 자력으로 선교 인력과 자원을 조달한 선교 사역이었다. 산동선교의 모든 경비는 한국교회의 감사주일 헌금으로 충당되었다.[59] 또한 해외 선교사업이 재정 위기를 겪을 때마다 장로교 여성들의 선교비 후원이 큰 역할을 감당했음을 주목할 필요가 있다. 평양 여전도회와 장로회 여전도회 총회는 이대영 목사와 김순호 여전도사의 선교비를 각각 후원함으로 전도국이 이들을 산동 선교사로 파송할 수 있었다.[60]

셋째, 한국교회의 중국선교는 서구 제국주의의 침략의 전구(前

---

57) Willaim C. Kerr, "Note," *Korea Mission Field* 12 (March 1916), 70-71; 김영동, "한국교회의 선교: 선교 초기부터 6·25 이전까지," 53.
58) 홍승한, "중국 산동성 래양선교소식," 『신학지남』 제3권 (1920. 7), 245; 방효원, "산동선교에 대하야," 『게자씨』 제6권 (1937. 2), 35-36.
59) 방효원, "산동선교에 대하야," 『게자씨』 제6권 (1937. 2), 31-33. 방효원은 산동선교는 한국교회의 "감사의 헌물(獻物)"이며, "주의 자녀들이 1년간에 받은 은혜를 감사함으로 주께 드리는 물질"이었다고 했다. 참고로, 방효원은 한국교회가 산동선교를 위해 감사주일 헌금을 드리듯이, 래양 남관교회 교인들이 준비한 헌금을 드리도록 하여 선교비로 사용했다고 증언한다. 방효원, 『중화민국 산동성 래양 선교보고』 (경성: 조선예수교서회, 대정 9년(1920), 10-11.
60) "중국의 선교 사업," 『기독신보』, 1922. 1. 25; 곽안련, 『장로교회사전휘집』, 121-22; 한국기독교역사연구소, 『한국기독교의 역사』 II (서울: 기독교문사, 1990), 136-37.

驅)나 앞잡이로 추진되지 않았다.⁶¹⁾ 그리하여 산동에 간 한국 선교사들은 중국에서 서구 선교사들처럼 반외세·반기독교 저항을 강하게 받지 않았다. 오히려 중국 교인들은 자기들과 마찬가지로 일본 제국주의 팽창의 희생자였던 한국교회가 파송한 선교사들에 대해 이러한 반감과 악감정을 갖지 않고 중국에서 혼란의 시기마다 한국 선교사들을 보호해 주었다.⁶²⁾

넷째, 산동선교는 한국선교 역사상 최초로 의료사역을 통해 복음 전파의 길을 용이하게 해 주었다. 산동선교에서 바울의 선교단처럼 목사 선교사간 협력뿐 아니라 목회자 선교사와 평신도(의료 전문인) 사역자간 협력을 통한 팀 사역이 이루어졌다. 1913년 선교사 3가정이 파송되었고, 1917년 2가정이 선교팀으로 파송되었다. 또한 1919년 이후 자비량할 수 있는 3명의 의사들이 자원하여 한국선교지역에 병원을 세워 현지인들을 예수의 사랑으로 치료하여 복음에 수용적으로 준비시켜 주어 목사 선교사의 사역에 많은 도움을 주었다.

다섯째, 한국교회는 선교지의 필요를 무시한 일방적인 선교사 파송을 하지 않고, 중국교회와 현지 미북장로교 선교회와 사전 협의를 거쳐 선교구역을 배당받은 후 선교사를 파송했다.⁶³⁾ 즉, 한국 장로교회가 산동지방에 일방적으로 선교사를 파송한 것이 아니라 먼저 현

---

61) 1807년 영국 런던선교회의 로버트 모리슨(Robert Morrison)에 의해 중국의 개신교 선교가 시작된 이후, 1860년 제2차 아편전쟁의 결과로 서구 열강의 강압 때문에 선교의 자유를 허용할 수 밖에 없었던 중국의 입장에서 서구 선교는 "강토 침략," "경제 침략"의 제국주의적 세력 확장과 직·간접으로 연루되어 있었다. 그리하여 중국에서 간헐적으로 발생하던 반외세 운동은 흔히 기독교 배척, 선교사 추방·살해 등 반기독교 운동으로 확산되기도 하였다.
62) 방효원, "산동선교에 대하야," 『게자씨』 제6권 (1937. 2), 35-36.
63) 이러한 선교 협력의 원칙은 장로교(통합) 선교부의 파송 원칙으로 지금까지도 지켜지고 있다. "현지교회가 있는 경우는 현지교회와 협의하여 사역을 수행한다(5-11-3. 현지교회가 있는 경우 따로 신학교를 설립하거나 교단을 세울 수 없다(5-11-4)." "선교사 파송 규정 시행 세칙," 『세계선교』 제22호 (2004), 222.

지 교단뿐 아니라 그 지역에서 사역하고 있는 선교회와 충분한 협의를 거친 후에 허락을 얻었고 합의에 의해 선교 구역을 분배받았다.

여섯째, 산동의 한국 선교사들은 파송되면서 현지 중국 장로교회로 이명(移名)한 후에 중국 노회에 소속되어 일했다.[64] 이 경우 선교사는 파송된 후에 현지 교회와 교단에 의해 보호받을 수 있고, 현지 노회의 노회원으로서 현지 교회와 협의 하에 선교를 수행해 나갈 수 있게 된다. 이후 한국 선교사들은 중국노회의 지도자로 활동하기도 했다. 이처럼 한국 선교사들은 현지 교단과 협력하는 동역(partnership) 선교의 좋은 선례를 보여주었다. 이로써 선교사가 선교지에 어떤 교회를 세워야 하는지 그리고 선교사와 현지 교회의 관계에 대한 좋은 본보기를 세웠다.

일곱째, 한국 선교사들은 중국에 한국의 교파 교회를 세운 것이 아니라 현지 교단에 속한 교회를 설립했다. 그 이유는 1913년 9월 한국 장로교 총회가 산동지역에 교회를 설립하는 경우에 현지 교단과 상관없는 교회를 세우지 말고 그 교회의 소속을 중국교회에 둘 것을 결의했기 때문이었다. 이처럼 산동선교 사역은 현지 교단과 긴밀한 협력과 동역 관계 속에 진행됨으로써 선교사가 불가피하게 철수하거나, 한국교회의 재정 지원이 중단될 경우에도, 중국교회가 그 교회를 계속 돌볼 수 있는 제도적 장치를 마련하는 사려깊은 조치로 판단된다.

여덟째, 총회 외지 전도국(선교부)이 중심되어 모든 선교사업이 수행되었다. 즉, 개교회 중심의 선교를 지양하고, 각 노회와 여전도회

---

64) 1916년 9월 총회 이후 산동 선교사들은 중국 노회로 이명했다. 『조선 예수교장로회 총회 제5회 회록』(1916), 45-46.

는 전도국과 긴밀한 협의를 통해 해외 선교를 추진하였고 상회인 총회 전도국의 선교 정책이나 행정 지침에 순종하여 긴밀한 협조관계를 유지했다. 특히 총회 전도국은 선교사 파송 전에 현장 답사팀을 보내어 총회에 보고하도록 했고, 선교사 파송 후에도 산동에 정기적으로 선교 시찰단을 파견하여 보고하도록 했다.[65]

아홉째, 산동선교의 제2기가 시작되는 1917년부터 현지 언어 공부와 안식년 제도가 마련되었다. 총회 전도국은 1914년부터 선교사의 3년간 중국어 공부를 위해 어학 선생 월급을 별도로 지불했다.[66] 1918년 총회 선교회 규칙에 의하면 선교사의 어학은 3년간 공부하는 것으로 하고 매년 1차씩 시행하여 전도국에 보고토록 했다.[67] 또한 1918년 총회가 제정한 선교사 안식년 규칙은 3년마다 5개월씩 안식하도록 했고, 1922년 개정된 규칙에는 5년 시무 후 1번의 안식년을 갖도록 했고, 1928년 변경된 규칙에는 만7년에 1년의 안식년을 갖도록 했다.[68]

열째, 타문화권 선교사에게 있어 가장 어려운 문제 중 하나인 선교사 자녀(MK) 교육과 선교사 자녀 학교 문제가 대두되었다. 1915년 9월 총회에 참석한 김영훈 선교사는 선교사 자녀 교육 문제를 제기하며 총회의 조처를 요청했으나, 총회 전도국은 1914년부터 지불하기

---

65) 1920년 총회 전도국 국장 매큔(윤온산, George S. McCune) 선교사, 1921년 11월 이자익 목사, 변인서 목사와 마로덕 선교사, 1929년 차재명 목사, 조시한 목사, 1934년 전도국장 차재명 목사가 총회에 의해 파견되었다. 박상순, "산동선교의 과거와 현재," 『신학지남』 제17권 (1935. 11), 27-30.
66) 방효원, "산동선교에 대하야," 『계자씨』 제6권 (1937. 6), 35. 국어교과서, 철자, 작문, 회화, 주음(注音) 자모 등 총 5과목을 공부해야했다.
67) 『조선 예수교장로회 총회 제7회 회록』(1918), 67, 77.
68) 『조선 예수교장로회 총회 제7회 회록』(1918), 76; 『조선 예수교장로회 총회 제11회 회록』(1922), 44, 75; 곽안련, 『장로교회사전휘집』, 114, 116, 118; 『조선 예수교장로회 총회 제17회 회록』(1928), 22.

시작한 선교사 자녀 교육비('자녀금') 외에 별다른 방안을 수년 동안 마련하지 못했다.[69] 그러다가 1919년 1월 선교사 아동학교가 개교되었지만 오래 지속되지 못했다.[70] 이후 1922년 최초의 선교사 자녀 학교 교사로 조소임이 부임하여 2년 정도 사역했다.[71]

마지막으로, 한국 선교사들은 중국 교인들에게 한국교회의 특유한 신앙 방식을 심어주었다. 즉, 중국교회에 생소한 새벽기도회, 주일 밤 기도회, 삼일 밤 기도회, 사경회, 개인 전도, 십일조·헌금하는 법,[72] 주일성수, 성경공부 등의 신앙 전통을 중국에 소개하고 정착시켰다.[73] 특히 한국에서 잘 뿌리내린 네비우스의 자급(自給) 원리[74]를 산동의 교인들에게 가르쳐서 중국교회 건축, 교역자 사례비 지불, 학교 운영 등에서 상당한 재정을 중국교회가 감당하도록 했다.[75]

---

69) 『조선 예수교장로회 총회 제4회 회록』(1915), 10-11.
70) 『조선 예수교장로회 총회 제8회 회록』(1919), 32-33. 1920년 10월 방효원은 선교지에서 "자녀 교육"이 어려운 문제 중 하나라고 보고했다. 방효원, 『중화민국 산동성 래양 선교보고』, 15.
71) 『조선 예수교장로회 총회 제11회 회록』(1922), 91. 이후 이영애(1924년), 편순남(1930년)이 파송되어 교사로 봉사했다. 김교철, "중화민국 조선선교사 자녀학교 교사 조소임: 1922-1924, 중국 산동," 『중국을 주께로』 통권 38호 (1996. 3·4), 74-79를 참조하라.
72) 한국 선교사들이 1920년 처음으로 중국교회 예배 중에 헌금 순서를 넣었다고 한다. 곽안련, 『장로교회사전휘집』, 104.
73) 마로덕, "조선예수교장로회 중국선교 사업 시찰 사황," 『신학지남』 제4권 (1922. 5), 126,133-34; 박상순, "산동선교의 소식," 『게자씨』 제51호 (1935. 11), 18-19.
74) 산동에 파송된 초기 선교사들이 네비우스의 자급 원리를 얼마나 적용시켰는지는 알 수 없지만, 1917년 이후 파송된 선교사들은 자급원리를 현지에 적용시키려고 많이 노력하였다. 마로덕, "조선예수교장로회 중국선교 사업 시찰 사황," 『신학지남』 제4권 (1922. 5), 129-30; 김교철, "초기 한국교회의 중국 산동선교 역사," 『중국을 주께로』 통권 39호 (1996. 5·6), 52.
75) 한국 선교사들은 '옛 방식'에 익숙해져 있던 산동의 교인들에게 자급 원리를 철저하게 적용할 수는 없었던 것 같다. 한국에서 성공을 거둔 네비우스의 자급선교의 주요 내용은 현지 교인들이 예배당 건축비와 교회 목사나 전도인의 사례비를 지불하게 하고 외국의 자금으로 지불하지 않도록 했으며, 필요시에 부분적으로 지원하도록 했다. 네비우스의 자립정책에 대해서는 본서의 제2장 "한국 초기 개신교 선교전략"을 참조하라.

B. 한인 동포(디아스포라) 선교

한국교회는 1913년 중국 산동에 선교사를 보내기 이전에 한반도를 떠나 일본 동경, 중국 산동, 러시아 연해주, 만주 등지로 흩어져 거주하던 한인 동포들을 위해서도 많은 선교사를 파송하였다. 주목할 점은 1917년 제6회 장로회 총회에서 한인 동포 사역을 '전도'로 지칭하고, 외국인 전도 사역을 '선교'로 구분하기 시작하면서[76] 해외 한인 디아스포라 선교가 점차적으로 해외 선교의 범주에서 제외되기 시작한다. 하지만 한인 동포들을 대상으로 추진되었던 목회 사역도 한국교회 선교역사의 중요한 부분이었다.

1) 일본 선교(1909-1948)

1876년 '한일수호조약'이 체결된 이후 한국의 문호가 개방되고 개화에 눈을 돌리기 시작한 한국의 조정(朝廷)은 명치유신 이후 서구문화를 적극적으로 수용하여 크게 발전한 일본의 신문물을 시찰하기 위해 1880년 신사유람단을 일본에 파견하였다. 이후 일본 유학생들이 생겨나기 시작했고, 특히 1894년 갑오개혁 이후 조선 정부는 우수한 청년들을 뽑아 국비 유학생으로 일본에 파견했고, 그들 중에 양반집 자제들의 일본 유학생 숫자가 크게 증대되었다.[77] 초기 한국 유학

---

[76] 1917년 제6회 장로회 총회에서 전도목사("교회가 세워지지 않은 지역에서 전도하고 교회를 세우는 자")와 선교사("외국인에게 전도하는 목사)로 구분하여 사용하기 시작하면서 선교사의 개념이 장소(선교지)에 따라 결정되는 것이 아니라, 대상(외국인)에 따라 정의되기 시작한다. 『조선예수교장로회 총회 제6회 회록』(1917), 16, 32.

[77] 채필근 편, 『한국기독교 개척자 한석진 목사와 그 시대』 (서울: 대한기독교서회, 1971), 155-57.

생 선교는 주로 일본 주재 선교사와 일본 기독교인들에 의해 이루어 졌다. 이후 국내 기독청년 가운데 일본 유학생이 증가하자, 이들을 목회적 차원에서 돌볼 뿐 아니라 그 외 유학생들에게 전도할 목적으로 1906년 8월 한국 YMCA는 동경 유학생들에게 김정식 부총무를 파견하여 동경 YMCA를 창설하도록 했다.[78]

이후 1908년 평양 장대현교회의 정익노 장로가 일본 방문 시 동경의 한국 YMCA에서 유학생들과 함께 예배를 드린 후 교회 설립을 제안하였고, 이 안이 만장일치로 채택되어 동경교회 설립이 추진되었다. 유학생 대부분이 장로교에 속해 있기에 교단은 장로교로 정하고 동경 한국 YMCA 유학생들은 본국의 장로회 독노회에 목사 파송을 요청하였다.[79] 1909년 9월 제3회 독노회는 평양신학교 제1회 졸업생으로서 1907년에 안수 받은 한석진 목사를 1개월간 단기로 파송하여 유학생 중심의 교회를 돌보게 했다.[80]

1909년 10월 동경에 도착한 한석진은 일본 주재 초대 미국 북장로교 선교사 헵번(James C. Hepburn, 1815-1911) 의사와 일본의 우에무라 목사의 도움으로 셋집을 얻어 재일 대한기독교 동경교회를 창립하고 예배를 시작했다.[81] 이후 한석진은 귀국하여 1910년 독노회에서 일본 동경교회 설립과 신자들 형편을 보고하고 선교사 파송을 정식으로 청원하고, 총회 전도국은 동경에 목사를 파송하기로 가결했다.[82] 이에 장로회 독노회는 박영일 장로를 '전도인'으로 파견하여

---

78) 위의 책, 158.
79) 한국기독교역사연구소, 『한국기독교의 역사』 II, 107-108.
80) 한석진 목사는 일본 파송 전 1910년 2월 28일 창간될 장로교회 기관지 '대한예수교회보'의 사장으로 이미 선임되었기 때문에 독노회는 그를 동경에 1개월만 파송했으나 3개월을 머물며 교회를 창립하고 귀국하였다. 『예수교장로회 대한노회 제3회 회록』(1909), 17, 23-25.
81) 채필근 편, 『한국기독교 개척자 한석진 목사와 그 시대』, 161.

1910-1911년의 7개월간 교회를 돌보게 했다. 당시 유학생들 가운데 158명의 교인이 있었고, 이들은 동경의 한국 YMCA회관을 빌려 사용하였다.[83] 1911년에는 목사 안수를 받은 임종순을 담임목사로 파송했다.

그런데 1911년 동경의 유학생 교인 가운데 감리교 출신 유학생들이 따로 예배를 드리고, 장로교 유학생 중심의 예배에서 떨어져 나와 별도의 감리교회를 세우려는 움직임이 생겨났다.[84] 동경에 장감의 두 교파교회가 설립될 상황에 직면하여 미북장로교 선교사 브루엔(부해리, H. M. Bruen)은 장로교 예배가 아닌 감리교인과 연합으로 예배를 드리기도 했다. 그러던 중 1912년 8월 미국 북감리회와 남감리회의 두 선교부는 한국 장로교회에 동경의 선교사업을 연합으로 추진하자고 제안했다.[85] 감리교의 제안에 대해 1911년 9월 장로회 독노회는 동경교회 내의 "장로교인과 감리교인의 공익"을 위해 길선주, 언더우드, 브루엔 3인 위원회를 임명하여 감리교회와 동경교회 문제를 상의토록 했다.[86]

이후 장로교는 일본 유학생 선교를 자신들이 먼저 시작했지만 감리교와 함께 동경 연합교회를 장·감 연합사업으로 운영해 나가기로 했다. 1912년 장·감 연합위원회는 함께 논의한 끝에 동경 연합교회를

---

82) 『예수교장로회 조선노회 제4회 회록』(1910), 16,23.
83) 위의 책, 14; 『예수교장로회 조선노회 제5회 회록』(1911), 11.
84) 동경교회의 목회자가 일시 공석이었을 때 미국 남감리교의 져다인(J. L. Gerdine), 크램(W. G. Cram) 선교사가 동경교회를 잠시 목양하며 몇몇 사람들에게 세례를 주었다. 이들은 선교사들에게 감리교 선교사업을 시작하자고 제안했다. C. A. Clark, "Work among Korean Students in Tokyo," Korea Mission Field 9 (May 1913), 119; 재일대한기독교 동경교회, 『동경교회 72년사』 (동경: 혜선문화사, 1980), 114.
85) C. A. Clark, "Work among Korean Students in Tokyo," 120; C. A. Clark, "Following the Koreans Abroad," Korea Mission Field 23 (December 1927), 248.
86) Allen D. Clark, A History of the Church in Korea (Seoul: Christian Literature Society of Korea, 1971), 215; 『예수교장로회 조선노회 제5회 회록』(1911), 11.

다음과 같이 운영하기로 합의했다.

① 동경교회 명칭은 '연합예수교회'(Union Christian Church)로 하고, ② 장로교와 감리교가 각 3인씩 총 6인의 위원을 택하여 3년 동안 교회 일을 맡아 처리토록 하고, ③ 위원들은 목사를 택하여 2년간 목회하도록 하고, ④ 교회는 장로교회나 감리교회라 부르지 않고, ⑤ 장로교 총회와 감리교 연회는 매년 1인의 선교사를 임명하여 동경에 가서 교회 일을 돌아보고 도와주도록 하고, ⑥ 동경 유학생 교인이 귀국하면 (비록 서울로 가더라도) 각자의 고향 교회가 속한 교파의 교인이 되고, ⑦ 모든 동경교회 경비와 월급은 장·감 교회가 반반씩 부담한다.[87]

일본 유학생 선교는 어떤 특정 교파를 내세우지 않고 장·감 연합의 공동 사역으로 추진하기로 합의함에 따라 1912년 이후 장·감 교회는 선교사가 1-3년간 일하도록 동경 연합교회 교역자를 교대로 파송하기 시작했다. 예컨대, 1912년 장로교 선교사로 주공삼이 파송되어 2년간 사역하였고, 1914년 감리교 선교사 오기선이 파송되어 3년간 사역했다. 이처럼 장·감 두 교회가 동경 연합교회의 목회자를 교대로 파송하는 새로운 형태의 연합 사업으로 추진된 동경선교는 해방될 때까지 진행되었다.[88] 1913년 장로회 총회에 제출된 '일본 동경연합교회' 현황 보고에 의하면, 동경 유학생 500-600명 중에 매주 80-100명이 교회에 출석하고 있었다.[89]

---

87) 『예수교장로회 조선총회 제1회 회록』(1912), 11-13; Allen D. Clark, *A History of the Church in Korea*, 215-16.
88) 채필근 편, 『한국기독교 개척자 한석진 목사와 그 시대』, 162; 한국기독교역사연구소, 『한국기독교의 역사』 II, 108.
89) 『예수교장로회 조선총회 제2회 회록』(1913), 61.

1910년 강압적으로 체결된 한일합방 이후 노골화되던 일제의 경제적 수탈로 인해 농지, 토지 등을 빼앗기고 소작농으로 전락한 수많은 한인들이 일감을 찾아 만주, 연해주 그리고 일본의 고베와 오사카를 중심으로 하는 일본의 관서지방으로 이주하였다. 그리하여 1917년경부터 동경 이외의 지역에 대한 선교가 활발하게 이루어졌는데, 이때부터 일본 선교는 지금까지 유학생 위주의 선교에서 벗어나 재일 한국인 노동자들을 포함하는 선교로 확대되기 시작했고 각처에 교회가 설립되었다.

관서지방의 경우, 1917년 고베신학교에 유학중이던 정덕생 목사는 한인 노동자들을 위한 전도사업을 시작했고, 1918년 고베와 요코하마에 교회가 설립되었고, 1919년 동경 YMCA에서 2.8 독립선언문이 발표되었고, 1921년 오사카교회가 설립되었다. 이처럼 일본에 유학 온 신학생들 중심으로 재일(在日) 한인 노동자(동포) 거주지역에서 선교활동과 교회 설립이 활발하게 이루어졌다.[90] 1920년대에는 30만 명이 넘는 한국의 남녀 노동자들이 일본으로 건너왔는데 이들을 중심으로 관서지역에 많은 교회들이 설립되었다.

이처럼 일본 선교 사역이 확대되자 조선예수교 연합공의회는 1927년 캐나다장로회에 재일 한국인 선교에 참여해 줄 것을 요청하였고 영(영재형, L. L. Young) 선교사가 일본에 파송되어 관서지방 한국인 선교가 활력을 더하게 되었다. 그리하여 동경 이외에 오사카, 고베, 나고야, 교토, 나라 등지에 한인교회가 계속하여 설립되었다.[91] 그 결과, 1934년 일본 현지에 재일조선기독교회라는 장·감 연합의 단일 교

---

90) C. A. Clark, "Work among Korean Students in Tokyo," *Korea Mission Field* 9 (May 1913), 119-20; 한국기독교역사연구소, 『한국기독교의 역사』 II, 109.
91) 한국기독교역사연구소, 『한국기독교의 역사』 II, 111.

단이 창립되었고, 1938년 당시, 일본 전역에 한국인 교인 3,000여명, 조직 교회 50여개, 한국인 목사 13명, 여전도사 20명, 외국인 선교사 6명, 그 외 여러 조사들이 재일 한국인 선교를 담당하였다.[92] 1948년 대한민국 정부 수립 후, 재일조선기독교회는 재일대한기독교회로 개칭하고, 1958년 세계개혁교회연맹(WARC)에 가입하였고, 이후 세계교회와 연대하여 통전적인 선교를 전개하고 있다.

● **일본 선교의 교훈과 의의**

첫째, 한국의 장·감 두 교파가 일본에서 각자의 교파교회를 세우지 않고 하나의 연합교회 설립에 성공함으로써 교파주의를 극복했을 뿐만 아니라 에큐메니컬 선교 협력의 좋은 전통을 수립하였다. 이는 한 선교지에 여러 교파 선교부가 들어감으로써 생겨날 수 있는 병폐를 예방하는 초교파 협력 사역의 좋은 선례와 모범으로 기억된다. 또한 선교의 목표가 교파교회의 이식이나 확장에 있는 것이 아니라 하나님 나라의 확장에 있음을 보여 주며, 하나님의 선교(missio Dei)를 위해 해외에서 한국의 장로교회와 감리교가 교파의 장벽을 뛰어넘어 추진한 에큐메니컬 협력의 첫 사례였다. 참고로, 당시 하와이, 샌프란시스코 등지에 여러 한인 동포 교회가 있었지만, 이들은 교파주의의 영향에 의해 세워진 교파형 교회였고 연합교회는 그때까지 존재하지 않았다.[93] 이들 해외 교파교회들과는 달리 동경교회는 최초의 해외한인 디아스포라 교회였으며, 또한 최초의 초교파 연합교회로 설립된

---

92) Wan Mo Lee, "The Evangelization of Koreans in Japan Proper," *Korea Mission Field* 34 (June 1938), 130.
93) S. H. Choi, "Korean Student Work in Tokyo," *Korea Mission Field* 9 (April 1913), 84.

것이다.

둘째, 동경 유학생 사역은 한국 장로교와 감리교의 연합과 협력 사역으로 진행되어 한 지역에 여러 교파 선교회가 진출함으로써 야기될 수 있는 선교 사업의 중복 투자, 선교비 낭비, 선교회간 불필요한 경쟁과 갈등, 상대방 교인이나 교회 일군 빼가기 등의 문제를 피할 수 있었다. 일본 선교는 한국 장로교 독노회가 주도권을 쥐고 시작했지만, 장로교의 양보로 1912년 이후 장·감 연합 사업으로 추진되었다. 일본 관서지방의 한인 동포 선교를 감당했던 캐나다 장로교 선교사 영(L. L. Young)은 일본에서의 장·감 연합 사역은 "쌍방 모두가 보여준 훌륭한 협력정신"(spirit of co-operation) 때문에 가능했다고 보았다.[94] 흥미로운 점은 1905-1910년 어간에 장·감 두 교파가 한국에서 하나의 개신교회('대한예수교회')를 세우려는 시도가 있었지만 실패로 끝났다. 그러나 선교지 일본에서 장·감 양 교회는 초교파 교회 설립에 성공했다. 이는 근대 에큐메니컬 운동의 대부분이 선교 현장에서 시작되었다는 사실(史實)을 기억나게 한다.[95]

셋째, 동경 유학생 선교는 단기 선교사의 발굴과 활용의 중요성을 보여준다. 즉, 1-2년간 사역할 단기 선교사를 잘 활용함으로써 장기 선교사역의 기초를 마련할 수 있기 때문이다. 예컨대, 1909년 단기 선교사로 파송된 한석진 목사는 3개월간 일했지만 재일대한기독교 동경교회가 발전할 수 있는 터전을 견고히 마련해 주었다. 한국의 장·감 두 교회가 교대로 목회자를 파송한 동경 연합교회의 선교사역은

---

94) L. L. Young, "The Presbyterian Church in Canada and the Koreans in Japan," *Korea Mission Field* 32 (April 1936), 70.
95) Kenneth S. Latourette, "Ecumenical Bearings of the Missionary Movement and the International Missionary Council," in *A History of the Ecumenical Movement, 1517-1948*, eds. Ruth Rouse and Stephen Charles Neill (Geneva: WCC, 1986), 353.

유학생 혹은 이민 목회에 있어 장기선교사뿐 아니라 단기 선교사도 활용할 필요가 있음을 보여준다. 장·감 연합 사역 이전인 1909년 한석진 목사는 장로교 독노회에 의해 3개월 단기 선교사로 파송되었지만, 그는 동경 한인 유학생 교회의 기초를 견고하게 닦음으로써 자신의 임무를 잘 수행했다.[96] 이처럼 지식과 경험을 겸비한 유능한 사역자들이 단기간 일할 수 있는 선교사역과 선교의 장을 개발할 필요가 있다.

넷째, 재일 한국인 선교는 교회가 사회에서 억압받고 정당한 권익을 보호받지 못하는 자들의 아픔과 고난을 함께 해야 함을 보여주었다. 교회는 복음전도와 사회 참여(social action)를 통해 망국의 암울한 상황 속에서 희망을 잃고 살아가던 한인 유학생들 뿐 아니라 한인 노동자들에게 소망을 심어 주었다.[97] 특히 1919년 3·1운동의 기폭제가 되었던 2·8독립선언이 일본 제국주의의 심장부인 동경의 기독교청년회관(YMCA)에서 한인 유학생들을 중심으로 이루어졌고, 이후 교회는 한국어와 민족정신을 보존하는 신앙공동체로서 한인 동포들과 고난을 함께 했다. 한국의 전통과 얼을 말살하려는 일제의 정책에 항거하여 한국어와 민족정신을 보존하는 신앙 공동체로서 한인들의 아픔과 고난을 함께한 재일 한인교회의 역사적 의미는 결코 간과되어서 안 될 것이다.[98]

1912년 한국의 장로교회와 감리교회의 선교 협력에 의해 태동한

---

96) 이후 전도인으로 7개월간 동경 유학생 교회에 파송된 박영일 장로도 비슷한 경우이다. 한석진 목사에 대해서는 한경직, "선각자로서의 한석진 목사"와 백낙준, "한국교회의 개척자 한석진" (채필근 편, 『한국기독교 개척자 한석진 목사와 그 시대』, 5-19, 158-62)을 보라.
97) Wan Mo Lee, "The Evangelization of Koreans in Japan Proper," *Korea Mission Field* 34 (June 1938), 131; 박기호, 『한국교회 선교운동사』, 103-104.
98) 한국기독교역사연구소, 『한국기독교의 역사』 II, 112.

재일대한기독교회는 재일 한국인 중심의 교단으로서 현재 일본 전역의 100여개 교회를 총괄하며 일본 사회에서 고통받는 소수로 살아가는 약 90만 명의 재일 동포(귀화자 28만 여명 제외)를 섬기고 있다.

2) 러시아선교(1909-1929)

1860년경부터 러시아 이주를 시작하여 러시아 한인 동포들은 구한말 이후 일제 강점기 동안 기근과 일제의 압제를 피하여 고국을 떠난 자들로서, 1910년 한일 합방 이후 그 수가 급증하여 1909년 연해주에는 20여만 명의 한인 교포들이 거주하고 있었다. 1909년 장로회 제3회 독노회는 연해주 한인들이 선교사 한 명을 급히 보내달라는 요청을 받고, 이들의 "생명을 구원"하기 위해 평양신학교 제2회 졸업생 9명 중 한 명인 최관흘 목사를 매서인 한 사람과 함께 시베리아 동남쪽 항구 해삼위(블라디보스토크)에 선교사로 파송하는데, 이것이 러시아 한인 선교의 시작이었다.[99]

최관흘은 1909년 9월 한국을 떠나 블라디보스토크에 입국한 후 11월 5일 연해주 지사에게 자신은 블라디보스토크 한인촌에 거주하면서 한국 국적의 장로교인 60명을 목양하는 한국 장로교 목사임을 밝히며 한인들을 중심으로 선교하겠다는 취지의 다음과 같은 장로교회 설립 청원서를 제출한다.

> 나는 블라디보스토크에 사는, 정교회 신자가 아닌 한국인을 상대로 장

---

99) 『예수교장로회 대한노회 제3회 회록』(1909), 13, 23; 『예수교장로회 조선노회 제4회 회록』(1910), 15, 23.

로교회를 조직하고, 한국말로 하나님의 말씀을 거룩한 복음을 전하기 위해 왔습니다. … 장로교회를 조직하여 기독교인들이 일주일에 일요일과 수요일 두 번 한인촌의 한 집에서 모여 예배를 드릴 수 있도록 허락해 주시기를 바랍니다.[100]

흥미로운 점은, 최관흘이 당시뿐 아니라 오늘날 러시아선교에서 문제가 되고 있는 정교회 교인들을 장로교로 개종시키는 일(proselytism)을 하지 않을 것임을 약속하면서, 한인 장로교인들을 위한 한국어 집회와 예배를 위해 교회 설립을 요청한 것이다. 그러나 1909년 12월 23일 블라디보스토크 종교감독국은 최관흘의 한인촌 예배 모임 허락(교회 설립)을 거부하도록 요청하는 강한 어조의 공문을 연해주 지사에게 발송한다. 그 이유는 첫째, 최관흘이 블라디보스토크 한인 신자들만 섬기지 않을 것이 분명하고, 둘째 그 지역에 거주하는 한인들에게 장로교 교리를 선전할 것이고, 셋째 그들의 모임에 세례를 받지 않은 사람[한인]들과 정교회 교인[한인]들도 받아들일 가능성이 많다고 보았기 때문이다.[101] 즉 최관흘이 정교회 교인들에게 전도할 것을 염려했기 때문이었다.

최관흘의 사전 약속에도 불구하고 종교감독국은 한국 장로교의 선교활동이 정교회에 미칠 영향을 사전에 차단하기 위해, 러시아정교회 이외의 다른 기독교 종파가 정교회 영토 내에 들어와 전도하는 것을 철저하게 막아야 한다고 주장한다. 개신교 전도자들을 허락하게

---

100) 러시아 극동 국립 고문서 박물관 자료: 최관흘의 장로교회 설립 청원서(1909년 11월 5일), 정호상, "최관흘의 생애와 러시아 연해주 지역 선교 연구" (미간행 석사학위논문, 장로회신학대학교, 2004), 16-17과 부록 ④에서 재인용.
101) 정호상, "최관흘의 생애와 러시아 연해주 지역 선교 연구," 부록 ⑤.

되면 자신들의 신조를 널리 전파하여 러시아를 혼란하게 만들 것이기 때문에, 한국인 최관흘이 블라디보스토크는 물론이고 연해주에서도 장로교가 뿌리를 내리지 못하도록 해야 하며, 그를 본국(한국)으로 추방하라고까지 제안하고 있다.[102] 그런데 이 청원서는 모스크바에도 보내졌는데 1910년 2월 9일 최관흘은 모스크바 내무성으로부터 장로교회 조직과 예배를 조건적으로 허락한다는 회신을 받게 되고, 이후 블라디보스토크 선교는 더욱 활기를 띠게 되었다.[103]

1910년 9월 18일 평북 선천에서 열린 제4회 독노회에 참석한 최관흘은 해삼위(블라디보스토크), 슈청(빨찌산스크), 소왕령(우수리스크), 허바루께(하바롭스크), 합이빈(하얼빈) 등지의 한인 동포들 가운데 회개하고 예수의 복음을 믿는 형제가 많이 생겨났고, 여러 교회가 설립되었다고 보고했다.[104] 이후의 선교 현황을 보면, 최관흘이 1년 동안에 한인들이 거주하는 수백 킬로에 달하는 만주·시베리아 등지를 순회하며 많은 성과를 거두었음을 알 수 있다. 1910년 교세는 교인 648명, 수세자 39명, 학습 교인 68명이었다.[105] 그리하여 1910년 제4회 독노회는 강도사 한병직을 조사(전도인)로 그리고 매서인 이재순을 블라디보스토크에 추가 파송하였다.[106] 1911년 2년의 사역 결과는 교회 2개, 예배 처소 30개, 교인 764명, 헌금 902.29원(청국 포함)이었고,

---

102) 위의 논문.
103) 모스크바 내무성은 최관흘이 정교회 이단이나 광신도가 아닌 기존 신자들과 하나님께 예배(기도)하는 모임을 거부할 이유가 없다. 다만, 다음의 두 가지 조건만 준수하면 집회 허가를 내 주겠다고 밝혔다. 첫째, 관할 경찰서에 집회 시간과 장소를 사전에 고지(告知)할 것, 둘째, 정교회를 비방하지 말 것. 이 조건을 어길 경우, 재판에 회부되어 처벌을 받게 될 것이라고 하였다. 정호상, "최관흘의 생애와 러시아 연해주 지역 선교 연구," 부록 ⑤, ⑥.
104) 『예수교장로회 조선노회 제4회 회록』(1910), 1.
105) "Foreign Mission Work of the Korean Presbyterian Church," *Korea Mission Field* 19 (April 1923), 69.
106) 『예수교장로회 조선노회 제4회 회록』(1910), 15, 23.

동령교회와 소왕령 교회는 독노회에 목회자를 보내 달라는 요청까지 했다.[107]

1910년경부터 만주·하얼빈에서 순회 전도하던 감리교 손정도 목사는 연해주로 이주한 감리교 신자들을 위해 일하면서 블라디보스토크 지역의 선교 활동은 더 활발해졌다.[108] 그러나 1910년 10월부터 러시아정교회뿐 아니라 러시아 지방·중앙 정부와 경찰은 "개신교 이단"인 장로교를 전파하는 최관흘에게 조직적인 박해를 가하기 시작했다.[109] 이런 핍박 상황에서 1911년 봄 최관흘은 독노회 전도국에 보낸 편지에서 선교비 부족과 전도문이 열리지 않아 선교하기가 매우 어려운 상황임을 호소하면서, 블라디보스토크 지역을 한국 감리교 선교부에 넘겨주자는 제안을 한다. 그러나 1911년 9월 전도국은 이 제안을 거부하고 최관흘에게 함경북도 성진으로 철수할 것을 지시한다. 그러나 최관흘은 선교지 상황이 변했다며 철수하지 않고 그곳에 머물렀다. 이후 전도국은 최관흘에 대한 "의심"과 "염려"로 인하여 캐나다 선교사 푸트(부두일, W. R. Foote), 미북장로교 선교사 블레어(William Blair)와 양전백 목사 3인의 시찰위원을 택하여 블라디보스토크 현지를 돌아보게 했다.[110]

그 와중에 1911년 11월 17일 최관흘은 러시아 관헌에게 체포되

---

107) 『예수교장로회 조선노회 제5회 회록』(1911), 10, 26. 러시아측 자료에 의하면, "블라디보스톡 300명, 니꼴스크-우수리스크 100명, 하얼빈 200명, 그 외 지역에 200명 총 800명"이었다. 1914년 국회에 제출된 자료. 정호상, "최관흘의 생애와 러시아 연해주 지역 선교 연구," 24에서 재인용. 블라디보스토크의 러시아 한인들은 타지역에 비해 복음에 대해 상당히 수용적 태도를 보였다.
108) 박용규, 『한국기독교회사』 2 (서울: 생명의말씀사, 2004), 100. 1910년 5월 중국 선교사로 파송된 손정도는 일제의 학정 때문에 만주로 이주한 많은 애국지사와 동포를 위해 만주지역에서 선교하다가 1912년 3월 제5회 조선예수교감리회 연회의 결의에 따라 하얼빈을 중심으로 선교했다. 김형석, "1920년대 한국교회의 해외 선교," 『한국기독교사 연구』 제9호 (1986. 8), 7.
109) 정호상, "최관흘의 생애와 러시아 연해주 지역 선교 연구," 21-26.
110) 『예수교장로회 조선노회 제5회 회록』(1911), 27.

었다.[111] 1912년 9월 4일 제1회 장로교 총회 전도국 보고에 의하면 최관흘과 동역하던 매서인 이재순, 신윤협은 각각 블라디보스토크과 니꼴스크-우수리스크에서 전도 중에 핍박당하고 1달간 투옥된 가운데 3번이나 이감되는 등 말할 수 없는 고생을 하다가 1911년 12월 26일 추방 명령을 받았다.[112] 결국 1912년 9월 총회 전도국은 최관흘 목사의 시무가 중단됨으로써 블라디보스토크 선교가 중지되었다고 선언한다.[113] 시무 중단의 이유나 설명은 밝히지 않은 채, 그 선교 예산을 돌려서 제주에 2명의 전도인을 파송하는 데 사용했다고 보고한다. 그러다가 1913년 9월 총회 보고서는 최관흘이 러시아 정교회로 개종했다고 밝힌다.[114] 아울러 같은 해에 총회가 산동 선교사 3인을 파송하기로 결의하자 전도국은 함경노회가 블라디보스크 선교를 위해 쓰겠다고 헌의한 추수 감사절 헌금을 중국선교에 전용하도록 했다.[115]

1914년 9월 총회에서 지리적으로 가까운 북간도 선교사 김영제(1910년 파송) 목사와 블라디보스토크 총무 밀러(민휴, Hugh Miller)는 연해주 선교 상황을 시찰한 후, 블라디보스토크 선교가 많은 방해를 받고 있으며, 최관흘 선교사가 어려운 상황에 처해 있다는 보고를 했

---

111) 최관흘을 체포한 헌병 대장의 보고서에 의하면, 최관흘은 블라디보스토크에서 한국인 뿐 아니라 러시아 수비대 병사를 모아놓고 설교했고, 정교회 신앙을 비난하고, 장로교회로 개종하라고 권했으며, "해악을 끼치는 외국인" 최관흘을 "한국으로 추방"시키도록 명령했다고 한다. 최관흘 추방 관련 문서: 1911년 12월 9일, 정호상, "최관흘의 생애와 러시아 연해주 지역 선교 연구," 부록 ⑪에서 재인용.
112) 『예수교장로회 조선총회 제1회 회록』(1912), 18-19. 이때쯤 감리교 손정도 목사도 정교회의 개종 압력에 불복하여 추방령을 받은 것으로 보인다. 두 매서인 추방에 관한 러시아측 자료는 두 사람을 일본 여권을 소지한 "장로교 선교사"로 지칭하며 한국으로 추방될 것이라고 밝히고 있다. 이재순·신윤협 추방 명령: 1911년 12월 26일, 정호상, "최관흘의 생애와 러시아 연해주 지역 선교 연구," 부록 ⑫에서 재인용.
113) 『예수교장로회 조선총회 제1회 회록』(1912), 18-19. 총회록은 "희랍교로 갔으나"고 적고 있다.
114) 최관흘은 1912년 12월 30일 러시아 정교회로 개종했다. 정호상은 한국 장로교 총회가 러시아 선교 중단을 선언한 시점이 최관흘의 정교회 개종 시점보다 앞선다는 점을 지적하고 있다. 정호상, "최관흘의 생애와 러시아 연해주 지역 선교 연구," 68, 부록 ⑬.
115) 『예수교장로회 조선총회 제2회 회록』(1913), 25, 56.

다. 흥미로운 점은, 최관흘이 3년 후에는 "거류"를 자유로 할 것이니, 총회에서 "소환"을 결정하면 기쁘게 돌아오겠다고 보고하였다.[116) 사실 이 시기는 최관흘이 러시아정교회로 들어가 교리 문답사로 활발하게 선교하여 한인 가운데 많은 성과를 거두던 때였다.[117)

그러나 1916년 9월 총회에서 최관흘은 함경노회에 의해 목사 면직을 당하고 만다. 이후 9년 동안 정교회 교리문답사로 활동하던 최관흘은 1917년 러시아 공산 혁명 이후 1922년 9월 총회에서 함북노회에 의해 다시 목사로 복직이 허락되었다.[118) 최관흘이 장로교 목사로 복직된 후 『코리아 미션필드』는 "한국 장로교회의 해외선교 사업"이라는 글에서 그간 쟁점 사안이었던 최관흘의 러시아정교회로의 개종에 대해, 그는 방해받지 않고 한인 동포들에게 복음을 전하기 위해서 정교회로 개종했다는 의견을 개진했다.

> 러시아 정부와 정교회는 [최관흘의] 선교 사역 수행을 매우 어렵게 했는데, 처음에는 한인들에 대한 모든 설교를 엄격하게 금지시켰다. 최관흘은 러시아정교회에 가입함으로써 한인 동포들을 위한 선교사역을 더 잘할 수 있을 것이라고 생각했으며, 실제로 그는 [정교회] 신부로 재안수를 받은 후 그렇게 했다.[119)

1912년 9월 이후 한동안 중단되었던 블라디보스토크 선교는 그

---

116) 『예수교장로회 조선총회 제3회 회록』(1914), 11.
117) 정호상, "최관흘의 생애와 러시아 연해주 지역 선교 연구," 31-43.
118) 『예수교장로회 조선총회 제5회 회록』(1916), 73; 『예수교장로회 조선총회 제11회 회록』(1922), 94.
119) "Foreign Mission Work of the Korean Presbyterian Church," *Korea Mission Field* 19 (April 1923), 69.

곳 한인교회들의 요청에 의해 1918년 장로교 총회는 김현찬 목사, 1922년 최홍종 목사를 파송함으로써 재개되었다. 이후 교회가 크게 부흥하여 1922년 교회 32개, 총 교인 1,935명, 목사 5명, 장로 9명, 소학교 5개, 야학 35개의 교세로 성장하여 시베리아 노회가 설립되었다. 그러나 공산당의 탄압이 점차 심해지면서 선교 상황이 악화되어 1925년 장로교 총회는 시베리아 노회를 폐지했고, 1929년 선교보고를 마지막으로 20여년의 블라디보스토크 장로교 선교는 끝나고 말았다.[120]

● 러시아선교의 교훈과 의의

첫째, 러시아 연해주 선교는 고국을 떠나 방황하고 어려운 상황 가운데 있는 한인 동포(디아스포라)를 위한 목회적 돌봄의 차원에서 시작되었고, 이후 해외 동포 선교는 한국교회 해외 선교의 중요한 사역의 장이었다. 이처럼 한국 장로교회는 해외 선교사역에 앞서 해외 동포들을 위한 선교를 먼저 추진했다. 흥미로운 점은 한인 디아스포라 동포들은 가는 곳마다 교회를 설립하고 목회자를 요청했다는 것이다. 초기 해외 한인교회들은 오늘날 전세계 주요 도시마다 세워져 있는 한인교회의 묘판(苗板)이 되었고 "세계선교를 위한 위대한 잠재력"으로 간주되고 있다.[121]

둘째, 한국 장로교회의 블라디보스토크 선교는 러시아정교회와 선교 협력 혹은 에큐메니컬 연대적 관계를 맺을 것을 요구하고 있다.

---

120) 곽안련, 『장로교회사전휘집』, 127; 박용규, 『한국기독교회사』 2, 101-102; 한국기독교역사연구소, 『한국기독교의 역사』 II, 117-18.
121) 한국일, "선교 120년과 한국선교의 미래," 『선교와 신학』 제14집 (2004. 10), 112.

이를 위해 교단 차원에서 정교회와의 협력 방안을 모색해야 한다. 초기 한국 장로교의 러시아선교는 오늘날처럼 러시아정교회와 정부의 방해와 핍박으로 인해 많은 어려움을 겪었다. 100여년이 지난 지금도 러시아선교가 똑같은 문제에 직면해 있다는 것은 역사적 아이러니가 아닐 수 없다. 한국선교는 1000여년의 역사를 가진 러시아 정교회 교인들을 개종(proselytising) 대상으로 삼거나, 도둑질해가는(sheep stealing) 공격적이고 제국주의적 선교를 지양해야 한다. 러시아정교회도 개신교를 이단시하는 폐쇄적이고 배타적인 태도를 버리고 상호 협력하고 상생할 수 있는 길을 모색해야 한다. 일치하기 어려운 교리적 영역은 놓아두고, 협력 가능한 사역을 찾아서 에큐메니컬 차원의 공동의 증거를 지향해야 한다.

셋째, 한국 장로교회의 선교에 관한 역사적 기록과 사료의 보존이 얼마나 중요한가를 보여준 실례이었다. 최관흘 선교사가 연해주 블라디보스토크 지역에서 선교한 역사적 기록과 사료가 발굴되어 연해주 한국 장로교회는 선교의 전통성과 법의 보호를 받게 되었기 때문이다. 1997년 10월 러시아 정부의 새 종교법으로 인해 기존의 모든 종교 단체는 재등록을 해야만 했는데 이 법은 개신교를 억제하고 정교회를 활성화하기 위한 속셈으로 공포되었다. 새 종교법은 1991년 블라디보스토크가 개방되고 6년째 되던 해에 공포되었기에, 개방 후에 입국한 한국 선교사들 모두가 이 법의 적용을 받을 수밖에 없었다.[122]

이러한 위기에 처한 한국 장로교 선교사(예장 통합·합동)들은 사료

---

122) "양심의 자유 및 종교단체에 대한 러시아 연방법"(1997년 10월 1일 공포)과 "법 조문 해설"(모스크바 한인선교사회 제공)을 참조하라(http://www.kcm.co.kr/index.htm/).

(史料) 보관소에서 고문서들을 찾아내고 모스크바 연방 정부 법무성과 기타 관계기관의 확인을 받아, 한국 장로교회가 1920년대까지 15년 이상 존재했다는 사실을 인정받게 되었다. 이로써 연해주 장로교단이 정식으로 법인 등록되었고, 러시아 정부가 개신교 탄압을 위해 만든 새 종교법으로 인해 도리어 한인 장로교회들이 법적인 보호를 받고 보다 안정적으로 선교할 수 있는 길이 열리게 되었다.[123]

3) 기타 한인 동포(디아스포라) 선교

한국교회의 한인 디아스포라 선교의 시작은 1902년 인천 내리감리교회 교인이 주축이 된 하와이 사탕수수 농장 이민자들의 신앙 지도를 위해 홍승하 전도사를 하와이로 파송한 1902년이다.[124] 하지만 이는 이민 간 교인들에 대한 개교회의 목회적 차원에서 수행된 지교회 개척이기 때문에 한국교회 최초의 타문화권 선교사역으로 볼 수 없다. 따라서 본격적인 교단 차원의 선교활동은 1907년 한국 장로교 독노회에서 추진된 제주도 선교(유사 문화권)와 1912년 장로교회 총회 창립 기념으로 1913년부터 전개된 산동선교(타문화권)를 실질적인 해외 선교의 시작으로 본다.

한국 장로교회는 현지인을 위한 산동선교뿐 아니라, 1900년대 초부터 상해, 남경, 북경 등지의 한인 디아스포라를 위한 선교도 추진하

---

123) 한국 감리교회도 1920년대 역사 기록을 찾아 등록했다. 정호상, "최관홀의 생애와 러시아 연해주 지역 선교 연구," 1-2.
124) 흥미로운 점은, 1905년 하와이 한인들이 한국 장로교회에 선교사 파송을 요청했으나, 하와이는 이미 감리교 선교사가 사역하고 있기에 장로교 선교사를 파송하지 않기로 했다. 교계 예양(comity)에 의해 그 지역을 선점하고 있는 감리교와 불필요한 갈등과 중복 투자를 초래하지 않겠다는 장로교의 결단 때문이었다.

였다. 또한 1910년 한일합방 이후 많은 한인들이 만주, 연해주, 일본의 관서 지방(고베, 오사카)으로 이주하였다. 1910년 독노회는 김영제 목사와 김진근 목사를 만주 간도 선교사로 파송했고, 1917년 이후 일본 선교는 유학생 중심의 선교에서 재일 한국인 노동자 중심의 선교로 확대되었다.

한편, 1900년 이후 한국 장로교는 만주의 한인 선교를 시작했다. 거의 동시에 만주선교를 시작한 미국 남감리회와 캐나다 장로회는 중복되는 선교구역 조정을 위해 1909년 선교지 분할협정(comity agreements)을 맺어 선교부간 분계(分界) 작업을 했고, 이후 1924년 1월 미북장로회와 미감리회도 만주선교 구역을 나누었다. 1917-1918년 상해 한인교회는 한국 장로교 총회에 선교사 파송을 청원했고, 1922년 이후 남경 한인교회도 선교사 파송 요청을 시작했다.[125]

● 한인 디아스포라 선교의 교훈과 의의

한국교회의 초기 선교는 이미 세계 도처에 흩어져 살던 동포를 상대로 한 디아스포라 선교로 시작되었다. 한인 동포들은 가는 곳마다 교회를 세웠으며, 한국교회는 디아스포라 한인들을 위해 목회자 파송을 통해 신앙공동체로 양육하며 모국과 네트워크를 유지해 왔다. 1908년과 1919년 사이에 최소한 26명 이상의 선교사들이 제주도, 블라디보스토크, 도쿄, 산동 등지로 파송되었다. 클라크(Charles A. Clark)는 "한국교회는 한국 교인들은 가는 곳마다 한인 교회를 세워 현지인 복음화에 기여했다"[126]라고 했다. 또한 각처에 설립된 한인 교

---

125) 한국기독교역사연구소, 『한국기독교의 역사』 II, 119, 123, 140-46.

회를 통해 일제 치하 독립 운동과 현지인에 대한 선교도 이루어졌다.

이후 1960년대부터 재개되기 시작한 한국인의 이민은 초기와는 달리 중상류 계층이었다. 한인 디아스포라 교회의 대부분의 한인들은 현지의 언어, 문화, 관습에 익숙할 뿐만 아니라 경제적인 면에서도 현지인들에게 선교할 수 있는 모든 여건을 갖추고 있다. 여러 면에서 한인 디아스포라들은 이스라엘 민족을 구원하기 위해 요셉을 먼저 애굽에 보내셨던 섭리적 사건을 연상케 한다.[127] 초기 기독교에서 바울이 각처의 유대교 회당을 통해 선교의 발판과 지평을 마련했듯이, 해외 한인 디아스포라의 거주 지역 확대는 곧 한국교회 선교의 지평 확장을 가져왔던 것이다.[128]

3. 해방 이후 선교: 선교 정착기(1945-현재)

A. 선교 발아기(1945-1979)

일제 치하 중 특히 1930년대 후반의 신사참배 강요, 1945년 해방과 이후 장로교회의 잇단 분열, 중국의 공산화, 1950-1953년 한국전

---

126) Charles A. Clark, "Following the Koreans Abroad," *Korea Mission Field* 23 (December 1927), 248.
127) 형제들에 의해 팔려 애굽에 온 요셉은 "하나님이 큰 구원으로 당신들의 생명을 보존하고 당신들의 후손을 세상에 두시려고 나를 당신들 앞서 보내셨나니"(창 45:7)라고 했다.

쟁의 참변 속에 국가 재건의 시대적 상황에 직면하여 한국교회의 해외(중국) 선교는 20여 년간 공백기를 거쳐야 했다. 이미 추진하던 산동선교 외에 새로운 선교 사업을 전개할 수 없었고, 해외 선교 보다는 국내 교회의 존립과 거룩성을 위해 노력해야 했기 때문이다. 그러나 전쟁의 참화에서 완전히 복구되지 못한 어려운 상태에서도 한국 장로교회는 1956년 최찬영, 김순일 목사를 태국에 보냄으로 선교사 파송을 재개했다.[129] 이후 1957년 계화삼 목사를 대만에 파송하여 중국 대륙 선교를 준비케 했다. 그러나 1959년 9월 장로교가 통합과 합동으로 분열되면서 1960년대부터 각 교단별로 선교사 파송이 이루어졌다.

예장 통합(PCK)은 1960년대 후반기부터 전세계 선교지에 선교사 파송을 시작했다. 1966년 멕시코 선교(우상범)를 시작으로 1967년 브라질(김계용), 1968년 대만(김응삼, 1979년 홍콩, 이후 마카오로 사역지 변경),[130] 1969년 에티오피아(박희민), 1970년 베트남(박성준), 1971년 9월 인도네시아(박창환), 1972년 8월 인도네시아(김윤석), 1973년 3월 인도네시아(서정운),[131] 1974년 방글라데시(정성균, 1980년 파키스탄으로 사역지 변경, 1984년 순직), 1976년 서독(김종렬), 1976년 이란(강동수), 괌(윤만준), 1978년 대만(손중철, 1981년 싱가포르로 사역지 변경) 등

---

128) 제6회 장로회 총회에서 "교회가 세워지지 않은 지역에서 전도하고 교회를 세우는 자"(전도목사)와 "외국인에게 전도하는 목사"(선교사)로 구분하기 시작했다. 이후 흩어진 한인 교포 사역을 '전도,' 타문화권의 외국인 전도 사역을 '선교'로 구분하면서 해외 동포 사역은 점차적으로 해외 선교에서 제외되기 시작했다. 『조선예수교장로회 총회 제6회 회록』(1917), 16, 32.
129) 최찬영은 해방 이후 최초 선교사로서 서울 영락교회(당시 총회 전도부장 한경직 목사)에 의해 파송되었다. 최찬영은 불교의 나라 태국에 대한 사전 정보나 훈련 없이 파송되어 많은 시행착오를 겪었다. 하지만 그는 하나님의 은혜로 "약한데서 시작된 선교 사역이 하나님에 의해서 열매가 맺힘"을 경험하게 되었다고 고백한다. 최찬영 · 김광명 선교사와 저자의 인터뷰, 서울 명성교회, 2007년 5월 6일.
130) 중국에 들어갈 수 없던 시기에 김응삼은 대만, 홍콩, 마카오에서 사역했고, 1970년대 후반 이후 중국(조선족) 선교에 힘쓰다가 1994년 은퇴, 1996년 소천했다.

전세계에 선교사를 파송했다.

B. 선교 확산기(1980-현재)

이 시기에 한국교회는 세계선교에 더욱 더 박차를 가하기 시작했다. 민족복음화운동의 일환으로 전개된 1973년 '빌리 그래함(Billy Graham) 전도대회'와 1974년 '엑스플로 '74대회' 그리고 1980년 '세계복음화 대성회'로 연결되는 대형 전도 집회를 통한 1970-80년대 한국교회의 양적 성장과 교회 밖의 여러 긍정적 요인이 있었기에 가능한 일이었다. 1962년 시작된 경제개발 계획의 성공적 추진과 1970-80년대 고도의 경제 성장, 그리고 이를 바탕으로 1988년 서울 올림픽의 성공적 개최는 해외 선교의 중요한 요인으로 작용했다.

이와 함께 1970-80년대 대학 캠퍼스에 활발히 전개되었던 대학생 선교단체(para-church) 출신의 선교사가 많이 배출되어 한국교회 선교 인력의 수준이 높아졌다.[132] 1980년대에 접어들면서 한국교회의 선교운동이 급성장하게 되는데, 그 주요 요인은 '선교한국'(1988년 시작)과 같은 초교파 선교단체(sodality)를 통해 대학생 및 청년 선교

---

131) 한국교회 최초의 인도네시아 선교사 박창환과 후임 김윤석은 총회 선교위원장 한경직 목사가 G.P.I.B.(서부 인도네시아 개신교회)와 맺은 협력관계의 결과, 선교 동역자로 초청되어 현지인 선교와 교육 선교(희망유치원)를 했다. 이후 서정운은 인도네시아 교회협의회(P.G.I.) 선교부 초청으로 문맹퇴치 선교를 했다. 박창환, "나의 인도네시아 선교 회고," 김윤석, 인도네시아 방까섬 교육 선교(1971-2004)," 서정운, "주 예수보다 더 귀한 것은 없네," 대한예수교장로회(통합) 『인도네시아 선교 35주년 기념집, 1971-2006』(2007).

132) 한국대학생선교회(CCC), 한국기독학생회(IVF), 예수전도단(YWAM), 대학생성경읽기회(UBF), 네비게이토 선교회(The Navigators) 등에서 훈련받은 사람들 중에 선교사 혹은 목회자로 헌신한 경우가 많았다.

헌신자들이 많이 배출되었기 때문이다. 90년대에 접어들면서 선교운동의 양태가 변하게 되는데, 여러 선교단체들이 개교회와 교단 선교부(modality)에 선교의 불씨를 되살리는 불쏘시개 역할을 하였기 때문이다. 이후 교단과 개교회의 선교가 선교단체 중심의 선교를 압도하며 한국교회 선교운동의 근간을 형성해오고 있다고 평가할 수 있다.

국제적으로 높아진 한국의 위상과 강력해진 경제력에 힘입어 여러 교단 선교부와 초교파 선교단체는 1970년대 이후 많은 선교사를 파송하기 시작했고, 특히 서울 올림픽 이후 1980년대 후반과 1990년대 초 새롭게 공산권의 철의 장막과 죽의 장막이 걷히면서 복음의 문이 열리기 시작했다. 즉, 1991년 공산주의와 무신론의 종주국이었던 소비에트 연방(구 소련)이 개방 정책과 함께 붕괴되었고, 1992년 한·중 수교 이후 한국교회의 본격적인 중국선교가 전개되었다. 예장 통합(PCK) 선교부는 하나님께서 열어주신 옛 선교지 중국과 러시아, 그리고 동구권에까지 대규모 선교사 파송을 시작하면서 한국은 주요 선교사 파송국으로 떠올랐다.

1908년 최초의 한국인 목사 안수자 7인 중 한 사람인 이기풍을 제주에 파송한 이후 한국교회는 1979년 93명에서 1988년 1,280명, 이후 1997년 6,000명 파송에서 2000년대 들어 파송 선교사 1만명 시대를 넘어, 2017년 말 현재 27,436명의 선교사를 파송함으로 미국에 이어 세계 2위의 선교사 파송국이 되었다. 그러나 1970년대 이전까지 대부분의 선교사들은 파송 전(前) 현지에 대한 체계적인 선교 훈련을 받지 못했다. 또한 연합·협력 정신에 대한 이해 부족으로 선교지에서 불필요한 경쟁과 중복 투자 등의 시행착오를 겪어야만 했다. 그 결과 하나님의 제한된 선교 자원을 낭비하는 경우도 적지 않았다. 또한 한국교회는 선교사 파송에는 열심이었지만, 파송 후(後) 선교사 관리 시스템 부재와 선교사 자녀(MK) 문제 등으로 선교사 중도 탈락 등 많은 어려움을 겪었다.

한편 대한예수교장로교회 통합(PCK)은 1982년 "총회 선교신학" 및 "총회 선교정책"을 발표함으로 총회가 지향하는 선교정책을 연구·개발시켜 나갔다. 1990년대와 2000년대에 들어오면서 총회 선교정책은 더욱 세분화되어 갔다. 즉, 1993년 총회는 "선교사 파송 규정"을 발표(1997년, 2001년 개정)하였고, 2001년 "선교사 파송 규정 시행 세칙"을 추가로 발표하였다. 또한 선교지에서 보다 효율적인 협력선교를 위해 1916년 산동에서 조직되어 한동안 운영되던 현지 선교회를 다시 조직하여 수습선교사(1-2년)를 현지에서 지도하도록 했고, 2003년 총회 세계선교대학을 개설하도록 했고, 선교사 의료 보험, 연금, 안식관과 은퇴관 등 선교사 복지·후생제도를 강화시켜 나갔다. 아울러, PCK 교단은 1984년 29개국 63명 파송에서, 2007년 9월 제93회기 총회 기간 중 "선교사 파송 100년, 파송 선교사 1,000명"을 기념하였다.

4. 맺는 말

한국 장로교회는 1907년 독노회 조직과 함께 제주에 선교사 파송을 의결했고, 1912년 총회가 창립되면서 산동성 선교를 결의하는 등, 초기 신생교회 조직과 함께 선교사 파송을 시작했고, 재정적으로 어려운 상황에서도 선교하는 교회의 모습을 보여 주었다. 1907년 9월 한국 장로교회는 평양신학교 제1회 졸업생 7명을 안수하여 목사로 세워 독노회를 조직하면서, 성령이 명하시는 선교(행 13:2-3)를 수행하기 위해 7명의 첫 한국인 목사 중 한 명인 이기풍 목사를 제주 선교사로 구별하여 드렸다. 1909년 9월 2명의 선교사를 파송한다. 즉, 장로회 독노회는 평양신학교 제2회 졸업생 8명 중 1명인 최관흘 목사를 러시아 블라디보스토크에 파송한 후, 1회 졸업생 한석진 목사를 일본 동경에 파송하였다. 1912년 9월 총회를 창립하면서 그 기념사업으로 한국보다 복음의 역사가 더 오래된 중국 산동에 3명의 선교사를 파송하기로 결의했다.

예루살렘의 마가 다락방에 모여 있던 120명의 무리가 오순절(행 2장) 성령의 충만함을 받자 이들에게 변화가 일어났다. 그 변화는 이 무리가 교회가 되었고, 당시 천하 각국에서 모여든 흩어진 유대인들(diaspora Jews)에게 복음을 전하기 시작하고, 예루살렘 중심의 유대인의 뿌리깊은 인종적·지리적·문화적 장벽을 넘어서 온 유대와 사마리아와 땅끝까지 나아가 예수의 구주되심을 선포하는 선교공동체가 되었다(행 1:8)는 것이다. 이처럼 성령 강림은 초기 기독교회 선교의 원동력이 되었다.

유의할 점은 한국교회의 해외 선교가 어느 날 갑자기 생겨난 일이 아니었다는 것이다. 한국교회의 선교 동력은 교회 부흥에 있었다. 1907년 평양 대부흥운동이 클라이맥스에 도달했을 때 그 부흥의 열기는 바로 제주도 선교까지 이어졌고, 1912년 총회 전도국(선교부)이 조직되면서 그 부흥의 열기가 한반도를 넘어 1913년 중국 산동성까지 선교사를 파송한 것이다. 즉, 1903년 겨울부터 원산을 기점으로 평양, 서울, 목포, 송도 등지로 확산되던 한국교회 대부흥 운동의 열기가 최고조에 달한 1907년에, 그리고 대부흥(revival)과 대각성(awakening)의 중심부인 평양 장대현교회에서 이기풍 목사를 제주 선교사로 파송하기로 결의한 사실은 결코 우연한 사건이 아니다. 이제 막 조직되기 시작한 한국교회는 1907년 대부흥을 통해 국내적으로 새로운 영적 활력을 얻었고, 그 부흥의 열기가 한반도 전역과 제주도 선교를 넘어 중국 산동 선교사 파송까지 선교 영역이 확장되어 나갔던 것이다.

한국교회의 중요한 특색은 역사적으로 중요한 사건이 있을 때마다 이를 기념하여 선교사를 파송했으며, 교단이 크게 성장된 이후가 아니라 교단 조직과 동시에 선교사업을 시작했다는 점이다. 또한 교회 역사상 최초로 선교사를 파송한 교회가 된 안디옥교회처럼 한국교회는 교회의 첫 열매를 구별하여 선교에 드렸다. 한국교회는 "선교하지 않는 교회는 진정한 교회가 아니다."[133]라는 선교적 교회론을 처음부터 가지고 있었고, 선교를 주님의 몸된 교회가 교회의 머리되시는 주님의 지상명령(마 28:19-20)에 순종하여 수행해야할 책무로 이해했다.

한국교회는 인접 국가인 중국이나 일본보다 더 궁핍했고 더 짧은 복음 역사를 가지고 있지만, 이들보다 더 이른 시기에 선교사를 파송했고, 1897년 인도에 기근이 발생했을 때 구호헌금(연보)을 보내기도 했다.[134] 또한 한인 디아스포라 동포들은 가는 곳마다 교회를 설립하고 목회자를 요청했다. 이렇게 전세계 주요 도시마다 세워진 초기 해외 한인 교회들은 오늘날 세계선교를 위한 효율적인 전초 기지가 되고 있다.

---

133) Samuel Hugh Moffett, *The Christians of Korea*, 55.
134) "인도국에 보조한 일," 『죠선크리스도인 회보』, 1897. 8. 11. 평양 교우들이 흉년을 당한 인도에 은화 10원을 보조했다는 기사를 게재하였다.

한일합방 이후 일제의 압제와 수탈 그리고 6·25 동란에 이르기까지 한국교회의 선교는 추진되지 못했다. 그러나 6·25 동란의 폐허 속에서도 한국교회는 태국에 선교사 파송을 시작했고, 이들은 1970년대까지도 별다른 선교사 훈련이나 준비도 없이 선교지로 나갈 수밖에 없었다. 이후 한국교회는 파송 전 교육, 즉 선교사 선발·훈련·파송을 강화시켜 나가고 있다. 또한 현지교회가 조직되어 있는 경우, 별도의 신학교나 교단을 설립하지 못하도록 하고, 현지 교단과 협의하여 상호 협력하고 연합할 수 있는 길을 모색하도록 한다.

한국교회는 초기부터 네비우스의 자립 원리와 날연보(日捐補, Day Offering)의 아름다운 전통을 기반으로 세워졌다. 오늘날의 선교는 교회당 건축뿐 아니라, 각종 (신)학교, 병원(진료소), 사회 봉사기관 설립 등 다양한 프로젝트를 통하여 전개되고 있다. 이러한 선교프로젝트를 추진할 때도 장기적 관점에서 자립을 염두에 두고 단계별로 추진하는 방안이 요구되며, 한국 선교사 간에 경쟁적으로 선교하는 일은 지양해야 할 것이다. 또한 한국교회가 선교의 가시적 성과와 성급한 결과만 기대하다 보면 선교사에게 적지 않은 부담을 줄 수 있다. 아울러 한국교회는 1913년 중국 산동선교와 1956년 태국선교의 예처럼 현지 교단과 협력을 통해 현지 교회와 동등한 관계 속에서 선교동역자를 파송한 선교 협력의 전통을 가지고 있다.[135] 사전 협의를 통해 선교 현지에 필요한 선교사역을 확인하고 이에 맞는 선교사를 파송해야 한다.

지난 세기의 놀라운 일은 1970년대 후반 이후 세계 기독교의 중

---

135) 최찬영, 『최찬영 이야기: 해방 후 최초의 선교사 자서전』 (서울: 죠이선교회출판부, 1995), 제28장 "선교사역 동역자," 211.

심이 서구의 유럽과 북미에서 아시아, 아프리카, 라틴 아메리카의 제3세계로 이전했고, 이제 한국교회는 2017년 12월 말 현재 27,436명의 선교사를 파송해 미국 다음으로 많은 선교사를 보내고 있다. 한국교회는 서구 교회와 다르게 독특하면서도 자랑스러운 선교역사를 가지고 있다. 복음과 영혼 구령에 대한 뜨거운 열정, 어떤 어려움과 기후 조건에서도 견딜 수 있는 인내력, 풍부한 목회 경험 등 한국교회가 이어받은 선교적 유산을 계승·발전 시켜나가면서, 서구 교회가 주는 역사적 교훈을 잘 새겨서 한국적 선교신학과 선교전략을 개발해 나가야 할 것이다. 한국교회의 외적 성장이 멈추고 서구 교회와 같은 정체기에 이미 들어섰다는 우려가 나오는 가운데 맞이하는 한국 장로교회 선교사 파송 100년은 한국교회가 성경적인 영성을 새롭게 회복하여 한국 사회와 나아가 세계를 품는 건전한 선교 운동으로 그 지평이 확산되어 21세기에 또 한 번의 위대한 선교의 세기를 경험하는 선교 한국의 기원이 되기를 소망해 본다.

제11장

한국교회 선교운동의 회고와 전망
- 한국선교의 개혁과제를 중심으로 -

1. 들어가는 말

130여년의 짧은 역사를 가진 한국교회는 세계 선교 역사상 유례를 찾아볼 수 없을 만큼 놀라운 성장과 자립선교 역사를 이룩하였으며, 피선교지 교회 중에서 매우 이른 시기에 선교하는 교회로 자라왔다. 현재 한국교회는 170개국에 27,436명의 선교사를 파송하여 미국 다음으로 많은 선교사를 보내고 있다(2017년 12월 31일 기준).[1] 그러나 최근 한국교회 성장이 정체기에 접어들면서 해마다 1,000명 이상씩 보내던 선교사 파송 숫자가 격감하였다. 교회역사는 교회가 선교를

---

1) 미국교회가 세계에서 가장 많은 선교사를 파송하고 있으나, 교인 1인당 선교사 파송 비율로는 한국교회가 미국교회보다 많은 선교사를 보내고 있다.

활발히 추진할 때에 영적 역동성과 활력을 찾을 수 있음을 보여준다.

본 장에서는 종교개혁 500주년을 맞아 온고이지신(溫故而知新)의 마음으로 지난 130년간 역동적으로 추진되어 온 한국교회 선교운동의 특징을 살펴본다. 또한 어느 나라 교회보다 선교에 열의가 떠어난 한국교회 선교에 추진력을 더하고, 이전보다 더 성숙한 모습으로 세계교회를 섬길 수 있는 구체적인 선교 방안들을 제언하고자 한다.

2. 한국교회 선교운동의 특징

첫째, 한국교회는 설립 초기부터 선교하는 교회로 출발하였다.

1907년 독노회 조직과 함께 선교지로 간주되던 제주도에 선교사를 파송하고, 1909년 일본과 러시아 거주 한인 동포들을 위해 선교사를 파송하였고, 1913년 장로회 총회 조직과 함께 중국 산동선교를 시작하였다. 이처럼 한국교회의 선교 형태는 먼저 해외 한인 동포(디아스포라) 선교에서 시작하여 타문화권 선교로 확장되어 나갔다. 16세기 말 로마 가톨릭의 예수회 신학자요 논쟁가인 로베르트 벨라르민(Robert Bellarmine)은 진정한 교회의 표시 중 하나는 선교인데, 개신교회가 종교개혁 이후 수십 년간 선교활동을 하지 않았기 때문에 개신교회는 참된 교회가 될 수 없다고 공격한 적이 있었다.[2] 이런 관점에서, 한국교회로 참된 교회되게 만드는 표지(標識)는 바로 선교였다고 볼 수 있다.

둘째, 한국교회는 선교를 교회의 본질적 사명으로 인식하였다.

에밀 브루너(Emil Brunner)가 "불이 탐으로 존재하듯이 교회는 선교함으로 존재한다"[3]라고 했듯이, 한국교회는 초기부터 "선교하지 않는 교회는 진정한 교회가 아니다"라는 선교적 고백을 바탕으로 성장해 왔다. 그런데 한국교회가 산동선교를 추진할 당시, 한국에도 복음을 전할 곳이 많은데 굳이 해외 선교를 해야 하느냐며 신학적 문제를 제기한 사람들이 있었다. 1917년 중국 산동으로 파송된 방효원 선교사는 이 문제에 대해 다음과 같이 답하고 있다.

> 어떤 사람은 말하기를 내 발등에 불을 먼저 끌 것이요 언제 遠方을 생각하겠는가고 먼저는 우리부터라고 內地傳道만 치중하고 宣敎같은 일에는 등한시하는 것은 크게 잘못된 생각이다. … 주님 당시에 이스라엘이 다 믿은 후에 外邦으로 간 것이 아니요, 바울 선교도 소아시아가 다 믿어서 구라파로 간 것이 아니다. 오늘날 선교국들도 자기 선교국 사람이 다 믿어서 피선교국에 가는 것이 아니라 주님의 사명인 소위이었으매 이 일을 진행하여 영광을 돌리는 것이다.[4]

또한 한국교회는 몇 차례 선교비 조달의 위기를 겪었지만 결코

---

2) "[개신교] 이단자들이 이교도나 유대인들을 기독교 신앙으로 개종시켰다는 말을 들어보지 못했다. 그들은 단지 우리 천주교인들을 잘못된 길로 빠뜨렸을 뿐이다. 그러나 금세기에만 천주교는 신대륙에서 수만 명의 이교도를 개종시켰다." Stephen Neill, *A History of Christian Missions* (New York: Penguin Books, 1990), 188.

3) Emil Brunner, *The Word and the World* (London: Student Christian Movement, 1931), 108.

4) 방효원, "산동선교에 대하야," 『계자씨』 제6권 (1937. 1), 13-14. 어느 나라에서나 선교 초기에 제기되는 질문이다. 윌리엄 캐리 당시에도 이러한 문제를 제기하며 해외 선교에 반대하는 사람들이 있었다. 캐리는 국내의 불신 동포들은 복음을 접할 수 있는데도 불구하고 의지적으로 복음을 거부한 자들이며, 선교지의 이교도는 복음을 전혀 들어보지 못했기에 그들에게 복음을 들려주기 위한 모든 노력을 다해야 한다고 주장했다. William Carey, *An Enquiry into the Obligations of Christians to Use Means for the Conversion of the Heathens* (Leicester: Ann Ireland, 1792), 13.

선교를 중단하지 않았다. 한국인 최초의 신학박사로서 평양신학교 교수와 총회장을 역임한 남궁혁(1881-1950?) 목사는 경제 여건이 어렵다고 선교 사업을 축소하거나 중단해서는 안 되며, 일본과 만주 등지의 한인 디아스포라 선교가 절박하다고 하여 산동선교를 축소하거나 중단해서는 안 된다고 주장했다.[5] 선교가 교회의 본질적 사명이며 교회는 선교를 위해 존재한다고 믿었기 때문이다. 그런데 오늘날 적지 않은 교회들이 교회 재정이 어려워지면 맨 먼저 감축하거나 끊어버리는 항목은 선교비이다. 그러나 한국교회는 설립 초기부터 그리고 재정이 넉넉하지 않아도 열과 성을 다해 선교하는 교회였음을 기억해야 한다.

셋째, 한국교회는 어느 교회보다 빠른 시기에 선교를 재생산하는 교회였다.

선교역사 전문가 랄프 윈터(Ralph Winter, 1924-2009)는 서구 선교부가 세계 선교지에 수많은 교회를 세우는 데에는 성공했지만 선교지 교회가 선교를 재생산하는 단계까지 나아가지 못했음을 지적한 바 있다.[6] 그러나 한국교회는 예외로 복음을 받은 지 한 세대가 가기 전에 선교사를 파송하는 역사를 만들어 내었다. 참고로 동북아의 한·중·일 3개국의 개신교 전래와 선교사 파송연도를 비교해 보면 〈표 1〉과 같다.

〈표 1〉에서처럼, 한국교회(1884)는 중국(1807)이나 일본(1859)보다 훨씬 늦은 시기에 기독교 복음을 받았음에도 불구하고 이들 나라

---

5) 남궁혁, "조선교회의 과거 50년을 회고하면서," 『신학지남』 제16권 (1934. 9), 7-8.
6) 랄프 윈터, "하나님의 구속적 선교의 두 구조," 『퍼스펙티브스 1: 성경적·역사적 관점』, 정옥배, 변창욱 역 (고양: 예수전도단. 2010), 413-14.

〈표 1〉 동북아 3개국의 개신교 전래와 선교사 파송 비교[7]

	개신교 전래	선교사 파송	소요 기간	파송지
중 국	1807년	1929년	123년	아시아 화교
일 본	1859년	1896년	37년	조선
한 국	1884년	1909년	25년	러시아 한인동포
		1913년	29년	중국 산동성

보다 훨씬 빠른 시기에 선교사 파송을 시작했다. 이처럼 한국교회는 가장 짧은 선교역사를 갖고 있음에도 불구하고, 가장 먼저 선교사를 파송하는 교회가 되었다. 한국교회는 1913년 산동 선교사 파송을 시작으로 복음을 받은 지 30년 만에 피선교지 교회에서 선교하는 교회가 되었고, 첫 선교사를 보낸 지 100년도 안되어 세계 2위의 선교사 파송국이 됨으로써 한국교회는 세계교회사에서 전례가 없는 놀라운 선교역사를 창조했다. 이제 한국교회는 서구교회 선교의 자랑스러운 열매가 되었을 뿐 아니라, 서구교회와 함께 세계선교의 중차대한 책임을 감당하고 있다.

넷째, 한국교회는 선교 초기부터 현지교단과 협의하는 동반자선교를 시작하였다.

1913년 한국장로교 총회는 중국 산동에 파송된 3명의 장로교 선

---

[7] 유소충, "화교교회의 역할," 『중국을 주께로』 통권 99호 (2007년 1·2월호), 50; 양현혜, "일본 기독교의 조선 전도,"『한국기독교와 역사』제5호 (1996. 9), 199-201; 김수진, 『김수진 목사의 일본 개신교회사』 (서울: 홍성사, 1993), 91-92; "日本の宣教史," 『新キリスト辭典』(東京: いのちのことば社, 1991), 982-84.

교사는 현지에서 한국 장로교의 교파교회나 지교회를 세우려고 시도하지 말고 중국 장로교회와 연합하여 일할 것을 의결하였다.[8] 이에 따라 한국 장로교회 최초의 타문화권 선교로 시작한 중국 산동선교는 현지 교회와 파송 전에 협의한 후 선교지역을 결정했고, 선교사들은 중국 노회로 이명까지 했다. 주목할 점은 한국 장로교 최초의 해외 선교사업으로 시작된 산동선교는 중국교회뿐 아니라 산동 주재 미국 북장로교 선교부와도 협의한 후 사역을 시작하였다는 것이다. 이처럼 산동에 파송된 한국장로교 선교사들은 중화 기독교회에 속하여 사역했으며, 현지교회와 연합하여 중국 장로교회를 세웠다. 정리하면, 한국장로교 선교는 선교지 파송 전부터 현지교회와 협력하였고, 현지교단이 할당해 준 지역에서 사역하면서 현지교회와 긴밀하게 협력하며 선교하였다.

1956년 해방 이후 최초의 선교사로 태국에 파송된 김순일, 최찬영 선교사의 경우에도 태국 그리스도교단(CCT)과 사전 협의를 거쳐 선교지와 사역의 내용을 정함으로써 협력선교의 좋은 선례를 만들었다.[9] 즉, 현지교회와 무관한 일방적인 선교사 파송이 아니라, 태국 그리스도교단(CCT)과의 사전 협의를 거치면서 현지교회의 필요를 알고 그 필요를 채워주는 선교동역자(fraternal worker)로 파송되었다.[10] 이처럼 한국교회의 초기 선교는 현지교회와 동역자로서 함께 하는 협력선교의 선례와 전통을 세워 나갔다. 주목할 점은 한국 장로교회의 선교사 파송은 오늘날 선교 현지의 교단과 아무런 사전 협의 없이

---

8) 『예수교장로회 죠선총회 데이회 회록』(1913), 25.
9) 김순일, 『한국선교사의 가는 길: 태국선교 20년의 결산』 (서울: 성광문화사, 1980), 284-85; 최찬영, 『최찬영 이야기: 해방 후 최초의 선교사』 (서울: 죠이선교회, 1995), 211.
10) 최찬영 목사는 "선교동역자"라는 용어가 당시에는 매우 생소하게 들렸다고 증언한다. 최찬영·김광명 선교사와 저자의 인터뷰, 서울 명성교회, 2007년 5월 6일.

일방적으로 파송하는 한국교회 선교사 파송 행태와 너무나 달랐다는 것이다. 현지 교단과의 협력이 가능하려면 그들의 필요를 알고 그들과 나눌 수 있는 목회적, 지적 자산이 무엇인지 분석하고 이에 합당한 선교사를 발굴하고 파송하여야 하리라고 본다.

다섯째, 한국교회의 선교사 파송은 전통적인 선교사 파송의 패러다임을 깨는 것이었다.

한국교회 최초의 타문화권 선교사업으로 추진된 중국 산동성 선교(1913-1957)뿐 아니라 해방 후 새롭게 추진된 태국선교(1956-현재)는 서구교회의 선교사 파송 패러다임과는 전혀 다른 모습으로 추진되었다. 과거 기독교 역사에서 이루어지던 선교사 파송은 소위 제1세계에서 3세계로, 서구지역에서 비서구지역으로, 유럽에서 비유럽지역으로, 부자 나라에서 가난한 나라로, 기독교 역사가 오랜 나라에서 짧은 나라로의 파송이 관례였다. 그러나 한국장로교회의 선교사 파송은 전통적 선교사 파송의 틀을 깨는 것으로서 강자의 선교가 아닌 약자의 선교, 우월적 지위가 아닌 겸손한 선교의 모습으로 지금까지 추진되었다.

이처럼 한국교회에 의해 아시아인에 의한 아시아선교가 시작됨으로써 기독교 변방에 불과하던 한국교회가 서구교회의 전유물이던 선교사 파송대열에 당당하게 참가하게 되었다. 이제 한국교회는 27,000여명의 선교사를 파송하는 선교 강대국이 되었다. 이로써 세계 기독교의 변방에 불과하던 한국교회가 130여 년 만에 비서구권 선교운동의 선두주자가 되어 세계선교의 중심에 우뚝 선 것이다. 이제 한국교회는 비서구권 선교운동의 선두주자로서 서구뿐 아니라 비서구도 선교사를 파송할 수 있다는 좋은 사례로 많은 비서구권 교회에 선교적 도전과 교훈을 주고 있다.

여섯째, 한국교회는 세계 선교역사에서 몇 안 되는 자립선교의 전통을 가진 교회였다.

1900년 언더우드(Horace G. Underwood) 선교사는 일본 교인들은 한국 교인들보다 훨씬 부유했지만 선교사에게 지나치게 의존하고 있음을 지적한 바 있다.[11] 마펫(Samuel A. Moffett)은 선교사에게 자립선교에 대한 확신이 분명히 서있어야 한다고 주장한다.[12] 1910년 마펫 선교사는 자립선교 정책을 계속 고수하는 것이 쉬운 일이 아니었으며, 자립정책을 포기하고 싶은 유혹을 자주 받았다."[13]고 고백하였다. 마펫은 익명의 한국 교인이 "선교사들이 우리에게 무거운 [재정적인] 부담을 감당하게 한 것에 대해 감사한다. 우리가 [선교사들에게] 재정 후원을 요청할 때 거절한 것에 대해서도 감사한다."[14]라고 한 말을 소개한다.

이처럼 한국교회보다 더 부유했던 중국교회나 일본교회는 자립에 성공하지 못했지만, 3개국 중에서 가장 가난한 한국교회는 자립에 성공했다는 점에 유의할 필요가 있다. 참고로, 1912-13년의 미국 북장로교의 선천 선교지부(mission station)의 선교규범은 매우 단호한 어조로 자립선교 원칙을 다음과 같이 밝히고 있다.

---

11) H. G. Underwood, "An Object Lesson in Self-Support," *Missionary Review of the World* 13 (June 1900), 443-44.
12) *Report of the Fifth Conference of Officers and Representatives of the Foreign Missions Board and Societies in the United States and Canada* (New York: Foreign Missions Library, 1897), 39.
13) S. A. Moffett, "The Place of the Native Church in the Work of Evangelization," *Union Seminary Magazine* 22 (October-November 1910), 233.
14) 위의 글, 235. 1910년 에딘버러 세계선교사대회에서 마펫이 한국교회의 자립에 대해 언급하면서 소개한 내용이다.

① "처음부터" 자립의 원칙을 고수해야 자립하는 교회를 세울 수 있다. ② 자립과 가난 사이에는 아무런 관련이 없다. ③ 외국의 선교자금을 가져와 교회 건물을 건축해서는 안 된다. ④ 현지인 전도자나 교역자 사례비를 선교자금으로 지불해서는 안 된다.[15]

위에서 보듯이, 미국 북장로교 선교부의 원칙은 교회를 건축할 때에도 본국에서 건축비를 모금하여 가져와 도와주지 못하도록 하였다. 한국 교인들 스스로 건축헌금을 하게하여 교회를 짓도록 하였던 것이다. 이러한 자립정책 때문에 선교사들은 한국 교인들로부터 교회 건축비 지원 요청을 받아도 도와주지 않았고 교인들이 십시일반으로 헌금하여 스스로 건축하도록 권면하였다.[16] 그 결과 대부분의 한국교회는 선교사의 후원에 의지하지 않고 교인들의 헌금으로 세워진 교회들이다. 교인들의 물질과 마음이 들어간 교회들은 선교사의 교회가 아닌 한국인의 교회로 건실하게 성장해 나갔던 것이다.

그러나 이와 전혀 다른 모습으로 전개된 교회개척 사례도 있다. 미국교회의 단기 선교팀이 남미에 가서 건축비 전액(100%)을 지원하여 교회를 건축해 준 지 2년이 경과한 때에 그곳에 큰 태풍이 발생하여 교회가 반파되었다. 그 때에 남미 현지의 교인들이 미국교회에 다

---

15) Harry A. Rhodes, *History of the Korean Mission: Presbyterian Church U.S.A., 1884-1934* (Seoul: YMCA Press, 1934), 397.
16) 황해도 소래교회는 맥켄지(William J. McKenzie, 1861-1895) 선교사의 제안으로 건축이 시작되었다. 과부 교인 한 명이 교회 터를 헌납했고, 다른 교인들은 헌금을 하거나, 건축 자재를 제공하거나, 일군들의 음식을 제공하기도 하였다. 1896년 6월 언더우드의 집례로 소래교회 헌당 예배가 거행되었다. 소래교회의 터는 마을 성황당이 서있던 곳이었다. H. G. Underwood, "Object Lessons of Self-Supporting," *Report of the Ecumenical Conference on Foreign Missions, Held in Carnegie Hall and Neighboring Churches, April 21 to May 1*, Vol. II (New York: American Tract Society, 1900), 302-303.

음과 같은 내용의 전보를 급하게 보내왔다.

> "미국에 있는 친구 여러분, 당신들이 이곳에 건축한 당신네 교회 건물 지붕에 비가 새고 있습니다. 속히 와서 수리하고 가시기 바랍니다."[17]

선교사가 외부 자금으로 지어준 교회는 외부인의 교회일 수밖에 없다. 현지 교인들의 마음이 들어있지 않기 때문이다(마 6:21). 선교사적 측면에서 보면, 한국교회는 가난했지만 초기부터 자립하는 교회로 성장하여 나갔다. 그런데 오늘날 한국교회의 선교관행은 선교지에서 선교사 의존적 교회를 세워나가는 경향이 강하다. 그러므로 한국교회가 건축비 일체를 제공해주는 선교지에서의 교회개척 방식은 마땅히 재고(再考)되어야 한다.

일곱째, 세계선교운동의 변두리에 속했던 한국교회가 선교운동의 중추적 역할을 하고 있다.

위대한 선교의 세기인 19세기 말에 복음을 받은 한국교회는 이웃 나라들보다 더 늦게 복음을 받았지만, 짧은 기간 내에 세계선교 역사상 전례 없는 성장을 이루었다. 그리하여 1907년 한국을 방문한 존 모트는 "한국은 불원간 비기독교 세계에서 최초의 기독교 국가가 될 것이다."[18]라고 예견했다. 또한 한국교회의 놀라운 성장과정을 지켜보았던 미 북장로교 선교사 마펫(Samuel A. Moffett, 1864-1939)은 1910년 6월 에딘버러 세계선교사대회에서 다음과 같이 외쳤다.

---

17) Glenn J. Schwartz, *When Charity Destroys Dignity: Overcoming Unhealthy Dependency in the Christian Movement* (Lancaster, PA: World Mission Association, 2007), 55-56.
18) *Korea Mission Field* 4 (May 1908), 67.

> 우리는 한국이 일본이나 중국처럼 군사강대국이나 무역대국이 되리라고 기대하지 않습니다. 그러나 한국이 극동 지역에서 기독교 국가, 영적 강대국(spiritual power)이 되어 거대한 나라인 중국, 일본, 러시아까지 영적으로 많은 영향력을 끼치게 되는 날이 언젠가 올 것이라고 생각합니다.[19]

당시 마펫이 한국교회가 영적 강대국이 될 것이라고 한 예견은 틀리지 않아, 지금 한국은 27,000여명의 선교사를 파송해 세계 2위의 선교 강국이 되었다. 100여년 전 에딘버러 세계선교사대회 때 신생교회였던 한국교회는 세계교회의 별다른 관심을 받지 못했지만, 지금 한국교회는 그 때와 비교할 수 없을 정도로 높아진 위상으로 세계교회를 섬기며 세계복음화를 위해 노력하고 있다. 또한 마펫은 한국이 경제대국은 될 수 없으리라고 보았지만, 한국은 지금 세계 9위의 무역대국으로 성장했다.[20] 에딘버러 세계선교사대회 당시에 세계교회의 변방에 속했던 한국교회가 이제 아시아, 아프리카, 남미를 포함한 세계교회를 섬기는 세계선교운동의 중심축이 되어 있다. 또한 선교적으로 볼 때 세계에 흩어져 있는 750만의 한인 디아스포라와 이들을 중심으로 세워져있는 많은 이민교회들은 현장 선교사들에게 주요한 병참지원을 하는 전략적으로 중요한 선교기지 역할을 수행하고 있다.

전통적으로 기독교 지역이었던 대부분의 유럽 국가들도 이제는

---

19) Samuel A. Moffett, "THE PLACE OF THE NATIVE CHURCH IN THE WORK OF EVANGELIZATION," *UNION SEMINARY MAGAZINE* 12 (October-November 1910), 226-27.
20) 세계무역기구(WTO)의 통계 자료에 의하면, 2017년말 국가별 무역 규모(수출입 합계) 순위에서 한국은 세계 9위(수출 6위, 수입 9위)로 조사되었다.

선교사를 필요로 하고 있으며('유럽의 재복음화'), 아시아와 아프리카 그리고 중남미의 국가에서 기독교(개신교)가 놀라운 성장세를 보이며 서구교회를 대신하여 점점 더 많은 선교사를 파송하고 있다. 이처럼 비서구권에 속한 한국교회는 새로운 선교운동의 중심에 서 있다. 1980년대 이후 한국교회는 비서구 교회 주도의 세계선교계에서 중추적 역할을 감당해왔을 뿐 아니라, 지금도 세계의 모든 선교지에서 "와서 우리를 도우라"는 요청을 받고 있기에, 새로운 선교적 책임과 건강한 선교모델을 만들어내야 할 책무가 한국교회에 주어져 있다.

3. 한국교회 선교운동의 갱신을 위한 제언

첫째, 한국교회는 체계적인 선교사 멤버케어 시스템을 구축하여야 한다.

한국교회는 초기부터 선교사를 파송하는데 열심을 다하는 교회였다. 그런데 한국교회는 선교사 파송 후에 그들에 대한 종합적인 관리와 돌봄(care)은 거의 하지 못했다. 위에서 살펴본 바와 같이, 초기 한국 장로교 선교사들은 적절한 사전 훈련을 거의 받지 못하고 선교지로 나갔기 때문에 중국 산동과 러시아 블라디보스토크에 파송되었던 개척 선교사들은 예상치 못한 온갖 어려움 속에 선교지 철수의 아픔을 겪어야 했다. 이는 선교사 멤버케어라는 측면에서 총회 선교부와 한국교회에 많은 도전과 과제를 안겨다주었다. 초기 선교사들의 시행착오를 바탕으로 한국 장로교회는 이전보다 업그레이드된 선교

정책(안식년, 현지 언어 훈련, MK 문제)과 안정적인 후원(사택과 선교 기지 구입, 자녀 교육비, 언어 교사와 사환 월급 보조) 시스템을 갖추어 나가고 있다. 그러나 1970년대와 80연대 초에 파송된 선교사들이 이미 은퇴하였고 향후 5-10년 내에 더 많은 선교사들이 은퇴하는 상황에서 선교사들을 위한 멤버케어 시스템 구축은 시급한 과제가 되었다.

한국교회 선교의 취약점은 선교사 파송에는 열심이지만, 파송 이후와 은퇴 이후에 이르기까지 적절한 관리와 돌봄을 하지 못한다는 것이다. 선교사 개인이나 파송교회뿐 아니라 교단 선교부조차도 훈련, 파송, 초기 정착, 안식년(본국 사역), 재교육, 영적 재충전, 건강관리, 스트레스 관리, 갈등 해소, 은퇴 선교사 노후 대책, 그리고 선교사 자녀(MK) 교육 등의 많은 문제를 해결하기에는 역부족이다. 현장 선교사, 본국의 후원교회, 그리고 교단 선교부의 삼자가 머리를 맞대고 함께 멤버케어의 여러 문제들을 하나씩 풀어가야 할 때가 도래하였다.[21]

둘째, 한국교회는 현지교회와의 협력선교를 확대해나가야 한다.[22]

1913년 한국 장로교회는 최초의 해외 선교사업으로 중국 산동에 선교사를 파송하면서, "선교사는 자유교회를 설립하지 말고 그 땅 장로회와 연합할 것"[23]을 결의하였다. 이처럼 중국 산동에 파송된 한국

---

21) 선교사 멤버케어에 대해서는 Kelly O'Donnell, ed., *Doing Member Care Well: Perspectives and Practices from around the World*, 최형근·송복진·엄은정·이순임·조은혜 공역, 『선교사 멤버 케어』 (서울: 기독교문서선교회, 2004)를 참조하라.
22) 2016년 6월 미국 남가주 아주사퍼시픽 대학교에서 개최된 제8차 한인세계선교대회(KWMC)에서 채택된 선언문에도 "우리는 협력과 동반자 선교를 하지 못하고, 경쟁적으로 사역함으로써 하나님의 자원을 낭비한 것을 회개한다."고 밝히고 있다. "물량·비효율·경쟁적 선교 회개하고 하나님 나라 위해," 『크리스천 투데이』, 2016. 6. 13.

장로교 선교사들은 중화 기독교회에 속하여 사역했으며, 중국 현지에 한국의 장로교 지교회를 세우는 것이 아니라 중국 장로교회를 세웠다. 그리하여 방지일 목사는 한국 선교사들이 중국 산동에 세운 40개 교회들은 산동대회 내의 래양노회에 속한 중국교회들로 설립되었다고 증언한다.[24] 이처럼 한국 장로교회 선교는 초기부터 한국의 교파 교회 이식이 아니라, 현지교회와 협력하면서 현지교회의 설립과 성장을 도모하였던 것이다.

이처럼 한국장로교회의 산동선교는 중국교회와 중국 주재 미북장로교 선교부와 사전에 협의하여 사역지를 결정하였으며, 해방 이후 1956년 파송된 추진된 태국선교의 경우도 현지 교단인 태국그리스도교단(CCT)과의 사전 협의를 거쳐 추진되었다. 그러나 이러한 초기의 협력선교와 달리 1980-90년대 이후 한국교회의 선교는 '교단 선교부 중심'이 아니라 '개교회 중심'의 선교가 추진되기 시작하면서 지역교회들이 자기 소견에 옳은 대로 행하는 선교의 '사사기' 시대가 전개되었다. 그 결과 현지교회와 아무런 협의도 없이 "남의 터에 들어가기도 하고" 현지교회와 전혀 상관없는 선교사 파송이 이루어지면서 선교지에서 분쟁이 발생하기도 하였다. 한국교회는 좋은 의도로 시작한 사역이지만 현지교회나 현지 신학교와 갈등을 야기하기도 했다.[25] 초기 한국교회의 선교는 '약자의 선교'로 시작했으나, 지금 한국선교는 '강자의 선교'로 변모하여 과거 서구선교의 문제점으로 지적되던 것

---

23) 『예수교장로회 죠선총회 데이회 회록』(1913), 25.
24) 방지일, 『복음역사 반백년』 (광주: 반도문화사, 1986), 62.
25) 2005년 9월 13-15일 필리핀 세부(Cebu)의 비사야 나사렛신학교에서 열린 '필리핀신학교협의회'(PABATS) 연례 모임에 저자가 교무처장 자격으로 참석했을 때, 충분하지 못한 재정 여건 속에서 자립을 위해 애쓰고 있는 현지 신학교 부근에서 한국선교사가 초현대식 시설(A/C, 수세식 좌변기와 침대 등)에 학비, 기숙사비 등 모든 비용을 무료(100% 장학금)로 하는 신학교를 시작함으로써 현지신학교 운영에 심각한 어려움을 초래하였다는 항의를 받은 적이 있었다.

이 이제 한국선교의 문제가 되고 말았다.

셋째, 선교사(한국교회) 의존적 교회에서 벗어나 현지교회의 자립 역량을 강화시켜야 한다.

선교지 교회의 건강한 자립을 위해서는 보다 많은 선교사들의 일관된 노력과 의지가 필요하다. 어떤 선교사가 아무리 돈 덜 쓰는 선교를 하려고 애써도, 인근의 다른 선교사가 외부 지원금을 풍성하게 끌어와서 나누어 준다면 자립을 위한 노력은 아무런 소용이 없다. 온정주의(paternalism)에서 가난한 현지인 교회나 목회자를 돕는 것이 단기적으로 사역의 진전이 있는 것처럼 보일지 모르나, 장기적으로는 그들의 자립 의지를 약화시키고 선교사와 외부 자금 의존적으로 만듦으로써 현지 교회의 자립 기반과 자급 의지를 박탈하게 된다.

세계선교역사를 보면, 선교사의 넉넉한 재정 후원으로 지어진 현지교회는 건강하게 성장하지 못하고, 선교사의 도움을 넉넉하게 받지 못한 교회가 더 건강하게 성장한 많은 사례들이 있다. 한국은 어떤 선교지보다 적은 선교비를 지출하고도 놀라운 선교 결과를 얻었던 모범적인 선교지였으며, 1901년 미북장로회 선교부 총무 브라운(Arthur J. Brown)은 급성장하던 선교지 한국을 방문한 후에 "선교역사를 살펴보면, 선교지에서 돈을 적게 사용했을 때보다 너무 많이 사용함으로써 나타나는 문제점이 더 많았음을 확인할 수 있다."[26]고 단언하였다.

"네 보물 있는 그 곳에는 네 마음도 있느니라"(마 6:21)는 주님의

---

26) Arthur J. Brown, *Report of a Visitation of the Korea Mission of the Presbyterian Board of Foreign Mission* (New York: The Board of Foreign Missions of the Presbyterian Church in the United States of America, 1902), 11.

말씀처럼 현지 교인들이 피땀 흘려 획득한 물질을 드리는 훈련이 되어야만 자신들의 교회를 자기 몸처럼 돌보게 된다. 현지인들에게 고기를 주는 것(구제)보다 고기 잡는 법(자립)을 가르쳐 주어야 한다. 한국교회의 자립선교는 가난은 자립과 상관이 없음을 증언하고 있다. 한국보다 더 부유했던 중국과 일본에서는 실패했지만 가난한 한국교회는 자립 원리로 건실하게 성장했다. 네비우스의 자립정책을 통해 성장한 한국교회가 선교지에서 비(非)자립적 선교 행태로 인해 비난받는 것은 역사적 아이러니가 아닐 수 없다.

앞서 언급했듯이 한국교회는 세계 선교역사에서 몇 안 되는 자립하고 선교하는 교회가 됨으로써 서구교회 선교의 자랑스러운 열매가 되었다. 그런데 네비우스의 자립선교 정책을 통해 성장한 한국교회가 물량공세에 의존하는 선교방식에서 벗어나 건강한 자립교회 설립을 위해 노력해야 한다. 지금까지 한국교회는 선교지에 수많은 교회를 개척해 왔다. 그러나 이제는 선교지에 '얼마나 많은 교회를 세웠느냐' 보다는 '얼마나 건강한 자립교회를 세워나가느냐'에 더 많은 관심을 가져야 할 때가 되었다.

넷째, 선교지를 지원할 때 현지 교인들의 자존감이 상하지 않도록 주의해야 한다.

한국 선교사들이 선교지 교회의 증축이나 개축사업을 재정적으로 지원할 때 현지 교인들의 자존심이나 자존감을 상하게 하지 않도록 주의할 필요가 있다. 선교사는 건강한 현지교회 설립과 지속가능

---

27) 선교현지의 자립과 의존성(dependency) 극복에 대해서는 잠비아 선교사 출신의 쉬바르츠(Schwartz)의 책(*When Charity Destroys Dignity*)을 참조하라.

한 성장을 위해 의존성의 문제를 심각하게 고민할 필요가 있다.[27] 대한예수교장로회 통합(PCK)의 에큐메니컬 선교동역자로 필리핀 그리스도연합교회(UCCP)와 함께 7년간(2003-2010) 다양한 협력 사업을 추진하였던 한경균 선교사는 이에 대한 소견을 다음과 같이 진솔하게 밝힌다.

> 교회 건물의 증·개축 혹은 신축은 교회 개척이 아니다. 특히 UCCP 입장에서 한인선교사를 통한 교회 건축은 협력선교의 정신을 잊고서 한국교회의 재정에 의존하게 할 경향이 있는 사업이었다. 교회 건물을 세우는 일보다 중요한 것은 [현지]교인들의 자존감을 세우는 일이었고, 또 교회의 선교적 잠재력을 일깨우고 세우는 일이었다.[28]

선교사와 현지 교인 양자가 서로를 동역자로 받아들이고 연합할 때 진정한 선교의 열매가 생겨날 수 있다. 2010년 10월 남아프리카공화국에서 개최된 제3차 로잔대회에서 발표된 『케이프타운 서약』(Cape Town Commitment)에서는 '동반자적 협력선교'를 다음과 같이 정의하고 있다.

> 동반자적 협력은 돈 문제를 넘어서는 것이며, 무분별한 자금 투입은 [현지]교회를 부패시키고 분열시킨다. 교회가 돈 많은 사람들이 결정권을 갖는 원리로 움직이지 않음을 증명하여 보이자 … 선교지에서 남과 북, 동과 서의 참된 상호관계, 서로 주고받는 상호의존, 존중과 존엄성을 추구하자. 그것이야말로 진정한 우정과 참된 동반자 됨의 특징이다.[29]

---

28) 황홍렬 편저, 『에큐메니컬 협력선교: 정책, 사례, 선교신학』 (서울: 꿈꾸는 터, 2015), 84-85.

다섯째, 선교사는 현지인의 친구가 될 뿐 아니라 그들에게 배우는 자가 되어야 한다.

1910년 에딘버러(Edinburgh) 세계선교사대회에서 인도교회 대표 아자리야(Samuel Azariah, 1874-1945)는 전세계에서 모여든 1,215명의 선교사들 앞에서 "인도교회는 선교사들이 수행한 자기희생적인 노력에 영원히 감사할 것입니다. … 이제 우리는 여러분에게 사랑을 요청합니다. 우리에게 '친구'가 되어 주십시오."[30]라고 일갈하였다. 서구 선교사들의 인종 우월적 태도를 지적하는 발언이었다. 선교 사업은 선교사와 현지 교인들 간에 우호적 관계가 형성되어야 잘 추진될 수 있다. 아자리야는 양자간에 "자발적인 상호 배움과 상호 도움"을 제안했다. 주인이나 상전처럼 군림하며 일방적으로 도움만 주는 선교사가 아니라 현지인들을 '사랑'하며 '친구'(FRIENDS!)처럼 대해주는 그런 선교사를 보내달라고 호소한 것이다. 선교사가 갑(甲)의 위치에서 현지인들 위에 군림해서는 안 되며, 선교사와 현지인 사이가 주종관계에 머물러서도 안 된다. 선교사는 겸손한 자세로 현지인의 친구가 되어야 한다.

중국 선교사로 40년간(1917-1957) 사역한 방지일 목사는 "가르치려는 선교사보다 배우는 선교사가 될 때 선교의 열매를 맺게 된다."라고 조언한다.[31] 선교사들이 현지인들에 대해 일방적인 교수나 시혜자의 태도가 아니라, "상호 배움의 과정"에 참여하는 자세를 지녀야 한

---

29) 로잔운동 저, 『케이프타운 서약』, 최형근 역 (서울: 한국기독학생회출판부, 2014), 123.

30) V. S. Azariah, "The Problem of Co-operation between Foreign and Native Workers," in *World Missionary Conference, 1910: The History and Records of the Conference Together with Addresses Delivered at the Evening Meetings* (Edinburgh and London: Oliphant, Anderson and Ferrier, 1910), 315.

31) 방지일, 『임마누엘: 중국선교를 회고하며』 (서울: 선교문화사, 1996), 349-51.

다는 것이다.[32] 문제는 한국교회가 초기에 약자로서 선교할 때는 현지인에 대한 겸손과 협력의 태도를 지녔는데, 이제 강자로서 선교하게 되면서 초기의 겸손한 선교 모습을 잃어가고 있는 것은 아닌지 되돌아보아야 한다.

선교사는 현지인들의 진정한 친구로서 그들의 입장에서 그들의 목소리를 경청하는 자세를 가져야 한다. 일방 통행식 선교가 아니라 현지인과 상호존중과 우애의 동반자(partnership) 선교를 강화하여야 한다.[33] 한국교회는 현지교회와 상관없는 선교가 아니라, 현지교회의 필요를 채워줄 수 있는 사역을 하여야 한다. 한국교회는 선교지의 진정한 필요를 도우며 현지에서 환대받는 선교사가 되어 건강한 동역관계를 형성하여야 한다. 선교사들은 현지교회에 어려움을 초래하는 사람이 아니라 동반자로서 서로의 부족한 부분을 보완하며 상호 윈-윈(win-win) 할 수 있어야 한다.

여섯째, 예배당 건축 때에 현지 교인들도 건축비의 일정 부분을 감당하게 해야 한다.

선교지에서 도심지역에 대형교회를 건축할 때에는 적지 않은 건축비가 소요된다. 참고로, 한국에 온 미국 선교사들은 한국교인들이 건축기금을 먼저 내도록 한 다음에 나머지 부족한 부분을 채워 주었다. 이처럼 선교사는 현지 교인들이 건축비 모금에 참여하도록 최대한 독려해야 한다.[34] 선교사가 성급하게 본국에서 선교 자금을 가져와 교회를 건축해주거나 대형 건축물을 짓는 것은 조심할 필요가 있

---

32) 한국일, 『세계를 품는 선교』 (서울: 장로회신학대학교출판부, 2004), 136-43.
33) Jooseop Keum, ed., *Together towards Life: Mission and Evangelism in Changing Landscapes*, 정병준 옮김, 『함께 생명을 향하여: 변화하는 세계 지형 속에서 선교와 전도(WCC 선교성명과 실천지침서)』 (서울: 대한기독교서회, 2016), 74.

다. 중요한 것은 현지 교인들에게 선교사가 모든 재정을 채워줄 것이라는 생각을 갖게 해서는 안 된다는 것이다.

한국교회는 가난했지만, 네비우스의 자립선교 전통의 아름다운 역사를 써내려온 교회였다. 그런데 선교지에서 한국교회가 선교지에서 세우는 (혹은 세운) 대부분의 교회들이 현지 교인들의 물질적 참여 없이 한국교회의 전적인(100%) 헌금으로 지어준 것은 결코 건전한 방법이 아니다. 네비우스의 자립정책을 통해 성장한 한국교회의 선교역사는 선교지에 건강한 자립교회를 설립할 것을 교훈하고 있다. 저자의 제안은 선교보고 때마다 선교사가 설립한 현지교회의 자립 비율을 밝혀서 보내주면 자립도의 추이를 비교할 수 있는 한 가지 방안이 될 수 있을 것이다. 한국교회가 선교지에 많은 교회를 세우는 것은 좋은 일이다. 그러나 선교지에 개척된 대부분의 교회들이 현지 교인들의 물질적 참여 없이 세워졌다는 점에서 우리의 교회 개척 방식은 재고되어야 한다. 네비우스의 자립선교정책은 외부 자금을 전혀 쓰지 말라는 것이 아니라, 가급적 적게 쓰고, 제한적인 범위 내에서 쓰라는 것이다.[35]

자립교회의 자랑스러운 전통을 가진 한국교회가 선교지에서 물량공세의 비난을 받고 있는 현실은 역사의 아이러니다. 현장 선교사는 자신이 선교사 의존적 교회만을 양산하지 않았는지[36], 진정으로 하나님을 바라보고 하나님을 의지하는 교회를 세워나가고 있는지 점

---

34) Samuel A. Moffett to F. F. Ellinwood, July 31, 1897. 참고로, 한국의 글로벌 파트너스(GP) 선교회는 선교 현지의 교인들이 건축비의 50% 이상을 모금하면, 나머지 비용만을 지원하는 정책을 세우고 있다. 선교사가 건축비 전부를 주도적으로 감당하게 되면, 현지 교인들이 수동적 참여자가 되어 선교사 의존적으로 되기 쉽다.

35) Frampton F. Fox, "Foreign Money for India: Anti-dependency and Anti-conversion Perspectives," *International Bulletin of Missionary Research* 30 (July 2006), 137.

검해보아야 한다. 한국교회는 그 동안 힘을 다하여 선교지에 수많은 교회를 세워왔다. 이제는 한국교회가 '얼마나 많은 교회를 세웠느냐' 보다는 '얼마나 자립하는 교회를 세워나가느냐'에 더 많은 관심을 가져야 할 때가 되었다. 언젠가 선교지에 세워진 교회는 현지교회 리더들에게 넘겨주어야 하기 때문에 자립 비율은 매우 중요한 이양의 기준이 되기 때문이다.

일곱째, 현지인의 한국 초청을 지양하되 초청할 때는 전략적 목적으로 초청해야 한다.

선교사가 모든 비용을 마련하여 현지인 사역자들을 한국에 초청하는 경우에 중·장기적 관점에서 앞을 내다보고 선교 전략적 목표를 생각하면서 초청 대상을 신중하게 결정하여야 한다. 특히 모든 비용을 한국교회에서 부담하는 경우에 현지 사역에서 커다란 영향력을 끼칠 수 있는 목회자나 사회 저명인사를 초청하는 것은 이해할 수 있다. 하지만 모든 비용을 한국교회의 헌금으로 충당하면서 선교지의 초중고 학생, 신학생, 일반 교인들을 집단으로 초청하는 것은 조심할 필요가 있다고 본다.

저자가 필리핀에서 현지인 신학교 교수 사역을 하면서 관찰한 바로는, 한국교회의 초청으로 한국을 방문하고 돌아온 신학생들이 가장 문제가 많아 보였다. 어떻게 하면 선교사나 한국교회에 잘 보여서 계속해서 그러한 혜택을 누릴 것인가에만 관심이 있었기 때문이다. 오

---

36) 2007년 10월 장로교 합동 선교부(GMS) 총무 강대흥 목사는 개척된 교회 중에 자립하는 교회가 2%에 지나지 않는다는 글을 발표한 적이 있다. 강대흥, "선교행전," 『기독신문』, 2007. 10. 10. 자립 비율이 교회 개척의 성공을 가름하는 유일한 척도는 아니지만, 선교사는 현지교회의 자립 비율을 점차적으로 높이기 위해 노력해야 한다.

히려 한국에 다녀오지 않은 학생들이 더 순수하고 신실한 학생들이 었다. 현지인 초청 프로그램은 신중하게 추진할 필요가 있으며, 재정 투자에 비해 거의 효과가 거의 없다고 판단된다.[37]

한국교회는 현지 사역자나 현지인들에게 지키지 못할 후원 약속을 해서는 안 된다. 선교 현지를 방문하는 후원교회의 담임목사나 교인들 중에 선교지의 열악한 환경을 보고 너무나 안타까운 마음에서나 선교현장에서 얻은 감동으로 손쉽게 지원 약속을 하는 경우가 있다. 예컨대, 교회 건축을 해주겠다는 약속을 쉽게 하고는 한국에 돌아와서 그 약속을 잊어버리거나 실천하지 못했을 때 현지 교인들이 받는 상처와 실망감은 매우 클 수밖에 없다. 이 경우에 결과적으로 그러한 약속은 즉흥적이고 충동적인 것밖에는 되지 않는다. 선교 현장 방문 시에 이러한 사실을 명심하여 선교지 방문자들은 언행에 보다 신중해야 하며 지킬 수 없는 약속(공수표)을 남발하지 않도록 유념할 필요가 있다. 기억할 점은 지키지 못할 약속은 하지 말고, 선교지에서 한 번 내뱉은 약속은 반드시 지켜야 한다는 것이다.

여덟째, 한국교회는 단기 선교 혹은 비전트립(vision trip)을 효과적으로 활용해야 한다.

단기선교는 선교여행이 아니며 관광도 아니다. 간혹 단기 선교팀으로 방문하는 분들 중에 무례한 행동을 하는 사람도 있지만, 단기 선교팀은 현장 선교사가 할 수 없는 일을 감당해주어 사역에 큰 도움을 줄 수 있다. '고비용 저효율'이라는 지적이 있기도 하지만, 단기선교에

---

[37] 김다니엘, "한국 선교사들이 지혜롭게 피해야 할 12가지 선교의 장애물들,"『한국선교 KMQ』통권 25호 (2008 봄), 62-63.

참여한 이후 교회 안에서 선교에 대한 관심이 고조되고 참여한 젊은이 중에 장기사역자로 헌신하는 이들이 나오고 있다는 점은 고무적인 것이다.

그런데 공개적인 전도가 금지되어 있는 곳(이슬람권, 공산권)에서 이를 무시하고 노골적인 전도활동을 고집하여 물의를 일으키는 선교단체들도 있다. 현지 언어로 소통이 불가하고 현지 상황을 잘 모르는 단기 선교팀은 독자적인 프로그램을 추진하려고 하기보다는, 어떻게 현지 선교사의 사역을 잘 도울 수 있을 것인가를 생각해야 한다. 선교지에 잠시 머물다 가는(hit & run) 단기 선교팀의 섣부른 사역(노방전도, 통성 기도, '땅 밟기 기도' 등)은 현지에 장기로 거주하는 선교사들의 사역에 커다란 어려움을 초래할 수도 있음을 기억해야 한다.

아홉째, 프로젝트성 선교를 지양하고 사람을 세우는 일에 집중해야 한다.

선교사는 건물이나 선교센터 설립 등 외형적인 과시나 보여주기식 선교에 지나친 관심을 기울여서는 안 된다. 한국교회의 보여주기식 선교가 아닌, 선교사를 뒤이어 현지 복음화를 주도해갈 신실한 일꾼으로 헌신할 사람들을 양육하고 훈련시키는 일에 매진하여야 한다. 한 때 한국교회에 프로젝트성 선교가 유행했으나, 이후 많은 자금이 투입되는 기획성 사업이나 물량주의 선교를 지양하려는 태도는 매우 바람직한 변화라고 생각한다.

선교사가 사람을 세우고 영혼을 돌보는 목양에 드리는 시간보다 지나칠 정도로 많은 예배당 건축에 매진하는 것은 좋지 않다. 한 선교사 개인의 능력으로 감당할 수 없을 정도로 너무 많은 교회들을 세우게 되면 선교사가 매달 현지 교역자 사례비를 분배해 주거나 교회 헌금을 수금하는 자의 모습으로 비춰질 가능성이 높다. 이러한 프로젝트성 선교에 지나치게 관심을 기울이게 되면, 선교사는 현지인들에게 자금을 끌어오는 중개인(브로커)으로 인식되기가 쉽다. 중요한 것은 현지 교인들에게 선교사 자신이 필요한 존재가 되어야지, 선교사를 통해 들어오는 기금만 필요로 하게 된다면 그런 선교사는 비참한 처지에 빠지게 될 것이다. 따라서 건물을 세우기보다 사람을 세우는 일(discipleship training)이 더 중요하고 우선시되어야 한다.

저자의 선교사 경험을 바탕으로 신임 선교사에게 주는 한 가지 제안은 선교지 도착 3-5년 이내에 대형 프로젝트성 건축이나 건물을 구입하는 일을 피하는 것이 좋다는 것이다. 현장 선교사와 한국교회는 그동안 우리가 지나친 물량주의와 과시욕 그리고 외형적 성장에 연연하지 않았는지 그간의 선교사역을 중간 점검을 할 필요가 있다.

열째, 현장에 적용가능한 선교학 논문이나 글들이 나와야 하고 빈번하게 열리는 선교전략회의를 혁신할 필요가 있다.

2015년 5월 장로회신학대학교에서 개최된 제16회 국제학술대회 주제 강연에서 인도네시아 선교사 출신의 전 장신대 총장 서정운 박사는 미국 역사상 가장 많은 선교학자들이 활동하고, 선교신학 강의가 많고, 선교에 대한 글이나 책이 많이 쏟아져 나왔던 때가 역설적이게도 미국 선교가 가장 쇠퇴했던 때였다는 미국 해외사역연구센터(OMSC) 원장 앤더슨(Gerald Anderson) 박사의 말을 인용하면서 한국교회 선교를 다음과 같이 진단하였다.

> 신학과 선교신학이 지나치게 학술적 업적 위주로 이론화하면서 소모적인 논쟁에 빠지고, 교회가 비선교적으로 세속화되고 경직되면서 노쇠

하고 있는데도, 선교사의 숫자나 자랑하고 반복되는 전략회의와 중복되는 프로젝트 제시나 행사에 매달려 시간과 비용과 힘을 탕진하는 경향까지 더해져서 선교를 더욱 악화 그리고 약화시켜 온 것이다.[38]

초교파 선교대회나 권역별 선교전략회의는 반드시 필요하다. 이러한 필요성 때문에 1806년 인도 선교사 캐리(William Carey, 1761-1834)가 10년 단위로 세계선교사대회를 개최하자고 제안하였다. 캐리는 한 교파만으로 세계선교가 이루어질 수 없고 여러 교파가 힘을 모아 협력해야 세계선교의 과업을 성취할 수 있음을 인식했다.[39] 문제는 여러 해 전부터 한국의 교단이나 초교파 선교단체들의 주관 하에 열리고 있는 전략회의가 너무 많다는 것과 거의 같은 인물이 여러 전략회의에 또 다시 나타난다는 점이다. 또한 전략회의 참여 대상도 시니어 선교사들에게 제한시킬 것이 아니라 젊은 선교사들에게 참여할 기회를 제공하여 실제로 선교현장의 변화가 가능하도록 참여의 대상과 폭을 넓힐 필요가 있다고 본다.

열한째, 선교사는 이양에 대한 분명한 목표와 출구 전략을 가지고 있어야 한다.

선교사는 이양에 대비하여 현지교회의 지도자가 실질적인 지도력을 갖추도록 현지인들을 양육하여야 하며, 장기적 관점에서 재정

---

38) 서정운, "아시아 선교신학의 모색과 나눔," 제16회 국제학술대회 주제 강연 자료집(2015. 5. 12), 1.

39) Eustace Carey, *Memoir of William Carey, D.D.: Late Missionary to Bengal; Professor of Oriental Languages in the College of Fort William, Calcutta* (Boston: Gould, Kendall and Lincoln, 1836), 323. 캐리는 선교사들 간에 "2-3년의 서신왕래보다 직접 만나 2시간의 대화를 통해 더 많은 것을 이해할 수 있다"고 확신하였다.

자립 문제를 진지하게 고려해야 한다. 충성되고 신실한 현지인 후임자를 양육하고(딤후 2:2) 이양했을 때 현지인들이 감당할 수 있을 정도의 자립방안이 마련되지 않으면 이양을 하려 해도 할 수가 없게 된다. 따라서 선교사는 현지인들에게 넘겨주었을 때 재정적으로 감당할 수 있을 규모의 사업을 추진하여야 한다.

다시 말해, 선교지 교회는 이양에 대비하여 현지 교인들이 감당할 수 있는 적정 규모로 지어야 한다. 현지인들의 재정적 한계를 넘어서는 건물이나 기관은 이양 후에 재산권 분쟁이 발생하기 쉽다. 선교사는 언젠가 사역 일체를 현지 지도자에게 넘겨주어야 한다는 사실을 명심하고 초기부터 현지인 리더를 목회 훈련에 참여시킬 뿐 아니라 권한 위임(empowerment)을 통해 의사 결정 과정과 사역에 참여하도록 해야 한다. 이처럼 선교사는 현지 리더십을 키우기 위한 장단기 이양 플랜을 수립해야 할 뿐만 아니라 단계별로 점검해야 한다.

열두째, 세계교회의 주변부였던 한국교회가 새로운 중심부가 되었듯이 현지교회의 선교적 잠재력과 역량을 육성하는데 노력해야 한다.

100여년 만에 과거 기독교 심장부에 속했던 지역이 변두리가 되고, 과거 기독교의 변방이었던 곳이 기독교의 새로운 중심부로 변했다. 이처럼 기독교 선교운동사는 심장부에서의 기독교 약화가 있더라도, 또 다른 지역에서 이를 상쇄하고도 남는 기독교 선교운동이 활발하게 진행되고 있음을 보여준다.[40] 세계교회는 한국을 비롯한 비서구

---

40) Andrew F. Walls, "선교의 재고: 새로운 세기를 위한 선교의 새로운 방향"(Rethinking Mission: New Direction for a New Century), 『선교와 신학』 제8집 (2001. 12), 14-18.

교회의 주변부가 선교의 주체로 나서고 있는 세계 기독교의 지형 변화를 경험하고 있다(6항). 오늘날의 선교는 다(多)방향에서 일어나고 있으며(106항), 변두리 사람들이 하나님 선교운동의 주요 동역자가 되었다(107항).[41] 130년의 짧은 기독교 역사를 가진 한국교회의 시작은 미약했으나, 지금 한국교회는 아시아와 아프리카, 남미를 포함한 세계선교에서 중요한 역할을 감당하는 교회로 성장하였다. 한국교회의 선교는 비서구권 교회의 좋은 사례가 되어 아시아를 비롯한 세계의 다른 교회들에게 새로운 도약과 발전의 동기부여를 제공하고 있다.

마지막으로, 전 세계 한인 디아스포라 선교동원을 극대화하여야 한다.

한국 기독교의 초기 해외 선교역사는 전세계에 흩어져 살던 한인 디아스포라들을 상대로 한 선교로 시작되었다. 이들 디아스포라 한인들은 조선 말기와 일제 강점기에 생계유지와 강제 징용, 혹은 일제 침략에 저항했던 민족주의자들이었다. 독립운동을 위해 만주, 동경, 블라디보스토크, 그리고 하와이와 멕시코 등지로 이주한 한인 동포들로 인해 요즈음은 세계 어느 곳에서도 그 후손들을 어렵지 않게 만나볼 수 있다. 한인들은 가는 곳마다 교회를 세웠으며, 한국교회는 디아스포라 한인들을 위해 목회자 파송을 통해 신앙공동체로 양육하며 모국과 네트워크를 유지해 왔다. 또한 각처에 설립된 한인교회를 통해 현지인에 대한 선교도 이루어져 왔다. 마치 바울이 각처의 유대교 회당을 통해 초기 기독교의 선교 지평을 넓혀갔듯이, 해외 한인 디아스포라의 거주 지역 확대는 곧 한국교회 선교의 지평 확장을 가져왔다.

---

41) Jooseop Keum, ed.,『함께 생명을 향하여: 변화하는 세계 지형 속에서 선교와 전도』, 17, 74-75.

오늘날 하와이, 중국, 러시아, 남아메리카 등지에서 100년 이상 공동체를 형성하고 있는 한인 디아스포라 후손들(미국의 1.5-2세, 재일교포, 러시아 고려인, 중국 조선족 등)과 1970-80년대 이후 세계의 주요 도시마다 생겨나기 시작한 한인 디아스포라 교회는 우리 한국교회가 활용해야할 중요한 선교 자원임에 틀림없다.[42] '70-80년대의 한국 선교사 중에 한인교회 목회를 하는 사람들이 많았으나, 2004년 말 기준으로 볼 때 한인 대상 선교를 하는 비율은 5.8%에 지나지 않았다. 고무적인 현상은 한인교회 사역자와 한인교회 중에 현지인 사역을 겸해서 하는 숫자가 점점 증가하고 있다는 것이다.

현재 세계 170여 개 나라에 분포하고 있는 약 750만 명의 한인 디아스포라가 있다. 그 중 10%만 기독교인이라고 가정해도 그 수는 무려 70만 명이 넘는다. 이들은 이미 현지 문화와 언어에 익숙하여 현지인에게 선교할 수 있는 자질을 이미 갖추고 있다. 한국교회가 추진하고 있는 선교사업과 함께 하나님께서 섭리 가운데 준비해 놓은 선교자원인 한인 디아스포라와 한인교회들을 전략적으로 동원할 때에 21세기에 마지막 남은 선교과업을 신속하고도 효과적으로 완수할 수 있을 것이다.[43]

---

42) 1903년 1월 해외 첫 한인교회가 하와이에 세워진 이후, 2018년 1월 기준으로 해외 80여 개국에 세워진 이민교회는 6,100개를 넘는 것으로 조사되었다. 미국 내 한인교회는 4,454개, 미국을 제외한 82개국에 소재한 한인교회는 1,693개로서 캐나다(483), 일본(231), 호주(205), 독일(138), 영국(73), 브라질(60), 아르헨티나(53), 뉴질랜드(37), 멕시코(27), 프랑스(25) 순이었다. 기독교 박해국 등 보안상 문제로 조사에서 제외된 한인교회를 포함하면 7천개가 넘을 것으로 추정된다.

43) 외교부가 최근 발표한 '2017년 재외동포 현황'에 따르면, 외국에 거주하는 재외동포 숫자는 179개국에 743만664명으로 집계되었다. 지역별로는 동북아시아 336만6656명, 북미 273만3천194명, 유럽 63만730명, 남아시아태평양 55만7천739명, 중남미 10만6천784명, 중동 2만4천707명, 아프리카 1만854명의 순이었다. 나라별로는 조선족 등 재중 한인(254만8천30명), 재미 한인(249만2천252명), 재일교포(81만8천626명), 고려인(55만여명)을 포함해 750여만 명에 달했다. 그 외 캐나다(24만942명), 우즈베키스탄(18만1천77명), 호주(18만44명), 러시아(16만9천680명), 베트남(12만4천458명), 카자흐스탄(10만9천132명), 필리핀(9만3천93명), 브라질(5만1천534명), 독일(4만170명), 영국(3만9천934명), 뉴질랜드(3만3천403명), 인도네시아(3만1천91명), 아르헨티나(2만3천194명), 태국(2만500명), 싱가포르(2만346명), 키르기스스탄(1만9천35명),

4. 맺는 말

한국교회(1884)는 중국(1807)이나 일본(1859)보다 늦게 기독교를 받아들였지만, 가장 빨리 자립하는 교회로 성장하였을 뿐 아니라, 더 이른 시기에 선교사 파송을 시작하였으며 지금까지도 많은 선교사를 파송하고 있다. 한국교회는 1913년 중국 산동성선교와 해방 이후 1956년 시작된 태국선교 등 한국교회 전체가 함께 참여하였을 뿐 아니라 에큐메니컬 협력과 동역의 선교전통을 가지고 있다. 그럼에도 1980년대 이후 개교회 중심의 선교가 커다란 영향력을 끼치게 되면서 한국교회는 초기의 아름다운 전통을 이어가지 못하고 있다. 그러므로 한국교회의 미래선교는 초대교회의 특심한 선교열정을 잘 살리면서 좋은 선교전통을 회복해 나가야 할 것이다.

최근 여러 선교지에서 선교사 추방, 입국 금지, 장기비자 발급 제한 등으로 인해 사역이 단절되는 일이 빈번하게 발생하고 있다. 아울러 이슬람국가(IS)의 등장으로 이슬람에 대한 관심이 고조되고 있지만, 서구 선교사들은 이슬람 선교에 많은 제약을 받고 있어서 상대적으로 한국교회의 무슬림 선교에 대한 책임이 더 강조되고 있다. 또한 한국교회는 우리의 이웃으로 들어와 있는 수많은 외국인 근로자들과 유학생 그리고 다문화 가정의 부인들에 대한 선교적 관심을 더 기울여야 할 것이다. 우리 가까이 있는 이들에게 별다른 관심을 기울이지

프랑스(1만6천251명) 순이었다. 이는 화교 5,500만, 유대인 1,000만 명에 비하면 적은 수이지만, 본국 대비 해외동포 비율로는 세계 1위로서 이스라엘 다음으로 많으며, 해외 거주 나라 수로 따지면 세계 1위이다.

않으면서 아시아 선교나 세계선교를 논하는 것은 부자연스러운 위선이며, 귀중한 선교기회를 놓쳐버리는 비선교적 행태이기 때문이다.[44]

에딘버러 선교대회에서 미국교인의 10%만이 선교후원에 참여하였고, 이들이 전체 선교비의 90%를 감당한다는 통계자료가 보고되었다.[45] 1913년 시작된 한국교회의 산동선교는 대형교회 한 두 개가 아닌 한국교회 전체가 선교후원에 참여하였다는 특징을 지니고 있다. 따라서 보다 많은 교회들이 세계선교에 참여할 수 있도록 선교교육과 동원이 강화되어야 하겠다. 해외선교 추세는 점점 더 선교지 교단과 동역의 형태로 나아가고 있다. 한국교회의 선교적 과제는 일방적 선교를 지양하고 선교지 교회와 협력을 강화할 뿐 아니라, 다양한 교단 선교사들과 신학 교육(신학교), 일반 교육(미션스쿨), 의료(선교병원), 훈련센터, 지역사회 개발 등의 영역에서 보다 많은 연합 사업을 모색해야 할 것이다.

한국선교사 대부분은 교회개척 사역에 종사하고 있는 것으로 조사되었다. 이와 함께 관심을 가져야 할 점은 초기 선교사들 중에 적지 않은 분들이 은퇴하였고, 상당수의 선교사들이 5-10년 사이에 은퇴할 때가 곧 도래한다는 것이다. 현지교회 리더십을 세우고 이양하는 문제는 더 미룰 수 없는 절박한 문제가 되었다. 따라서 한국교회와 선교사들은 현지교회의 자립과 현지 리더십 육성에 더 많은 관심을 기울여야 한다. 그동안 한국교회는 많은 선교사를 보내는 데 열심이었다. 그러나 이제는 많은 선교사를 파송하는 것보다 더 좋은 선교사,

---

44) 서정운, "아시아 선교신학의 모색과 나눔," 10.
45) World Missionary Conference, 1910, *Report of Commission VI: The Home Base of Missions*, 김태연·김원희 번역, 『1910년 에딘버러 세계선교사대회 제6분과위원회 보고서: 선교사역의 국내본부』 (서울: 미션아카데미, 2012), 285.

더 준비된 선교사, 선교 현장이 필요로 하는 선교사를 보내는 데 관심을 기울여야 한다. 그 동안 한국교회는 선교지에 수많은 교회들을 세워왔다. 그러나 이제는 얼마나 많은 교회를 세웠느냐보다 얼마나 자립하는 교회로 세워나가느냐가 더 중요한 과제가 되었다.

1910년 에딘버러 세계선교사대회 제6분과 위원회는 교회가 선교하면 재정적으로 더 어려워진다고 생각하지만, 선교할수록 교회의 재정이 더 풍성해 졌던 사례들이 많았음을 보고하였다. 세계선교를 열심히 참여하는 교회가 국내전도도 더 많이 하게 되며, 선교부흥이 일어나면 교회 부흥도 일어나며, "해외선교는 세상을 살릴 뿐만 아니라 교회도 살리기" 때문이다.[46] 앞서 진술했듯이, 평양 장대현교회(1900년 헌당) 건축시 마펫은 교인들에게 재정상황을 설명한 후 3년 작정으로 건축헌금을 내도록 요청하였다. 그런데 주일예배 작정 시에 400명 교인이 3,000엔의 큰 액수의 헌금을 작정했으며, 은반지를 뽑아서 헌납한 여자 성도들도 있었다고 증언한다. 교인들의 작정 헌금액수에 놀란 마펫은 선교편지에서 "교인들은 작정헌금으로 인해 3년간 적지 않은 희생과 어려움을 감내하겠지만, 이와 함께 하나님의 풍성한 축복도 받을 것이다."라고 썼다.[47]

요즈음 교회들이 재정적으로 어려워지면 가장 먼저 선교비를 줄이는 경향이 있는데, 한국교회와 세계선교역사는 결코 그렇지 않았다. 한국교회는 재정이 넉넉하지 않던 때에도 열과 성을 다해 선교하는 교회였으며, 하나님께 드릴 것 없어 보이는 상황에서도 마게도냐

---

46) World Missionary Conference, 『1910년 에딘버러 세계선교사대회 제6분과위원회 보고서: 선교사역의 국내본부』, 252-60.
47) Samuel A. Moffett to F. F. Ellinwood, February 6, 1900; 옥성득 책임·편역, 『마포삼열 자료집』 2, 523-24.

교회처럼 "풍성한 연보를 넘치도록" 드렸으며, "힘에 지나도록 자원하여 참여"하였다(고후 8:1-4). 우리 하나님은 이런 한국교회를 축복해주셔서 미래가 없어 보이던 최빈국 대한민국을 세계 9위의 경제대국으로 우뚝 세워주셨음을 기억해야 한다.

선교는 교회를 항상 역동적으로 변화시키며, 교회가 열심히 선교할 때 교회는 영적 활력이 넘치는 시대였음을 선교역사는 증언한다. 선교는 교회의 본질적 사명이며 지상 교회가 존재하는 분명한 이유와 근거이다. 그런데 선교현장의 상황과 필요에 따라 선교는 끊임없이 변화하여야 한다. 따라서 과거보다 전문화되고 특화된 선교전략을 모색해야 한다. 현장 선교사, 파송 교회, 교단 선교부의 3자가 함께 기도하며 교회의 선교가 아니라 하나님의 선교를 새롭게 추구해 간다면 한국교회 선교운동의 갱신은 가능하며 이를 통해 한국교회의 회복과 성장도 가능하다고 믿는다.

희어져 거두게 된 전 세계의 영적 추수 밭을 바라보시며, "내가 누구를 보내며 누가 우리를 위하여 갈꼬?" 한탄하시며 일군을 찾으시는 주님의 음성에 "내가 여기 있나이다. 나를 보내소서!"(사 6:8)라고 응답하는 한국교회가 되기를 간절히 소원한다.

- Soli Deo Gloria -

본서에 게재된 글의 출처
: 아래의 자료를 수정·보완한 것임

제1장 개신교 전래와 한국인의 반응
Chang Uk Byun, "Responses to Foreign Missionaries in Early Modern Korea," in *Missionary Photography in Korea: Encountering the West through Christianity*, ed., Donald Clark (New York, The Korea Society, 2009), 30-44. 이 글은 2009년 3월 27일 미국 시카고에서 개최된 아시아 학회(Association for Asian Studies)의 연례회의에서 발표한 논문 ("Responses to Foreign Missionaries by Korean Christians and the Wider Society")을 수정·보완한 것이다.

제2장 제중원 설립과 한국선교의 시작
변창욱, "제중원 신앙공동체 형성과 그 선교적 함의(1884-1904),"『교회와 신학』제80집 (2016. 2), 401-422를 수정·보완한 것이다.

제3장 한국 초기 개신교 선교전략
변창욱, "한국 초기 개신교 선교전략,"『복음과 선교: 이광순 박사 회갑기념 논문집』(서울: 미션아카데미, 2006), 166-210.

제4장 초기 내한 장·감 선교부간(間) 초교파 협력의 이중적 성격
변창욱, "초기 내한 장로교 삼리교 신교사건 초교파 협력의 이중적 성격: 연합과 협력 vs. 경쟁과 갈등,"『선교와 신학』제14집 (2004 가을), 69-107.

제5장 한국교회의 자립선교 전통과 비자립적 선교 행태
변창욱, "한국교회의 자립선교 전통과 비자립적 선교 행태: 자립적 선교 패러다임으로 변화를 모색하며"『선교와 신학』제27집 (2011. 2), 149-188.

제6장 내한 선교사들의 교육선교
변창욱, "내한(來韓) 선교사의 교육선교: 한국교회의 교육선교에 주는 선교적 함의," 『선교와 신학』 제36집 (2015. 6), 139-172.

제7장 베어드의 자립적 교육선교 정책
변창욱, "윌리엄 베어드의 선교방법과 교육선교 정책," 『베어드의 선교와 사상』 (서울: 숭실대학교 출판국, 2013), 119-146.

제8장 한국에서의 선교구역 분할 협정: 미국 북장로회와 북감리회를 중심으로
2004년 11월 6일 한국기독교역사학회의 제228회 학술발표회에서 발표한 논문("한국 선교지 분할 협정 연구")의 내용을 수정·보완한 것이다.

제9장 선교사의 리더십 개발과 이양
변창욱, "선교사 리더십 개발과 이양," 『장신논단』 제46집 (2014. 12), 303-331.

제10장 한국교회 선교 130년의 역사와 교훈
변창욱, "한국 장로교회 선교사 파송 100년(1907-1956)," 『선교와 신학』 제19집 (2007. 6), 13-65.

제11장 한국교회 선교운동의 회고와 전망
변창욱, "한국교회 선교운동의 회고와 전망," 『종교개혁 500주년과 한국교회의 개혁과제』 (서울: 장로회신학대학교출판부, 2017), 339-359.

찾아보기

ㄱ

갑신정변(甲申政變) _ 25-26, 46-48, 71-72, 91, 162, 219
게일(J. S. Gale) _ 11, 136, 192, 194, 231-232
경신학교 전신 _ 29, 78, 132
고종 황제 _ 24, 28, 37, 49, 51, 60, 111, 162-163, 171
광혜원 _ 27-29, 48-50, 73-75, 84, 91, 105, 107-108, 121, 123, 162, 219-220, 234
광혜원 부설 의학교 _ 74
교파주의 _ 62, 64, 103-104, 183, 218, 234, 301
교황 비오 12세(Pius XII) _ 42
『구세진주』(救世眞主, True Savior of the World) _ 202-203
구호헌금(인도, 만주, 아르메니아) _ 148, 320
길모어(George W. Gilmore) _ 94, 226
그리피스 존(Griffith John) _ 202
그리피스(William E. Griffis) _ 69
글로벌 파트너스(Global Partners) _ 240, 254, 342
기독교연합대학(Union Christian College) _ 214
기포드(Daniel Gifford) _ 76, 117, 120, 131, 192, 231-232
김순일 _ 315, 328
김순호 _ 287-288, 290-291

김영훈 _ 204, 284, 290, 294
김옥균(金玉均) _ 24-26, 74, 162
김윤식(金允植) _ 28-29, 72, 285-286

ㄴ

남궁억 _ 31
남궁혁 _ 326
남대문교회 _ 62, 64
네비우스(John Nevius) _ 75-79, 81-82, 94-95, 97, 125-126, 128, 130-131, 133, 135, 143-146, 150, 153, 158, 167-168, 175, 190, 197, 209-212, 215, 260, 262, 289, 295, 321, 338, 342
노춘경 _ 59-60, 110
뉴욕 에큐메니컬 선교대회(1900) _ 152

ㄷ

단기선교(vision trip) _ 92, 344
대학생선교자원운동(SVM) _ 9, 66, 76, 130, 191-192
동반자(동역, partnership) 선교 _ 53, 184, 216, 250, 258-259, 293, 327, 335, 339, 341
디아스포라 선교 _ 296, 312-313, 326, 349

ㄹ

라투렛(Kenneth S. Latourette) _ 59, 104, 130, 218
러시아 선교 _ 308, 310
런던 선교사대회(1888) _ 83, 119, 231, 235, 292
레이놀즈(W. D. Reynolds) _ 88, 109, 202
로스(John Ross) _ 55-56 109, 122
로즈(Harry Rhodes) _ 81, 143-144
루미스(Henry Loomis) _ 28, 57, 109, 115
리(Graham Lee) _ 192
리무영(Yi Mu-yŏng) _ 40-41
리버풀 선교사대회(1860) _ 54, 127, 242-243
릴리어스 언더우드(Lillias Horton Underwood) _ 33, 74, 116-117

ㅁ

마쉬맨(Joshua Marshman) _ 241

마펫(Samuel A. Moffett, 마포삼열) _ 9, 10, 11, 34, 77-78, 126, 128-132, 136-139, 145, 148, 150, 158, 168, 185, 190-193, 197, 205, 210, 263-264, 273-274, 276, 330, 332-333, 355

마펫(Samuel H. Moffett, 마삼락) _ 11, 159, 274

매서인(賣書人, colporteur) _ 55, 60, 196, 201, 278-279, 304, 306, 308

매큐첸(Luther O. McCutchen, 마로덕) _ 277

맥켄지(William J. McKenzie) _ 140, 331

맥클레이(Robert S. Maclay) _ 23-24, 74, 162, 171

맥킨타이어(John McIntyre) _ 55

멤버케어 _ 288, 334-335

명성황후 _ 26, 47, 51, 72, 110, 162

모식신자(Rice Christian) _ 76

모트(John R. Mott) _ 9, 66, 89, 128, 263

무디(Dwight L. Moody) _ 191

무어(Samuel F. Moore, 모삼율) _ 11, 36-38, 60-61

민영익(閔泳翊) _ 26-27, 46-48, 50, 71-72, 105, 162, 219

밀러(Hugh Miller, 민휴) _ 308

ㅂ

박서양(朴瑞陽) _ 60

박성춘(朴成春) _ 60

박영효(朴泳孝) _ 25, 31

박창환 _ 159, 315-316

박태로 _ 204, 282, 284, 288, 290

방지일 _ 92, 283, 285, 288, 290, 336, 340

방효원 _ 204, 280, 283-292, 294-295, 325

배새학당(培材學堂) _ 60, 165-166, 183

베어드(William Baird) _ 126, 132-133, 154, 164, 167-168, 175-177, 183, 185, 189, 190-216, 230

벤(Henry Venn) _ 94-95, 127, 130, 157, 259, 276

벨(Eugene Bell) _ 275

벨라르민(Robert Bellarmine) _ 324
병인박해(丙寅迫害) _ 20, 70
병인양요(丙寅洋擾) _ 70
복음 확장의 준비(preparatio evangelica) _ 53
봉크(Jonathan Bonk) _ 127
불상 파괴 사건 _ 37
브라운(Arthur J. Brown) _ 33-34, 97, 128, 137, 166, 169, 176, 211, 262, 337
브라운(Hugh Brown) _ 199, 200, 205
브라운리(Brownlee) _ 182
브루엔(H. M. Bruen, 부해리) _ 298
블레어(William N. Blair) _ 275, 281, 307
비평적 상황화 _ 43
빈턴(C. C. Vinton) _ 53, 64, 231-232
빌리 그래함(Billy Graham) _ 316

ㅅ

사랑방 전도 _ 197-199
사병순 _ 204, 284, 290
산동선교 _ 92, 204, 278, 280-281, 283-289, 290-295, 312, 321, 324-326, 328, 336, 352
새문안교회 _ 62, 64, 80, 137, 139
생키(Ira Sankey) _ 191
서상륜 _ 55-56, 60-61, 196
서재필 _ 31
서정운 _ 315-316, 346-347, 352
선교 협약문 _ 241
선교구역 분할협정(comity agreement) _ 58, 235
선교방법론 _ 95, 130, 208, 241-242
선교와 돈 _ 127, 211
선교의 안락사(euthanasia of a mission) _ 157, 259
『선교재고론』(Re-Thinking Missions) _ 102
『성교촬리』(聖敎撮理, Salient Doctrines of Christianity) _ 201
소년학교(경신학교 전신) _ 78, 132
소래교회 _ 140-141, 148-149, 331
송구영신예배 _ 84

수단내지선교회(SIM) _ 240, 245, 251
숭실 _ 153-154, 168-170, 174, 176, 182-185, 187, 200, 203, 207, 212, 214, 277-279
스왈른(William L. Swallen) _ 38-39
스크랜턴 대부인(Mary F. Scranton) _ 57, 110-111, 117-120, 232
스크랜턴(William B. Scranton) _ 50, 53, 57, 62, 74, 87, 105, 108-110, 112, 114, 117-118, 141, 151, 219, 234, 262
스테픈(Tom Steffen) _ 245, 249-251, 253-254, 257
스피어(Robert E. Speer) _ 66, 191
승동교회 _ 60, 62, 64
시병원(施病院) _ 108, 162
『신학지남』(神學指南) _ 92, 192, 203, 280, 284-287, 289, 291, 294-295, 326
10/40창(window) _ 93

ㅇ

아담스(James E. Adams, 안의와) _ 153
아자리야(Samuel Azariah) _ 340
아펜젤러(Henry Appenzeller) _ 29-30, 40, 46, 53, 55, 57-58, 62, 74, 84-85, 99, 106, 108-110, 112-113, 117, 121-122, 191, 219-220, 222-229, 231-232, 235, 237
아편전쟁(Opium War) _ 20, 66, 292
알렌(Horace N. Allen) _ 14, 20, 23-30, 37, 45-58, 60-63, 69-74, 84, 90-91, 95, 105-112, 121, 130, 161-162, 193, 204, 219-220, 234, 271
앤더슨(Rufus Anderson) _ 94-95, 127, 130, 276
양 훔치기(sheep stealing) _ 83, 221
언더우드 부인(Lillias H. Underwood) _ 50, 117-120
어빈(Irvin) _ 205
언더우드(Horace G. Underwood) _ 28-29, 33, 35, 46, 52-55, 57-59, 70, 74, 76-77, 84-85, 105-122, 124, 126, 131-133, 137-139, 141, 145-147, 150, 152, 168, 185, 190-191, 193-194, 197-199, 201, 204-205, 210, 219-229, 235, 237, 276, 330-331
엘린우드(F. F. Ellinwood) _ 25, 38, 47, 71, 107, 109-111, 119, 128, 164, 175, 190, 208-209, 221, 225
연동교회 _ 11, 64, 81, 136, 144
에딘버러 세계선교사대회(1910) _ 9, 10, 126, 155, 158, 161, 163, 180-181, 184, 243, 258, 260-261, 330, 332-333, 352-353
에밀 브루너(Emil Brunner) _ 325

에비슨(Oliver R. Avison) _ 50, 54, 60-61, 114, 185, 192
에큐메니즘 _ 64, 104
에큐메니컬 동역 _ 99, 245
에큐메니컬 운동 _ 59, 99, 104, 218
엘러스(Annie J. Ellers) _ 50, 74, 112, 116
연합교회(Union Church) _ 57, 64, 222, 226, 298-299, 301-303, 339
연희전문학교(Chosen Christian College) _ 166, 182-185
영(L. L. Young, 영재형) _ 300
온정주의(paternalism) _ 250, 337
올링거(Franklin Ohlinger) _ 76, 86, 131, 231-232
『우리의 선교신학』_ 99
워드(William Ward) _ 241
'위대한 세기' _ 65, 94, 105, 120, 217, 234, 253
윈터(Ralph Winter) _ 161, 246, 326
유길준 _ 31
윤치호 _ 31
의존심 _ 150
『이교도 선교 방법론』_ 241
이기풍 _ 60, 272-278, 280, 317-319
이상재 _ 31
이수정 _ 109, 115, 122
이승만 _ 31
이양(devolution) _ 16, 88, 142, 151-153, 156-158, 178, 187, 239, 240-267, 269, 276, 282, 286, 343, 347, 348, 352
이양모델 _ 245, 247-251, 253, 267
이화학당(梨花學堂) _ 60, 113, 162, 165, 182
일본 선교 _ 192-193, 296, 300-302

ㅈ

자립(self-support) _ 15-16, 29, 75-82, 94-98, 125-158, 167-169, 172-176, 181, 186, 187, 189, 191-193, 195, 197, 199, 201, 203, 205, 206-207, 209-213, 215-216, 240, 243, 257, 260, 262-263, 266, 274, 279, 289, 295, 321, 323, 330-332, 336-338, 342-343, 347-348, 350, 352
자비량 선교 _ 92
자야트 전도 _ 199

자전(自傳) _ 94, 133-134, 168, 210, 243, 276
자조 사업부 _ 154
자조(self-help) _ 154, 169, 213
자치(自治) _ 94, 134, 167, 210, 243, 275-276
작정헌금(건축) _ 137, 353
장대현교회 _ 80, 136-137, 148, 273, 297, 319, 353
장로교 연합선교공의회 _ 88
재일대한기독교회 _ 301, 304
저드슨(Adoniram Judson) _ 198-199, 202
전례논쟁(典禮論爭) _ 90
전문인 선교 _ 52, 91-94
정동제일교회 _ 62, 64
정성균 _ 315
제주도 선교 _ 273-278
제중원 _ 14, 27, 45-64, 731-74, 107-108, 112, 116-118, 123, 162, 219-220
조미수호통상조약(朝美修好通商條約) _ 19, 22, 47, 66, 161, 271
조사(helper) _ 80, 87, 134, 175-176, 185, 233, 263, 278-279, 284, 290, 301, 306
조상제사 _ 38-39, 42-43
『조선책략』(朝鮮策略) _ 21, 68-69
『죠션크리스도인 회보』 _ 30
중국(상해) 개신교선교사대회(1877, 1890) _ 76, 131, 135, 231, 235
즈웨머(Samuel Zwemmer) _ 191

ㅊ

『차이니즈 리코더』(Chinese Recorder) _ 76
천주교 _ 20, 23, 34-35, 38, 41-42, 66-71, 75, 80, 90, 100, 166, 283, 325
최관흘 _ 272, 304-309, 311-312, 318
최찬영 _ 315, 321, 328
총회선교신학(1982) _ 317
추도예배(追悼禮拜) _ 39-43, 159

ㅋ

캐리(William Carey) _ 159-204, 241-242, 284, 325

『케이프타운 서약』(Cape Town Commitment) _ 339-340
『코리아 미션필드』(KMF) _ 280, 309
클라크(Charles A. Clark, 곽안련) _ 11-12, 126, 128, 262, 274-277, 280-281, 285-286, 291, 294-295, 310, 313

ㅌ

『텬로지귀』(天路指歸, Sure Guide to Heaven) _ 202, 214

ㅍ

파리외방전교회(Société des Missions Étrangères de Paris) _ 35
평양숭실대학(Union Christian College) _ 182, 184
평양외국인학교(PYFS) _ 214
포오크(George Foulk) _ 27, 29, 72
푸트(Lucius Foote) _ 24-26, 71-72, 307
풀러(Harold Fuller) _ 245-251, 257
프랑스 사제 _ 69
피어슨(Arthur T. Pierson) _ 191
필리핀 _ 11, 92-93, 95-98, 100, 127, 129, 132, 134, 147-150, 152-160, 240, 245, 247, 249, 251, 253-254, 257, 265, 285, 336, 339, 343, 350, 256, 259, 267, 338, 345

ㅎ

한국복음주의선교 연합공의회 _ 88
한석진 _ 263-264, 272, 296-297, 299, 302-303, 318
헌트(William B. Hunt, 한위렴) _ 282
헐몬산(Mt. Hermon) 수련회 _ 191
헤론(John W. Heron) _ 27, 29, 50-51, 53, 56-57, 60, 62, 74, 105, 108, 110-111, 114, 219
헵번(James C. Hepburn) _ 109, 115, 206, 299
혹킹(William Ernest Hocking) _ 102
홍승한 _ 204, 284-285, 287-288, 290-291
홍영식(洪英植) _ 25
황준헌(黃遵憲) _ 21, 30, 35, 68-69